Sicherheit, Gefahr, Risiko und Vorsorge im Lebensmittelrecht

Ein Beitrag zur Klärung von Begrifflichkeiten und Konzeption in der BasisVO [Verordnung (EG) Nr. 178/2002]

Dissertation

zur Erlangung des Grades eines Doktors der Rechte
der Rechts- und Wirtschaftswissenschaftlichen Fakultät
der Universität Bayreuth

Vorgelegt
von
Alexander Thomas Lang
aus
Nürnberg

Dekan:	Prof. Dr. Claas Christian Germelmann
Erstberichterstatter:	Prof. Dr. Markus Möstl
Zweitberichterstatter:	Prof. Dr. Nikolaus Bosch
Tag der mündlichen Prüfung:	28.02.2025

Sicherheit, Gefahr, Risiko und Vorsorge im Lebensmittelrecht

Ein Beitrag zur Klärung von Begrifflichkeiten und Konzeption in der BasisVO [Verordnung (EG) Nr. 178/2002]

Alexander Thomas Lang

Fachmedien Recht und Wirtschaft | dfv Mediengruppe | Frankfurt am Main

Bibliografische Information Der Deutschen Nationalbibliothek
Die Deutsche Nationalbibliothek verzeichnet diese Publikation in der Deutschen Nationalbibliografie; detaillierte bibliografische Daten sind im Internet über http://dnb.ddb.de abrufbar.

Schriften zum Lebensmittelrecht, Band 48

ISBN 978-3-8005-1983-5

Druck: Beltz Grafische Betriebe GmbH, 99947 Bad Langensalza

Printed in Germany

Vorwort

Die vorliegende Untersuchung ist während meiner Zeit an der Forschungsstelle für Deutsches und Europäisches Lebensmittelrecht (FLMR) bzw. am Lehrstuhl für Öffentliches Recht und Wirtschaftsrecht der Univ. Bayreuth entstanden und wurde im Wintersemester 2024/25 von der dortigen Rechts- und Wirtschaftswissenschaftlichen Fakultät als Dissertation angenommen. Die zitierten Quellen aus Rechtsprechung und Literatur entsprechen dem Stand der Einreichung von März 2024.

Herzlich bedanken möchte ich mich an dieser Stelle bei Herrn Prof. Dr. Markus Möstl, der diese Arbeit nicht nur betreut und gefördert, sondern jederzeit mit kritischen und wertvollen Anregungen und Gedanken begleitet hat. Die unvergessliche Zeit an seiner Forschungsstelle hat mich nicht nur fachlich, sondern vor allem persönlich sehr geprägt.

Ihm und der FLMR danke ich auch für einen großzügigen Druckkostenzuschuss. Mein Dank gilt außerdem Herrn Prof. Dr. Nikolaus Bosch für die Anfertigung des Zweitgutachtens.

Bamberg, im März 2025 — Alexander Lang

Inhaltsverzeichnis

Zusammenfassung

Die Untersuchung beleuchtet Unstimmigkeiten und Ungereimtheiten der in hohem Maße praxisrelevanten Rechtsbegriffe im Zusammenhang mit der *Risikoanalyse*, der *Lebensmittelsicherheit* und der *Vorsorge* aus der sog. BasisVO [VO (EG) Nr. 178/2002], die nach mehr als zwei Dekaden seit deren Erlass fortwährend zu Auslegungs- und Anwendungsproblemen führen.

Ausgehend von einer Beschau des im Mittelpunkt des Rechtsaktes stehenden zentralen *Risikobegriffes* erfolgt eine nähere Betrachtung des Instituts der *Risikobewertung* sowie der daran anknüpfenden *Risikomanagementmaßnahmen*, insbesondere im Hinblick auf die Frage, ob und inwieweit neben lebensmittelbedingten *Risiken* auch *weitere Faktoren* in solche Eingang finden bzw. welche diesfälligen Maßstäbe zur Entscheidungsfindung heranzuziehen sind.

Zugleich werden sämtliche relevanten Termini und Vorschriften unter Berücksichtigung der jeweiligen Tatbestandsstruktur auf ihre Ähnlichkeiten und Unterschiedlichkeiten analysiert, wobei den *Anforderungen an die Lebensmittelsicherheit* aus Art. 14 BasisVO und der Behandlung von *Vorsorgefällen* auf Grundlage des Art. 7 BasisVO besondere Beachtung zukommt.

Die Abhandlung zeigt dabei auf, wie die in Rede stehenden *Begrifflichkeiten* und die dahinterstehende *Konzeption* eine in sich stimmige Anwendung ermöglichen.

Teil 1 Einführung

A. Das (vorsorgende) Lebensmittelrecht in der modernen Risikogesellschaft

Infolge der so genannten Lebensmittelskandale[1] zum Ende der 1990er und zu Anfang der 2000er Jahre sowie der anschließenden Kritik an der EU wegen ihres unzureichenden Umganges mit diesen Lebensmittelkrisen[2] erfuhr das europäische Lebensmittelrecht eine relevante Zäsur.[3] Stand vorher noch die Herstellung eines gemeinsamen Binnenmarktes im Mittelpunkt,[4] so erfolgte nunmehr eine Akzentverschiebung auf Seiten des unionalen Gesetzgebers hin zu einer klar sicherheitsrechtlichen Ausgestaltung,[5] die in den Erlass der sog. Lebensmittel-Basisverordnung[6] [VO (EG) 178/2002[7]] mündete. Dieses Regelungswerk, welches seitdem *„an der Spitze und im Zentrum"*[8] des europäischen Lebensmittelrechts steht, schuf ausweislich seiner Art. 1 Abs. 1, 2 und

---

1 Vgl. hierzu *Dominik Mayer*, Gesundheitsschutz in der Europäischen Gemeinschaft am Beispiel von BSE, S. 1 ff., 9 ff.; Entscheidung der Kommission „über Schutzmaßnahmen hinsichtlich der Dioxinkontamination bestimmter" Lebensmittel, ABl. EG 1999 L 310/62; *Gundel*, § 8 Lebensmittelrecht, in: Ruffert (Hrsg.), Europäisches Sektorales Wirtschaftsrecht, S. 557, 580, Rn. 32; *Krell/Görgen*, ZLR 2001, 23, 23 ff.

2 Entsprechende Versäumnisse wurden durch einen vom Europäischen Parlament eingesetzten Untersuchungsausschuss festgehalten, siehe hierzu die Parlamentsentschließung v. 19.02.1997, ABl. EG 1997 C 85/61; *Beckedorf*, EuR 1997, 237, 237 ff.

3 *Gundel*, § 8 Lebensmittelrecht, in: Ruffert (Hrsg.), Europäisches Sektorales Wirtschaftsrecht, S. 557, 580, Rn. 32; vgl. hierzu auch allgemein bzw. (noch) mit Blick auf das Weißbuch *Brenner*, ZLR 2001, 359, 361 f.

4 In mehreren Phasen wurde zunächst der Versuch einer vertikalen Harmonisierung unternommen, bei der jeweils einzelne Lebensmittel einer einheitlichen Regelung unterzogen werden sollten, um sodann – ab ca. Mitte der 1980er Jahre – auf solche *„produktbezogenen-sektoralen"* Regelungen zu verzichten bzw. stattdessen mittels des Grundsatzes der gegenseitigen Anerkennung nationaler Produktstandards nach dem Herkunftslandprinzip zu verfahren, ausführlich m. w. N. siehe hierzu: *Gundel*, § 8 Lebensmittelrecht, in: Ruffert (Hrsg.), Europäisches Sektorales Wirtschaftsrecht, S. 557, 578, Rn. 30 f.; *Thilo Ortgies*, Rechtliches Risikomanagement im Lebensmittelrecht, S. 50 f.; *Schroeter*, ZLR 2005, 191, 192 ff.

5 *Knipschild*, Lebensmittelsicherheit als Aufgabe des Veterinär- und Lebensmittelrechts, S. 123; *Thilo Ortgies*, Rechtliches Risikomanagement im Lebensmittelrecht, S. 51; vgl. auch *Tschiersky-Schöneburg/Büttner*, in: Frede, Handbuch für Lebensmittelchemiker, S. 95, 96.

6 Im Folgenden: BasisVO.

7 Verordnung (EG) Nr. 178/2002 des Europäischen Parlaments und des Rates vom 28.01.2002 zur Festlegung der allgemeinen Grundsätze und Anforderungen des Lebensmittelrechts, zur Errichtung der Europäischen Behörde für Lebensmittelsicherheit und zur Festlegung von Verfahren zur Lebensmittelsicherheit, ABl. EG 2002 L 31/1.

8 So *Weiß*, Die rechtliche Gewährleistung der Produktsicherheit, S. 274.

Art. 4 Abs. 2 einen *„horizontalen Gesamtrahmen“*[9], dem sich das Lebensmittelrecht der Union sowie das der jeweiligen Mitgliedstaaten anzupassen hat.[10]

Den Kern der BasisVO bilden Festsetzungen von allgemeinen Anforderungen an die Lebensmittel-[11] und Futtermittelsicherheit[12], die ganzheitlich und umfassend vom Erzeuger bis zum Verbraucher (*„From farm to fork“*) reichen,[13] sowie die Einrichtung einer Europäischen Behörde für Lebensmittelsicherheit[14].

Berücksichtigt man den Umstand, dass Lebensmittel die Grundlage eines jedermanns Ernährung darstellen und im Falle von Lebensmittelskandalen somit eine Art *„universelle Betroffenheit“*[15] besteht, erscheint dieser ganzheitliche Ansatz, der u. a. möglicherweise verlorengegangenes Vertrauen der Bevölkerung in die Lebensmittelsicherheit zurückzugewinnen versucht,[16] durchaus berechtigt.

Freilich darf in diesem Zusammenhang nicht übersehen oder unterschätzt werden, dass ein solcher ganzheitlicher Ansatz auch oder vor allem auf die gesellschaftlichen Veränderungen im Hinblick auf eine immer stärker ausgeprägte, sensibilisierte Wahrnehmung von Risiken[17] innerhalb der Verbraucherschaft zurückzuführen ist. Denn stand einerseits zu früheren Zeiten, in denen Nahrungsmittel nicht im Überfluss vorhanden und ein kostbares, überlebensnotwendiges Gut waren, die Frage nach der Lebensmittelsicherheit noch deutlich weniger im Zentrum der Aufmerksamkeit von Verbrauchern, so hat die zwischenzeitlich quasi vollständige Befriedigung von materiellen (Grund-)Bedürfnissen – insbesondere aufgrund der hohen und breiten Verfügbarkeit von Lebensmitteln – zu einem völlig anderen Blickwinkel geführt.[18] Andererseits bzw. weiterhin fehlt dem Verbraucher in unserer arbeitsteiligen Gesellschaft immer mehr die Kenntnis, wie Lebensmittel überhaupt erzeugt

---

9 *Schomburg*, Rechtsrahmen funktioneller Lebensmittel, S. 89.

10 *Thilo Ortgies*, Rechtliches Risikomanagement im Lebensmittelrecht, S. 51; *Rabe*, ZLR 2003, 151, 153 f.

11 Art. 14 BasisVO.

12 Art. 15 BasisVO.

13 *Müller*, Die Bewältigung von Lebensmittelrisiken durch Risikokommunikation, S. 5; *Meisterernst*, Lebensmittelrecht, S. 4 f.

14 Art. 22 ff. bzw. Kapitel III der BasisVO; im Folgenden EFSA; vgl. *Fuchs*, Lebensmittelsicherheit in der Mehrebenenverwaltung, S. 85 ff.

15 *Simon*, Kooperative Risikoverwaltung im neuen Lebensmittelrecht, S. 33.

16 Weißbuch zur Lebensmittelsicherheit, KOM 1999 (719); *Simon*, Kooperative Risikoverwaltung im neuen Lebensmittelrecht, S. 34; *von Dannwitz*, ZLR 2001, 209, 210; *Blass*, ZLR 2001, 355, 355 ff.

17 Anschaulich *Gelbert*, Die Risikobewältigung im Lebensmittelrecht, S. 5 ff.; *Nöhle*, ZLR 2011, 263, 263 ff.; in soziologischer Hinsicht begriffsprägend *Beck*, Risikogesellschaft, S. 1 ff.; *Luhmann*, Soziologie des Risikos, S. 2.

18 *Viell*, ZLR 2006, 365, 366; *Gelbert*, Die Risikobewältigung im Lebensmittelrecht, S. 5 f., die von einem sog. *„Schlaraffenland-Effekt“* spricht.

werden, was wiederum Sorge und Misstrauen gegenüber neuen technischen Strömungen und dem industriegesellschaftlichen Fortschritt begünstigt.[19]

Natürlich steht außer Zweifel, dass im Zuge neuer und dynamischer Entwicklungen bislang unbekannte, tatsächliche und vermeintliche Risiken – als unbeabsichtigte Nebenfolge – für Leben und Gesundheit entstehen können,[20] die sich aufgrund ihrer Ungewissheit und fehlender Erfahrungswerte bezüglich möglicher Kausalverläufe[21] den überkommenen behördlichen – insbesondere polizeirechtlichen – Kontrollmechanismen entziehen,[22] was infolgedessen nicht nur der Europäische Gesetzgeber mittels einer nicht unerheblichen Umbildung des Rechts (auch des Lebensmittelrechts) weg von einer reinen *Gefahrenabwehr* hin zur *Vorsorge*[23] zu bedienen versucht.

Wesentlich ist dementsprechend das in der BasisVO manifestierte System der *Risikoanalyse*[24] und die im europäischen Lebensmittelrecht erstmalige[25] Kodifizierung des *Vorsorgeprinzips*[26], wonach nicht zugewartet werden soll, bis ein Schadenseintritt wahrscheinlich ist,[27] sodass das Lebensmittelrecht seither im rechtswissenschaftlichen Schrifttum beinahe einhellig als *Risikoverwaltungsrecht* bezeichnet wird.[28] Die *Risikoanalyse* stellt hierbei die zentrale

19 *Gelbert*, Die Risikobewältigung im Lebensmittelrecht, S. 6; *Gelbert*, in: Leible/Meyer, Risiko als Thema des Lebensmittelrechts, S. 31, 31; ähnlich *Streinz*, ZLR 2002, 689, 691 f.

20 *Calliess*, Rechtsstaat und Umweltstaat, S. 65.

21 Zentral ist in diesem Zusammenhang der Begriff der [polizeilichen] Gefahr, worunter nach *BVerfGE* 120, 274, 328 f. eine Sachlage verstanden wird, die bei ungehindertem Geschehensablauf mit hinreichender Wahrscheinlichkeit zu einem Schadenseintritt führt. Das klassische, polizeiliche Gefahrenabwehrrecht knüpft dementsprechend an einen konkreten Sachverhalt an, aus dem sich eine auf bekanntem Erfahrungswissen beruhende Wahrscheinlichkeit auf einen möglichen Schadenseintritt schließen lässt. Entscheidend ist hierbei die Verknüpfung bzw. das Produkt aus Wahrscheinlichkeit und Schaden sowie die Überblickbarkeit und Vorhersehbarkeit in Bezug auf das prognostische Element, vgl. hierzu *Calliess*, Rechtsstaat und Umweltstaat, S. 157, 163; *Schulze-Fielitz*, DÖV 2011, 785, 786.

22 *Gelbert*, in: Leible/Meyer, Risiko als Thema des Lebensmittelrechts, S. 31, 31; vgl. auch *Poscher*, Gefahrenabwehr, S. 10; *Böhm*, ZLR 2011, 291, 295 ff.; vgl. zur rechtlichen Entwicklung der Gefahrenabwehr zur Risikovorsorge auch *Beutin*, Die Rationalität der Risikoentscheidung, S. 87 ff.

23 *Gelbert*, in: Leible/Meyer, Risiko als Thema des Lebensmittelrechts, S. 31.

24 Art. 6 BasisVO.

25 *Thilo Ortgies*, Rechtliches Risikomanagement im Lebensmittelrecht, S. 53.

26 Art. 7 BasisVO.

27 *Di Fabio*, ZLR 2003, 163, 163 f.; *Meisterernst*, Lebensmittelrecht, S. 31 ff.

28 Exemplarisch *Gundel*, § 8 Lebensmittelrecht, in: Ruffert (Hrsg.), Europäisches Sektorales Wirtschaftsrecht, S. 557, 580, Rn. 32; *Simon*, Kooperative Risikoverwaltung im neuen Lebensmittelrecht, S. 35; *Schuppert*, ZLR 2002, 297, 313; *Schliesky*, ZLR 2004, 283, 285; grundlegend zum Begriff *„Risikoverwaltung"*: *Di Fabio*, NuR 1991, 353, 353 ff.; *Di Fabio*, Risikoentscheidungen im Rechtsstaat, S. 5, 115 ff.; *Schuppert*, ZLR 2002, 297, 313 f.

Grundlage für das Lebensmittelrecht und die Lebensmittelpolitik von Union und Mitgliedstaaten dar[29] und beschreibt qua Definition

> *„einen Prozess aus den drei miteinander verbundenen Einzelschritten Risikobewertung, Risikomanagement und Risikokommunikation“*,[30]

verweist inhaltlich mithin auf die in Art. 3 Nrn. 11 bis 13 BasisVO definierten Einzelschritte der *Risikobewertung*, also

> *„einen wissenschaftlich untermauerten Vorgang mit den vier Stufen Gefahridentifizierung, Gefahrenbeschreibung, Expositionsabschätzung und Risikobeschreibung“*[31],

des *Risikomanagements*, als

> *„den von der Risikobewertung unterschiedenen Prozess der Abwägung strategischer Alternativen in Konsultation mit den Beteiligten unter Berücksichtigung der Risikobewertung und anderer berücksichtigenswerter Faktoren und gegebenenfalls der Wahl geeigneter Präventions- und Kontrollmöglichkeiten“*[32],

sowie auf die *Risikokommunikation*, welche

> *„im Rahmen der Risikoanalyse den interaktiven Austausch von Informationen und Meinungen über Gefahren und Risiken, risikobezogene Faktoren und Risikowahrnehmung zwischen Risikobewertern, Risikomanagern, Verbrauchern, Lebensmittel- und Futtermittelunternehmen, Wissenschaftlern und anderen interessierten Kreisen einschließlich der Erläuterung von Ergebnissen der Risikobewertung und der Grundlage für Risikomanagemententscheidungen“*[33]

forcieren und ermöglichen soll.[34]

Obgleich *Risikoanalysen* zu einzelnen Stoffen in vielen Bereichen Verwendung finden, wird dieses System im europäischen Lebensmittelrecht nunmehr eigenständig definiert, um in effektiver Weise gezielte wie angemessene Maßnahmen des Gesundheitsschutzes veranlassen zu können.[35] Die begriffli-

---

29 Vgl. Art. 6 Abs. 1 BasisVO: *„Um das allgemeine Ziel eines hohen Maßes an Schutz für Leben und Gesundheit der Menschen zu erreichen, stützt sich das Lebensmittelrecht auf Risikoanalysen (...)“*.

30 Art. 3 Nr. 10 BasisVO.

31 Art. 3 Nr. 11 BasisVO.

32 Art. 3 Nr. 12 BasisVO.

33 Art. 3 Nr. 13 BasisVO.

34 Vgl. hierzu auch *Meisterernst*, in: Streinz/Meisterernst, BasisVO/LFGB, Art. 3, Rn. 46, sowie Rn. 51 f.

35 *Felix Ortgies*, in: Fischer/Hilgendorf, Gefahr, S. 55, 58.

che Trennung der drei Einzelschritte *Risikobewertung, Risikomanagement* und *Risikokommunikation* sowie die aufgeteilte Zuständigkeit[36] darf hierbei jedoch nicht darüber hinwegtäuschen, dass es sich bei der *Risikoanalyse* um einen einheitlichen, verbundenen Vorgang handelt, der eine Gesamtbetrachtung sämtlicher Umstände erfordert, die insoweit für eine Beurteilung maßgebend erscheinen.[37]

Besteht hingegen – so das in Art. 7 BasisVO kodifizierte *Vorsorgeprinzip* – nach einer

> *„Auswertung der verfügbaren Informationen die Möglichkeit gesundheitsschädlicher Auswirkungen (...), wissenschaftlich* [darüber] *aber noch Unsicherheit (...), können vorläufige Risikomanagementmaßnahmen zur Sicherstellung des in der Gemeinschaft gewählten hohen Gesundheitsschutzniveaus getroffen werden, bis weitere wissenschaftliche Informationen für eine umfassende Risikobewertung vorliegen"*[38].

Dementsprechend lassen sich auch bei wissenschaftlicher Unsicherheit in Bezug auf noch *„junge Technologien"*[39] oder im Falle von bislang unauffälligen Lebensmitteln aufgrund neuer, aber noch nicht vollends ausgereifter wissenschaftlicher Erkenntnisse[40] vorsorgend bzw. vorbeugend Maßnahmen[41] ergreifen.

Substantielle Bedeutung kommt dabei den dahinterstehenden Definitionen der Begriffe *Risiko* und *Gefahr* aus Art. 3 BasisVO zu, da jene die tatbestandliche Grundlegung dieser vorgenannten Risikoanalyse bilden und nur ein diesbezüglich einheitliches Verständnis Widersprüchlichkeiten in der Gestaltung und Anwendung des Rechts auszuräumen vermag.[42]

Risiko wird demnach als

> *„eine Funktion der Wahrscheinlichkeit einer die Gesundheit beeinträchtigenden Wirkung und der Schwere dieser Wirkung als Folge der Realisierung einer Gefahr"*[43]

und *Gefahr* als

---

36 Zu der aufgeteilten Zuständigkeit von *Risikobewertung* und *Risikomanagement* vgl. *Simon*, Kooperative Risikoverwaltung im neuen Lebensmittelrecht, S. 112.

37 *Rathke*, in: Sosnitza/Meisterernst (ehem. Zipfel/Rathke), Art. 3 BasisVO, Rn. 63; *Felix Ortgies*, in: Fischer/Hilgendorf, Gefahr, S. 55, 58.

38 Art. 7 Abs. 1 BasisVO.

39 Vgl. hierzu auch *Kraft/Grugel/Preußendorff*, ZLR 2008, 321, 328 ff.

40 *Rathke*, in: Sosnitza/Meisterernst (ehem. Zipfel/Rathke), Art. 7 BasisVO, Rn. 14.

41 Zu den Maßnahmen vgl. Art. 7 Abs. 2 BasisVO.

42 So bereits *Untermann/Hartig*, ZLR 2004, 116, 116.

43 Art. 3 Nr. 9 BasisVO.

> *„ein biologisches, chemisches oder physikalisches Agens in einem Lebensmittel oder Futtermittel oder ei[n] Zustand eines Lebensmittels oder Futtermittels, der eine Gesundheitsbeeinträchtigung verursachen kann“*[44]

definiert.

Die Begriffsbestimmung des *Risikos* in Art. 3 Nr. 9 BasisVO verknüpft hiernach zwei Komponenten, einerseits die *Wahrscheinlichkeit einer die Gesundheit beeinträchtigenden Wirkung* und andererseits die *Schwere dieser Wirkung als Folge der Realisierung einer Gefahr* durch den Begriff der *Funktion,* sodass ein Risiko in diesem Sinne also die Wahrscheinlichkeit einer möglichen Gesundheitsgefahr in Relation zur Schwere dieser erwarteten Wirkung darstellt.[45]

Ebenfalls zentral sind in diesem Zusammenhang die eingangs bereits erwähnten und nunmehr in Art. 14 BasisVO normierten *Anforderungen an die Lebensmittelsicherheit,* denen sämtliche in der Europäischen Union in den Verkehr gebrachten Lebensmittel entsprechen müssen. Art. 14 BasisVO legt hierbei jedoch nicht nur die Beurteilungsvoraussetzungen fest, wonach Lebensmittel als sicher oder unsicher einzuordnen sind, sondern bildet überdies auch eine sog. Grundnorm der europäischen Lebensmittelsicherheit, auf welche die weiteren Teile der Verordnung zulaufen.[46]

B. Ungereimtheiten im europäischen Lebensmittelsicherheitsrecht

Allerdings sei bereits an hiesiger Stelle ausdrücklich erwähnt, dass die entsprechende Konzeption der BasisVO sowie die vorstehenden Begrifflichkeiten eine Mehrzahl an Ungereimtheiten aufweisen.

So werden die beiden im Mittelpunkt stehenden Begrifflichkeiten *Risiko* und *Gefahr* sowie die dahinterstehenden Sinngehalte innerhalb der BasisVO nicht durchgehend konsequent und einheitlich verwendet, was die rechtsanwendenden Lebensmittelunternehmen und Lebensmittelüberwachungsbehörden durchaus vor Herausforderungen bei der Applikation derselben stellen oder zumindest für Verwirrung sorgen könnte.[47]

---

44 Art. 3 Nr. 14 BasisVO.

45 *Rathke,* in: Sosnitza/Meisterernst (ehem. Zipfel/Rathke), Art. 3 BasisVO, Rn. 53 f., der auf den naturwissenschaftlichen Hintergrund dieses *Risikobegriffes* verweist; *Meisterernst,* Lebensmittelrecht, S. 30.

46 *Thilo Ortgies,* Rechtliches Risikomanagement im Lebensmittelrecht, S. 72; *Joh/Krämer/Teufer/Unland,* ZLR 2012, 420, 422.

47 Vgl. auch *Untermann/Hartig,* ZLR 2004, 116, 119.

Konkret lassen sich solche Widersprüchlichkeiten (oder zumindest Unklarheiten) im Rahmen der Festsetzung der *Anforderungen an die Lebensmittelsicherheit*[48] erkennen, wo anstelle der in Art. 3 Nr. 9 BasisVO verwendeten *Risiko*definition („*die Gesundheit beeinträchtigende Wirkung*") und der in Art. 3 Nr. 14 BasisVO verwendeten *Gefahren*definition („*Gesundheitsbeeinträchtigung*") in Art. 14 Abs. 2 lit. a BasisVO mit der Formulierung „*gesundheitsschädlich*" ein weiteres und gleichzeitig sprachlich enger gefasstes[49], in Art. 3 jedoch nicht legal definiertes Vokabular, eingeführt wird. Auch weil oder obwohl der Begriff „*gesundheitsschädlich*" in Art. 14 Abs. 4 BasisVO mit entsprechenden „*zu berücksichtigen[den]*" Kriterien umschrieben wird,[50] stellt sich doch die Frage, ob und inwieweit sich dieser mit dem Terminus der „*Gesundheitsbeeinträchtigung*" entweder gleichsetzen oder zumindest in dessen Lichte auslegen lässt.

Im rechtswissenschaftlichen Schrifttum, insbesondere in sog. lebensmittelrechtlichen Standardwerken, stößt dieser Faktor auf ein uneinheitliches Echo. So sieht *Rathke* – obgleich er die unterschiedliche sprachliche Gestaltung durchaus erkennt – beispielsweise keine Divergenz bei der Verwendung und Auslegung der Begrifflichkeiten und setzt diese gleich:

> „*Dass mit dem Begriff Gesundheitsbeeinträchtigung etwas anderes gemeint ist, als gesundheitsschädlich i. S. des Art. 14 Abs. 4* [BasisVO] *ist nicht zu unterstellen. Zwar geht nach allgemeinem Sprachgebrauch eine Beeinträchtigung weiter als das Wort schädlich; die Bestimmung der Kriterien für ein gesundheitsschädliches Lebensmittel in Art. 14 Abs. 4* [BasisVO] *gehen* [sic] *jedoch weit über den Inhalt des Begriffes gesundheitsschädlich nach allgemeinem Sprachgebrauch hinaus. Deshalb ist davon auszugehen, dass diese Beschreibung gesundheitsschädlicher Lebensmittel auch für die inhaltliche Abgrenzung des Begriffes Gesundheitsbeeinträchtigung in* [Art. 3] *Nr. 14* [BasisVO] *heranzuziehen ist,* (...)"[51].

Einen anderen Ansatz scheint *Meisterernst* zu wählen, der begrifflich zwischen der in Art. 14 Abs. 2 lit. a i. V. m. Abs. 4 BasisVO verwendeten Formulierung „*gesundheitsschädlich*" und der in Art. 3 Nr. 14 BasisVO bezeichneten „*Gesundheitsbeeinträchtigung*" (und somit auch der in Art. 3 Nr. 9 BasisVO enthaltenen „*die Gesundheit beeinträchtigenden Wirkung*") zwar durchaus differenziert bzw. die Kriterien des Art. 14 Abs. 4 BasisVO einerseits unmittelbar nur für die Beurteilung der Verkehrsfähigkeit des jeweiligen Lebensmittels

48 Art. 14 BasisVO.

49 Vgl. auch *Rathke*, in: Sosnitza/Meisterernst (ehem. Zipfel/Rathke), Art. 3 BasisVO, Rn. 89.

50 Auf Auslegungs- und Deutungsprobleme im Zusammenhang mit verschiedenen unbestimmten Rechtsbegriffen innerhalb des Art. 14 BasisVO machen zudem aufmerksam *Kert*, Lebensmittelstrafrecht im Spannungsfeld des Gemeinschaftsrechts, S. 147; *Honstetter*, Lebensmittel(straf)rechtlicher Gesundheitsschutz, S. 158.

51 *Rathke*, in: Sosnitza/Meisterernst (ehem. Zipfel/Rathke), Art. 3 BasisVO, Rn. 89.

i. S. d. Art. 14 Abs. 1 BasisVO heranzieht, andererseits und gleichzeitig diese Kriterien doch als vorgelagerte Frage bzgl. der *„Möglichkeit einer Gesundheitsbeeinträchtigung“* verwertet und dementsprechend eine in sich prima facie wohl widersprüchliche Lösung anträgt, welche die Divergenz nicht auszuräumen vermag:

> *„Ob überhaupt eine Gesundheitsbeeinträchtigung möglich ist, kann dabei anhand der in Art. 14 Abs. 4 BasisVO genannten Kriterien bestimmt werden. Zwar setzt Art. 14 Abs. 4 BasisVO diese Kriterien direkt nur für die Frage der Beurteilung der Gesundheitsschädlichkeit fest, die gemäß Art. 14 Abs. 1, 2 Bucht. a) BasisVO dazu führt, dass das jeweilige Lebensmittel nicht verkehrsfähig ist. Die Beurteilung der Gesundheitsschädlichkeit ist somit das Ergebnis der Risikoanalyse, ggf. unter Einbezug des Vorsorgeprinzips und nicht mit der Frage einer möglichen Gesundheitsbeeinträchtigung gemäß Art. 2 [sic]*[52] *Ziff. 14 BasisVO gleichzusetzen. Dennoch können die in Art. 14 Abs. 4 BasisVO genannten Kriterien bei der vorgelagerten Frage [sic] ob die Möglichkeit einer Gesundheitsbeeinträchtigung und somit eine Gefahr besteht herangezogen werden.“*[53]

Den beiden vorgenannten Autoren ist zuzuerkennen, dass sie diese Unstimmigkeit jedenfalls erkannt und den Versuch einer Auflösung unternommen haben.[54] An anderer Stelle nämlich wird der jeweilige, hinter diesen Termini stehende Sinngehalt völlig verkannt. So verwechselt *Schomburg* ganz offensichtlich die Bedeutung der begrifflich weitergefassten *„Gesundheitsbeeinträchtigung“* mit der sprachlich sehr viel engeren Vokabel *„gesundheitsschädlich“* und vermengt diese dadurch in unsystematischer Weise:

> *„Gesundheitsschädlich sind Lebensmittel dann, wenn sie geeignet sind eine Gesundheitsbeeinträchtigung hervorzurufen. Bereits unterhalb der Krankheitsschwelle ist jedes Hervorrufen einer vorübergehenden, jedoch nicht ganz geringfügigen Beeinträchtigung der menschlichen Gesundheit wie Übelkeit, Durchfall, Kopfschmerzen, als Gesundheitsschädigung zu verstehen.“*[55]

---

52 Anmerkung: Richtigerweise handelt es sich hierbei um Art. 3 Nr. 14 BasisVO.

53 *Meisterernst*, Lebensmittelrecht, S. 29; im Ergebnis ebenso, jedoch ohne den Versuch einer Begründung siehe *Meisterernst*, in: Streinz/Meisterernst, BasisVO/LFGB, Art. 3 BasisVO, Rn. 47.

54 In anderen einschlägigen Publikationen wurde dies eher ausgeklammert bzw. überhaupt nicht problematisiert, so bspw. *Dominik Mayer*, Gesundheitsschutz in der Europäischen Gemeinschaft am Beispiel von BSE, S. 200 ff. sowie *Thilo Ortgies*, Rechtliches Risikomanagement im Lebensmittelrecht, S. 71, 76 ff., 242 ff., 258 ff.; aber auch *Rabe*, ZLR 2003, 151, 156 ff. und *Simon*, Kooperative Risikoverwaltung im neuen Lebensmittelrecht, S. 209 ff.

55 *Schomburg*, Rechtsrahmen funktioneller Lebensmittel, S. 90; wenig nachvollziehbar erscheinen a. a. O. auf S. 98 f. auch die Ausführungen, dass sich Art. 14 Abs. 1 BasisVO an die Lebensmittelunternehmer, die übrigen Abs. 2 bis 9 hingegen an die zuständigen Lebensmittelüberwachungsbehörden, mithin an unterschiedliche Adressaten richtet.

Die eigentliche Problematik bei der Auslegung und Anwendung der in der BasisVO verwendeten Termini liegt jedoch tiefer bzw. lässt sich insbesondere schon in der vorgelagerten Frage verorten, wie die Begrifflichkeiten *Risiko* und *Gefahr* in Verbindung mit der in Art. 6 BasisVO manifestierten *Risikoanalyse* zu interpretieren sind und welcher konkrete Regelungsgehalt diesen überhaupt zukommt, namentlich ob der *Risikobegriff* lediglich rein formal im Sinne einer Verfahrensvorschrift zu verstehen ist oder ob bereits hier eine normative Schwelle zum Tätigwerden, also zum Ergreifen von *Risikomanagementmaßnahmen*[56], eingezogen wird. Eine verbindliche Klärung dieser Frage könnte durchaus dazu beitragen, das Dunkelfeld rund um die inkohärente Verwendung der Begrifflichkeiten zu erhellen. Denn dass hier Klärungsbedarf besteht, erscheint unstreitig.

Exemplarisch sei auch hier auf das einschlägige Schrifttum verwiesen. *Rathke* nämlich, versteht den *Risikobegriff*, indem er sich nah an dessen Wortlaut orientiert, lediglich verfahrensbezogen, also dahingehend, dass er die beiden Elemente *Eintrittswahrscheinlichkeit einer die Gesundheit beeinträchtigenden Wirkung* und die *Schwere eben dieser Wirkung als Folge der Gefahrenrealisierung* durch den Begriff der *Funktion* bloß in Beziehung setzt, ohne dass bereits hiermit eine materiell-normative Schwelle eingezogen wird:

> *„Dieser (...) Begriff besagt lediglich, dass bei der Feststellung eines Risikos die beiden Umstände miteinander in Beziehung zu setzen sind (...). Die materielle Bewertung bestimmter Tatsachen als Risiko muss sich mithin aus den Vorschriften ergeben, die sich auf ein Risiko beziehen; die Begriffsbestimmung beschränkt sich hiernach auf die Benennung der Umstände, die ein Risiko begründen können. Dementsprechend ergibt sich aus der Definition auch nicht, wie hoch der Grad der Wahrscheinlichkeit für eine die Gesundheit beeinträchtigenden Wirkung und wie schwer diese Wirkung sein muss, um Maßnahmen auszulösen. Die Definition bestimmt lediglich den Denkprozess zur Feststellung eines Risikos. Ob ein Risiko besteht, kann sich nur aus dem materiellen Inhalt der Vorschriften, die sich auf ein Risiko beziehen sowie den zu beurteilenden Sachverhalten ergeben.“*[57]

Nicht ganz so eindeutig äußert sich hingegen *Meisterernst*, der an einer Stelle selbigen Ansatz wie *Rathke* publiziert und dem *Risikobegriff* alleine gerade keine materiell-rechtliche Wirkung, mithin allenfalls in Verbindung mit Art. 14 Abs. 4 BasisVO, zuerkennt, aber auch hier über die vorgenannte unterschiedliche Begriffsverwendung und der ggf. damit im Zusammenhang stehenden Problemlage hinwegsieht:

---

56 Art. 3 Nr. 12 bzw. Art. 6 Abs. 3 BasisVO.

57 *Rathke*, in: Sosnitza/Meisterernst (ehem. Zipfel/Rathke), Art. 3 BasisVO, Rn. 54 f.

> *„Wann eine derartige „die Gesundheit beeinträchtigende Wirkung" vorliegen kann, wird in Art. 3 Nr. 9 BasisVO nicht weiter ausgeführt. Auch beim Begriff der Gefahr gemäß Art. 3 Nr. 14 BasisVO kommt es maßgeblich darauf an, ob mit der Gefahr ‚eine Gesundheitsbeeinträchtigung' verursacht werden kann. Einheitlich ist die Frage einer die Gesundheit beeinträchtigenden Wirkung also danach zu beurteilen, ob die bloße Möglichkeit einer Gesundheitsbeeinträchtigung* besteht *(...). Anhaltspunkte dafür, wann eine Gesundheitsbeeinträchtigung möglich sein kann, lassen sich der Vorschrift des Art. 14 Abs. 4 BasisVO entnehmen, der Kriterien bei der Beurteilung der Lebensmittelsicherheit benennt. Die dort genannten Kriterien der ‚wahrscheinlichen sofortigen und/oder kurzfristigen und/ oder langfristigen Auswirkungen des Lebensmittels nicht nur auf die Gesundheit des Verbrauchers, sondern auf nachfolgende Generationen' sowie ‚die wahrscheinlichen kumulativen toxischen Auswirkungen' unter Berücksichtigung besonderer gesundheitlicher Empfindlichkeit bestimmter Verbrauchergruppen, ‚falls das Lebensmittel für diese Gruppe von Verbrauchern bestimmt ist', können auch zur Beurteilung der Frage herangezogen werden, ob eine Gesundheitsbeeinträchtigung möglicherweise zu befürchten ist."*[58]

An anderer Stelle hingegen lesen sich die Ausführungen von *Meisterernst* deutlich weniger verfahrensbezogen bzw. vielmehr dahingehend, als dass bereits der *Risikobegriff* eine solche normative Schwelle zieht:

> *„Als Risiko ist demnach die Wahrscheinlichkeit einer möglichen Gefahr in Relation zu Schwere der befürchteten Wirkung anzusehen. Die beiden Elemente des Risikos, die der Gesundheitsbeeinträchtigung und der potenziellen Schwere der Realisierung der Gefahr, sind für die sich anschließende Risikomanagemententscheidung von untrennbarer und erheblicher Bedeutung. Schwere Folgen bei der Realisierung der Gefahr, zB irreversible Gesundheitsbeeinträchtigungen oder Todesfälle, verlangen Risikomanagementmaßnahmen auch nur bei einer sehr geringen Wahrscheinlichkeit der bei der Realisierung der Gefahr drohenden Gesundheitsbeeinträchtigung. Eine höhere Wahrscheinlichkeit des Eintritts einer Gesundheitsbeeinträchtigung kann hingegen bei nur schwachen Auswirkungen auf die menschliche Gesundheit eher hingenommen werden. Das Risiko muss letzten Endes zumindest plausibel sein. Rein hypothetische Überlegungen genügen auch im Rahmen des Vorsorgeprinzips (...) nicht, um Verkehrsverbote zu rechtfertigen."*[59]

58 *Meisterernst*, in: Streinz/Meisterernst, BasisVO/LFGB, Art. 3 BasisVO, Rn. 47.
59 *Meisterernst*, Lebensmittelrecht, S. 30.

Ähnlich blickt auch *Simon* auf den *Risikobegriff*, indem er bereits diesem die Entscheidung über *„Inhalt und Tragweite“* von *Risikomanagementmaßnahmen* als immanent unterstellt:

> *„Der Risikobegriff spielt – ebenso wie in vielen anderen Gebieten des öffentlichen Wirtschaftsrechts – auch in allen Teilbereichen des neuen Lebensmittelrechts als modernem Risikoverwaltungsrecht eine elementare Rolle. So entscheidet die Auslegung des Begriffes im Rahmen der Risikoanalyse (Art. 6 Lebensmittelbasisverordnung), die das allgemeine Steuerungsinstrument des neuen Lebensmittelrechts darstellt, grundlegend über Inhalt und Tragweite sowohl von staatlichen Eingriffen als auch von eigenen (Vorsorge-) Verpflichtungen des Lebensmittelunternehmers.“*[60]

Interessant erscheint in diesem Zusammenhang, dass *Simon* die Grundbegriffe *Risiko* und *Risikoanalyse* innerhalb seiner monographischen Untersuchung der *„Kooperative*[n] *Risikoverwaltung im neuen Lebensmittelrecht“* zwar zentral in einem eigenen Kapitel[61] behandelt, jedoch auf die hier in Rede stehende Problematik, mithin ob der *Risikobegriff* lediglich im Sinne einer Verfahrensvorschrift zu verstehen ist oder ob bereits dieser eine normative Schwelle zum Tätigwerden zieht, nicht unmittelbar analytisch eingeht respektive diese begriffliche Divergenz überhaupt nicht erkennt.[62] Beachtenswert ist aber durchaus eine Erkenntnis, die wiederum weitere Unstimmigkeiten aufzuwerfen vermag. So formuliert *Simon* im Zusammenhang mit Art. 14 BasisVO:

> *„Des Weiteren werden über das ‚Risiko‘ die allgemeinen Anforderungen an die Sicherheit eines Lebensmittels in Art. 14 Lebensmittelbasisverordnung (negativ) definiert“*[63].

Diese zunächst abstrakt anmutende Passage (insbesondere da, wie oben dargestellt, die divergente begriffliche Ausgestaltung des Art. 14 BasisVO in Verbindung mit dem *Risikobegriff* aus Art. 3 Nr. 9 BasisVO eine solche Verknüpfung gerade nicht unmittelbar erkennen lässt) wird jedoch mit einem weiterführenden Fußnotenhinweis ergänzt, in dem sich einerseits ggf. eine

60 *Simon*, Kooperative Risikoverwaltung im neuen Lebensmittelrecht, S. 81.

61 *Simon*, Kooperative Risikoverwaltung im neuen Lebensmittelrecht, S. 81 bis 153: *„2. Kapitel, Die Risikoverwaltung: Risiko und Risikoanalyse als Grundbegriffe des neuen Lebensmittelrechts“*.

62 Vgl. hierzu insbesondere die relevanten Passagen bei *Simon*, Kooperative Risikoverwaltung im neuen Lebensmittelrecht, S. 81, 91 ff., 100 ff. sowie 106 ff., 112 ff. und 140 f.

63 *Simon*, Kooperative Risikoverwaltung im neuen Lebensmittelrecht, S. 81; im Ergebnis wohl ähnlich, begrifflich wie inhaltlich jedoch undifferenziert *Schomburg*, Rechtsrahmen funktioneller Lebensmittel, S. 90: *„Grundlage jeder Überprüfung der gesundheitlichen Auswirkungen ist die Risikobewertung nach Art. 6 sowie das Vorsorgeprinzip des Art. 7 BasisVO. Maßstab für die Risikobewertung ist die Rechtsprechung des EuGH zum Vorsorgeprinzip und dem Umgang mit der Ungewissheit bei einer Gefahr für die menschliche Gesundheit“*.

(vermeintliche) erste Erklärung erblicken lässt, der andererseits aber weitere Folgefragen aufwirft:

> *„In der deutschen Sprachfassung von Art. 14 Lebensmittelbasisverordnung wird der Begriff ‚Risiko' nicht explizit verwandt, in einigen anderen Sprachfassungen hingegen schon. Der Zusammenhang zwischen Lebensmittelsicherheit und Risiko wird im Folgenden noch mehrmals dargestellt* (…)"[64].

Bezieht man nämlich die unterschiedlichen Sprachfassungen[65] des Art. 14 BasisVO in diesen Ansatz von *Simon* mit ein, so scheint sich dessen Annahme jedenfalls nur partiell zu bestätigen, da weder die englische[66] noch die französische[67] Fassung eine Verwendung des Begriffes *Risiko* aufweist. Vielmehr sind die dort verwendeten Vokabeln *„injurious to health"*[68] und *„préjudiciable à la santé"*[69] dem deutschen Pendant *„gesundheitsschädlich"* des Art. 14 Abs. 2 lit. a BasisVO, welches mit dem *Risikobegriff* ja divergiert, sogar sehr ähnlich. Während jedoch in der deutschen und in der englischen Sprachfassung des Art. 14 Abs. 1 und 2 BasisVO von *„nicht sicher*[en]" Lebensmitteln[70] die Rede ist, spricht der französische Text von *„dangereuse"*[71] also *gefährlichen* Lebensmitteln.[72] Lediglich die italienische Textfassung rekurriert ausdrücklich auf ein *„rischio"*[73].

Die aufgeworfenen Fragen, wie die Begrifflichkeiten und deren dahinterstehende Konzeption nun erwartungsgemäß und widerspruchsfrei angewandt und ausgelegt werden können, bleiben also nicht nur offen, sondern werden

---

64 *Simon*, Kooperative Risikoverwaltung im neuen Lebensmittelrecht, S. 81 in dortiger Fn. 182; allerdings sei auch an dieser Stelle nochmals der Hinweis erlaubt, dass die hier in Rede stehende begriffliche Problematik a. a. O. gerade nicht behandelt wird.

65 An dieser Stelle zunächst die englische und die französische Sprachfassung.

66 Art. 14 BasisVO in der englischen Sprachfassung: *„(1) Food shall not be placed on the market if it is unsafe. (2) Food shall be deemed to be unsafe if it is considered to be: (a) injurious to health; (b) unfit for human consumption"*.

67 Art. 14 BasisVO in der französischen Sprachfassung: *„(1) Aucune denrée alimentaire n'est mise sur le marché si elle est dangereuse. (2) Une denrée alimentaire est dite dangereuse si elle est considérée comme: a) préjudiciable à la santé; b) impropre à la consommation humaine"*.

68 *Injurious to health*, engl.: gesundheitsschädlich (https://de.pons.com/%C3%BCbersetzung/englisch-deutsch/injurious+to+health?bidir=1 [zuletzt abgerufen, am: 11.03.2024]).

69 *Préjudiciable à la santé*, frz.: schädlich für die Gesundheit (https://www.deepl.com/de/translator#fr/de/pr%C3%A9judiciable%20%C3%A0%20la%20sant%C3%A9 [zuletzt abgerufen, am: 11.03.2024]).

70 In der englischen Fassung *„unsafe"*.

71 *Dangereuse*, frz.: gefährlich (https://de.pons.com/%C3%BCbersetzung/franz%C3%B6sisch-deutsch/dangereuse [zuletzt abgerufen, am: 11.03.2024]).

72 Vgl. hierzu auch *Arndt*, Das Vorsorgeprinzip im EU-Recht, S. 115 f.

73 *Rischio*, italienisch: Risiko (https://www.deepl.com/de/translator#it/de/rischio [zuletzt abgerufen, am: 11.03.2024]).

sogar noch vielzähliger und undurchschaubarer. Zu einer Kontrastierung der Nomenklatur – um den Blick wieder auf die Ungereimtheiten in der deutschen Sprachfassung zu wenden – hat ebenfalls nicht beigetragen, dass innerhalb der Vorschriften zur *Europäischen Beh*örde für Lebensmittelsicherheit[74] anstelle des Begriffes der *Gefahr* mehrfach der des *Risikos* aufgebracht wird.[75] So lässt sich Art. 22 Abs. 2 BasisVO entnehmen:

> „[Die EFSA] (...) *macht auf Risiken aufmerksam*",

was in Anbetracht der Definition des *Risikobegriffes* aus Art. 3 Nr. 9 BasisVO bedeuten würde, sie mache aufmerksam auf eine *„Funktion der Wahrscheinlichkeit einer die Gesundheit beeinträchtigenden Wirkung und der Schwere dieser Wirkung als Folge der Realisierung einer Gefahr"*. Sprachlich und inhaltlich zutreffender wäre doch, dass die EFSA auf *„(neue) Gefahren und deren Risiko aufmerksam macht"*[76].

Ähnlich flüchtig wie interpretationsfähig erscheint Art. 23 lit. f BasisVO:

> „[Die EFSA] *führt in den Bereichen ihres Auftrags Maßnahmen zur Identifizierung und Beschreibung neu auftretender Risiken durch*",

da entsprechend der Definition der *Risikobewertung* aus Art. 3 Nr. 11 BasisVO gerade keine *Risiken* sondern vielmehr, als erster Schritt, *Gefahren* zu identifizieren und sodann, in einem zweiten Schritt, zu beschreiben sind.[77]

Zudem erscheint erwähnenswert, dass der *Risikobegriff* in der (erst rund 15 Jahre später eingeführten) sog. neuen Kontrollverordnung[78] in seinem Art. 3 Nr. 24 deutlich weiter gefasst ist als der in Art. 3 Nr. 9 BasisVO und über solche Wirkungen, die von Lebens- oder Futtermitteln auf Menschen oder Tiere gesundheitsbeeinträchtigende Wirkung zeitigen, auch alle Gefahren, unabhängig von der Art des Agens sowie auch Wirkungen auf Pflanzen, Tierschutz und Umwelt umfasst.[79] Demnach ist unter einem Risiko

> *„ein Produkt aus der Wahrscheinlichkeit des Eintretens einer die Gesundheit von Menschen, Tieren oder Pflanzen, den Tierschutz oder die Umwelt*

74 Im Folgenden EFSA; Art. 22 bis 34 BasisVO.

75 So auch *Untermann/Hartig*, ZLR 2004, 116, 119, an welchem sich die hiesige Darstellung orientiert.

76 *Untermann/Hartig*, ZLR 2004, 116, 119.

77 So auch *Untermann/Hartig*, ZLR 2004, 116, 119, der zusätzlich noch Art. 34 Abs. 1 BasisVO anspricht und analog zu den vorstehenden Ausführungen empfiehlt, ebd. *„neu auftretende Risiken* (...) *zu identifizieren"* durch *„neu auftretende Gefahren*(...)" zu ersetzen.

78 Verordnung (EU) des Europäischen Parlaments und des Rates vom 15.03.2017 über amtliche Kontrollen, ABl. EU 2017 L 95/1; im Folgenden: KontrollVO.

79 *Rathke*, in: Sosnitza/Meisterernst (ehem. Zipfel/Rathke), Art. 3 BasisVO, Rn. 61b.

> *beeinträchtigenden Wirkung und der Schwere dieser Wirkung als Folge einer Gefahr"*

zu verstehen.

Diese Uneinheitlichkeit in Bezug auf die begriffliche Ausgestaltung und die Konzeption innerhalb der BasisVO[80] lässt sich wohl vornehmlich auf den Umstand zurückführen, dass die Verordnung vor dem Eindruck insbesondere der BSE-Krise und dem hierauf resultierenden politischen Druck auf die Organe der Europäischen Union binnen eines sehr kurzen Zeitraumes geschaffen wurde;[81] zwischen dem ersten Kommissionsvorschlag, der Zustimmung des Europäischen Parlaments am 11. Dezember 2001 und dem Beschluss des Europäischen Rates am 21. Januar 2002 lag immerhin weniger als ein Jahr, was (jedenfalls aus damaliger Sicht)[82] durchaus als unüblich bezeichnet werden kann.[83]

Nichtsdestotrotz sind die Begrifflichkeiten *Risiko* und *Gefahr* als sog. Gesetzesbegriffe Teil des Normbefehls der BasisVO.[84] Und dieser Normbefehl hat wiederum schon aus funktionalen Gesichtspunkten für die rechtsunterworfenen Lebensmittelunternehmer und Überwachungsbehörden – auf Rechtsdurchsetzungsebene – insoweit operabel anwendbar und realisierbar zu sein.[85] Das kann jedoch nur gelingen, wenn der Normbefehl deutlich und der Sinngehalt der Begriffe *Risiko* und *Gefahr* im Rahmen der praktischen Anwendung ermittelbar ist, dieser also vom Rechtsanwender erwartungsgemäß angewandt werden kann und auch angewandt wird.[86] Vor dem Hintergrund der vorstehenden Ausführungen lässt sich gerade das bezweifeln.

C. Gefahr und Risiko nach deutschem Rechtsverständnis – Hilfe oder Hindernis?

Zu dieser uneinheitlichen Begriffsverwendung und den daraus resultierenden konzeptionellen Ungereimtheiten innerhalb der BasisVO kommen – mit Blick auf die deutsche Ebene – überdies zwei weitere Umstände hinzu, welche

80 Vgl. hierzu auch *Schroeter*, ZLR 2005, 191, 199; *Rabe*, ZLR 2003, 151, 152.

81 *Rathke*, in Sosnitza/Meisterernst (ehem. Zipfel/Rathke), Vorbemerkungen zur BasisVO, Rn. 2.

82 Zwischen den Jahren 2009 und 2014 betrug die durchschnittliche Dauer des europäischen Gesetzgebungsverfahrens jedenfalls noch 19 Monate (https://www.bundesregierung.de/breg-de/schwerpunkte/europa/eu-gesetzgebung-370498 [zuletzt abgerufen, am: 11.03.2024]).

83 *Simon*, Kooperative Risikoverwaltung im neuen Lebensmittelrecht, S. 39.

84 Siehe hierzu jedoch in Bezug auf *unbestimmte Rechtsbegriffe* im bundesdeutschen Technikrecht: *Ebinger*, Der unbestimmte Rechtsbegriff im Recht der Technik, S. 13.

85 In Bezug auf *unbestimmte Rechtsbegriffe* im bundesdeutschen Technikrecht: *Ebinger*, Der unbestimmte Rechtsbegriff im Recht der Technik, S. 13.

86 Vgl. *Papier*, DÖV 1986, 621, 622.

die dogmatische Zugänglichkeit und Handhabbarkeit der in Rede stehenden lebensmittelrechtlichen Begrifflichkeiten *Risiko* und *Gefahr* zumindest beeinflussen könnten:

Zum einen: Der *Risikobegriff* des Art. 3 Nr. 9 BasisVO weist prima facie eine große Ähnlichkeit und wohl auch konzeptionelle Nähe zum sog. *deutschen polizeirechtlichen Gefahrenbegriff* auf, indem er die beiden Elemente *Eintrittswahrscheinlichkeit* und *Schwere der Wirkung* in *Funktion* setzt.[87] Da gleichzeitig im europäischen Sekundärrecht, insbesondere in der BasisVO, gerade kein solches Gegenstück zum deutschen *Gefahrenbegriff* existiert,[88] stellt sich die Frage, ob speziell für den deutschen Rechtsanwender diesbezüglich weitere Probleme oder Unsicherheiten bei der Auslegung und Anwendung des lebensmittelrechtlichen Risikobegriffes hervorgehen.

Diese Frage drängt sich nämlich, zum anderen, aus folgendem Grund auf: Die Begrifflichkeiten *Gefahr* und *Risiko* waren – im Zusammenhang mit technischen Entwicklungen, deren Folgen nicht gänzlich überblickt werden konnten und können,[89] namentlich im Atomrecht, im Immissionsschutzrecht und im Gentechnikrecht,[90] wo also eine Wahrscheinlichkeitsprognose in gleicher Weise wie innerhalb der lebensmittelrechtlichen Regelungsmaterie schwierig erscheint – bereits lange vor Einführung der BasisVO Gegenstand des rechtswissenschaftlichen Diskurses in Deutschland, sodass sich entsprechende Konnotationen, trotz vieler Ungeklärtheiten und Offenheiten, in der Rechtssprache zwischenzeitlich verankert haben könnten.[91]

Sofern das der Fall ist, lässt sich durchaus fragen, ob dieser Faktor einen Beitrag zur Auslegung bzw. Klärung der in Rede stehenden Termini aus der BasisVO leisten, also dahingehend hilfreich sein kann, oder vielmehr eher ein Hindernis darstellt, da unionsrechtliche Rechtsbegriffe ja gerade autonom auszulegen sind.[92] Eine Antwort hierauf lässt sich zweifelsohne nur nach einer genauen Betrachtung dieser in Deutschland verwendeten Begriffe *Gefahr* und *Risiko* finden, die im Folgenden erfolgen soll.

---

87 Ähnlich *Simon*, Kooperative Risikoverwaltung im neuen Lebensmittelrecht, S. 100, der den *Risikobegriff* aus Art. 3 Nr. 9 BasisVO als vergleichbar mit dem polizeirechtlichen *Gefahrenverdacht* ansieht.

88 *Stephan Meyer*, in: Opper/Rolfes/Roth, Chancen und Risiken der Stammzellforschung, S. 279, 284.

89 *Lepsius*, VVDStRL 63 (2004), S. 264, 266 f.

90 Überblicksartig *Di Fabio*, NuR 1991, 353, 355 (in Bezug auf das Atomrecht), 355 f. (in Bezug auf das Immissionsrecht), 356 f. (in Bezug auf das Gentechnikrecht).

91 Vgl. insbesondere *Calliess*, Rechtsstaat und Umweltstaat, S. 163; *Preuß*, Risikovorsorge als Staatsaufgabe, in: Grimm, Staatsaufgaben, S. 523, 542.

92 *Wegener*, Art. 19 EUV, in: Calliess/Ruffert, AEUV/EUV, Rn. 28.

Als Ausgangspunkt lässt sich dementsprechend noch einmal festhalten: Die soeben angesprochenen begrifflichen Problematiken resultieren vornehmlich aus der Reaktion des Rechts auf technische Entwicklungen, deren Folgen nicht gänzlich überblickt werden können.[93] Denn ausgehend von dem klassischen Referenzgebiet des Gefahrenabwehrrechts, dem Polizeirecht, wird das zentrale eingriffsbegründende Tatbestandsmerkmal, die *Gefahr*, als eine Sachlage verstanden, die bei ungehindertem Ablauf des objektiven Geschehens mit hinreichender Wahrscheinlichkeit zu einem Schadenseintritt führen wird.[94] Die *Gefahr* knüpft dementsprechend an einen konkreten Sachverhalt an, aus dem sich eine auf Erfahrungswissen basierende Wahrscheinlichkeit in Bezug auf den Schadenseintritt ergibt; die *Gefahr* ist somit strukturell von den Elementen der Erkennbarkeit und Vorhersehbarkeit geprägt.[95]

Das *Risiko* bzw. das moderne Konzept der Risikosteuerung knüpft hingegen deutlich früher an und erfasst in hohem Maße ungewisse Szenarien, die der unmittelbaren Gefahrenabwehr vorgelagert sind, indem es die noch ungewisse Entstehung einer *Gefahr* in Bezug nimmt.[96] Ein *Risiko* setzt also weder einen konkreten Sachverhalt, der sich möglicherweise hin zu einem Schaden entwickeln kann, noch eine bereits bekannte Wahrscheinlichkeit voraus.[97]

Relevant ist diese nicht nur begriffliche Unterscheidung vor dem Wandel überkommener staatlicher Sicherheitsgewährleistungen, der – wie soeben erwähnt – eine zunehmende Vorverlagerung staatlicher Eingriffstätigkeit zum Gegenstand hat. Verfolgte die sog. *klassische Gefahrenabwehr* ein Konzept der Bewahrung und Wiederherstellung von störungsfreien Zuständen im Sinne einer bloßen Reaktion, so setzt das Konzept der Risikovorsorge zeitlich und sachlich sehr viel früher an und konzentriert sich auf eine vorbeugende und vorsorgende Risikominimierung,[98] die sich – auf Rechtsfolgenseite – nur schwerlich mit den herkömmlichen verwaltungsrechtlichen Instrumenten bewältigen lässt.[99] Im Einzelnen:

---

93 *Lepsius*, VVDStRL 63 (2004), S. 264, 266 f.; *Preuß*, Risikovorsorge als Staatsaufgabe, in: Grimm, Staatsaufgaben, S. 523, 530.

94 *BVerfGE* 120, 274, 328 f.; vgl. auch *BVerfGE* 110, 33, 56 f., 61; 113, 348, 377 f.; *Scherzberg*, VerwArch 1993, 484, 490; siehe auch die Legaldefinition in Art. 11 Abs. 1 S. 2 BayPAG.

95 *Calliess*, Rechtsstaat und Umweltstaat, S. 157; *Schulze-Fielitz*, DÖV 2011, 785, 786.

96 *BVerwGE* 72, 300, 315, NVwZ 1986, 208, 212; *Di Fabio*, Risikoentscheidungen im Rechtsstaat, S. 115 f.; *Calliess*, Rechtsstaat und Umweltstaat, S. 169.

97 *Lepsius*, VVDStRL 63 (2004), S. 264, 267 f. spricht insoweit von einem *„Erkenntnisproblem"*; *Freimuth*, Die Gewährleistung der IT-Sicherheit Kritischer Infrastrukturen, S. 117.

98 *Di Fabio*, Risikoentscheidungen im Rechtsstaat, S. 448 ff.; *Grimm*, Der Wandel der Staatsaufgaben, in: Grimm, Staatsaufgaben, S. 613, 626; *Möstl*, Die staatliche Garantie für die Öffentliche Sicherheit und Ordnung, S. 28 f.

99 *Möstl*, Die staatliche Garantie für die Öffentliche Sicherheit und Ordnung, S. 29.

I. Der unterschiedliche zeitliche und situative Anknüpfungspunkt

Der Begriff der *Gefahr*[100] knüpft – in rechtshistorischer Abgrenzung zur Wohlfahrtspflege[101] – an *drohende* bzw. *bereits eingetretene Schäden* an und bildet dementsprechend als gängige Eingriffsschwelle[102] für den Erlass behördlicher Maßnahmen den Kern des klassischen polizeirechtlichen Gefahrenabwehrrechts. Die Bestimmung einer *Gefahr* erfordert demnach auch – oder vor allem – die Feststellung eines (möglichen) Schadens an den einschlägigen Schutzgütern, die, ausgehend von einer sorgfältigen und umfassenden Analyse der in Rede stehenden Situation (sog. Lagebeurteilung), eine Prognose mit Blick auf die weitere Entwicklung umfasst.[103] Maßgebend ist hiernach die Kenntnis von Umständen, die es mittels einer Prognose oder Erfahrungsregel und einer gewissen Wahrscheinlichkeit ermöglicht, auf einen Schaden zu schließen, nicht jedoch zwingend ein Kausalzusammenhang zwischen einer gegenwärtigen Situation und dem möglichen künftigen Schadensereignis. Oder anders formuliert: Entscheidend sind Feststellungen und deren subjektive Wertungen in Bezug auf einen diesbezüglich potentiellen Schadenseintritt.[104]

Betrachtet man diese allgemeingültigen Erkenntnisse im Lichte des sog. *„polizeilichen Alltagsgeschäfts"*, innerhalb dessen die Ordnungsbehörden ihre Entscheidungen regelmäßig unter Zeitdruck zu treffen haben und aufwändige Untersuchungen und Erhebungen oftmals nicht möglich erscheinen,[105] ergibt sich daraus ein klarer Anknüpfungspunkt, nämlich: Die *Gefahr* im polizeirechtlichen Sinne umfasst solche Umstände, die zeitlich wie situativ

100 Wie bereits oben beschrieben wird unter dem Begriff der *Gefahr* verstanden: Eine Sachlage, in der ein Verhalten oder ein Zustand bei ungehindertem Geschehensablauf mit hinreichender Wahrscheinlichkeit in absehbarer Zeit zu einem Schaden führt.

101 Zur *Policey* als Inbegriff der guten Ordnung des Gemeinwesens und allgemeiner Wohlfahrt vgl. *Hans Maier*, Die ältere deutsche Staats- und Verwaltungslehre, S. 183 ff.; *Vogel*, in: FS Wacke 1972, S. 375, 375 ff.; Richtungsweisend hierfür war das Kreuzberg-Urteil aus dem Jahre 1882, in dem das PrOVG die bislang wohlfahrtsstaatliche Orientierung des Polizeirechts auf die reine Gefahrenabwehr beschränkt, vgl. *PrOVG* 9, 353, 376 f.; *Walther*, JA 1997, 287, 287 ff.

102 Exemplarisch: Art. 11 Abs. 1 BayPAG; Art. 7 Abs. 2 Nr. 3 BayLStVG; § 1 Abs. 3 S. 1 BPolG; § 3 i. V. m. § 1 Abs. 1 PolG-BaWü; § 8 Abs. 1 PolG-NRW; § 11 SOG-Hessen; § 3 Abs. 1 PolG-Sachsen.

103 Vgl. *Mann*, Polizei- und Ordnungsrecht, in: Erbguth/Mann/Schubert, Besonderes Verwaltungsrecht, S. 198.

104 Vgl. *Darnstädt*, Gefahrenabwehr und Gefahrenvorsorge, S. 60 f.; *Calliess*, Rechtsstaat und Umweltstaat, S. 155; *Preuß*, Risikovorsorge als Staatsaufgabe, in: Grimm, Staatsaufgaben, S. 523, 527.

105 *Goldhammer*, Die Prognoseentscheidung im Öffentlichen Recht, S. 141 f.; *Mann*, Polizei- und Ordnungsrecht, in: Erbguth/Mann/Schubert, Besonderes Verwaltungsrecht, S. 198.

(subjektiv) absehbar und individuell zurechenbar sind.[106] Mit Blick auf die im Polizei- und Sicherheitsrecht abgestuften Eingriffsschwellen, die freilich nicht sämtlich auf den soeben dargestellten allgemeinen (Grund-)*Gefahrenbegriff* abstellen,[107] lässt sich dieser Anknüpfungspunkt untermauern. So verlangt eine sog. *unmittelbar bevorstehende Gefahr* eine Sachlage, bei welcher ein akuter Schadenseintritt mit an Sicherheit grenzender Wahrscheinlichkeit zu erwarten steht,[108] sowie eine sog. *gegenwärtige Gefahr* eine Sachlage, die bei Einwirkung des schädigenden Ereignisses bereits begonnen hat oder bei der diese Einwirkung mit an Sicherheit grenzender Wahrscheinlichkeit umgehend bevorsteht,[109] mithin eine besondere zeitliche Nähe des zu erwartenden Schadens.[110]

In situativer Hinsicht sei auf die sog. *konkrete Gefahr* verwiesen, also auf eine solche Lage, die qua Definition *im Einzelfall* nach allgemeiner Lebenserfahrung bei ungehindertem Ablauf des objektiv zu erwartenden Geschehens mit hinreichender Wahrscheinlichkeit zu einer Verletzung an den polizeirechtlichen Schutzgütern führen wird.[111] Maßstab der diesbezüglichen Feststellung, die wiederum auf objektiven Kriterien zu beruhen hat, ist die Einschätzung eines verständigen, besonnenen und gewissenhaften, sachkundigen Durchschnittsbeamten in der entsprechenden Lage.[112] Überhaupt folgt schon daraus, dass die Sachlage zum Zeitpunkt der Beurteilung erschließbar sein muss.[113] Gegen diesen engen situativen – also überblickbaren – Anknüpfungspunkt spricht auch nicht die sog. *abstrakte Gefahr*[114], die gerade nicht auf einen konkreten Einzelfall abstellt, sondern vielmehr lediglich das Vorliegen von nach allgemeiner Lebenserfahrung *typischerweise* gefährlichen Situationen verlangt,[115]

---

106 Ähnlich, jedoch aus der Blickrichtung des *Risikobegriffes*: *Jaeckel*, Gefahrenabwehrrecht und Risikodogmatik, S. 58.

107 *Mann*, Polizei- und Ordnungsrecht, in: Erbguth/Mann/Schubert, Besonderes Verwaltungsrecht, S. 200 f.

108 *BVerwGE* 45, 51, 58; vgl. *Mann*, Polizei- und Ordnungsrecht, in: Erbguth/Mann/Schubert, Besonderes Verwaltungsrecht, S. 200.

109 Vgl. *OVG Münster*, Beschluss vom 24.01.1989 – 13 B 3179/88, NJW 1989, 1691, 1691 f.; *Holzner*, in: Möstl/Schwabenbauer, Polizei- und Sicherheitsrecht Bayern, Art. 11 PAG, Rn. 39.

110 *Wollenschläger*, Polizei- und Sicherheitsrecht, in: Huber/Wollenschläger, Landesrecht Bayern, S. 360, Rn. 73.

111 *Holzner*, in: Möstl/Schwabenbauer, Polizei- und Sicherheitsrecht Bayern, Art. 2 PAG, Rn. 7.

112 *Holzner*, in: Möstl/Schwabenbauer, Polizei- und Sicherheitsrecht Bayern, Art. 2 PAG, Rn. 9.

113 So auch *Darnstädt*, Gefahrenabwehr und Gefahrenvorsorge, S. 32.

114 Vgl. hierzu *BVerwG*, Urteil vom 26.06.1970 – IV C 99/67, NJW 1970, 1890, 1892; *Holzner*, in: Möstl/Schwabenbauer, Polizei- und Sicherheitsrecht Bayern, Art. 11 PAG, Rn. 34.

115 Ein Unterschied zwischen der *abstrakten* und *konkreten* Gefahr besteht jedoch in der Wahl der behördlichen Mittel: Wird auf *konkrete Gefahren* mit Einzelfallregelungen (sog. *Verwaltungsakte*) reagiert, so ist aufgrund des fehlenden Einzelfallbezugs bei (bloß) *abstrakten Gefahren* mit dem generell-abstrakten Mittel der *Verordnung* zu antworten; vgl. auch *Mann*, Polizei- und Ordnungsrecht, in: Erbguth/Mann/Schubert, Besonderes Verwaltungsrecht,

dementsprechend also auch bei abstrakt-genereller Betrachtungsweise hinreichende Anhaltspunkte voraussetzt.[116]

Weiterhin sind *Gefahren* im ordnungs- und sicherheitsrechtlichen Sinne individuell dem sog. *Störer* zurechenbar, was einerseits der soeben dargestellten situativen Nähe zum potentiellen Schadenseintritt, andererseits schon den allgemeinen polizeirechtlichen Grundsätzen[117] entspricht. Diese Frage der Zurechnung ist auch in dem größeren Zusammenhang und in Abgrenzung zur Risikodogmatik zu betrachten, auf wen sich die Lasten von Gefahrenabwehr bzw. Störungsbeseitigung – namentlich zwischen Verursachern, Nichtbeteiligten und der Allgemeinheit – zu verteilen haben.[118] So sollen von Seiten der Ordnungsbehörden primär[119] diejenigen Verantwortlichen in Anspruch genommen werden, die eine Gefahr durch eigenes Handeln verursacht haben (sog. *Verhaltensstörer*)[120] bzw. welche die tatsächliche Gewalt über eine Sache innehaben, von der die Gefahr ausgeht (sog. *Zustandsstörer*[121]);[122] nur sekundär ist auf Nichtverantwortliche (sog. *Nichtstörer*) zurückzugreifen[123].

Der *Risikobegriff* hingegen knüpft diametral anders an, indem er Gefährdungen in Bezug nimmt, die sich zeitlich mitunter erst allmählich oder sehr langfristig zeitigen und sich situativ gegebenenfalls erst durch ein Summieren mehrerer für sich genommen ungefährlicher Umstände realisieren,[124] also zunächst eher unspezifisch sind, sodann oftmals jedoch ein räumlich weitreichendes Ausmaß annehmen können. Solche Umstände, die aus technischen Errungenschaften hervorgehen, ließen und lassen sich mit dem klassischen

S. 199; *Holzner*, in: Möstl/Schwabenbauer, Polizei- und Sicherheitsrecht Bayern, Art. 11 PAG, Rn. 35.

116 *Wollenschläger*, Polizei- und Sicherheitsrecht, in: Huber/Wollenschläger, Landesrecht Bayern, S. 358, Rn. 63; *Schmidbauer*, in: Schmidbauer/Steiner, PAG/POG Kommentar, Art. 11 PAG, Rn. 75.

117 Vgl. hierzu exemplarisch Art. 7 Abs. 1, Art. 8 BayPAG; § 4 Abs. 1, § 5 PolG-NRW.

118 *Lindner*, in: Möstl/Schwabenbauer, Polizei- und Sicherheitsrecht Bayern, Art. 7 PAG, Rn. 5.

119 Vgl. hierzu exemplarisch Art. 9 Abs. 1 BayPAG.

120 Vgl. Art. 7 Abs. 1 BayPAG; *Mann*, Polizei- und Ordnungsrecht, in: Erbguth/Mann/Schubert, Besonderes Verwaltungsrecht, S. 209.

121 Vgl. hierzu Art. 8 BayPAG.

122 *Lindner*, in: Möstl/Schwabenbauer, Polizei- und Sicherheitsrecht Bayern, Art. 7 PAG, Rn. 8; *Wollenschläger*, Polizei- und Sicherheitsrecht, in: Huber/Wollenschläger, Landesrecht Bayern, S. 402, Rn. 230.

123 Vgl. Art. 10 PAG; *Schmidbauer*, in: Schmidbauer/Steiner, PAG/POG Kommentar, Art. 10 PAG, Rn. 1.

124 Freilich beschreibt auch die in der polizeirechtlichen Literatur diskutierte (nach überwiegender Auffassung jedoch verzichtbare) Figur der *latenten Gefahr* zunächst ungefährliche Situationen, die sich durch das Hinzutreten weiterer, mitunter externer Umstände hin zu einer akuten Bedrohung entwickeln können, der konkrete situative Bezug bleibt allerdings auch hier klar erkennbar, vgl. hierzu *Mann*, Polizei- und Ordnungsrecht, in: Erbguth/Mann/Schubert, Besonderes Verwaltungsrecht, S. 202 f.; *Gusy*, Polizei- und Ordnungsrecht, Rn. 131.

Gefahrenbegriff nur schwerlich erfassen.[125] Der rechtliche Risikobegriff steht dementsprechend für eine ausgeprägte Ungewissheit bei der Beurteilung möglicher Schäden aufgrund des einerseits nur partiell, andererseits jedoch breit vorhandenen Informationsstandes, aus dem sich (noch) keine klaren wissenschaftlichen Aussagen treffen lassen.[126]

Beispielhaft sei hier auf das deutsche Atomrecht verwiesen,[127] bei dem sich nicht nur zu Anfang die Frage stellte, wie der Staat seine originäre Aufgabe der Gefahrenabwehr erfüllen kann, ohne dass die zur Beurteilung vorliegende hochkomplexe Technik sowie die potentiellen, schwerwiegenden Auswirkungen kognitiv abschätzbar sind.[128] Selbiges gilt für den rasanten naturwissenschaftlichen Fortschritt in der Gentechnik, der nicht nur ganz unterschiedliche Anwendungsmöglichkeiten eröffnet, sondern auch aufgrund des begrenzten Wissens in Bezug auf mögliche Wechselwirkungen im Zusammenhang mit dem komplexen molekularen Kohäsionen in effectu neue negative Begleiterscheinungen mit sich bringen kann.[129]

II. Der unterschiedliche Wahrscheinlichkeitsmaßstab

Bereits aus dem situativen und zeitlichen Anknüpfungspunkt des Gefahrenbegriffes und der diesbezüglichen Zurechenbarkeit von *Gefahren* kann gefolgert werden, dass der Prognoseentscheidung, auch wenn dieser die Ungewissheit natürlich stets immanent ist, dennoch eine gewisse Überblickbarkeit der faktischen Gegebenheiten und möglichen Auswirkungen innewohnt. Nämlich der Gestalt, als dass der Gefahrenbegriff ganz wesentlich von der Erkenntnis der Eintrittswahrscheinlichkeit im Sinne alltagsweltlicher Erfahrung geprägt ist, welche wiederum mittelbar über die *„Je-desto-Formel“* die absehbar-potentielle Schadenshöhe berücksichtigt.[130] Die Eintrittswahrscheinlichkeit kann demgemäß nach Gewicht des gefährdeten Rechtsguts und der Höhe des Schadens nach einem Verhältnis umgekehrter Proportionalität variieren und ist nicht starr. Je gewichtiger das betroffene Rechtsgut erscheint, umso geringere Anforderungen obliegen der Eintrittswahrscheinlichkeit.[131] Je vorhersehbarer

125 Vgl. *Jaeckel*, Gefahrenabwehrrecht und Risikodogmatik, S. 58; *Klafki*, Risiko und Recht, S. 9.

126 Vgl. auch *Di Fabio*, Jura 1996, 566, 570; *Wahl/Appel*, Prävention und Vorsorge, S. 94.

127 Das deutsche Atomrecht ist seit 1959 im Atomgesetz geregelt und stellt aufgrund seiner Einordnung in das technische Sicherheitsrecht eine Sondermaterie der Gefahrenabwehr dar, vgl. hierzu *Breuer*, DVBl. 1978, 829, 829 ff.; *Ronellenfitsch*, Das atomrechtliche Genehmigungsverfahren, S. 218 f.

128 *Di Fabio*, Risikoentscheidungen im Rechtsstaat, S. 66.

129 *Jaeckel*, Gefahrenabwehrrecht und Risikodogmatik, S. 24, 28.

130 *Klafki*, Risiko und Recht, S. 12; *Di Fabio*, Jura 1996, 566, 568; *Wahl/Appel*, Prävention und Vorsorge, S. 86.

131 *Möstl*, Die staatliche Garantie für die Öffentliche Sicherheit und Ordnung, S. 163; *Klafki*, Risiko und Recht, S. 12.

der weitere Geschehensablauf ist, also je überschaubarer und klarer die Umstände erscheinen, umso sicherer ist die Grundlage für dieses Urteil. Je unsicherer in diesem Zusammenhang allerdings einfache Prognosen sind, desto eher ist auf die Lebenserfahrung, auf Erfahrungssätze sowie auf rechtliche Grundentscheidungen zurückzugreifen, um ein kohärentes Wahrscheinlichkeitsurteil zu fällen.[132]

Erreicht das Produkt aus Eintrittswahrscheinlichkeit und Schadenshöhe dementsprechend ein bestimmtes, normativ festgelegtes Maß, wird die Schwelle zur Gefahr überschritten.[133] Diese als *hinreichende Wahrscheinlichkeit* bezeichnete Schwelle meint jedoch keine mathematische Wahrscheinlichkeit im Sinne einer mehr als 50 %igen Erwartung, sondern ergibt sich in Anknüpfung an das soeben Gesagte aus einem aus alltäglichem Erfahrungswissen und normativer Abwägung bestehenden *„mixtum compositum"*[134]. Für den angenommenen Geschehensablauf muss schlichtweg mehr sprechen als für andere denkbare Sachverhaltsentwicklungen.[135]

Beim *Risikobegriff* hingegen ist weder absehbar, welche oder wessen Rechtsgüter gegebenenfalls gefährdet sind, noch welche Wechselwirkungen relevante Kausalitätsverläufe auslösen. Die Rechtsgutsverletzung tritt entweder gar nicht, sehr zeitnah, in einigen Tagen oder erst nach mehreren Jahren ein, sodass *Risiken* nicht ohne Weiteres individuell zugerechnet werden können. Anders als Sachverhalte im Zusammenhang mit dem *Gefahrenbegriff*, für die eine kognitive ‚Überblickbarkeit der Ungewissheit' konstatiert wurde, führen neuartige technische Entwicklungen möglicherweise also zu zeitlich und räumlich beliebigen Auswirkungen, was das klassische Ordnungsrecht an seine Grenzen bringt.[136] In Bezug auf den *Risikobegriff* ist insoweit nicht prima facie erkennbar, auf welchen Ausgangstatbestand sich der Wahrscheinlichkeitsmaßstab beziehen kann, weshalb sich in der Rechtswissenschaft zwei Ansätze herausgebildet haben, die miteinander konkurrieren. Ein Ansatz

132 *Wahl/Appel*, Prävention und Vorsorge, S. 85; *Hansen-Dix*, Die Gefahr im Polizeirecht, S. 31 ff.; *Drews/Wacke/Vogel/Martens*, Gefahrenabwehr, S. 224.

133 *Scherzberg*, VerwArch 1993, 484, 490; *Klafki*, Risiko und Recht, S. 12.

134 *Di Fabio*, Jura 1996, 566, 568; dies setzt freilich voraus, dass überhaupt Erfahrungswissen i. S. v. Lebenserfahrung bzw. wissenschaftlich-technischem Regelwissen existiert, so *Möstl*, Die staatliche Garantie für die Öffentliche Sicherheit und Ordnung, S. 190.

135 *Wahl/Appel*, Prävention und Vorsorge, S. 85; *Di Fabio*, NuR 1991, 353, 354; nach alternierender Auffassung ist (zwar) eine bloße Möglichkeit des Schadenseintrittes nicht ausreichend, die Schwelle der hinreichenden Wahrscheinlichkeit zu erreichen, gleichzeitig wird hier jedoch auch keine subjektive Gewissheit verlangt, so *Drews/Wacke/Vogel/Martens*, Gefahrenabwehr, S. 223.

136 *Möstl*, Die staatliche Garantie für die Öffentliche Sicherheit und Ordnung, S. 29; *Lepsius*, VVDStRL 63 (2004), S. 264, 267 f.; *Di Fabio*, Risikoentscheidungen im Rechtsstaat, S. 101 f.; *Ladeur*, in: Hoffmann-Riem/Schmidt-Aßmann, Innovation und Flexibilität des Verwaltungshandelns, S. 111, 114 f.; vgl. auch *Reich*, Gefahr – Risiko – Restrisiko, S. 76.

stellt hierbei auf die Schadens*wahrscheinlichkeit*, der andere indes auf die Schadens*möglichkeit* ab.[137]

1. Abgrenzung nach Schadenswahrscheinlichkeit (sog. Dreistufenmodell)

Das sog. *Dreistufenmodell*, zunächst in der Auseinandersetzung mit der Kernenergie um das Jahr 1980 entstanden,[138] versucht, das *Risiko* als Rechtsproblem in die traditionelle Systematik des Gefahrenabwehrrechts einzuordnen und unterscheidet zwischen *Gefahr, Risiko* und *Restrisiko*.[139] Relevantes Abgrenzungskriterium ist hierbei der *Grad der Wahrscheinlichkeit*. Während für sog. *klassische Gefahren* eine, wie oben beschriebene, hinreichende Wahrscheinlichkeit vorliegen muss, betreffen *Risiken* eine graduell abgestufte, niedrigere Wahrscheinlichkeit.[140] Diese Abgrenzung gelingt unproblematisch in Bezug auf das *Restrisiko*, also ein solches, das zwar theoretisch denkbar ist, da keine Technik eine absolute Sicherheit vor Schäden garantieren kann, nach dem Maßstab praktischer Vernunft allerdings als bloß hypothetische Möglichkeit zu klassifizieren und als sozialadäquat hinzunehmen ist. Das *Restrisiko* stellt mithin keinen rechtlich bedeutsamen Regelungsgegenstand dar.[141]

Deutlich schwieriger erscheint jedoch die Abgrenzung der Bereiche *Gefahr* und *Risiko*. Der Struktur nach ist das *Risiko* analog zur *Gefahr* natürlich ebenfalls aus dem Produkt der Eintrittswahrscheinlichkeit und dem potentiellen Schadensausmaß zu ermitteln. Entsprechend des relevanten Abgrenzungskriteriums der graduell abgestuften Wahrscheinlichkeit würden dem *Risiko* jedoch nur solche Geschehensabläufe unterfallen, die unterhalb der Gefahrenschwelle angesiedelt sind;[142] losgelöst davon, ob sich die möglichen Folgen erst in ferner Zukunft bzw. nach Hinzutreten weiterer Faktoren realisieren oder schlichtweg die Eintrittswahrscheinlichkeit nicht bemessbar oder als zu gering angesehen wird.[143] Oder mit anderen Worten: Ein *Risiko* würde demnach angenommen, wenn ein Schaden zwar möglich erscheint, die Wahr-

137 *Lepsius*, VVDStRL 63 (2004), S. 264, 268; *Freimuth*, Die Gewährleistung der IT-Sicherheit Kritischer Infrastrukturen, S. 117.

138 *BVerfGE* 49, 89, 137 ff.; 53, 30, 59; *Breuer*, DVBl. 1978, 829, 835 f.; *Lepsius*, VVDStRL 63 (2004), S. 264, 268; *Di Fabio*, Risikoentscheidungen im Rechtsstaat, S. 105.

139 Wobei *Gefahren* strikt abzuwehren und *Risiken* im Sinne der *Vorsorge* zu minimieren, *Restrisiken* hingegen hinzunehmen sind, so auch *Jaeckel*, Gefahrenabwehrrecht und Risikodogmatik, S. 59 f.

140 *Lepsius*, VVDStRL 63 (2004), S. 264, 268; *Wahl/Appel*, Prävention und Vorsorge, S. 84 ff.

141 *Breuer*, NVwZ 1990, 211, 213; *Lepsius*, VVDStRL 63 (2004), S. 264, 268 f.; *Jaeckel*, Gefahrenabwehrrecht und Risikodogmatik, S. 61.

142 Vgl. auch *BVerwGE* 72, 300, 315.

143 *Jaeckel*, Gefahrenabwehrrecht und Risikodogmatik, S. 60; *Wahl/Appel*, Prävention und Vorsorge, S. 88 f.

scheinlichkeit des Eintritts jedoch nicht mit der gefahrdogmatisch erforderlichen Sicherheit prognostiziert werden kann.[144] Freilich weist dieser Ansatz in Bezug auf die Ungewissheit eine gewisse Ähnlichkeit zum polizeirechtlichen *Gefahrenverdacht* auf, der sich ebenfalls durch eine herabgesetzte Prognosesicherheit auszeichnet,[145] im rechtswissenschaftlichen Schrifttum jedoch der *Gefahr* gleichgestellt wird, sofern es sich um einen *hinreichend begründeten Gefahrenverdacht* handelt,[146] also einen solchen, bei dem die Situation mittels Untersuchung oder – bspw. im Rahmen des alltäglichen polizeilichen Tätigwerdens – durch ein schlichtes „Nachfragen" bei den Betroffenen aufklärbar ist, mithin lediglich eine sog. situative Ungewissheit besteht.[147] Mögliche Schadensverläufe, für die mangels ausreichender Wissensgrundlage jedoch bloß ein Besorgnispotential, dementsprechend eine wissenschaftliche bzw. strukturelle Ungewissheit oder Unaufklärbarkeit besteht, unterfallen hiesigem Bereich des Risikos.[148]

Unklar ist dabei allerdings, wie die Abgrenzung zwischen *Gefahr* und *Risiko* konkret erfolgen soll, da sie nicht abstrakt vorgegeben ist, sondern sich fließend vollzieht.[149] Eine tatbestandliche Abgrenzung ist jedoch nicht möglich, wenn innerhalb des Wahrscheinlichkeitsurteils keine notwendige normative Grenze eingezogen werden kann, *Risiken* also einen normativ undefinierten Bereich unwahrscheinlicher Gefahren darstellen, sodass sich die Abgrenzung anhand der Rechtsfolgen vollziehen muss; indem ihnen nicht mit Maßnahmen der Gefahrenabwehr begegnet wird, sondern mit vorsorgenden Minimierungsmaßnahmen.[150]

2. Abgrenzung nach Schadensmöglichkeit (sog. Zweistufenmodell)

Der zweite Ansatz, der sich in der deutschen Literatur sodann durchgesetzt hat,[151] hilft eben diesem Mangel ab, indem er das Verhältnis der Kategorien umkehrt, das *Risiko* zum Oberbegriff erklärt und anstelle des Wahrscheinlich-

---

144 *Di Fabio*, Risikoentscheidungen im Rechtsstaat, S. 105; *Jaeckel*, Gefahrenabwehrrecht und Risikodogmatik, S. 60.

145 *Holzner*, in: Möstl/Schwabenbauer, Polizei- und Sicherheitsrecht Bayern, Art. 11 PAG, Rn. 62.

146 *Hansen-Dix*, Die Gefahr im Polizeirecht, S. 172 ff.; *Wahl/Appel*, Prävention und Vorsorge, S. 92.

147 Vgl. hierzu auch *Möstl*, Die staatliche Garantie für die Öffentliche Sicherheit und Ordnung, S. 169 ff., insb. S. 186 ff., sowie S. 256.

148 *BVerwGE* 72, 300, 315; *Wahl/Appel*, Prävention und Vorsorge, S. 92.

149 Vgl. *Marburger*, Atomrechtliche Schadensvorsorge, S. 88; *Breuer*, NVwZ 1990, 211, 213; hierauf hindeutend auch *Salzwedel*, NVwZ 1987, 276, 277.

150 *Lepsius*, VVDStRL 63 (2004), S. 264, 269; *Wahl*, ZLR 1998, 275, 282; siehe hierzu auch die nachfolgenden Ausführungen unter Teil 1.B.III.

151 Vgl. *Wahl/Appel*, Prävention und Vorsorge, S. 96 ff.; *Lepsius*, VVDStRL 63 (2004), S. 264, 270; *Appel*, NuR 1996, 227, 231 f.

keitsgrades auf die Möglichkeit des Schadenseintrittes rekurriert.[152] Es folgt hieraus ein sog. *Zweistufenmodell*, welches die *Gefahr* auf die Wahrscheinlichkeit begrenzt und das *Risiko* auf die Möglichkeit bezieht.[153] Diesem Modell wohnt eine noch stärkere Ausprägung eines Vorsichtsregimes inne, welchem die eigenen Erkenntnisdefizite und Unsicherheiten bewusst sind.[154] Gefahr und Risiko sind so *„ihrem Anspruch nach geschieden“*[155], sodass jedoch mit der Verselbständigung des Risikobegriffes auch eine Höherlegung der Abstraktionsebene einhergeht.[156] Zudem stellt sich auch hier ein – wenn auch neues – Abgrenzungsproblem zu dem sog. *hinzunehmenden Restrisiko*, das es in rechtlicher Hinsicht eigentlich nicht geben dürfte, da die Grenze des Hinnehmbaren ja gerade ungewiss ist.[157] Doch selbst dann, wenn *Risiken* exakt bekannt wären, könnte die Frage der Hinnehmbarkeit nur wertend entschieden werden. Eine solche Wertung ist wiederum regelmäßig von subjektiver Gewichtung und Abwägung der vorliegenden Tatsachen abhängig, denen neuerlich verbleibende Ungewissheiten und Erkenntnisdefizite immanent sind.[158]

III. Die unterschiedliche Handhabung und ihre Rechtsfolgen[159]

Sowohl in Bezug auf den zeitlich-situativen Anknüpfungspunkt als auch im Hinblick auf die Wissensgrundlage und das daraus resultierende prognostische Element bei *Gefahr* und *Risiko* lassen sich jeweils strukturelle Besonderheiten erkennen. Diese führen jedoch nicht dazu, dass das *Risiko* als Steuerungsgegenstand lediglich einen reduzierten oder modifizierten Wahrscheinlichkeitsgrad als die klassische *Gefahrbeurteilung* zum Inhalt hat, in-

152 Dieser Konzeptwandel verfestigte sich im deutschen Recht mit dem im Jahre 1990 verkündeten Gentechnikgesetz, vgl. hierzu *Vitzthum/Geddert-Steinacher*, Der Zweck im Gentechnikrecht, S. 26 ff., insbesondere S. 28 ff.; *Lepsius*, VVDStRL 63 (2004), S. 264, 272; *Appel*, NuR 1996, 227, 231 f.

153 Vgl. *Murswiek*, Die staatliche Verantwortung für die Risiken der Technik, S. 85; *Lepsius*, VVDStRL 63 (2004), S. 264, 270; *Ladeur*, Das Umweltrecht der Wissensgesellschaft, S. 76.

154 *Wahl/Appel*, Prävention und Vorsorge, S. 104.

155 So *Lepsius*, VVDStRL 63 (2004), S. 264, 270, der davon spricht, dass sich der *Risikobegriff* erst durch das *Möglichkeitskriterium* von dem *Gefahrenbegriff* emanzipieren und dadurch eigenständige Qualität gewinnen konnte.

156 *Ladeur*, Das Umweltrecht der Wissensgesellschaft, S. 77, der eine solche Verselbständigung zwar im Grundsatz begrüßt, aber kritisiert, dadurch würde ein genauerer Zugriff auf die Bedeutung der Ungewissheit für eine schärfere Fassung des Risikobegriffes verfehlt.

157 *Alexander Meier*, Risikosteuerung im Lebensmittel- und Gentechnikrecht, S. 24 ff., insbesondere S. 28; *Lepsius*, VVDStRL 63 (2004), S. 264, 270.

158 *Wahl/Appel*, Prävention und Vorsorge, S. 101.

159 Vgl. zum Folgenden: *Möstl*, Die staatliche Garantie für die Öffentliche Sicherheit und Ordnung, S. 255 ff.

dem es hinter dieser quantitativ zurückbleibt.[160] Vielmehr weist die Technik der Risikosteuerung eine im Vergleich zur überkommenen Gefahrdogmatik anders gelagerte *Tatbestandsstruktur* auf, welche eben solche Gegebenheiten betrifft, die sich einer klassischen Gefahrbeurteilung infolge struktureller Ungewissheit oder zerfließender Kausalzusammenhänge gerade entziehen. Risikosteuerung ist entsprechend dieser anders gelagerten Qualität der Ungewissheit als ein aliud im Vergleich zur *Gefahr* zu verstehen, mithin als eine *„strukturell andersartige Form präventiven Rechtsgüterschutzes“*[161].

Schon daraus folgt denknotwendigerweise ein alternativer regulatorischer Steuerungsansatz, der auf *Rechtsfolgenseite* recht klare Unterschiede zeigt. Denn entsprechend der oben bereits angeführten Zielsetzung des *klassischen Gefahrenabwehrrechts*, Gefahren vollständig zu unterbinden oder abzuwehren bzw. störungsfreie Zustände wiederherzustellen, ist dieses gerade darauf gerichtet, schadensstiftende, also gefährliche Kausalverläufe zu unterbrechen bzw. störendes Verhalten und störende Zustände abzustellen. Aus dieser grundsätzlichen Nicht-Hinnehmbarkeit von *Gefahren* folgt weiterhin, dass, sofern das Vorliegen einer Gefahr festgestellt wurde, bezüglich der zu ergreifenden Maßnahmen kein Raum für ergänzende Wertungen verbleibt, welche einen grundsätzlich bestehenden polizeilichen wie sicherheitsbehördlichen Ermessensspielraum in Frage zu stellen vermögen – nämlich dergestalt, als dass die Gefährlichkeit des Verhaltens mit einer etwaigen Nützlichkeit ins Verhältnis gesetzt werden bzw. im Hinblick auf eine solche Nützlichkeit die Unterbindung oder Abwehr der *Gefahr* unterbleiben kann.[162] Die Wirkung der Gefahrenabwehr lässt sich insofern beschreiben als einen *„punktuell und aufgrund gesetzlicher Ermächtigung“* gerichteten Eingriff in Individualrechte.[163]

Dem *Risikosteuerungsrecht* hingegen liegt eine andere Funktionsweise zugrunde, die sich – nicht zuletzt entsprechend des gesellschaftlichen und wirtschaftlichen Kontextes – auf den Umstand zurückführen lässt, dass es in einer globalisierten, von erheblichem Wettbewerb geprägten Wirtschaftsordnung unerlässlich erscheint, nicht hinter technische Entwicklungen zurückzufallen. *Risiken* sollen demnach gerade nicht in ihrer Gesamtheit und Absolutheit unterbunden werden, das *Risikoverwaltungsrecht* also vielmehr der Ermögli-

---

160 *Schuppert*, ZLR 2002, 297, 313 f.; vgl. hierzu auch *Preuß*, Risikovorsorge als Staatsaufgabe, in: Grimm, Staatsaufgaben, S. 523, 529 f.

161 *Möstl*, Die staatliche Garantie für die Öffentliche Sicherheit und Ordnung, S. 252 ff., 255; *Scherzberg*, VerwArch 1993, 484, 498; *Di Fabio*, Risikoentscheidungen im Rechtsstaat, S. 115, Fn. 1.

162 *Möstl*, Die staatliche Garantie für die Öffentliche Sicherheit und Ordnung, S. 259 f., der hier in plakativer wie zutreffender Weise von einer *„unlösbaren Verklammerung der Gefahr als Eingriffsvoraussetzung einerseits und der Rechtsfolge Gefahrenabwehreingriff andererseits“* ausgeht.

163 So *Di Fabio*, Risikoentscheidungen im Rechtsstaat, S. 456.

chung, Zulassung sowie der Begrenzung oder zum Teil auch der Verzögerung, mithin der Steuerung riskanter Techniken dienen.[164] Für die *Rechtsfolgenseite* lässt sich somit konstatieren, dass das *Risikosteuerungsrecht* – anders als das klassische Gefahrenabwehrrecht – keine strikte Grenze zwischen Erlaubtem und Verbotenem manifestiert, sondern einen sehr viel breiteren Gestaltungsspielraum bietet, indem auch etwaige *Risiken* mit dem erhofften Nutzen, namentlich in Form einer sog. Kosten-Nutzen-Analyse, abgewogen werden können.[165] In den unterschiedlichen Teilgebieten des besonderen Verwaltungsrechts sind die jeweiligen *Rechtsfolgen*, die sich an *Gefahren*, *Risiken* und *Restrisiken* anknüpfen, gleichwohl unterschiedlich ausgestaltet worden.[166] Während das Immissionsschutzrecht, welches durch das lineare Drei-Stufen-Modell besonders konturiert ist, dem Anlagenbetreiber gemäß § 5 Abs. 1 Nr. 1 BImSchG aufgibt, *Gefahren* gar nicht erst hervorzurufen bzw. zu vermeiden, so sind gegen *Risiken* gemäß § 5 Abs. 1 Nr. 2 BImSchG bloß wirtschaftlich vertretbare Vorsorgemaßnahmen zu treffen;[167] in Bezug auf *Restrisiken* treffen ihn hingegen keine Pflichten.[168] Das Immissionsschutzrecht knüpft dementsprechend sehr früh an, indem es nicht erst die *Vermeidung von Schäden*, sondern bereits die *Vermeidung von Gefahren* als eine höhere Eskalationsstufe des *Risikos* in Bezug nimmt.[169] Im Atomrecht hingegen erfolgt keine strenge Unterscheidung mehr zwischen *Gefahren* und *Risiken*, entscheidend ist allenfalls noch die Abgrenzung zum *Restrisiko*, welches wiederum die Scheide zu den staatlichen Schutzpflichten markiert.[170] Unterschreitet das Produkt aus Eintrittswahrscheinlichkeit und Schadenshöhe nicht die Schwelle zum *Restrisiko*, ergeben sich daraus gleichermaßen entsprechende Betreiberpflichten sowie staatliche Schutzpflichten, die sich im Ergebnis jedoch nicht qualitativ voneinander unterscheiden.[171]

Aus dieser Divergenz zwischen abwägungsoffener, breiter Rechtsfolgengestaltung im Rahmen des *Risiko*steuerungsrechts und den – mehr oder minder – zwingenden Rechtsfolgen der *Gefahren*abwehr folgt natürlich auch eine

164 *Möstl*, Die staatliche Garantie für die Öffentliche Sicherheit und Ordnung, S. 260; *Schuppert*, ZLR 2002, 297, 314; vgl. zur „*katechontische[n] Funktion des Verwaltungsrechts*" bereits *Schlink*, VVDStRL 48 (1990), S. 235, 259 ff.

165 *Di Fabio*, Risikoentscheidungen im Rechtsstaat, S. 453 f.; *Möstl*, Die staatliche Garantie für die Öffentliche Sicherheit und Ordnung, S. 261 f.

166 Vgl. hierzu ausführlich *Wahl/Appel*, Prävention und Vorsorge, S. 102; *Jaeckel*, Gefahrenabwehrrecht und Risikodogmatik, S. 59 ff., 64 ff.; *Appel*, NuR 1996, 227, 229 ff.

167 Siehe auch *Di Fabio*, NuR 1991, 353, 357.

168 *Klafki*, Risiko und Recht, S. 13; kritisch hierzu *Reich*, Gefahr – Risiko – Restrisiko, S. 8 f., 10 ff.

169 *Wahl/Appel*, Prävention und Vorsorge, S. 74 ff., insbesondere S. 76; *Klafki*, Risiko und Recht, S. 13.

170 *Klafki*, Risiko und Recht, S. 13; *Wahl/Appel*, Prävention und Vorsorge, S. 141 f.

171 *BVerfGE* 49, 89, 143; *Ossenbühl*, NVwZ 1986, 161, 163; *Klafki*, Risiko und Recht, S. 13.

unterschiedliche Herangehensweise an die Entscheidungsfindung.[172] Denn während das überkommene Gefahrenabwehrrecht in Gestalt des Polizeirechts zum Teil quasi gänzlich auf Verfahren oder Form verzichtet, hat sich für Risikoentscheidungen eine besondere Typik in Bezug auf Verfahren und Organisation etabliert, auf die nicht verzichtet werden kann.[173] Diese ist insbesondere von einer engen Einbeziehung der potentiellen Störer, im Sinne einer kooperativen Aufgabenerledigung, geprägt, welche sich ganz wesentlich von den polizeilichen Kooperationsformen[174], nämlich dahingehend, als dass hier vornehmlich mit den potentiell Geschädigten kooperiert wird, unterscheidet.

Weitere Abweichungen, bedingt durch die strukturelle Ungewissheit bei der Entscheidungsfindung innerhalb der Risikosteuerung, sind in einer unvermeidlichen Zuerkennung von Beurteilungsspielräumen für die Exekutive, mithin anders als bei dem gerichtlich voll überprüfbaren, unbestimmten Rechtsbegriff der *Gefahr*,[175] sowie in einem ausgeprägten Fokus auf einem von Rationalität geprägtem Verfahren zur Entscheidungsfindung zu erblicken, um das nicht vermeidbare *„Defizit an rechtlichen Maßstäben materieller Art“*[176] in Ungewissheitslagen zumindest graduell kompensieren zu können (Stichwort: Grundrechtsschutz durch Verfahren[177]).[178]

IV. Schlussfolgerungen

Bezugnehmend auf die Frage, ob die in der deutschen Rechtswissenschaft verwendeten Begriffe der *polizeilichen Gefahr* und des *Risikos* aus dem technischen Sicherheitsrecht einen Beitrag zur Klärung insbesondere des *Risikobegriffes* aus und seiner Konzeption in der BasisVO leisten können respektive ob diese eine Hilfe oder eher ein Hindernis bei der Auslegung darstellen, lässt sich in Folge der vorstehenden Ausführungen keine durchgängig einheitliche Antwort formulieren.

Festhalten lässt sich jedoch, dass der Begriff der polizeirechtlichen *Gefahr* in zeitlicher und situativer bzw. tatbestandlicher Hinsicht solche Sachlagen umfasst, die trotz einer gewissen prognostischen Unsicherheit insoweit über-

---

172 Vgl. zum Folgenden: *Möstl*, Die staatliche Garantie für die Öffentliche Sicherheit und Ordnung, S. 262.

173 *Möstl*, Die staatliche Garantie für die Öffentliche Sicherheit und Ordnung, S. 262; *Di Fabio*, Risikoentscheidungen im Rechtsstaat, S. 456.

174 Zu den polizeilichen Kooperationsformen vgl. *Möstl*, Die staatliche Garantie für die Öffentliche Sicherheit und Ordnung, S. 290 ff.

175 Vgl. auch *Preuß*, Risikovorsorge als Staatsaufgabe, in: Grimm, Staatsaufgaben, S. 523, 541 ff.

176 *Möstl*, Die staatliche Garantie für die Öffentliche Sicherheit und Ordnung, S. 262.

177 Vgl. Sondervotum zu *BVerfGE* 53, 30, 65, 76; *BVerfGE* 35, 79, 115 ff.; *Di Fabio*, Risikoentscheidungen im Rechtsstaat, S. 461 f., 466 ff.

178 *Möstl*, Die staatliche Garantie für die Öffentliche Sicherheit und Ordnung, S. 262.

blickbar bzw. aufklärbar sind und sich einem sog. Störer zurechnen lassen;[179] denen mithin (lediglich) eine situative Ungewissheit innewohnt.[180] Überschreitet die prognostische Wahrscheinlichkeit ein bestimmtes, normativ festgelegtes Maß, folgt daraus die – mehr oder minder – zwingende Rechtsfolge der Gefahrenabwehr, welche darauf gerichtet ist, einen störungsfreien Zustand zu bewahren bzw. die Störung zu beseitigen, also punktuell in grundrechtlich geschützte Individualrechte einzugreifen.[181] Dem Begriff des *Risikos* aus dem (deutschen) technischen Sicherheitsrecht ist tatbestandlich hingegen (situativ) eine strukturelle bzw. wissenschaftliche Unsicherheit bzw. Unaufklärbarkeit immanent, deren Folgen sich mitunter erst durch Hinzutreten weiterer Umstände oder (zeitlich) sehr langfristig oder gar überhaupt nicht realisieren.[182] Dementsprechend ist regelmäßig auch nicht ohne Weiteres erkennbar, auf welchen Ausgangstatbestand sich der Wahrscheinlichkeitsmaßstab bzw. das prognostische Element bezieht.[183] Infolgedessen zieht das *Risikoverwaltungsrecht* auch keine strikte Grenze zwischen Erlaubtem und nicht (mehr) Erlaubtem, sondern bietet einen sehr viel breiteren Gestaltungsspielraum an möglichen Rechtsfolgen, welche die Steuerung und das Beherrschen von *Risiken*, insbesondere durch besonders geregelte Verfahren, leisten sollen.[184]

Folglich ist zu erkennen, dass der *Risikobegriff* aus Art. 3 Nr. 9 BasisVO wohl eher Ähnlichkeiten zu dem deutschen polizeirechtlichen *Gefahrenbegriff* aufweist,[185] insbesondere in Bezug auf die Verknüpfung von Schadenswahrscheinlichkeit und Schwere[186] durch die sog. *Funktion der Wahrscheinlichkeit*, weniger jedoch zu dem *Risikobegriff* aus dem (deutschen) technischen Sicherheitsrecht, der wiederum tatbestandliche Parallelen bezüglich einer wissenschaftlichen Unsicherheit zu dem in Art. 7 BasisVO manifestierten *Vorsorgeprinzip* aufzuweisen scheint.

Ob diese – wenn auch nicht begrifflichen, partiell jedoch konzeptionellen – Parallelen zwischen den deutschen Rechtsbegriffen *Gefahr* und *Risiko* mit denen der BasisVO Hilfe oder Hindernis bei der Auslegung und Verwendung letzterer sein können, lässt sich somit nur ambivalent beantworten. Hilfe si-

179 Vgl. hierzu die Ausführungen unter Teil 1.C.I.

180 Vgl. hierzu die Ausführungen unter Teil 1.C.II.

181 Vgl. hierzu die Ausführungen unter Teil 1.C.III.

182 Vgl. hierzu die Ausführungen unter Teil 1.C.I.

183 Zu den unterschiedlichen Ansätzen, die einerseits an die Schadens*wahrscheinlichkeit* und andererseits an die Schadens*möglichkeit* anknüpfen vgl. Teil 1.C.II. 1. und 2.

184 Vgl. hierzu die Ausführungen unter Teil 1.C.III.

185 Siehe hierzu bereits die Annahme dessen (prima facie) unter Teil 1.C am Anfang.

186 Vgl. hierzu den Wortlaut des Art. 3 Nr. 9 BasisVO, der eben die *„Funktion der Wahrscheinlichkeit einer die Gesundheit beeinträchtigenden Wirkung als Folge der Realisierung einer Gefahr"* voraussetzt bzw. auch unter Teil 1.A am Ende sowie unter Teil 1.C. am Anfang.

cherlich dahingehend, als dass die deutschen Begriffe bereits eine längere Zeit dogmatischer Behandlung auf deutscher Ebene erfahren haben, deren Handhabung sich (wenn auch nicht uneingeschränkt) bewährt hat. *Hindernis* jedoch, da die strikte begriffliche Trennung von *Gefahr* und *Risiko* eine deutsche Besonderheit darstellt, die sich allenfalls mittelbar auf die (begriffliche und konzeptionelle) Ausgestaltung der BasisVO – natürlich im Sinne einer europarechtlich autonomen Begriffsauslegung – übertragen lässt. Eine Annährung erscheint jedenfalls möglich.

D. Erkenntnisinteresse und Gang der Untersuchung

I. Erkenntnisinteresse

Diese soeben aufgezeigte scharfe begriffliche Differenzierung zwischen *Gefahr* und *Risiko* in Bezug auf die erforderliche Eingriffsschwelle behördlicher Maßnahmen stellt eine Eigenart des deutschen Sicherheits-, Umwelt- und Technikrechts dar. In den Rechtsordnungen anderer Länder, insbesondere der anderen Mitgliedstaaten der Europäischen Union, werden diese Termini hingegen anders definiert bzw. nicht als zusammengehöriges Begriffspaar verwendet.[187] Die diesbezügliche (deutsche) Einteilung sowie Unterscheidung in *Gefahren* und *Risiken* in den jeweils speziellen Ausprägungen findet sich dementsprechend auch nicht im Gemeinschaftsrecht wieder. Denn während der *Risikobegriff* im deutschen Recht, nach überkommenem Verständnis, seine Bedeutung erst durch eine Kontrastierung mit dem *Gefahrenbegriff* erfahren hat, insoweit also negativ geprägt ist,[188] bezieht sich dieser im Europäischen Recht auf ein sehr viel breiteres Spektrum an rechtlich relevanten Schadensmöglichkeiten.[189]

Nicht uninteressant ist in diesem Zusammenhang, dass die *gemeinschaftsrechtlichen Risikobegriffe*, anders als in der oben dargestellten Entwicklung auf deutscher Ebene,[190] obgleich diese zunächst eine Rekurrierung auf die Möglichkeit eines Schadens noch zuließen, durch einen klaren Wahrscheinlichkeitsbezug gekennzeichnet sind.[191] So stellt neben der hier gegenständli-

187 *Arndt*, Das Vorsorgeprinzip im EU-Recht, S. 105; Vgl. *Rehbinder*, Das Vorsorgeprinzip im internationalen Vergleich, S. 249 f.

188 Vgl. *Lepsius*, VVDStRL 63 (2004), S. 264, 267 f.; *Arndt*, Das Vorsorgeprinzip im EU-Recht, S. 105.

189 *Arndt*, Das Vorsorgeprinzip im EU-Recht, S. 105; *Beutin*, Die Rationalität der Risikoentscheidung, S. 101 f.

190 Vgl. hierzu die Ausführungen zum unterschiedlichen Wahrscheinlichkeitsmaßstab unter Teil 1.B.II.

191 Vgl. hierzu auch *Meinhard Schröder*, Umweltschutz als Gemeinschaftsziel und Grundsätze des Umweltschutzes, in: Rengling, Handbuch zum europäischen und deutschen Umweltrecht, § 9, Rn. 34 ff.; *Lepsius*, VVDStRL 63 (2004), S. 264, 273.

chen BasisVO auch die Novel-Food-Verordnung [VO (EU) 2015/2283][192] nicht auf die Möglichkeit, sondern vielmehr auf die Wahrscheinlichkeit ab.[193] Der lebensmittelrechtliche *Risikobegriff* des Art. 3 Nr. 9 BasisVO weist dementsprechend eine große Ähnlichkeit sowie eine gewisse konzeptionelle Nähe zum *deutschen polizeirechtlichen Gefahrenbegriff* auf, indem er die beiden Elemente *Eintrittswahrscheinlichkeit* und *Schwere der Wirkung* in Funktion setzt.[194]

Bedenkt man, dass die Begriffe *Risiko* und *Gefahr* eine zentrale Stellung im System des europäischen Lebensmittelrechts einnehmen,[195] auf deren Basis Entscheidungen mit Blick auf die Lebensmittelsicherheit zu treffen sind,[196] so erscheinen die genaueren terminologischen Grundlegungen einer näheren Betrachtung durchaus würdig. Eine solche Untersuchung der Begrifflichkeiten *Risiko* und *Gefahr* kann jedoch nicht abstrakt und losgelöst von den materiell-rechtlichen Hintergründen erfolgen, sondern erfordert eine eingehende und umfassende Klärung der diesbezüglichen Konzeption innerhalb der BasisVO, insbesondere auch der Frage, ob bereits der *Risikobegriff* unmittelbar eine eingriffsbegründende Schwelle zum (behördlichen) Tätigwerden einzieht oder eben nur in Verbindung mit weiteren, besonderen materiell-rechtlichen Vorgaben.

Dies wird schon deutlich aufgrund einer weiteren Unklarheit, die sich im Zusammenhang mit den äußerst praxisrelevanten Festsetzungen der *Anforderungen an die Lebensmittelsicherheit* erblicken lässt. Hier wird in Art. 14 Abs. 2 lit. a BasisVO anstelle der in Art. 3 Nr. 9 BasisVO verwendeten *Risiko*definition (*„die Gesundheit beeinträchtigende Wirkung“*) und der in Art. 3 Nr. 14 BasisVO verwendeten *Gefahren*definition (*„Gesundheitsbeeinträchtigung“*) mit der Formulierung *„gesundheitsschädlich“* ein neues Vokabular eingeführt, welches in Art. 3 BasisVO zudem nicht legal definiert ist.[197]

Freilich sei bereits an dieser Stelle erwähnt, dass das übergreifende Konzept des *Risikos*, sowie das der daran anknüpfenden *Risikoanalyse* aus Art. 6 BasisVO und des *Vorsorgeprinzips* aus Art. 7 BasisVO einen allgemeinen Rahmen

---

192 Verordnung (EU) 2015/2283 des Europäischen Parlaments und des Rates vom 25.11.2015 über neuartige Lebensmittel, zur Änderung der Verordnung (EU) Nr. 1169/2011 des Europäischen Parlaments und des Rates und zur Aufhebung der Verordnung (EG) Nr. 258/97 des Europäischen Parlaments und des Rates und der Verordnung (EG) Nr. 1852/2001 der Kommission, Abl. EU 2015 L 327/1.

193 Vgl. hierzu auch *Lepsius*, VVDStRL 63 (2004), S. 264, 273 f.

194 Vgl. hierzu auch die einleitenden Ausführungen zur Ähnlichkeit des *Risikobegriffes* in der BasisVO mit dem deutschen polizeirechtlichen *Gefahrenbegriff* unter Teil 1.B a. E.

195 *Gundel*, § 8 Lebensmittelrecht, in: Ruffert (Hrsg.), Europäisches Sektorales Wirtschaftsrecht, S. 557, 580, Rn. 32.

196 Vgl. auch *Thilo Ortgies*, Rechtliches Risikomanagement im Lebensmittelrecht, S. 266 ff.

197 Siehe hierzu ebenfalls die Ausführungen unter Teil 1.B., i. d. R. auch einleitend auf Unterschiede in den Sprachfassungen eingegangen wird.

für gesundheitsbezogene Entscheidungen unter Bedingungen der Ungewissheit bildet, welches für hoheitliche Entscheidungssituationen normativer wie administrativer Art, also sämtlich gilt und dementsprechend keineswegs dieselben einschneidenden Rechtsfolgen wie Art. 14 BasisVO in Form des Verkehrsverbots zeitigt. Dennoch steht das Merkmal der *Gesundheitsschädlichkeit* aus Art. 14 Abs. 2 lit. a BasisVO, der somit einen eigenständigen und mithin wohl engeren begrifflichen Ansatz verfolgt, merkwürdig unverknüpft neben diesem allgemeinen Rahmen. Es stellt sich daher die Frage, ob und inwieweit sich Art. 14 BasisVO mit der Konzeption der Art. 6 und 7 BasisVO entweder synchronisieren oder zumindest in dessen Lichte auslegen lässt. Um dieses dogmatische Dunkelfeld zu erhellen wird es erforderlich sein, Art. 14 BasisVO in seiner Binnenstruktur systematisch zu erschließen und darauf aufbauend, diesen ins Verhältnis zu dem übergreifenden Konzept der Risikoanalyse und der Vorsorge zu setzen, welches wiederum nicht dem deutschen Sprachgebrauch zu *Gefahrenabwehr* und *Risikovorsorge* entspricht.[198]

Die bisherigen Ausführungen, in denen – mehr oder weniger wie selbstverständlich – von dem sog. *allgemeinen Konzept aus Risikoanalyse und Vorsorge* die Rede war, sollen jedoch nicht den Eindruck erwecken, als sei dieses dogmatisch austariert und rechtswissenschaftlich vollständig erschlossen.[199] Vielmehr ergeben sich auch hierbei ganz wesentliche Fragestellungen, die für eine eingehende Untersuchung der begrifflichen Konzeption rund um den *Risikobegriff* und der Lebensmittelsicherheit in der BasisVO nicht ausgeklammert werden dürfen und können. Offen und ungeklärt ist in diesem Zusammenhang, wie das *Vorsorgeprinzip* und die *Risikoanalyse* respektive die *Anforderungen an die Lebensmittelsicherheit* zueinander im Verhältnis stehen. Denn auch hier bestehen inhaltliche Unterschiede zwischen der deutschen und der europäischen Terminologie. Während das *Vorsorgeprinzip* in Deutschland den Regelungsgegenstand auf *mögliche Gefahren* erweitert,[200] dient es im Gemeinschaftsrecht vielmehr regelmäßig dazu, Eingriffsmittel einem spezifischen Maßstab der Verhältnismäßigkeit zuzuführen.[201]

Angesichts der Mehrzahl an praxisrelevanten, offenen Fragen und Ungeklärtheiten soll die vorliegende Untersuchung einen Beitrag zur Klärung von Begrifflichkeiten und der Konzeption des Systems der *Risikoanalyse*, des *Vorsorgeprinzips* und des *Lebensmittelsicherheitsrechts* in der BasisVO leisten.

198 Siehe hierzu die Ausführungen unter Teil 1.B.
199 Vgl. hierzu insbesondere *Möstl*, LMuR 2022, 513, 513 ff.
200 Vgl. hierzu auch die Ausführungen unter Teil 1.B.II.2.
201 *Lepsius*, VVDStRL 63 (2004), S. 264, 275 ff.

II. Gang der Untersuchung

Entsprechend dieser Zielsetzung ist zunächst (in nachfolgendem Teil 2) der *Risikobegriff* des Art. 3 Nr. 9 BasisVO, auch im Kontext der verschiedenen Sprachfassungen, systematisch zu ergründen und sein Zusammenhang mit dem *Gefahrenbegriff* des Art. 3 Nr. 14 BasisVO zu beleuchten. Entscheidend wird zudem bereits hier sein, die konkreten Unterschiede und möglichen inhaltlichen Überschneidungen mit dem *deutschen polizeirechtlichen Gefahrenbegriff* herauszuarbeiten. Daneben soll ein Augenmerk auf die Ermittlung, Erhebung und Bewertung von *Risiken* gelegt werden, mithin auf die *Risikobewertung*, die den ersten Schritt des wissenschaftlich untermauerten, lebensmittelrechtlichen Systems der *Risikoanalyse* darstellt.

Sodann sind (in einem Teil 3) auf Grundlage der vorstehenden und bis dahin gewonnenen Erkenntnisse die weiteren Schritte der *Risikoanalyse* darzustellen, namentlich das *Risikomanagement* und die *Risikokommunikation*, also die (Rechts-)Folgen der *Risikobewertung*. In diesem Zusammenhang ist auch ein Blick darauf zu richten, ob und inwieweit sich bei der Anwendung oder Durchführung derselben Abweichungen auf *Rechtssetzungs-* bzw. *Rechtsdurchsetzungsebene* ergeben können.

Ausgehend von diesen Grundlegungen soll (in einem Teil 4) die Binnenstruktur des Art. 14 BasisVO, mithin die Zentralnorm des Lebensmittelsicherheitsrechts, einer dogmatischen Analyse zugeführt werden, in der ein besonderes Augenmerk auf das Merkmal der *Gesundheitsschädlichkeit* sowie auf den – durch Art. 14 Abs. 4 BasisVO konkretisierten – Maßstab der diesbezüglichen *Wahrscheinlichkeit* zu legen ist. Interessant erscheint dabei nämlich, wie sich hiesiger Maßstab der *Wahrscheinlichkeit* im Verhältnis zu dem des *Risikos* verstehen lässt. Eingang in die Betrachtung soll natürlich auch die zweite Fallgruppe der Lebensmittelsicherheit, die sog. *Verzehrsungeeignetheit*, finden, namentlich welchen Umfang und welche Reichweite diese im *Vorfeld einer Gesundheitsschädlichkeit* einnimmt, ohne tatbestandlich selbst eine solche vorauszusetzen.

Das *Vorsorgeprinzip* soll (in einem Teil 5) ebenfalls einer näheren Beleuchtung unterzogen werden, insbesondere im Hinblick auf die Frage, wie sich dieses tatbestandlich von Art. 14 Abs. 2 lit. a BasisVO unterscheidet.

Abschließen wird die Untersuchung (Teil 6) mit einer Zusammenfassung der erarbeiteten Erkenntnisse.

Teil 2 Der Risikobegriff und die Risikobewertung in der BasisVO

Zu den bedeutsamsten materiell-rechtlichen Vorgaben der BasisVO gehört, dass sämtliche Maßnahmen des Lebensmittelrechts auf *Risikoanalysen* gemäß Art. 6 Abs. 1 BasisVO beruhen sollen,[202] sich demnach sowohl die Legislative bei dem Erlass von entsprechenden Vorschriften als auch die Exekutive bei ihren Entscheidungen im Einzelfall hieran zu orientieren hat,[203] da diese – die *Risikoanalyse* – eine systematische Methodik zur Ermittlung effektiver, angemessener wie gezielter Maßnahmen oder sonstiger Aktionen des Gesundheitsschutzes darstellt.[204] Die BasisVO statuiert damit normativ den Grundsatz eines sog. wissenschaftszentrierten Ansatzes zur Erreichung des in Art. 5 Abs. 1 BasisVO manifestierten lebensmittelrechtlichen Primärziels eines hohen Schutzniveaus für die Gesundheit des Menschen,[205] indem gleichzeitig (oder zudem) *Gefahren* nicht mehr nur (schlicht) abgewehrt werden, sondern bereits im Vorfeld verringert, ausgeschaltet oder vermieden werden sollen[206]. Die *Risikoanalyse* setzt sich dementsprechend und in Anknüpfung an ihre Legaldefinition aus Art. 3 Nr. 10 BasisVO aus den drei miteinander verbundenen Einzelschritten der *Risikobewertung,* des *Risikomanagements* und der *Risikokommunikation* zusammen, die ihrerseits von Art. 3 Nrn. 11 bis 13 BasisVO definiert und näher umschrieben werden.[207]

Entscheidend für eine genauere Konturierung dieses Steuerungsinstruments wie auch der damit in Zusammenhang stehenden Frage über Inhalt und Tragweite der auf *Risikoanalysen* beruhenden Verpflichtungen der Lebensmittelunternehmer und staatlicher Eingriffe – sei es aus Gründen der *Vorsorge* oder

---

202 *Bauschke,* Verbraucherschutz im öffentlichen Recht aus Sicht des Lebensmittelrechts, S. 76; *Gelbert,* Die Risikobewältigung im Lebensmittelrecht, S. 57 spricht in diesem Zusammenhang von einem *„Grundstein, auf dem die Politik der Lebensmittelsicherheit aufgebaut werden muss"*; *Simon,* Kooperative Risikoverwaltung im neuen Lebensmittelrecht, S. 106 f.; siehe hierzu auch Erwägungsgrund 16 BasisVO.

203 *Delewski/Fuhrmann,* ZLR 2005, 645, 654; *Bauschke,* Verbraucherschutz im öffentlichen Recht aus Sicht des Lebensmittelrechts, S. 76; *Streinz/Fuchs,* ZLR 2002, 169, 184; *Thilo Ortgies,* Rechtliches Risikomanagement im Lebensmittelrecht, S. 77.

204 So auch Erwägungsgrund 17 der BasisVO; *Bauschke,* Verbraucherschutz im öffentlichen Recht aus Sicht des Lebensmittelrechts, S. 76.

205 *Simon,* BayVBl 2009, 161, 162; vgl. auch Erwägungsgrund 16 und 17 BasisVO; *Schroeder/Kraus,* EuZW 2005, 423, 424.

206 Siehe auch Erwägungsgrund 17 BasisVO; *Bauschke,* Verbraucherschutz im öffentlichen Recht aus Sicht des Lebensmittelrechts, S. 76; *Simon,* BayVBl 2009, 161, 162; *Thilo Ortgies,* Rechtliches Risikomanagement im Lebensmittelrecht, S. 77; *Alfred Meyer,* ZLR 2006, 675, 675 f.

207 Vgl. hierzu auch *Thilo Ortgies,* Rechtliches Risikomanagement im Lebensmittelrecht, S. 77, 266 ff.

der unmittelbaren Sicherstellung der *Lebensmittelsicherheit* – ist jedoch eine eingehende systematische Betrachtung des *Risikobegriffes*[208] und des konkreten Vorgehens bei der Erhebung, Ermittlung und Bewertung von Risiken in Form der *Risikobewertung*. Die Wichtigkeit einer solchen Kontrastierung fußt nicht zuletzt darin, dass eben dieses risikobasierte System die BasisVO in konzeptioneller Hinsicht beinahe gänzlich durchzieht und der Begriff des *Risikos* respektive das Instrument der *Risikoanalyse* mit seinen Einzelschritten quantitativ an vielzähligen Stellen der BasisVO sowie in weiteren lebensmittelrechtlichen Rechtsquellen genannt wird bzw. dessen Bedeutung immanent als fundamental anzusehen ist.[209]

So finden sich innerhalb der BasisVO Rückgriffe[210] auf den *Risikobegriff* bzw. die *Risikoanalyse* – neben der einschlägigen Vorschrift des Art. 6 BasisVO[211] – auch im Zusammenhang mit dem *Vorsorgeprinzip*[212], mit den Vorschriften über die *Information der Öffentlichkeit*[213], der *Verantwortlichkeit von Lebensmittel-*[214] und *Futtermittelunternehmer*[215], der *EFSA*[216] sowie mit dem sog. *Schnellwarnsystem*[217].

Außerhalb der BasisVO finden sich solche Bezüge ebenfalls an prominenten Stellen, wobei die Ausgestaltung und Reichweite des Begriffes des *Risikos* in der KontrollVO besondere Beachtung verdient. Art. 9 KontrollVO[218] schreibt hierbei nämlich vor, dass Lebensmittelunternehmer *„regelmäßig risikobasiert und mit angemessener Häufigkeit"* amtlichen Kontrollen zu unterziehen sind, wobei einerseits der in Art. 3 Nr. 24 KontrollVO legal definierte *Risikobegriff*, auf den sich Art. 9 KontrollVO bezieht, hinsichtlich des zu schützenden Rechtsgutes über den *Risikobegriff* der BasisVO hinausgeht, indem er neben *„einer die Gesundheit beeinträchtigenden Wirkung"*[219] auch eine *„die Gesundheit von*

208 So auch *Simon*, Kooperative Risikoverwaltung im neuen Lebensmittelrecht, S. 81.

209 Vgl. hierzu insbesondere *Untermann/Hartig*, ZLR 2004, 116, f.; so auch die Formulierung im Weißbuch zur Lebensmittelsicherheit KOM (1999) 719 endg., S. 10 f.

210 Vgl. hierzu einleitend bereits unter Teil 1.B.

211 Sowie auch in den darauf bezugnehmenden Normen zur Risikokommunikation: Art. 8a, 8b und 8c BasisVO.

212 So in Art. 7 BasisVO.

213 So in Art. 10 BasisVO.

214 So in Art. 19 Abs. 3 BasisVO.

215 So in Art. 20 Abs. 3 BasisVO.

216 In Kapitel III der BasisVO, Art. 22 ff., insbesondere Art. 22 Abs. 8, Art. 23, Art. 25 Abs. 1b, Art. 27 Abs. 4 lit. d, Art. 28 Abs. 5g, Art. 32b Abs. 6, Art. 32c Abs. 1 und 2, Art. 32d, Art. 34 Abs. 2, Art. 35, Art. 38 Abs. 1 lit. b, Art. 39e, Art. 40 Abs. 1 und III BasisVO.

217 In Kapitel IV der BasisVO, Art. 50 ff., insbesondere Art. 50, Art. 52, Art. 53, Art. 56 und Art. 57 BasisVO.

218 Art. 9 Abs. 1 KontrollVO im Wortlaut: *„Die zuständigen Behörden unterziehen alle Unternehmer regelmäßig risikobasiert und mit angemessener Häufigkeit amtlichen Kontrollen (...)"*.

219 So aus der Legaldefinition des Art. 3 Nr. 9 BasisVO.

Menschen, Tieren oder Pflanzen, den Tierschutz oder die Umwelt beeinträchtigend[e] Wirkung"[220] umfasst[221] und andererseits der Terminus „*risikobasiert*" ausweislich Art. 9 Abs. 2 KontrollVO nicht nur Umstände mit einer sog. Sicherheits- oder Gesundheitsrelevanz berücksichtigt, sondern auch solche, die auf vorsätzliche „*betrügerische oder irreführende Praktiken*"[222] zurückzuführen sind.[223]

A. Der Risikobegriff in der BasisVO – eine Bestimmung von Tatbestand und Inhalt

Der in Art. 3 Nr. 9 BasisVO legal definierte Begriff des *Risikos* beschreibt dieses als

> „*eine Funktion der Wahrscheinlichkeit einer die Gesundheit beeinträchtigenden Wirkung und der Schwere dieser Wirkung als Folge der Realisierung einer Gefahr*".

In der englischen Sprachfassung stimmt die Definition, welche lautet

> „*‚risk' means a function of the probability of an adverse health effect and the severity of that effect, consequential to a hazard*",

beinahe gänzlich mit der interdisziplinär angelegten Terminologie der Kodex-Alimentarius-Kommission,[224] die auch in anderen Regelungsregimen Anwendung findet, überein.[225]

Und diese Definition entspricht wiederum der gängigen naturwissenschaftlichen Nomenklatur, die das *Risiko* ebenso als wirkungs- bzw. schadensorientiert beschreibt, indem es die Determinanten *Eintrittswahrscheinlichkeit* und *Schaden* in Bezug setzt und so eine deskriptiv-quantifizierbare Größe für das

220 So aus der Legaldefinition des Art. 3 Nr. 24 KontrollVO.

221 Siehe hierzu bereits einleitend unter Teil 1.B. a. E.

222 Art. 9 Abs. 2 KontrollVO im Wortlaut: „*Die zuständigen Behörden führen regelmäßig in angemessenen zeitlichen Abständen, die risikobasiert festgelegt werden, amtliche Kontrollen durch, um etwaige, durch betrügerische oder irreführende Praktiken vorsätzlich begangene Verstöße gegen die Vorschriften gemäß Art. 1 Abs. 2 aufzudecken, und sie berücksichtigen dabei (...)*".

223 Vgl. hierzu auch *Ludwig/Ortgies*, in: Sosnitza/Meisterernst (ehem. Zipfel/Rathke), Art. 9 KontrollVO, Rn. 5 f.

224 Die entsprechende Definition des Begriffes „*Risk*" in *Codex Alimentarius Comission*, 25th Procedural Manual, S. 131 lautet: „*A function of the probability of an adverse health effect and the severity of that effect, consequential to a hazard(s) in food*".

225 Vgl. *Arndt*, Das Vorsorgeprinzip im EU-Recht, S. 107 m. w. N.; *Rathke*, in: Sosnitza/Meisterernst (ehem. Zipfel/Rathke), Art. 3 BasisVO, Rn. 54.

bestehende Risiko liefert,[226] die sich im Bereich zwischen vollständiger Sicherheit und absoluter Unmöglichkeit, also zwischen 0 und 100 %, bewegen kann.[227] Orientiert man sich an dieser naturwissenschaftlichen Provenienz, müsste daraus eigentlich folgen, dass (auch) der *Risikobegriff* aus Art. 3 Nr. 9 BasisVO keinen Aussagegehalt in Bezug auf eine Eingriffsschwelle für staatliches Tätigwerden besitzt.[228] Denn vergleicht man die bestimmenden Interessen der Naturwissenschaft mit der der Rechtswissenschaft, so wird deren grundlegender Unterschied deutlich: Während die Naturwissenschaften versuchen, eine objektive Realität zu beschreiben, benötigt die Rechtswissenschaft Maßstäbe für Entscheidungen.[229] Doch genau dies ist im Hinblick auf den *Risikobegriff* aus Art. 3 Nr. 9 BasisVO gerade fraglich.[230]

Die Tatbestandsmerkmale des Risikobegriffes, namentlich die *Wahrscheinlichkeit* für den *Eintritt einer die Gesundheit beeinträchtigenden Wirkung* und eben die *Schwere dieser Wirkung als Folge der Realisierung einer Gefahr*, verknüpft durch den Begriff der *Funktion*, sind dementsprechend einer näheren Betrachtung zu unterziehen, um im Anschluss deren Bedeutung einordnen zu können.

I. Das geschützte Rechtsgut: Gesundheit

Art. 5 Abs. 1 BasisVO statuiert die maßgebenden Ziele des europäischen Lebensmittelrechts[231], namentlich die Verfolgung eines *hohen Maßes an Schutz für das Leben und die Gesundheit der Menschen* sowie den *Schutz der Verbraucherinteressen*. Diese beiden bereits in Art. 1 Abs. 1 BasisVO besonders genannten Säulen des Gesundheits- und (wirtschaftlichen) Verbraucherschutzes entsprechen der primärrechtlichen Verpflichtung der EU aus Art. 9, 12, 169 und 168 AEUV, ein hohes Verbraucherschutzniveau für die Bevölkerung sicherzustellen[232] bzw. diese Belange bei Maßnahmen zur Errichtung und

226 *Simon*, Kooperative Risikoverwaltung im neuen Lebensmittelrecht, S. 91; *Holle*, ZLR 2004, 307, 311; *Arndt*, Das Vorsorgeprinzip im EU-Recht, S. 108.

227 *Arndt*, Das Vorsorgeprinzip im EU-Recht, S. 109.

228 So jedenfalls *Meisterernst*, in: Streinz/Meisterernst, BasisVO/LFGB, Art. 3 BasisVO, Rn. 47; *Rathke*, in: Sosnitza/Meisterernst (ehem. Zipfel/Rathke), Art. 3 BasisVO, Rn. 55.

229 Vgl. hierzu *Rathke*, in: Sosnitza/Meisterernst (ehem. Zipfel/Rathke), Art. 3 BasisVO, Rn. 55; *Simon*, Kooperative Risikoverwaltung im neuen Lebensmittelrecht, S. 90 f.; *Arndt*, Das Vorsorgeprinzip im EU-Recht, S. 109 f.

230 Vgl. hierzu Teil 1.B.

231 Zum Teil werden diese als „*Hauptziele*", so *Meisterernst*, Lebensmittelrecht, S. 8; oder als „*erstes und oberstes Ziel*", so *Simon*, Kooperative Risikoverwaltung im neuen Lebensmittelrecht, S. 42, bezeichnet.

232 Vgl. hierzu *Lurger*, in: Streinz, EUV/AEUV, Art. 169 AEUV, Rn. 16.

Konsolidierung eines funktionierenden Binnenmarktes gemäß Art. 114 Abs. 1 AEUV mit einzubeziehen.[233]

Ausweislich ihres Wortlautes bezieht sich die *Risikodefinition* aus Art. 3 Nr. 9 BasisVO auf den Eintritt einer die *Gesundheit beeinträchtigenden Wirkung* und knüpft dementsprechend an das in Art. 5 Abs. 1 BasisVO manifestierte lebensmittelrechtliche Primärziel des *Gesundheitsschutzes*, nicht jedoch an das des wirtschaftlichen Verbraucherschutzes an.

1. Der Vergleich mit dem Schutzgut aus Art. 3 Nr. 24 KontrollVO

Interessant und lohnenswert erscheint in diesem Zusammenhang ein Blick in den oben bereits an verschiedenen Stellen[234] angesprochenen *Risikobegriff* aus Art. 3 Nr. 24 KontrollVO, der sich von dem der BasisVO wie folgt unterscheidet: Einerseits, indem die – sprachlich genauer bzw. konkreter gefasste – Formulierung in der KontrollVO eine *die Gesundheit „von Menschen" beeinträchtigende Wirkung*[235] umfasst und nicht lediglich von einer *die Gesundheit beeinträchtigenden Wirkung* – ohne menschlichen Bezug – spricht. Andererseits aber auch den Umfang des (in Art. 3 Nr. 9 BasisVO) geschützten Gutes *Gesundheit* um die Komponenten der beeinträchtigenden Wirkung für die Gesundheit *von Tieren* oder *Pflanzen* sowie für den *Tierschutz* oder die *Umwelt* zu erweitern scheint.[236] Die erstgenannte Abweichung bzgl. einer *die Gesundheit „von Menschen" beeinträchtigenden Wirkung* ist wohl nur semantischer bzw. syntaktischer Natur, da sich der *Risikobegriff* aus Art. 3 Nr. 9 BasisVO, ohne dies konkret zu benennen, denklogisch auf das in Art. 5 Abs. 1 BasisVO manifestierte allgemeine Ziel des Lebensmittelrechts eines *hohen Maßes an Schutz für das Leben und die Gesundheit „der Menschen"* bezieht bzw. Art. 3 Nr. 9 BasisVO in diesem Sinne zu verstehen ist.[237]

Die letztgenannte Abweichung bzgl. einer möglichen Erweiterung des Schutzgutes ist indes auffallend, insbesondere wenn man ergänzend Art. 9 Kontroll-

233 *Meisterernst*, Lebensmittelrecht, S. 8; *Krebber*, in: Calliess/Ruffert, AEUV/EUV, Art. 169 AEUV, Rn. 3.

234 So in Teil 1.B. sowie in der Einleitung zu hiesigem Teil 2.

235 In der englischen Sprachfassung lautet Art. 3 Nr. 24 KontrollVO: „‚risk' means a function of an adverse effect on human, animal or plant health, animal welfare or the environment and of the severity of that effect, consequential to a hazard".

236 *Ludwig/Ortgies*, in: Sosnitza/Meisterernst (ehem. Zipfel/Rathke), Art. 3 KontrollVO, Rn. 74 begründen den weiter gefassten Risikobegriff in der KontrollVO mit dem *„umfassenderen Anwendungsbereich"* derselben.

237 Das einschlägige Schrifttum geht gemeinhin und richtigerweise davon aus, dass *„die Gesundheit beeinträchtigende Wirkung"* im Sinne der *menschlichen Gesundheit* zu verstehen ist, vgl. hierzu exemplarisch: *Streinz/Fuchs*, ZLR 2002, 169, 181; *Meisterernst*, Lebensmittelrecht, S. 28 f.; *Roth*, Die allgemeine Lebensmittelüberwachung als Instrument des Verbraucherschutzes, S. 32.

VO heranzieht, der für die Durchführung von entsprechenden Kontrollen einen sog. *risikobasierten* Ansatz bestimmt und in seinem Abs. 1 lit. b sowie in seinem Abs. 2 auch Umstände des wirtschaftlichen Verbraucherschutzes berücksichtigt[238].

Obgleich es naheliegend erscheint, die sprachliche Bedeutung und den Sinngehalt des Terminus *risikobasiert* an die des *Risikobegriffes* der KontrollVO anzulehnen, so sticht doch der unterschiedliche Kontext ins Auge: Art. 9 KontrollVO bestimmt nämlich, dass Lebensmittelunternehmer risikobasiert und mit angemessener Häufigkeit einer behördlichen Kontrolltätigkeit zu unterziehen sind und regelt mithin, welche Umstände herangezogen werden, um diese Kontrolldichte zu bemessen bzw. festzulegen.[239] Notwendigerweise spielen dabei auch weitergehende Umstände, wie Informationen über Unlauterkeit etc. eine Rolle, um die Kontrolltätigkeit effektiv zu gestalten.[240] Der Begriff *risikobasiert* nimmt dementsprechend nicht nur auf die Wahrscheinlichkeiten einer beeinträchtigenden Wirkung für die Gesundheit von Menschen, Tieren, Pflanzen bzw. den Tierschutz und die Umwelt Bezug, wie sie Art. 3 Nr. 24 KontrollVO vorsieht, sondern geht darüber hinaus. Vielmehr kann die inhaltliche Bedeutung des Begriffes *risikobasiert* im Sinne des Erwägungsgrundes 32 zur KontrollVO verstanden werden, der sich in seinem Satz 2[241] gerade auf die Festlegung der Kontrolldichte bezieht und dabei klarstellt, dass für die Häufigkeit von Kontrollen eben ein Risiko bzw. die Wahrscheinlichkeit von Verstößen, inklusive möglicher irreführender oder betrügerischer Praktiken, relevant ist.[242] Eine Ausdehnung des *Risikobegriffes* des Art. 3 Nr. 24 KontrollVO um den wirtschaftlichen Verbraucherschutz ist mithin nicht zu erblicken.[243]

Nach wie vor im Raum steht jedoch die Ergänzung des *Risikobegriffes* aus Art. 3 Nr. 24 KontrollVO um die Komponenten der *beeinträchtigenden Wirkung* für die *Gesundheit von Tieren* und *Pflanzen* sowie für den *Tierschutz* und die

238 Vgl. hierzu insbesondere *Ludwig/Ortgies*, in: Sosnitza/Meisterernst (ehem. Zipfel/Rathke), Art. 9 KontrollVO, Rn. 17 und 19, die (in Rn. 17) besonders die Formulierung *„die darauf hindeuten“* hervorheben und konstatieren, dass bereits der Verdacht eines Verstoßes gegen das Irreführungsverbot entsprechende amtliche Kontrollen auslösen kann.

239 So auch Erwägungsgrund 32 der KontrollVO.

240 So auch Erwägungsgrund 32 der KontrollVO.

241 Erwägungsgrund 32 Satz 2 der KontrollVO im Wortlaut: *„Bei der Festlegung der Häufigkeit amtlicher Kontrollen sollten die zuständigen Behörden berücksichtigen, inwieweit es notwendig ist, den Kontrollaufwand an das Risiko und an die Wahrscheinlichkeit von Verstößen in den verschiedenen Situationen anzupassen; dabei sollte auch möglichen Verstößen gegen Unionsvorschriften zur Lebensmittelkette aufgrund betrügerischer oder irreführender Praktiken Rechnung getragen werden.“*.

242 *Ludwig/Ortgies*, in: Sosnitza/Meisterernst (ehem. Zipfel/Rathke), Art. 3 KontrollVO, Rn. 143 f.

243 So auch *Ludwig/Ortgies*, in: Sosnitza/Meisterernst (ehem. Zipfel/Rathke), Art. 3 KontrollVO, Rn. 76, 143 ff.

Umwelt. Im Schrifttum wird diese – dem Wortlaut vermeintlich zu entnehmende[244] – Ausweitung mit dem *„umfassenderen Anwendungsbereich"*[245] der KontrollVO im Vergleich zur BasisVO begründet, was jedoch nicht unmittelbar überzeugen kann. Denn während die KontrollVO ausweislich ihres Art. 1 Bestimmungen zu den Tätigkeiten[246] und der Durchführung[247] von Kontrollen in den Mitgliedstaaten durch die zuständigen Behörden enthält, also *Regelungen zur Gewährleistung der Anwendung und Einhaltung* des Lebensmittelrechts,[248] schafft die BasisVO einen allgemeinen Rahmen im Sinne eines *„allumfassende[n] Ansatz[es]"*[249] zur Erreichung eines hohen Gesundheitsschutzniveaus, in den sich das unionale und mitgliedstaatliche Lebensmittelrecht einzupassen hat.[250] Der weiter gefasste Wortlaut des *Risikobegriffes* aus der KontrollVO nimmt mithin (konsequenterweise) auch vorgelagerte Umstände in Bezug, die von den zuständigen Behörden zu überwachen und zu kontrollieren sind[251], da diese wiederum Auswirkungen auf die Lebensmittelsicherheit und so auf die menschliche Gesundheit zeitigen können.[252]

2. Die Reichweite des Schutzgutes aus Art. 3 Nr. 9 BasisVO

Vor dem Hintergrund, dass die BasisVO einen ganzheitlichen Ansatz (*„from farm to fork"*) zur Sicherstellung der Lebensmittelsicherheit und der daraus resultierenden Erreichung eines hohen Gesundheitsschutzniveaus wählt, stellt sich doch die berechtigte Frage, wie weit das in Art. 3 Nr. 9 BasisVO geschützte Gut der *Gesundheit* zu verstehen ist, namentlich, ob hierin – wenn auch nur mittelbar – nicht auch *beeinträchtigende Wirkungen* auf die *Tier-* und *Pflanzengesundheit* bzw. den *Tier-* und *Umweltschutz* umfasst sind, also gerade solche, die der *Risikobegriff* aus Art. 3 Nr. 24 KontrollVO ausdrücklich in Bezug nimmt. Obgleich der Wortlaut des Art. 3 Nr. 9 BasisVO insoweit

244 Siehe hierzu insbesondere im Folgenden unter Teil 2.A. I. 1. und 2.

245 So *Ludwig/Ortgies*, in: Sosnitza/Meisterernst (ehem. Zipfel/Rathke), Art. 3 KontrollVO, Rn. 74.

246 Siehe hierzu Art. 1 Abs. 1 lit. a KontrollVO.

247 Siehe hierzu Art. 1 Abs. 1 lit. b KontrollVO.

248 So auch der amtliche Titel der KontrollVO.

249 *Müller*, Die Bewältigung von Lebensmittelrisiken durch Risikokommunikation, S. 5; *Thilo Ortgies*, Rechtliches Risikomanagement im Lebensmittelrecht, S. 52.

250 Vgl. hierzu insbesondere Art. 1, 4 Abs. 2 BasisVO; *Weiß*, Die rechtliche Gewährleistung der Produktsicherheit, S. 274 f.; *Thilo Ortgies*, Rechtliches Risikomanagement im Lebensmittelrecht, S. 51 f.

251 Dies entspricht auch Art. 1 Abs. 2 KontrollVO, der bestimmt, welche Vorschriften auf Grundlage der KontrollVO kontrolliert und überwacht werden sollen, bzgl. Tiergesundheit bspw. lit. d u. a., bzgl. Pflanzengesundheit bspw. lit. g u. a., bzgl. Tierschutz lit. f, bzgl. Pflanzenschutz lit. h; vgl. hierzu auch *Ludwig/Ortgies*, in: Sosnitza/Meisterernst (ehem. Zipfel/Rathke), Art. 1 KontrollVO, Rn. 5 ff.

252 Ähnlich *Schneiderhan*, ZLR 2018, 336, 341 sowie 337; *Zechmeister*, ZLR 2018, 624, 631 f.

eindeutig erscheint, würde dies doch dem Telos der BasisVO entsprechen, welcher sich insbesondere in den Erwägungsgründen wiederfindet. So beschreibt Erwägungsgrund 11[253], dass für ein *„hinreichend umfassendes einheitliches Sicherheitskonzept der Lebensmittelsicherheit"* der Begriff des Lebensmittelrechts entsprechend weit gefasst sein muss, um *„ein großes Spektrum an Bestimmungen"* abzudecken, die sich *„mittelbar oder unmittelbar auf die Sicherheit von Lebensmitteln und Futtermitteln auswirken"* können.[254] Dabei sollen, so Erwägungsgrund 12, *„alle Aspekte der Lebensmittelherstellungskette als Kontinuum betrachtet werden"*[255] und, nach Erwägungsgrund 13, die *„Erzeugung, die Herstellung, de[r] Transport und de[r] Vertrieb von Futtermitteln, die an der Lebensmittelgewinnung dienende Tiere verfüttert werden"*[256], genauso wie *„andere Verfahren und landwirtschaftliche Produktionsmittel (...) und ihre potenziellen Auswirkungen auf die Lebensmittelsicherheit insgesamt"*[257] in die Betrachtung einbezogen werden.

Natürlich können allein die Erwägungsgründe zur BasisVO nicht herangezogen werden, um das geschützte Gut *Gesundheit* in Art. 3 Nr. 9 BasisVO so auszulegen, dass es seiner immanenten Wirkung entweder beraubt oder diese,

253 Erwägungsgrund 11 zur BasisVO im Wortlaut: *„Für ein hinreichend umfassendes einheitliches Konzept der Lebensmittelsicherheit muss die Definition des Lebensmittelrechts so weit gefasst werden, dass sie ein großes Spektrum an Bestimmungen abdeckt, die sich mittelbar oder unmittelbar auf die Sicherheit von Lebensmitteln und Futtermitteln auswirken, darunter auch Vorschriften zu Materialien und Gegenständen, die mit Lebensmitteln in Berührung kommen, zu Futtermitteln und anderen landwirtschaftlichen Produktionsmitteln auf der Ebene der Primärproduktion."*.

254 So auch der Inhalt aus Erwägungsgrund 7 zur BasisVO, hier im Wortlaut: *„Es sollten auch Anforderungen an Futtermittel, beispielsweise an die Herstellung und Verwendung von Futtermitteln, die für der Lebensmittelgewinnung dienende Tiere bestimmt sind, in das Lebensmittelrecht aufgenommen werden. Dies gilt unbeschadet entsprechender Anforderungen, die bislang und auch künftig in den Rechtsvorschriften über Futtermittel für alle Tiere einschließlich Heimtieren enthalten sind."*.

255 Erwägungsgrund 12 zur BasisVO im Wortlaut: *„Um Lebensmittelsicherheit gewährleisten zu können, müssen alle Aspekte der Lebensmittelherstellungskette als Kontinuum betrachtet werden, und zwar von – einschließlich – der Primärproduktion und der Futtermittelproduktion bis hin einschließlich – zum Verkauf bzw. zur Abgabe der Lebensmittel an den Verbraucher, da jedes Glied dieser Kette eine potenzielle Auswirkung auf die Lebensmittelsicherheit haben kann."*.

256 Erwägungsgrund 13 zur BasisVO im Wortlaut: *„Die Erfahrung hat gezeigt, dass es aus diesem Grund notwendig ist, auch die Erzeugung, die Herstellung, den Transport und den Vertrieb von Futtermitteln, die an der Lebensmittelgewinnung dienende Tiere verfüttert werden, zu berücksichtigen, einschließlich der Zucht von Tieren, die in Fischzuchtbetrieben als Futter verwendet werden können, da die absichtliche oder unabsichtliche Kontamination von Futtermitteln, die Verfälschung oder betrügerische oder andere unzulässige Praktiken im Zusammenhang damit eine mittelbare oder unmittelbare Auswirkung auf die Lebensmittelsicherheit haben können."*.

257 Erwägungsgrund 14 zur BasisVO im Wortlaut: *„Aus dem gleichen Grund ist es notwendig, auch andere Verfahren und landwirtschaftliche Produktionsmittel auf der Ebene der Primärproduktion und ihre potenziellen Auswirkungen auf die Lebensmittelsicherheit insgesamt zu berücksichtigen."*.

wie in hiesiger Frage, extensiv erweitert wird.[258] Allerdings findet sich eben dieser ganzheitliche Ansatz bereits im Gesamtgefüge der BasisVO wieder; insbesondere in den Art. 1 Abs. 2 und 3, Art. 4 und 5 BasisVO. Die Einbeziehung solch vorgelagerter Umstände wie *beeinträchtigende Wirkungen* auf die *Tier-* und *Pflanzengesundheit* sowie den *Tier-* und *Umweltschutz* erscheint also durchaus berechtigt und prima facie im Sinne der Grundidee der BasisVO, soweit sich diese Faktoren auf Lebensmittel und sodann auf die menschliche Gesundheit auswirken. Wie genau diese Umstände zu berücksichtigen sind, kann hier jedoch noch nicht abschließend beurteilt werden, sondern bedarf einer eingehenderen allseitig systematischen Betrachtung der lebensmittelsicherheitsrechtlichen Aspekte bzw. der diesbezüglichen Gesamtkonzeption in der BasisVO.[259]

II. Die materielle Komponente: Gesundheitsbeeinträchtigung

Wesentliches Merkmal des Risikos ist eine sog. *die Gesundheit beeinträchtigende Wirkung,* deren Begrifflichkeit in der BasisVO nicht eigens legal definiert und daher ausfüllungsbedürftig ist. Das einschlägige Schrifttum[260] verweist hierzu bzw. stellt – beinahe einhellig – auf die Vorschrift des Art. 14 Abs. 2 lit. a i. V. m. Abs. 4 BasisVO ab, deren Wortlaut (*„gesundheitsschädlich“*) sich allerdings von der hier verwendeten Begrifflichkeit unterscheidet. Denn während hinter dem (schwachen) Verb *beeinträchtigen* eher die Bedeutung *„auf jemanden, etwas eine behindernde, hemmende, negative Wirkung ausüben“*[261] zu erblicken ist, meint das Adjektiv *schädlich* hingegen *„zu Schädigungen führend, sich nachteilig auswirkend“*[262]. Operiert man entsprechend nahe an den unterschiedlichen Wortlauten bzw. Begrifflichkeiten einer Gesundheits*beeinträchtigung* bzw. *–schädigung* , müsste daraus eigentlich folgen, dass eine *die Gesundheit beeinträchtigende Wirkung* weiter geht, also mehr beinhaltet, als die sprachlich enger gefasste *Gesundheitsschädlichkeit.*[263] Zur Auflösung dieser Inkonsistenz wird unter anderem, soweit diese überhaupt Beachtung fin-

258 Vgl. hierzu auch *EuGH*, Urteil vom 24.11.2005 – C-136/04, Rn. 32 m. w. N., BeckRS 2005, 70929; ähnlich *Lang/Schwarzinger*, DLR 2020, 57, 60.

259 In diesem Zusammenhang sei ausdrücklich darauf hingewiesen, dass bspw. Art. 14 BasisVO ausschließlich an die menschliche Gesundheit anknüpft.

260 So bspw. *Meisterernst*, Lebensmittelrecht, S. 29; *Rathke*, in: Sosnitza/Meisterernst (ehem. Zipfel/Rathke), Art. 3 BasisVO, Rn. 56; *Meisterernst*, in: Streinz/Meisterernst, BasisVO/LFGB, Art. 3 BasisVO, Rn. 47.

261 So die Bedeutung des Verbs *„beeinträchtigen“* laut https://www.duden.de/rechtschreibung/beeintraechtigen [zuletzt abgerufen, am: 11.03.2024].

262 So die Bedeutung des Adjektivs *„schädlich“* laut https://www.duden.de/rechtschreibung/schaedlich [zuletzt abgerufen, am: 11.03.2024].

263 *Rathke*, in: Sosnitza/Meisterernst (ehem. Zipfel/Rathke), Art. 3 BasisVO, Rn. 56.

det,[264] ausgeführt, dass schon die Bestimmung der in Art. 14 Abs. 4 BasisVO dargestellten Kriterien für ein gesundheitsschädliches Lebensmittel weit über den Inhalt und die Bedeutung des Begriffes *gesundheitsschädlich* hinausgeht, dass diese Kriterien also zu einer Kontrastierung des in Art. 3 Nr. 9 BasisVO verwendeten Terminus der die *Gesundheit beeinträchtigenden Wirkung* herangezogen werden können.[265]

Auch wenn dieser Begründungsansatz prima facie eingängig erscheint, trägt er doch eine nicht unrelevante Unstimmigkeit in den Wortlauten zutage, die zu weiteren Unsicherheiten oder Problemen bzgl. einer erwartungsgemäßen und vorhersehbaren Rechtsanwendung führen könnte, da die Begrifflichkeiten in sachlich zusammenhängenden Normen möglicherweise doch mit unterschiedlichen Konnotationen besetzt sind, konkret in zweierlei Hinsicht:

Zum einen: Würde man diesem Begründungsansatz folgen, der eine *die Gesundheit beeinträchtigende Wirkung* im Sinne des Art. 14 Abs. 4 BasisVO versteht, ergäbe sich daraus konsequenterweise eine neue Diskrepanz innerhalb des Art. 14 BasisVO, nämlich zwischen den in Art. 14 Abs. 2 lit. a BasisVO verwandten Terminus der *Gesundheitsschädlichkeit* im Vergleich zu den in Abs. 4 genannten Kriterien, die ja – wie hier[266] zutreffend aber unreflektiert erkannt wird – ganz offensichtlich über den Inhalt und die Bedeutung des Begriffes *gesundheitsschädlich* hinausgehen, sodass Art. 14 BasisVO in seinem Binnenverhältnis als widersprüchlich oder zumindest aufhellungsbedürftig erscheint.

Zum anderen: Übernimmt man diesen Begründungsversuch nicht aufs Geratewohl, so bleibt die Unstimmigkeit zwischen der in Art. 3 Nr. 9 BasisVO verwendeten, sprachlich weiter gefassten Vokabel einer *die Gesundheit beeinträchtigende Wirkung* und der in Art. 14 Abs. 2 lit. a BasisVO begrifflich enger gefassten *Gesundheitsschädlichkeit* zunächst ungeklärt.

Interessant ist in dem Zusammenhang, dass es sich bei dieser Widersprüchlichkeit in der Verwendung der Begriffe nicht um eine deutsche Besonderheit handelt. Vielmehr lässt sich jene Inkonsistenz in einer Mehrzahl der Sprachfassungen der BasisVO erblicken. Denn während die in der deutschen Fassung verwendete Vokabel *einer die Gesundheit beeinträchtigenden Wirkung* in der bulgarischen Fassung mit *неблагоприятен за здравето ефект*[267], in der

264 So z. B. bei *Arndt*, Das Vorsorgeprinzip im EU-Recht, S. 107 ff.; *Thilo Ortgies*, Rechtliches Risikomanagement im Lebensmittelrecht, S. 259 ff.

265 *Meisterernst*, Lebensmittelrecht, S. 29; *Rathke*, in: Sosnitza/Meisterernst (ehem. Zipfel/Rathke), Art. 3 BasisVO, Rn. 89.

266 *Meisterernst*, Lebensmittelrecht, S. 29; *Rathke*, in: Sosnitza/Meisterernst (ehem. Zipfel/Rathke), Art. 3 BasisVO, Rn. 89.

267 *неблагоприятен за здравето ефект*, bulgarisch: gesundheitsschädigende Wirkung (https://www.deepl.com/de/translator#bg/de/%D0%BD%D0%B5%D0%B1%D0%BB%D0%B0%D0%B3%D0%BE%D0%BF%D1%80 %D0%B8%D1%8F%D1%82%D0%B5%D0%BD%20

estnischen Fassung mit *tervistkahjustava*[268], in der griechischen Fassung mit *μια επιβλαβής συνέπεια στην*[269], in der französischen Fassung mit *effet néfaste*[270], in der italienischen Fassung mit *effetto nocivo*[271], in der ungarischen Fassung mit *egészségkárosító hatás*[272] und in der slowenischen Fassung mit *neželenega učinka na zdravje*[273] umschrieben wird, die eher eine begriffliche Nähe zu dem enger gefassten deutschen Äquivalent der *Gesundheitsschädlichkeit* aus Art. 14 Abs. 2 lit. a BasisVO aufweisen und möglicherweise mit derselben einen Gleichlauf bilden, ähnelt die Verwendung in anderen Sprachfassungen eher der deutschen Formulierung *einer die Gesundheit beeinträchtigenden Wirkung* und deutet ebenso auf eine solche Inkonsistenz hin, so bspw. die spanische Fassung mit *efecto perjudicial*[274], die tschechische Fassung mit *nepříznivého účinku*[275], die dänische Fassung mit *har en negativ indvirkning på sundheden*[276], die englische Fassung mit *adverse (...) effect*[277], die lettische Fassung mit *negatīvas ietekmes*[278], die litauische Fassung mit *neigiamo povei-*

%D0%B7%D0%B0%20%D0%B7%D0%B4%D1%80%D0%B0%D0%B2%D0%B5%D1%82%D0%BE%20%D0%B5%D1%84%D0%B5%D0%BA%D1%82 [zuletzt abgerufen, am: 11.03.2024]).

268 *Tervistkahjustava*, estnisch: gesundheitsschädlich (https://www.deepl.com/de/translator#et/de/tervistkahjustava [zuletzt abgerufen, am: 11.03.2024]).

269 *μια επιβλαβής συνέπεια στην*, griechisch: eine schädliche Auswirkung (https://www.deepl.com/de/translator#el/de/%CE%BC%CE%B9%CE%B1%20 %CE%B5%CF%80%CE%B9%CE%B2%CE%BB%CE%B1%CE%B2%CE%AE%CF%82%20%CF%83%CF%85%CE%BD%CE%AD%CF%80%CE%B5%CE%B9%CE%B1%20%CF%83%CF%84%CE%B7%CE%BD [zuletzt abgerufen, am: 11.03.2024]).

270 *Effet néfaste*, französisch: schädliche Wirkung (https://www.deepl.com/de/translator#fr/de/effet%20n%C3%A9faste [zuletzt abgerufen, am: 11.03.2024]).

271 *Effetto nocivo*, italienisch: schädliche Wirkung (https://www.deepl.com/de/translator#it/de/effetto%20nocivo [zuletzt abgerufen, am: 11.03.2024]).

272 *Egészségkárosító hatás*, ungarisch: gesundheitsschädigende Wirkung (https://www.deepl.com/de/translator#hu/de/eg%C3%A9szs%C3%A9gk%C3%A1ros%C3%ADt%C3%B3%20hat%C3%A1s [zuletzt abgerufen, am: 11.03.2024]).

273 *Neželenega učinka na zdravje*, slowenisch: gesundheitsschädigende Wirkung (https://www.deepl.com/de/translator#sl/de/ne%C5%BEelenega%20u%C4%8Dinka%20na%20zdravje [zuletzt abgerufen, am: 11.03.2024]).

274 *Efecto perjudicial*, spanisch: nachteilige Auswirkung (https://www.deepl.com/de/translator#es/de/efecto%20perjudicial [zuletzt abgerufen, am: 11.03.2024]).

275 *Nepříznivého účinku*, tschechisch: nachteilige Auswirkung (https://www.deepl.com/de/translator#cs/de/nep%C5%99%C3%ADzniv%C3%A9ho%20%C3%BA%C4%8Dinku [zuletzt abgerufen, am: 11.03.2024]).

276 *Har en negativ indvirkning på sundheden*, dänisch: sich negativ auf die Gesundheit auswirken (https://www.deepl.com/de/translator#da/de/har%20en%20negativ%20indvirkning%20p%C3%A5%20sundheden [zuletzt abgerufen, am: 11.03.2024]).

277 *Adverse (...) effect*, englisch: nachteilige Auswirkung (https://www.deepl.com/de/translator#en/de/adverse%20effect [zuletzt abgerufen, am: 11.03.2024]).

278 *Negatīvas ietekmes*, lettisch: negative Auswirkungen (https://www.deepl.com/de/translator#lv/de/Negat%C4%ABvas%20ietekmes [zuletzt abgerufen, am: 11.03.2024]).

kio[279], die niederländische Fassung mit *nadelig gezondheidseffect*[280], die polnische Fassung mit *negatywnych skutków*[281], die rumänische Fassung mit *efect negativ*[282], die slowakische Fassung mit *nepriaznivého účinku*[283], die finnische Fassung mit *terveydellisen haittavaikutuksen*[284] und die schwedische Fassung mit *negativ hälsoeffekt*[285].

Obgleich natürlich der Wortlaut einer Norm sowohl den Anfang als auch die Grenze seiner rechtswissenschaftlichen Auslegung bildet,[286] kommt der Wortlautauslegung im Unionsrecht aufgrund der Existenz und der damit implizierten Gleichrangigkeit der unterschiedlichen Sprachfassungen, die jeweils nennenswert – wie auch in hiesigem Fall – voneinander abweichen können,[287] eine vergleichsweise eingeschränkte Bedeutung zu.[288] Das Erfordernis einer unionsweit einheitlichen und unionsrechtlich autonomen Interpretation verlangt vielmehr, dass die in Rede stehende Bestimmung unter Zuhilfenahme ihrer allgemeinen Systematik und des Zwecks der entsprechenden Regelung einer Auslegung zugeführt wird.[289] Eine besondere, mitunter herausragende Bedeutung kommt hierbei der Auslegung nach dem *effet utile*, dem sog. Effek-

279 *Neigiamo poveikio*, litauisch: nachteilige Auswirkungen (https://www.deepl.com/de/translator#lt/de/neigiamo%20poveikio [zuletzt abgerufen, am: 11.03.2024]).

280 *Nadelig gezondheidseffect*, niederländisch: nachteiliger Gesundheitseffekt (https://www.deepl.com/de/translator#nl/de/nadelig%20gezondheidseffect [zuletzt abgerufen, am: 11.03.2024]).

281 *Negatywnych skutków*, nachteilige Auswirkungen (https://www.deepl.com/de/translator#pl/de/negatywnych%20skutk%C3%B3w [zuletzt abgerufen, am: 11.03.2024]).

282 *Efect negativ*, rumänisch: negative Auswirkung (https://www.deepl.com/de/translator#ro/de/efect%20negativ [zuletzt abgerufen, am: 11.03.2024]).

283 *Nepriaznivého účinku*, slowakisch: nachteilige Auswirkung (https://www.deepl.com/de/translator#sk/de/Nepriazniv%C3%A9ho%20%C3%BA%C4%8Dinku [zuletzt abgerufen, am: 11.03.2024]).

284 *Terveydellisen haittavaikutuksen*, finnisch: gesundheitsbezogen nachteilige Auswirkung (https://www.deepl.com/de/translator#fi/de/terveydellisen%20haittavaikutuksen [zuletzt abgerufen, am: 11.03.2024].

285 *Negativ hälsoeffekt*, schwedisch: negative Auswirkungen auf die Gesundheit (https://www.deepl.com/de/translator#sv/de/negativ%20h%C3%A4lsoeffekt [zuletzt abgerufen, am: 11.03.2024]).

286 *Wegener*, in: Calliess/Ruffert, AEUV/EUV, Art. 19 EUV, Rn. 28; *Schübel-Pfister*, Sprache und Gemeinschaftsrecht, S. 128.

287 Vgl. zu dieser Problematik *Wegener*, in: Calliess/Ruffert, AEUV/EUV, Art. 19 EUV, Rn. 28; *EuGH*, Urteil vom 24.10.1996 – C-72/95, Rn. 22, 28 ff., BeckRS 1996, 55384; *Wegener*, NvWZ 1997, 462, 464.

288 *Wegener*, in: Calliess/Ruffert, AEUV/EUV, Art. 19 EUV, Rn. 28; so auch *Lang/Schwarzinger*, DLR 2020, 57, 59.

289 So auch *EuGH*, Urteil vom 24.10.1996 – C-72/95, Rn. 22, 28 ff., BeckRS 1996, 55384; *EuGH*, Urteil vom 06.10.1986 – Rs. 283/81, NJW 1983, 1257, 1258; *EuGH*, Urteil vom 07.12.1995 – C-449/93, Rn. 27 f., BeckRS 1996, 40215; *Wegener*, in: Calliess/Ruffert, AEUV/EUV, Art. 19 EUV, Rn. 31 f.; *Schübel-Pfister*, Sprache und Gemeinschaftsrecht, S. 130.

tivitätsgrundsatz[290] zu, wonach diejenige Auslegung Vorzug erlangt, welche den praktischen Nutzen der fraglichen Determination am ehesten fördert.[291] Die dahinter stehende Intention ist es allerdings nicht, Gemeinschaftsbefugnisse größtmöglich auszuschöpfen, sondern vielmehr, die mit der Bestimmung *„verfolgten Ziele möglichst effektiv zur Geltung zu bringen“*[292].

Legt man dem zu Grunde, dass der *Risikobegriff* des Art. 3 Nr. 9 BasisVO die tatbestandliche Basis der *Risikoanalyse* bildet, die wiederum das Fundament des wissenschaftszentrierten Ansatzes zur Erreichung des lebensmittelrechtlichen Primärziels eines hohen Schutzniveaus für die Gesundheit des Menschen aus Art. 5 Abs. 1 BasisVO darstellt, bei welchem Gefahren nicht mehr nur schlicht abgewehrt, sondern bereits im Vorfeld verringert, ausgeschaltet oder vermieden werden sollen,[293] so erscheint eine enge Auslegung der zentralen, materiellen Komponente einer *die Gesundheit beeinträchtigenden Wirkung* im Sinne des Art. 14 BasisVO bzw. des strenger gefassten Begriffes einer *Gesundheitsschädlichkeit* nur bedingt effektiv, da eine diesbezügliche Beschränkung eine solche ganzheitliche Betrachtung gerade unterbinden würde.

III. Der Ausgangspunkt einer Gesundheitsbeeinträchtigung: Gefahr

Der Ursprung bzw. Ausgangspunkt *einer die Gesundheit beeinträchtigenden Wirkung* im Sinne des Art. 3 Nr. 9 BasisVO ist ausweislich seines Wortlautes eine sog. *Gefahr*, deren Begrifflichkeit wiederum in Art. 3 Nr. 14 BasisVO als

> *„ein biologisches, chemisches oder physikalisches Agens in einem Lebensmittel oder Futtermittel oder einen Zustand eines Lebensmittels oder Futtermittels, der eine Gesundheitsbeeinträchtigung verursachen kann“*

legal definiert ist.

Diese Terminologie ist noch stärker als der *Risikobegriff* an die naturwissenschaftliche Nomenklatur angelehnt, deren vorrangiges Bestreben es ist, Gefahrenpotentiale und die damit verbundenen Zusammenhänge zu erfassen;[294]

---

290 Vgl. hierzu *Streinz*, in: FS Everling, S. 1491, 1491 ff.

291 *Schübel-Pfister*, Sprache und Gemeinschaftsrecht, S. 130 f.; *Wegener*, in: Calliess/Ruffert, AEUV/EUV, Art. 19 EUV, Rn. 32.

292 *Wegener*, in: Calliess/Ruffert, AEUV/EUV, Art. 19 EUV, Rn. 32.

293 Vgl. hierzu auch die Ausführungen eingangs zu Teil 2; Erwägungsgrund 17 BasisVO; *Bauschke*, Verbraucherschutz im öffentlichen Recht aus Sicht des Lebensmittelrechts, S. 76; *Simon*, BayVBl 2009, 161, 162; *Alfred Meyer*, ZLR 2006, 675, 675 f.; *Thilo Ortgies*, Rechtliches Risikomanagement im Lebensmittelrecht, S. 77.

294 *Gelbert*, Die Risikobewältigung im Lebensmittelrecht, S. 29 ff., insbesondere S. 32; *Arndt*, Das Vorsorgeprinzip im EU-Recht, S. 114; *Thilo Ortgies*, Rechtliches Risikomanagement im Lebensmittelrecht, S. 262.

anders als das Ziel des Staatsapparates, mit seinen Instrumenten Gefahrenabwehr zu betreiben.[295] Dementsprechend kann der *Gefahrenbegriff*, wie es auch in seinem Wortlaut bzw. in dem des *Risikobegriffes* angelegt ist, als Wirkkraft oder Ursache eines Schadens umschrieben werden.[296]

Widersprüchlichkeiten oder Inkonsistenzen bei der näheren Bestimmung des *Gefahrenbegriffes* aufgrund uneinheitlicher Übersetzungen oder unterschiedlicher Begriffsverwendungen in den verschiedenen Sprachfassungen lassen sich, anders als beim *Risikobegriff*[297], prima facie nicht erblicken, was sich wohl auf eine deutsche Besonderheit in der Semantik zurückführen lässt, der eine sprachliche Differenzierung, wie im Englischen, schlichtweg fehlt.[298] Denn während die englische Sprache für den Begriff der *Gefahr* zwischen

> *hazard*, was für eine Eigenschaft steht, die gefährlich, also toxisch, kanzerogen, mutagen o. Ä. ist und zum Teil auch als Gefahrenquelle bzw. als Wagnis beschrieben wird[299] und so auch in der englischen Sprachfassung des Art. 3 Nr. 14 BasisVO Verwendung findet[300],

und

> *danger*, was eher eine Situation im Sinne einer Gefahrenlage ausdrückt bzw. die Wahrscheinlichkeit, einen Schaden oder einen Verlust zu erleiden, wie es häufig bspw. im polizeirechtlichen Kontext vorkommt,[301]

unterscheidet, wird im Deutschen einheitlich die Vokabel der *Gefahr* verwendet, die inhaltlich beiderlei abbildet,[302] also sowohl eine *Gefahrenquelle* bzw. den entsprechenden, ursächlichen Ausgangspunkt, wie auch eine *gefährliche Situation*, verbunden mit der Wahrscheinlichkeit eines Schadenseintrittes.

Wenn in diesem Zusammenhang, wie soeben, von *einer deutschen Besonderheit in der Semantik* die Rede ist, so trifft dies freilich auf bzw. für die deutsche Ebene zu, nicht jedoch in Bezug auf sämtliche Sprachfassungen, denen zum

---

295 *Gelbert*, Die Risikobewältigung im Lebensmittelrecht, S. 32.

296 *Thilo Ortgies*, Rechtliches Risikomanagement im Lebensmittelrecht, S. 262 f.; *Arndt*, Das Vorsorgeprinzip im EU-Recht, S. 114.

297 Vgl. hierzu Teil 2.A.II.

298 Vgl. hierzu *Gelbert*, Die Risikobewältigung im Lebensmittelrecht, S. 25.

299 *Gelbert*, Die Risikobewältigung im Lebensmittelrecht, S. 25 f.; *Dietl/Lorenz*, Wörterbuch Recht, Wirtschaft und Politik, S. 390.

300 In der englischen Sprachfassung lautet Art. 3 Nr. 14 BasisVO: „'hazard' means a biological, chemical or physical agent in, or condition of, food or feed with the potential to cause an adverse health effect".

301 *Gelbert*, Die Risikobewältigung im Lebensmittelrecht, S. 26; *Dietl/Lorenz*, Wörterbuch Recht, Wirtschaft und Politik, S. 214; *Arndt*, Das Vorsorgeprinzip im EU-Recht, S. 116.

302 *Arndt*, Das Vorsorgeprinzip im EU-Recht, S. 115 f.; *Thilo Ortgies*, Rechtliches Risikomanagement im Lebensmittelrecht, S. 263; *Gelbert*, in: Leible/Meyer, Risiko als Thema des Lebensmittelrechts, S. 31, 41.

Teil eine solche begriffliche Differenzierung zwischen einer Gefahrenquelle (im Sinne des englischen Begriffes *hazard*) einerseits und einer gefährlichen Situation (im Sinne des englischen Begriffes *danger*) andererseits ebenfalls nicht immanent ist. Exemplarisch sei hier auf die französische Fassung des Art. 3 Nr. 14 BasisVO[303] verwiesen, welche beide Termini gleichermaßen einheitlich mit *danger*[304] übersetzt, da das Französische sowohl in dem hier zugrundeliegenden risikoanalytischen bzw. naturwissenschaftlichen Kontext als auch für den allgemeinen Gefahrenbegriff einheitlich den Begriff *danger* verwendet.[305]

Eine Unsicherheit in Bezug auf den *Gefahrenbegriff* des Art. 3 Nr. 14 BasisVO ließe sich für das deutsche Recht (möglicherweise) allenfalls darin erblicken, dass der überkommene Begriff der *Gefahr*, insbesondere im Polizeirecht, als das zentrale eingriffsbegründende Tatbestandsmerkmal die hinreichende Wahrscheinlichkeit eines Schadenseintrittes darstellt[306] und sich diese Konnotation beim deutschen Rechtsanwender so fest verankert hat, dass ein hiervon abweichender Inhalt zu Irritationen führen könnte. Der eindeutige Wortlaut des Art. 3 Nr. 14 i. V. m. Nr. 9 BasisVO steht einem dahingehenden Verständnis jedoch entgegen. Vielmehr dient der hiesige *Gefahrenbegriff*, wie eingangs bereits dargestellt, der Beschreibung einer Ursache bzw. der Wirkkraft eines Schadens,[307] bei der es gerade nicht auf die Eintrittswahrscheinlichkeit ankommt, sodass eine *Gefahr* schon dann anzunehmen ist, wenn sich eine *Gesundheitsbeeinträchtigung* nicht ausschließen lässt, hiernach also die bloße Möglichkeit ausreicht.[308]

303 Der Wortlaut der französischen Sprachfassung des Art. 3 Nr. 14 BasisVO lautet: „‚danger', un agent biologique, chimique ou physique présent dans les denrées alimentaires ou les aliments pour animoux, ou un état de ces denrées alimentaires ou aliments pour animoux, pouvant avoir un effet néfaste sur la santé".

304 *Hazard*, englisch, in der französischen Übersetzung: *danger* (https://www.deepl.com/de/translator#en/fr/hazard%0A [zuletzt abgerufen, am: 11.03.2024]); *danger*, englisch, in der französischen Übersetzung: *danger* (https://www.deepl.com/de/translator#en/fr/danger%0A [zuletzt abgerufen, am: 11.03.2024].

305 Vgl. hierzu, jedoch in einem anderen Zusammenhang, namentlich in Bezug auf die Schutzklausel der Richtlinie über Zusatzstoffe in der Tierernährung, Art. 11 Abs. 1 S. 1 RL 70/524/EWG [zwischenzeitlich übergegangen in VO (EG) 1831/2003] bei *Arndt*, Das Vorsorgeprinzip im EU-Recht, S. 116.

306 Vgl. hierzu die Ausführungen unter Teil 1.C.; *Möstl*, Die staatliche Garantie für die Öffentliche Sicherheit und Ordnung, S. 162 f.; *Gelbert*, in: Leible/Meyer, Risiko als Thema des Lebensmittelrechts, S. 31, 41.

307 Vgl. hierzu auch *Thilo Ortgies*, Rechtliches Risikomanagement im Lebensmittelrecht, S. 262 f.; *Arndt*, Das Vorsorgeprinzip im EU-Recht, S. 114.

308 *Meisterernst*, Lebensmittelrecht, S. 29; *Rathke*, in: Sosnitza/Meisterernst (ehem. Zipfel/Rathke), Art. 3 BasisVO, Rn. 85.

1. Der Vergleich mit dem Gefahrenbegriff aus Art. 3 Nr. 24 KontrollVO

Ebenso wie im Zusammenhang mit den in Art. 3 Nr. 9 BasisVO und Art. 3 Nr. 24 KontrollVO geschützten Rechtsgütern der beiden *Risikobegriffe*[309] findet sich in Art. 3 Nr. 23 KontrollVO eine von Art. 3 Nr. 14 BasisVO abweichende, dem Wortlaut und dem Inhalt nach weiter gefasste Legaldefinition des Begriffes der *Gefahr.*[310] Dieser *Gefahrenbegriff* der KontrollVO[311] umfasst demnach nicht nur Agenzien oder Zustände, die von Lebens- oder Futtermitteln ausgehen, sondern jeglicher Herkunft sein können. Außerdem werden sämtliche ungünstige Auswirkungen auf Tiere, Pflanzen oder den Tierschutz und die Umwelt mit einbezogen, mithin nicht nur solche, die sich auf die Beeinträchtigung der Gesundheit beziehen.[312] Mit Blick auf den Ausgangspunkt bzw. den Ursprung der Gefahr müssten also auch in der Natur vorkommende Stoffe wie Pflanzengifte oder ubiquitär existente Pflanzenschutzmittel ebenso wie klimatische Veränderungen Berücksichtigung finden, die sodann – in irgendeiner Form – auch im weitesten Sinne negative Folgen für Menschen, Tiere, Pflanzen oder auf den Tierschutz oder die Umwelt hervorbringen.[313] Oder mit anderen Worten: Der *Gefahrenbegriff* aus Art. 3 Nr. 23 KontrollVO würde, mehr oder minder, sämtliche Umstände umfassen, die, global, regional oder lokal, Berührungspunkte mit der Flora und Fauna aufweisen.[314]

Sicherlich verfolgt die KontrollVO schon ausweislich ihres Anwendungsbereiches aus Art. 1 Abs. 2 einen breiten Ansatz amtlicher Kontrolltätigkeit, eine so umfängliche Ausdehnung ist jedoch mit der nötigen Einschränkung zu betrachten.[315] Dabei darf natürlich nicht außer Acht gelassen werden, dass sich behördliche Kontrollen im Lebensmittelbereich auch auf vorgelagerte Gegebenheiten erstrecken müssen, die Auswirkungen auf die Lebensmittelsicher-

309 Vgl. hierzu die Ausführungen unter Teil 2.A. I. 1.

310 Interessant erscheint, dass *Thilo Ortgies*, Rechtliches Risikomanagement im Lebensmittelrecht, S. 262 diesen doch auffälligen Unterschied (sowohl des Wortlauts als auch des Inhalts) der Gefahrenbegriffe aus der BasisVO und der KontrollVO überhaupt nicht erkennt und formuliert: *„Im Einklang mit den Begriffsbestimmungen der VO (EG) 178/2002 (...) definiert insoweit auch die VO (EU) 2017/625 den Begriff der Gefahr in Art. 3 Nr. 23 VO (EU) 2017/625 als ‚ein Agens oder einen Zustand, das bzw. der sich ungünstig auf die Gesundheit von Menschen, Tieren oder Pflanzen, auf den Tierschutz oder auf die Umwelt auswirken kann'"*.

311 Art. 3 Nr. 23 KontrollVO im Wortlaut: „‚Gefahr' ein Agens oder ein Zustand, das bzw. der sich ungünstig auf die Gesundheit von Menschen, Tieren oder Pflanzen, auf den Tierschutz oder die Umwelt auswirken kann".

312 *Rathke*, in: Sosnitza/Meisterernst (ehem. Zipfel/Rathke), Art. 3 BasisVO, Rn. 89a.

313 Vgl. hierzu *Ludwig/Ortgies*, in: Sosnitza/Meisterernst (ehem. Zipfel/Rathke), Art. 3 KontrollVO, Rn. 72, 73.

314 Ähnlich auch *Ludwig/Ortgies*, in: Sosnitza/Meisterernst (ehem. Zipfel/Rathke), Art. 3 KontrollVO, Rn. 73.

315 Das erkennt schon *Ludwig/Ortgies*, in: Sosnitza/Meisterernst (ehem. Zipfel/Rathke), Art. 3 KontrollVO, Rn. 73.

heit und so auf die menschliche Gesundheit haben können.[316] Dementsprechend erscheint der sprachlich wie inhaltlich weiter gefasste *Gefahrenbegriff* des Art. 3 Nr. 23 KontrollVO durchaus konsequent, soweit er im Sinne des umfassenden Anwendungsbereichs der KontrollVO verstanden wird und der Effektivität der amtlichen Kontrolltätigkeit dient, die wiederum die Gewährleistung der Lebensmittelsicherheit und somit die Sicherstellung eines hohen Gesundheitsschutzniveaus zum Ziel hat.[317]

2. Die Art des Agens und seine Auswirkungen

Obgleich der *Gefahrenbegriff* der BasisVO eindeutig dahingehend gefasst ist, als dass er – anders als der im deutschen Polizeirecht überkommene *Gefahrenbegriff* – nicht das zentrale eingriffsbegründende Tatbestandsmerkmal bezüglich der hinreichenden Wahrscheinlichkeit eines Schadenseintrittes manifestiert,[318] sondern der Beschreibung einer Ursache oder Wirkkraft eines Schadens dient,[319] bei der die bloße Möglichkeit einer *Gesundheitsbeeinträchtigung* ausreicht,[320] also die *Gefahr* den Ausgangspunkt einer *Gesundheitsbeeinträchtigung* im Sinne des *Risikobegriffes* des Art. 3 Nr. 9 BasisVO bildet,[321] stellt sich doch die Frage – insbesondere auch vor dem weiter gefassten *Gefahrenbegriff* der KontrollVO –, welcher Art das *Agens* oder der *ursächliche Zustand* entsprechen muss respektive welche *Auswirkungen* hiervon umfasst sind.

Art. 3 Nr. 14 BasisVO spricht hierbei von einem *biologischen, chemischen oder physikalischen Agens in einem* bzw. dem *Zustand eines Lebensmittels oder Futtermittels*, sodass die Vokabel *Agens* als eben der (biologische, chemische oder physikalische) *Wirkstoff* und der entsprechende *Zustand* als (gleichfalls definierbare biologische, chemische wie physikalische) *Beschaffenheit* des Lebens- oder Futtermittels verstanden werden kann.[322] Immanent ist diesen Termini mithin, dass sich die *Gefahr* aus dem Lebensmittel oder Futtermittel heraus, genauer gesagt, aus deren *Gegenstand* oder *Stofflichkeit* ergeben

---

316 Vgl. hierzu und zum Folgenden bereits die Erkenntnis unter Teil 2.A.I.1. und 2. m.w.N.

317 Dies entspricht auch dem Telos der Erwägungsgründe 3 bis 9 sowie 21 und 22 zur KontrollVO.

318 Vgl. hierzu die Ausführungen unter Teil 1.C sowie unter Teil 2.A.III.

319 Vgl. hierzu auch *Thilo Ortgies*, Rechtliches Risikomanagement im Lebensmittelrecht, S. 262 f.; *Arndt*, Das Vorsorgeprinzip im EU-Recht, S. 114.

320 *Meisterernst*, Lebensmittelrecht, S. 29; *Rathke*, in: Sosnitza/Meisterernst (ehem. Zipfel/Rathke), Art. 3 BasisVO, Rn. 85.

321 So formuliert bereits eingängig *Felix Ortgies*, in: Fischer/Hilgendorf, Gefahr, S. 55, 55: „*Der Risikobegriff des europäischen und deutschen Lebensmittelrechts erweitert den Gefahrenbegriff um die Dimension der Exposition*".

322 *Rathke*, in: Sosnitza/Meisterernst (ehem. Zipfel/Rathke), Art. 3 BasisVO, Rn. 86; *Arndt*, Das Vorsorgeprinzip im EU-Recht, S. 114 f.

muss;[323] anders hingegen der *Gefahrenbegriff* des Art. 3 Nr. 23 KontrollVO, der sich dem Wortlaut nach gerade nicht hierauf beschränkt und jedwede Provenienz umfasst.[324]

Allerdings spricht Art. 3 Nr. 14 BasisVO bezüglich der *Auswirkungen* des Agens bzw. des Zustandes von *verursachen kann,*[325] lässt also einerseits schon die bloße Möglichkeit einer *Gesundheitsbeeinträchtigung* ausreichen.[326] Andererseits stellt der Wortlaut hingegen darauf ab, dass diese *Auswirkungen* in der Stofflichkeit oder dem Gegenstand des Lebensmittels angelegt sein müssen, was darauf hindeutet, dass das Agens also nicht externer Herkunft sein dürfte. Vor dem Hintergrund des ganzheitlichen Ansatzes der BasisVO zur Sicherstellung eines hohen Gesundheitsschutzniveaus[327] kann dies jedoch nicht bedeuten, dass Umstände, die sich nicht unmittelbar einem solchen Agens oder Zustand zurechnen lassen, unbeachtet bleiben können bzw. dass dementsprechend auch solche Aspekte erfasst sein müssen, deren Auswirkungen sich auf die Verwendung eines Lebens- oder Futtermittels zurückführen lassen, soweit der Gegenstand oder die Stofflichkeit also zumindest *mitursächlich* für eine Gesundheitsbeeinträchtigung ist.[328] Der Wortlaut des Art. 3 Nr. 14 BasisVO steht dem auch nicht entgegen, was sich noch deutlicher als der deutschen Sprachfassung der Englischen entnehmen lässt, die anstelle des deutschen Äquivalents *verursachen kann* den Terminus *with the potential to cause*[329] *verwendet.*

IV. Das prognostische (oder diagnostische) Element: Wahrscheinlichkeit

Der *Risikobegriff* des Art. 3 Nr. 9 BasisVO verlangt weiterhin die *Wahrscheinlichkeit* einer Gesundheitsbeeinträchtigung, mithin nicht lediglich die bloße

---

323 Ähnlich *Meisterernst*, Lebensmittelrecht, S. 29; *Rathke*, in: Sosnitza/Meisterernst (ehem. Zipfel/Rathke), Art. 3 BasisVO, Rn. 86.

324 Vgl. hierzu die Ausführungen unter Teil 2.A.III.1.

325 In der englischen Sprachfassung wird anstelle des deutschen Äquivalents *„verursachen kann"* der Terminus *„with the potential to cause"* verwendet.

326 *Meisterernst*, Lebensmittelrecht, S. 29; *Meisterernst*, in: Streinz/Meisterernst, BasisVO/LFGB, Art. 3 BasisVO, Rn. 47.

327 Vgl. hierzu bereits die Argumentation unter Teil 2.A.I.2. m. w. N., sowie die Ausführungen unter Teil 1.A.

328 So richtigerweise auch *Rathke*, in: Sosnitza/Meisterernst (ehem. Zipfel/Rathke), Art. 3 BasisVO, Rn. 87 f., der exemplarisch auf Gemüse verweist, das zwar bereits einen gewissen Gehalt an Nitraten enthält, in welchem aber erst im Rahmen der Zubereitung oder Weiterverarbeitung *„toxisch wirkende Nitrosamine"* entstehen.

329 *With the potential to cause*, englisch: mit dem Potenzial, Folgendes zu verursachen (https://www.deepl.com/de/translator#en/de/with%20the%20potential%20to%20cause [zuletzt abgerufen, am: 11.03.2024]).

Möglichkeit einer solchen, was bereits dem immanenten Zweck des *Risikobegriffes* entspricht, der gerade darauf abzielt, die von einer *Gefahr* im Sinne des Art. 3 Nr. 14 BasisVO ausgehenden Folgen (die sog. Exposition)[330], eben zu bemessen, um den relevanten Beteiligten eine darauf basierende Grundlage für ihre Entscheidungen im Lebensmittelbereich zu ermöglichen.[331] Eine nähere inhaltliche Bestimmung der *Wahrscheinlichkeit* findet sich in der BasisVO allerdings ebenso wenig wie in einschlägigen lebensmittelrechtlichen oder allgemein rechtswissenschaftlichen[332] Publikationen.

1. Die prognostische und diagnostische Grundlage des Wahrscheinlichkeitsurteils

Der *Wahrscheinlichkeit* wohnt jedenfalls schon begrifflich das Merkmal *„des noch Ungewissen und Offenen"*[333] inne, welches insbesondere die staatlichen Akteure vor Herausforderungen stellt, soweit sie ihre entsprechenden Maßnahmen hieran auszurichten haben, da diese auf einer soliden (Kenntnis-) Grundlage beruhen müssen.[334] Besonders interessiert daher, wie bzw. auf welchem Wege sich die *Wahrscheinlichkeit einer die Gesundheit beeinträchtigenden Wirkung* bemessen lässt respektive welche Umstände und Tatsachen in diese Betrachtung einzustellen sind.

Legt man zugrunde, dass der hiesige *Risikobegriff* eine strukturelle wie konzeptionelle Nähe zum deutschen polizeirechtlichen Gefahrenbegriff aufweist,[335] so stellt sich die Frage, ob hier nicht ähnliche Faktoren herangezogen werden können, da beide mit Unsicherheiten operieren und auf eine Prognose abstellen[336]. Die polizeiliche Wahrscheinlichkeitsprognose bezieht sich dahingehend allerdings auf eine *situative Lagebeurteilung,*[337] also auf eine

330 Vgl. *Felix Ortgies*, in: Fischer/Hilgendorf, Gefahr, S. 55, f.

331 So der Telos des Art. 6 Abs. 1 BasisVO; vgl. hierzu bereits die einleitenden Ausführungen zu Teil 2; *Bauschke*, Verbraucherschutz im öffentlichen Recht aus Sicht des Lebensmittelrechts, S. 76; *Streinz/Fuchs*, ZLR 2002, 169, 184; in diesem Zusammenhang formuliert *Simon*, Kooperative Risikoverwaltung im neuen Lebensmittelrecht, S. 104 f.: *„Die bloße Möglichkeit eines Schadenseintritts kann kein Gegenstand rechtlicher Regelungen sein."*.

332 So formulierte bereits im Jahre 1983 zutreffend *Nell*, Wahrscheinlichkeitsurteile in juristischen Entscheidungen, S. 18: *„Diese Frage* [Anm.: was unter Wahrscheinlichkeit zu verstehen sei] *ist im Hinblick auf ihre juristische Relevanz bisher wenig erörtert worden."*; eine Konturierung des Prognosegegenstandes versuchte neuerdings jedoch *Ogorek*, JZ 2019, 63, 64 ff.

333 *Jaeckel*, Gefahrenabwehrrecht und Risikodogmatik, S. 89.

334 Ähnlich *Streinz/Fuchs*, ZLR 2002, 169, 182.

335 So *Simon*, Kooperative Risikoverwaltung im neuen Lebensmittelrecht, S. 100; vgl. auch die einleitenden Ausführungen unter Teil 1.C., die auf diese Ähnlichkeit hinweisen.

336 Vgl. exemplarisch für das Polizeirecht *Ogorek*, JZ 2019, 63, 64; für das Lebensmittelrecht im weiteren Sinne *Thilo Ortgies*, Rechtliches Risikomanagement im Lebensmittelrecht, S. 261.

337 *Mann*, Polizei- und Ordnungsrecht, in: Erbguth/Mann/Schubert, Besonderes Verwaltungsrecht, S. 198.

Bewertung von Umständen, die sich ihrer Gesamtheit nach auf einen Geschehensablauf in Bezug auf das konkret in Rede stehende Rechtsgut hinsichtlich des Zeitpunktes sowie des Schadensortes eingrenzen lassen (müssen).[338] In diesem Zusammenhang kann auch von einer Gefahrenprognose innerhalb des *„polizeilichen Alltagsgeschäfts“*[339] gesprochen werden, bei der die Polizei bzw. die handelnden Beamten auf ihre diversen, wohl vielfältig vorhandenen polizeilichen Erfahrungssätze oder Erkenntnisse genauso wie auf entsprechende Alltagserfahrung zurückgreifen können.[340] Zur Annahme einer polizeirechtlichen *Gefahr* aufgrund einer solchen Wahrscheinlichkeitsbeurteilung wird mitunter zwischen dem sog. *diagnostischen* und dem *prognostischen Urteil* differenziert,[341] die sich beide insoweit unterscheiden, als dass in *diagnostischer* Hinsicht zunächst Tatsachen bzw. Sachverhalte festzustellen sind, die in der Außenwelt begründet sind, also solche, die zum Zeitpunkt der Feststellung der entsprechenden Handlungssituation bereits erfassbar sind,[342] und in *prognostischer* Hinsicht sodann auf deren Grundlage auf künftige, insoweit absehbare Schäden geschlossen werden kann[343]. Beide Elemente sind Voraussetzung für ein diesbezügliches Gefahrurteil, da sie sich in ihrer Verschiedenheit wechselseitig ergänzen.[344]

Eine solche – mehr oder minder – rein auf situativen und zeitlich überblickbaren Umständen basierende Wahrscheinlichkeitsprognose lässt sich insofern nur schwerlich mit dem wissenschaftszentrierten Ansatz der BasisVO[345] vereinbaren.[346] Vielmehr verlangt dieser eine fundierte wissenschaftliche Erhebung und Erkenntnisfindung.[347] Übertragen lässt sich aber durchaus,

---

338 *Matthias Bäcker*, Kriminalpräventionsrecht, S. 79; *Ogorek*, JZ 2019, 63, 64; *Schmidbauer*, in: Schmidbauer/Steiner, PAG/POG Kommentar, Art. 11 PAG, Rn. 35 ff.

339 *Goldhammer*, Die Prognoseentscheidung im Öffentlichen Recht, S. 142.

340 Vgl. *Holzner*, in: Möstl/Schwabenbauer, Polizei- und Sicherheitsrecht Bayern, Art. 11 PAG, Rn. 25; *Gusy/Worms*, in: Möstl/Kugelmann, BeckOK Polizei- und Ordnungsrecht NRW, § 1 PolG NRW, Rn. 111; vgl. hierzu auch die Ausführungen zum diesbezüglichen *Wahrscheinlichkeitsmaßstab* unter Teil 1.C.II.

341 Diese Differenzierung geht zurück auf *Hoffmann-Riem*, in: FS Wacke 1972, S. 327, 327 ff.; vgl. hierzu auch *Nell*, Wahrscheinlichkeitsurteile in juristischen Entscheidungen, S. 79 ff.

342 *Gusy/Worms*, in: Möstl/Kugelmann, BeckOK Polizei- und Ordnungsrecht NRW, § 1 PolG NRW, Rn. 104 f. bezeichnet das *diagnostische* Gefahrurteil als *„gefährliche[n] Sachverhalt“*.

343 *Gusy/Worms*, in: Möstl/Kugelmann, BeckOK Polizei- und Ordnungsrecht NRW, § 1 PolG NRW, Rn. 104, 111 ff. bezeichnet das *prognostische* Gefahrurteil als *„Gefahrenprognose“*.

344 *Gusy/Worms*, in: Möstl/Kugelmann, BeckOK Polizei- und Ordnungsrecht NRW, § 1 PolG NRW, Rn. 104.

345 *Simon*, BayVBl 2009, 161, 162; vgl. hierzu auch Erwägungsgrund 16 und 17 zur BasisVO; *Schroeder/Kraus*, EuZW 2005, 423, 424.

346 Siehe hierzu auch *Grosche*, LMuR 2024, 2, 5 f.

347 Vgl. *Arndt*, Das Vorsorgeprinzip im EU-Recht, S. 110; *Rathke*, in: Sosnitza/Meisterernst (ehem. Zipfel/Rathke), Art. 6 BasisVO, Rn. 4.

wenn auch nur im weiteren Sinne,[348] die soeben aufgeworfene polizeirechtliche Differenzierung zwischen der *diagnostischen* und *prognostischen* Beurteilung, wenn man zugrunde legt, dass diese in *diagnostischer* Hinsicht eben den Ausgangspunkt der Gesundheitsbeeinträchtigung in Gestalt der *Gefahr*, also der Stofflichkeit oder Gegenständlichkeit, mithin der Beschaffenheit des Lebensmittels, und in *prognostischer* Hinsicht die diesbezüglichen Auswirkungen, namentlich *die Gesundheit beeinträchtigenden Wirkungen*, betrachtet. Freilich kann hierbei, anders als im polizeilichen Gefahrenabwehrrecht, nicht auf (bloße) Alltagserfahrungen abgestellt werden, die Frage nach dem Wahrscheinlichkeitsurteil stellt sich vielmehr eingebettet in ein analytisch-wissenschaftliches System der diesbezüglichen Ermittlung,[349] sodass die hiesige Beurteilung der Wahrscheinlichkeit ausschließlich eine (natur)wissenschaftliche, jedoch keine tatsächliche oder juristische sein kann.[350]

2. Die (fehlende) Erheblichkeitsschwelle der Wahrscheinlichkeit

Anders als im Rahmen des deutschen polizeirechtlichen Gefahrenbegriffes, der eine so bezeichnete *hinreichende Wahrscheinlichkeit* voraussetzt, findet sich in Bezug auf die Wahrscheinlichkeit innerhalb des *Risikobegriffes* des Art. 3 Nr. 9 BasisVO richtigerweise keine solche Erheblichkeitsschwelle. Dies wird gemeinhin damit begründet, als dass der hiesige Wahrscheinlichkeitsbegriff kein normativer, sondern ein rein deskriptiver Begriff sei,[351] dessen Ziel es ist, in Anlehnung an die naturwissenschaftliche Provenienz des *Risikobegriffes*, Zusammenhänge im Sinne einer objektiven Realität zu beschreiben, nicht jedoch eine Eingriffsschwelle für behördliches Tätigwerden zu manifestieren.[352] Zum Teil wird daraus der Schluss gezogen, der *Risikobegriff* mar-

---

348 Dies im Hinblick auf die in Teil 1.C. aufgeworfene Frage, ob die Begrifflichkeiten „*Gefahr*" und „*Risiko*" nach deutschem Rechtsverständnis einen Beitrag zur Auslegung der entsprechenden Begrifflichkeiten in der BasisVO leisten können, mithin ob diese eine Hilfe oder eher ein Hindernis darstellen.

349 So wohl auch der Telos, ohne dies konkret zu benennen in *Gundert-Remy/Henning*, WiVerw 2004, 114, 122 f.; ähnlich *Di Fabio*, ZLR 2003, 163, 166; *Gelbert*, in: Leible/Meyer, Risiko als Thema des Lebensmittelrechts, S. 31, 44; vgl. auch *Grosche*, LMuR 2024, 2, 5 f.

350 Ähnlich *Rathke*, in: Sosnitza/Meisterernst (ehem. Zipfel/Rathke), Art. 3 BasisVO, Rn. 75, der in Bezug auf *VG Münster*, Entscheidung vom 01.03.2017 – 5 – K 1276/16, Rn. 32, BeckRS 2017, 104609 darauf hinweist, dass das charakteristische einer *Risikobewertung* gerade die Einbeziehung wissenschaftlicher, auf empirischen Daten beruhender Erkenntnisse darstellt.

351 So *Arndt*, Das Vorsorgeprinzip im EU-Recht, S. 109; *Thilo Ortgies*, Rechtliches Risikomanagement im Lebensmittelrecht, S. 264; *Transfeld*, Das Vorsorgeprinzip im Lichte der Ökonomischen Analyse des Rechts, S. 55; ähnlich in Bezug auf eine reduzierte Eintrittswahrscheinlichkeit auch *Simon*, Kooperative Risikoverwaltung im neuen Lebensmittelrecht, S. 100 ff., insb. S. 103.

352 *Stephan Meyer*, in: Möstl, Lebensmittelanalytik und Recht, S. 63, 70; *Arndt*, Das Vorsorgeprinzip im EU-Recht, S. 110.

kiere eine solche Eingriffsschwelle dementsprechend nicht bzw. sei insoweit untauglich.[353]

Allerdings ist doch gerade das im Hinblick auf die Gesamtkonzeption der BasisVO und der begrifflichen Ausrichtung des *Risikos* mehr als fraglich. Sicherlich, und das ist unbestritten, das Recht benötigt klare Maßstäbe für eingriffsbegründende staatliche Handlungen, was nicht nur für das Lebensmittelrecht, sondern insbesondere für das klassische Polizeirecht gilt, da genuin dieses mit Situationen konfrontiert ist, in denen Freiheits- und Sicherheitsinteressen unter Bedingungen der Ungewissheit aufeinandertreffen[354] und die schon aufgrund der zeitlich-situativen Dimension[355] eine – mehr oder minder – unmittelbare Abwehr der *Gefahr* oder eine Wiederherstellung des störungsfreien Zustands erfordern,[356] in deren Rahmen eine tiefgründige wissenschaftliche Untersuchung überhaupt nicht möglich erscheint.[357] Unterstellt man dem Lebensmittelrecht jedoch richtigerweise (und soweit vertreten wird, der hiesige *Risikobegriff* enthalte eine solche eingriffsbegründende Schwelle, namentlich in Form der *hinreichenden* Wahrscheinlichkeit gerade nicht, wird das Lebensmittelrecht auch einhellig als Risikoverwaltungsrecht bezeichnet)[358], dass dieses als *Risikoverwaltungsrecht* nicht erst zuwarten dürfe, bis Gefahren oder gar ein Schadenseintritt unmittelbar bevorsteht, sondern bereits frühzeitig anknüpfen müsse,[359] so erscheint das Fehlen einer Erheblichkeitsschwelle in Bezug auf die *Wahrscheinlichkeit* doch konsequent. Denn nur auf diese Weise können *Risiken*, oder anders formuliert: die *Auswirkungen von Gefahren* im Sinne des Art. 3 Nr. 14 BasisVO, in ihrer Gesamtheit eine angemessene Betrachtung finden und einer adäquaten (insbesondere staatlichen) Behandlung[360] zugeführt werden. Die Frage danach, ob bereits dem *Risikobegriff* eine materielle Schwelle für staatliches Tätigwerden, also eine Eingriffsschwelle, immanent ist, lässt sich dementsprechend nicht bereits an dieser Stelle ab-

353 So bspw. *Arndt*, Das Vorsorgeprinzip im EU-Recht, S. 109 f.; *Thilo Ortgies*, Rechtliches Risikomanagement im Lebensmittelrecht, S. 263 f.

354 Vgl. hierzu *Möstl*, Die staatliche Garantie für die Öffentliche Sicherheit und Ordnung, S. 162.

355 Vgl. hierzu bereits die Ausführungen unter Teil 1.C.I. und III.

356 *Mann*, Polizei- und Ordnungsrecht, in: Erbguth/Mann/Schubert, Besonderes Verwaltungsrecht, S. 198.

357 *Goldhammer*, Die Prognoseentscheidung im Öffentlichen Recht, S. 160 f.

358 So wird das Lebensmittelrecht als Risikoverwaltungsrecht bezeichnet in *Thilo Ortgies*, Rechtliches Risikomanagement im Lebensmittelrecht, S. 250 ff.; *Arndt*, Das Vorsorgeprinzip im EU-Recht, S. 121.

359 Vgl. hierzu bereits die Ausführungen unter Teil 1.A.; *Gundel*, § 8 Lebensmittelrecht, in: Ruffert (Hrsg.), Europäisches Sektorales Wirtschaftsrecht, S. 557, 580, Rn. 32; *Di Fabio*, ZLR 2003, 163, f.

360 So auch *Arndt*, Das Vorsorgeprinzip im EU-Recht, S. 109; vgl. hierzu auch *Murswiek*, VVDStRL 48 (1990), S. 207, 208 ff.

schließend beurteilen. Das Fehlen einer Erheblichkeitsschwelle im Rahmen der Wahrscheinlichkeit deutet jedenfalls darauf hin.

V. Die verknüpfende Komponente: Funktion

Weder die *Schwere einer die Gesundheit beeinträchtigenden Wirkung*[361] noch deren *Eintrittswahrscheinlichkeit*[362] vermag für sich ein *Risiko* im Sinne des Art. 3 Nr. 9 BasisVO zu beschreiben oder gar zu begründen. Vielmehr sind eben diese beiden Komponenten, entsprechend der Verwendung des Begriffes der *Funktion*[363], miteinander zu verknüpfen und zueinander in Bezug zu setzen,[364] was der üblichen naturwissenschaftlichen Begriffsbestimmung entspricht.[365] Ein *Risiko* in diesem Sinne – und dahingehend besteht im Schrifttum Einhelligkeit – ist demgemäß das Produkt aus Eintrittswahrscheinlichkeit und der Schwere einer Gesundheitsbeeinträchtigung, welches sich in einem Bereich von gänzlicher Unsicherheit bis zur beinahe vollständigen Sicherheit, also zwischen 0 und 100% bewegen bzw. sämtliche Gefährdungen, von der geringstmöglichen bis hin zu der höchstmöglichen, umfassen kann.[366] Zur konkreten Darstellung des *Risikogrades* ist es insoweit erforderlich, dass sowohl die *Gefahr*, als Ausgangspunkt, mit der *Eintrittswahrscheinlichkeit* in Korrelation zu setzen bzw. hierin auch die *Schwere der Gesundheitsbeeinträchtigung*, also der Faktor des Ausmaßes, einzustellen ist.[367]

Zum Teil wird daraus aber gefolgert, der *Risikobegriff* bzw. die entsprechende Produktbildung beschreibe eine rein deskriptiv-quantitative Größe[368] im Sinne einer mathematischen Funktion[369] und enthalte keine normative Komponente, da er die Risikoschwelle nicht auf abstrakt-begrifflicher Ebene festlegt[370] und erst *„unter Zuhilfenahme einer prozeduralen Perspektive an Praktikabilität“*[371] gewinne. Die Beantwortung der Kernfrage von Risikoent-

361 Vgl. hierzu die Ausführungen zur materiellen Komponente unter Teil 2.A.II.

362 Vgl. hierzu die Ausführungen zu dem prognostischen bzw. diagnostischen Element unter Teil 2.A.IV.

363 Der Risikobegriff des Art. 3 Nr. 24 KontrollVO verwendet interessanterweise anstelle des Begriffes der *„Funktion“* den des *„Produkt[es]“*.

364 *Rathke*, in: Sosnitza/Meisterernst (ehem. Zipfel/Rathke), Art. 3 BasisVO, Rn. 61 f.

365 *Thilo Ortgies*, Rechtliches Risikomanagement im Lebensmittelrecht, S. 260; *Arndt*, Das Vorsorgeprinzip im EU-Recht, S. 108.

366 *Arndt*, Das Vorsorgeprinzip im EU-Recht, S. 108 ff.

367 Zur konkreten Berechnung des Risikogrades vgl. *Ulbig/Hertel/Böl*, Evaluierung der Kommunikation über die Unterschiede zwischen „risk“ und „hazard“, S. 9.

368 So *Stephan Meyer*, in: Möstl, Lebensmittelanalytik und Recht, S. 63, 70; *Arndt*, Das Vorsorgeprinzip im EU-Recht, S. 108.

369 So *Thilo Ortgies*, Rechtliches Risikomanagement im Lebensmittelrecht, S. 260 f.

370 *Arndt*, Das Vorsorgeprinzip im EU-Recht, S. 120; *Thilo Ortgies*, Rechtliches Risikomanagement im Lebensmittelrecht, S. 264.

371 *Thilo Ortgies*, Rechtliches Risikomanagement im Lebensmittelrecht, S. 264.

scheidungen, namentlich welches *Risiko* noch in Kauf genommen werden kann und welches eben zu unterbinden sei, erfordere dementsprechend die Erhebung und Gewinnung hinreichend wissenschaftlicher Erkenntnisse; das In-Beziehung-Setzen der beiden Faktoren in Form der Ermittlung über das tatsächliche Bestehen bzw. den Umfang des Risikos stelle insoweit (lediglich) die Verknüpfung zu dem ersten verfahrensmäßigen Schritt, der *Risikobewertung*, dar.[372]

An anderer Stelle wird der Begriff der *Funktion* mit seiner Verknüpfung von Eintrittswahrscheinlichkeit und Schwere der Gesundheitsbeeinträchtigung hingegen als eine Ausformung des Grundsatzes der Verhältnismäßigkeit verstanden, wonach in Anlehnung an die sog. Je-desto-Formel einerseits bei geringen Wahrscheinlichkeiten eine bestimmte, erhöhte Schwere der Auswirkungen erforderlich sei, andererseits bei einer hohen Wahrscheinlichkeit eben auch eine viel geringere Schwere der Gesundheitsbeeinträchtigung ausreiche,[373] oder anders formuliert: soweit ein Faktor besonders hoch sei, reduzieren sich die Anforderungen an den jeweils anderen Faktor und umgekehrt.[374]

Resümiert man diese unterschiedlichen Ansätze, so lässt sich jedenfalls festhalten, dass beide Stoßrichtungen dem Risikobegriff zuerkennen, die ganze Bandbreite rechtlich bedeutsamer gesundheitlicher Beeinträchtigungen zu erfassen. Soweit dem *Risiko* allerdings keine *Tätigkeitsschwelle* unterstellt wird, missdeuten diese Stimmen aber doch möglicherweise, dass sich eine solche bereits aus Art. 6 Abs. 3 BasisVO ergibt, wonach *Risikomanagementmaßnahmen* den Ergebnissen der Risikobewertung Rechnung tragen müssen,[375] also der Beschreibung von *Risiken* entsprechend ihres Produktes aus Eintrittswahrscheinlichkeit und Schwere der Gesundheitsbeeinträchtigung, nämlich – im Sinne der Legaldefinition des Art. 3 Nr. 12 BasisVO – strategische Alternativen bzw. geeignete Präventions- und Kontrollmöglichkeiten daraus folgen. Freilich können sich diese Maßnahmen denklogisch in Abhängigkeit von dem jeweils erkannten *Risiko* teils signifikant und weitreichend unterscheiden,[376] unbestritten ist insoweit gleichwohl, dass sich Folgen aus den Erkenntnissen bzw. Ergebnissen der *Risikobewertung* ergeben.

372 *Thilo Ortgies*, Rechtliches Risikomanagement im Lebensmittelrecht, S. 264 f.; *Arndt*, Das Vorsorgeprinzip im EU-Recht, S. 107 f., 110.

373 *Rathke*, in: Sosnitza/Meisterernst (ehem. Zipfel/Rathke), Art. 3 BasisVO, Rn. 61; ähnlich auch *Lepsius*, VVDStRL 63 (2004), S. 264, 273 ff.

374 *Fuchs*, Lebensmittelsicherheit in der Mehrebenenverwaltung, S. 75; *Müller*, Die Bewältigung von Lebensmittelrisiken durch Risikokommunikation, S. 23; *Simon*, Kooperative Risikoverwaltung im neuen Lebensmittelrecht, S. 103.

375 Vgl. *Rathke*, in: Sosnitza/Meisterernst (ehem. Zipfel/Rathke), Art. 3 BasisVO, Rn. 64.

376 Siehe hierzu im Detail die nachfolgenden Ausführungen in Teil 3.

VI. Schlussfolgerungen

Schon die erste (abstrakte) Betrachtung des Terminus *Risiko* lässt in Bezug auf seine tatbestandliche und begriffliche Inhaltsbestimmung Interessantes und zugleich Widersprüchliches erkennen. Hervorzuheben ist in diesem Zusammenhang, dass nicht bereits an dieser Stelle konkrete Schlussfolgerungen gezogen werden können, vielmehr verlangen die vorstehenden Erkenntnisse weitere, eingehendere wie ergänzende Untersuchungen. Festhalten lässt sich allerdings, dass der Tatbestand des *Risikobegriffes* in vielerlei Hinsicht ganz unterschiedliche Interpretationen zulässt, die innerhalb des einschlägigen Schrifttums in der Breite beinahe gänzlich ausgeschöpft werden. Dies gilt vornehmlich für die beiden relevanten Fragen, ob

erstens: die *materielle Komponente*[377] des Risikobegriffes, namentlich eine die Gesundheit beeinträchtigende Wirkung, im Sinne der Vorschrift des Art. 14 Abs. 2 lit. a i. V. m. Abs. 4 BasisVO zu verstehen ist oder einen eigenständigen und somit weitergehenden Regelungsgehalt aufweist und

zweitens: ob und inwieweit, vor allem mit Blick auf das *prognostische bzw. diagnostische Element*[378], also der Eintrittswahrscheinlichkeit, bzw. der *verknüpfenden Komponente*[379], der Funktion, bereits der Risikobegriff für sich und ohne die Hinzuziehung anderer, materieller Vorschriften ein staatliches Tätigwerden oder Eingreifen ermöglicht.

Es lässt sich zu ersterer Frage konstatieren, dass, soweit die bisherige Betrachtung dies zulässt, doch mehr dafür spricht, das Merkmal *einer die Gesundheit beeinträchtigenden Wirkung* originär zu definieren, also nicht im Sinne des begrifflich enger gefassten Tatbestandsmerkmals der *Gesundheitsschädlichkeit* aus Art. 14 Abs. 2 lit. a i. V. m. Abs. 4 BasisVO, da die BasisVO gerade einen ganzheitlichen Ansatz verfolgt[380], der sämtliche *Risiken* und nicht lediglich solche, die eine gewisse Schwelle überschreiten, in die Beschau mit einzubeziehen hat. Eine Beschränkung auf das schon semantisch – und wohl auch inhaltlich – enger gefasste Kriterium der *Gesundheitsschädlichkeit* würde dies nicht nur nicht ermöglichen, sondern sogar unterbinden.[381]

Zu zweiterer Frage lässt sich mit gleichlautender Argumentation (zunächst) Ähnliches schlussfolgern. Insbesondere da ausweislich Art. 6 Abs. 3 BasisVO das *Risikomanagement* die Ergebnisse der entsprechenden *Risikobewertung* zu berücksichtigen hat, also dass sich, abhängig von dem ermittelten Risikograd

377 Siehe hierzu die Ausführungen unter Teil 2.A.II.
378 Siehe hierzu die Ausführungen unter Teil 2.A.IV.
379 Siehe hierzu die Ausführungen unter Teil 2.A. V.
380 Siehe hierzu die Ausführungen unter Teil 1.A sowie Teil 2.A. I.
381 Zur ergänzenden wie auch eingehenden Betrachtung des Art. 14 BasisVO in seiner (Binnen-) Konzeption siehe später unter Teil 4.

ganz heterogene Maßnahmen ergeben können, die sich in ihrer Art und ihrer Intensität erkennbar und erheblich voneinander unterscheiden.[382]

Aus den vorstehenden Ausführungen lassen sich jedoch auch weitere, aufschlussreiche Erkenntnisse ableiten, die zwar ebenfalls noch zu Ende gedacht werden müssen, aber bereits ebenhier als profitabel bezeichnet werden können. So ist festzustellen, dass der *Risikobegriff* des Art. 3 Nr. 9 BasisVO tatsächlich – wie eingangs bereits bemerkt[383] – eine konzeptionelle Nähe zu dem deutschen *polizeirechtlichen Gefahrenbegriff* aufweist, was natürlich hauptsächlich in Bezug auf seine Verknüpfung von Eintrittswahrscheinlichkeit und Auswirkungen,[384] hier in Form der Gesundheitsbeeinträchtigung, gilt. Freilich bleibt die soeben angesprochene Frage, ob schon der lebensmittelrechtliche *Risikobegriff* eine Eingriffsschwelle manifestiert, gegenwärtig noch offen. Allerdings lässt sich diesbezüglich weiters aufzeigen, dass jener – soweit man an den vorläufigen Erkenntnissen zu oben genannter, zweiterer Frage festhält – gleichzeitig auch Berührungspunkte zu dem aus dem deutschen Technikrecht entstammenden Rechtsbegriff des *Risikos* in sich birgt, namentlich indem er auch geringere Wahrscheinlichkeiten oder fernliegendere Wirkungen umfasst, mithin beide Konzepte beinhaltet, also das der unmittelbar-situativen Gefahrenabwehr sowie das der sog. Risikosteuerung.[385]

Eine Näherung an die begriffliche Konzeption des *Risikos* im Sinne des Art. 3 Nr. 9 BasisVO anhand der überkommenen Dogmatiken im deutschen Polizei- bzw. technischen Sicherheitsrecht erscheint daher wohl möglich; allerdings eben nur eine anhand-Näherung, da der lebensmittelrechtliche *Risikobegriff* zwar „beide Welten zu verbinden scheint", nichtsdestotrotz aber schon materiell einen ganz eigenen Duktus erkennen lässt und somit (unionsrechtlich) autonom auszulegen ist.

B. Die Risikobewertung nach der BasisVO – die Bestimmung des Risikos

Die *Risikobewertung* bildet den Ausgangspunkt der *Risikoanalyse* und dient insoweit als Grundlage für Entscheidungen, die im Rahmen des *Risikomanagements* zu treffen sind, mithin sowohl für die Rechtsetzung als auch für besondere Sofortmaßnahmen zur Gefahrenabwehr, aber auch für solche der Vorsor-

382 Zur näheren Betrachtung des *Risikomanagements* siehe später unter Teil 3.B.

383 Siehe hierzu die einleitenden Ausführungen unter Teil 1.C.

384 Dies also in Anlehnung an die sog. Je-desto-Formel.

385 Siehe hierzu die Ausführungen unter Teil 1.C.

ge.[386] Schon anhand ihrer Legaldefinition aus Art. 3 Nr. 11 BasisVO lässt sich ableiten, dass es sich bei der Risikobewertung um

> *„einen wissenschaftlich untermauerten Vorgang mit den vier Stufen Gefahrenidentifizierung, Gefahrenbeschreibung, Expositionsabschätzung und Risikobeschreibung"*

handelt. Wobei in diesem Zusammenhang als *wissenschaftlich* jede verfügbare Erkenntnis bezeichnet werden kann,[387] welche nach allgemein anerkannten und dementsprechend nachvollziehbaren Methoden, insbesondere der Toxikologie, der Medizin oder der Ernährungswirtschaft, gewonnen wird.[388] Inkludiert sind also nicht lediglich solche Eindrücke oder Erfahrungen, die auf Vermutungen oder willkürlichen Schlussfolgerungen beruhen respektive die nicht wiederholbar sind;[389] mit anderen Worten: die Umstände, auf die sich die Risikobewertung bezieht, müssen Gegenstand wissenschaftlicher Erhebungen sein.[390] Damit geht denklogisch einher, dass die *Risikobewertung*, wie es auch Art. 6 Abs. 2 BasisVO manifestiert, in einer *unabhängigen, objektiven* wie auch *transparenten Art und Weise* vorzunehmen ist.[391] Aus diesem Unabhängigkeitskriterium folgt allerdings nicht, wie man ggf. unterstellen könnte, dass in eine *Risikobewertung* beispielsweise nicht auch betriebseigene Beurteilungen mit einbezogen werden dürfen, da diese von Natur aus nicht unabhängig sein können.[392] Vielmehr erfordert schon der Umstand, dass die *Risikobewertung* den Kern entsprechender Beurteilungen darstellt, einen Rückgriff auf sämtliche Erkenntnisse.[393]

Vornehmliches Ziel der Risikobewertung ist es nämlich, das *Ausmaß des Schadens* in Form der *Schwere der Gesundheitsbeeinträchtigung* und die entspre-

386 *Thilo Ortgies*, Rechtliches Risikomanagement im Lebensmittelrecht, S. 268, 271; *Rathke*, in: Sosnitza/Meisterernst (ehem. Zipfel/Rathke), Art. 3 BasisVO, Rn. 64.

387 Dies entspricht auch dem Wortlaut des Art. 6 Abs. 2 BasisVO, der ausdrücklich manifestiert, dass die Risikobewertung *„auf den verfügbaren wissenschaftlichen Erkenntnissen"* beruhen muss; vgl. zu diesem wissenschaftlichen Ansatz auch *Dettling*, LMuR 2010, 65, 65 ff.

388 So auch *EuGH*, Urteil vom 29.04.2010 – C-446/08, 2. Leitsatz, EuZW 2010, 506, 507.

389 Ähnlich *EuGH*, Urteil vom 05.02.2004 – C-95/01, Rn. 44 ff., insb. Rn. 47, LMRR 2004, 2.

390 *Simon*, Kooperative Risikoverwaltung im neuen Lebensmittelrecht, S. 109; *Rathke*, in: Sosnitza/Meisterernst (ehem. Zipfel/Rathke), Art. 3 BasisVO, Rn. 68.

391 Vgl. hierzu insbesondere auch *EuGH*, Urteil vom 19.01.2017 – C-282/15, Rn. 52, LMuR 2017, 50, 53; *Streinz*, in: Streinz/Meisterernst, BasisVO/LFGB, Art. 6 BasisVO, Rn. 11, 10; so auch bereits *EuG*, Urteil vom 11.09.2002 – T-70/99, Rn. 172, BeckRS 2002, 168812, wonach die Risikobewertung *„auf den Grundsätzen der höchsten Fachkompetenz, der Unabhängigkeit und der Transparenz"* zu beruhen hat.

392 Ähnlich *Rathke*, in: Sosnitza/Meisterernst (ehem. Zipfel/Rathke), Art. 6 BasisVO, Rn. 5.

393 So auch *Meisterernst*, Lebensmittelrecht, S. 29.

chende *Eintrittswahrscheinlichkeit* von Risiken zu bestimmen[394] und dabei – auch unter Einbeziehung der Risikoanalyse insgesamt als ein einheitlicher Vorgang – die lebensmittelrechtlich determinierte Handhabung und den Umgang mit *Risiken* auf eine wissenschaftszentrierte Grundlage zu stellen, die gleichzeitig ihre Rechtsstaatsfunktion wahren kann.[395]

I. Die institutionelle Unabhängigkeit der Risikobewertung

Damit geht auch einher, dass die *Risikobewertung*, wie soeben bereits kurz genannt, losgelöst, also unabhängig von dem *Risikomanagement* zu erfolgen hat.[396] Natürlich darf diese in der BasisVO angelegte begriffliche (und hier gliederungsmäßig gewählte) Trennung nicht darüber hinwegtäuschen, dass es sich bei der *Risikoanalyse* doch um *einen*[397], mithin einheitlichen Vorgang handelt, in den sämtliche Umstände in eine Gesamtbetrachtung einzustellen sind.[398] Gleichwohl ergeben sich aus dem Unabhängigkeitskriterium unterschiedliche institutionelle Zuständigkeiten,[399] wonach die *Risikobewertung* und die *Risikokommunikation* auf europäischer Ebene durch die EFSA[400] und auf mitgliedstaatlicher, deutscher Ebene durch das Bundesinstitut für Risikobewertung[401] bzw. durch die zentralen wissenschaftlichen Einrichtungen der Länder erfolgt,[402] während sich für das *Risikomanagement* das Bundesamt für Verbraucherschutz und Lebensmittelsicherheit bzw. die entsprechenden Landesbehörden verantwortlich zeichnen[403].

394 *Karthaus*, Risikomanagement durch ordnungsrechtliche Steuerung, S. 74; *Gelbert*, Die Risikobewältigung im Lebensmittelrecht, S. 57; *Thilo Ortgies*, Rechtliches Risikomanagement im Lebensmittelrecht, S. 269.

395 Vgl. hierzu *Simon*, BayVBl 2009, 161, 162; *Thilo Ortgies*, Rechtliches Risikomanagement im Lebensmittelrecht, S. 267.

396 Das Unabhängigkeitskriterium aus Art. 6 Abs. 2 BasisVO bezieht sich gerade hierauf, also auf die Unabhängigkeit der *Risikobewertung* von dem *Risikomanagement*, weitergehend sogar *Meisterernst*, in: Sosnitza/Meisterernst (ehem. Zipfel/Rathke), Art. 6 BasisVO, Rn. 10.

397 So auch der Wortlaut der Legaldefinition aus Art. 3 Nr. 10 BasisVO, der die Risikoanalyse als *„einen Prozess aus den drei miteinander verbundenen Einzelschritten Risikobewertung, Risikomanagement und Risikokommunikation"* beschreibt.

398 So auch *Felix Ortgies*, in: Fischer/Hilgendorf, Gefahr, S. 55, 58.

399 Vgl. *Alfred Meyer*, ZLR 2006, 675, 676.

400 Art. 22 ff. bzw. Kapitel III der BasisVO, vgl. auch die Erwägungsgründe 34 bis 36 zur BasisVO; siehe hierzu bereits die einleitenden Ausführungen unter Teil 1.A.

401 Die Einrichtung des Bundesinstitutes für Risikobewertung (im Folgenden: BfR) erfolgte im Jahre 2002 durch das Gesetz über die Errichtung eines Bundesinstitutes für Risikobewertung (kurz: BfR-Gesetz) vom 06.08.2022, BGBl. I S. 3082; vgl. hierzu auch *Tschiersky-Schöneburg/Büttner*, in: Frede, Handbuch für Lebensmittelchemiker, S. 95, 98 f.

402 Vgl. hierzu im Detail *Streinz*, in: Streinz/Meisterernst, BasisVO/LFGB, Art. 6 BasisVO, Rn. 17.

403 Vgl. hierzu ebenfalls im Detail *Tschiersky-Schöneburg/Büttner*, in: Frede, Handbuch für Lebensmittelchemiker, S. 95, 97 f.; *Streinz*, in: Streinz/Meisterernst, BasisVO/LFGB, Art. 6

Zu den zentralen Aufgaben sowohl der EFSA als auch des BfR gehört es demgemäß, insbesondere auf Basis wissenschaftlicher Untersuchungen, potentielle oder bereits identifizierte *Risiken* in solchen Stoffen oder Erzeugnissen einzuschätzen, die Auswirkungen auf die Lebensmittel- oder Futtermittelsicherheit zeitigen können (*Risikobewertung*) und dazu zu forschen (*Risikoforschung*) bzw. mit der Öffentlichkeit in eine diesbezügliche Erläuterung der Ergebnisse einzutreten (*Risikokommunikation*).[404] Das Kernstück des dementsprechenden Auftrags bzw. der Tätigkeiten stellt natürlicherweise die *Risikobewertung* dar, die in eine spätere Entscheidung im Rahmen des *Risikomanagements* über die Erheblichkeit und die rechtliche Akzeptabilität des jeweiligen Risikos mündet.[405] Und wenn hierbei von der *rechtlichen Akzeptabilität* des Risikos die Rede ist, so verdeutlicht dies doch die der Bewertung immanente Problematik, nämlich dass es ein allgemein gültiges und objektives oder absolutes Maß nicht oder zumindest kaum geben kann. Vielmehr muss die *Risikobewertung* stets auch die Erkenntnis beinhalten, dass anderslautende, von der eigenen Interpretation abweichende Sichtweisen plausibel erscheinen können, soweit sie auf den verfügbaren wissenschaftlichen Daten beruhen.[406] Denn die Vermeidung von Gesundheitsgefährdungen oder die Verhinderung von negativen gesundheitlichen Effekten – auch soweit sich diese (noch) nicht mit genügender Sicherheit ausschließen lassen – kann nicht allein wissenschaftlich bewältigt werden, sondern bedarf allweil einer anschließenden Umsetzung der wissenschaftlichen Ergebnisse in Form des *Risikomanagements*.[407] Nichtsdestotrotz oder gerade deswegen kommt der *Risikobewertung* als unabhängige wissenschaftliche Basis der *Risikoanalyse* eine herausragende Bedeutung zu, da nur eine solche eine möglichst verobjektivierte, transparente und unabhängige Grundlage für die darauf beruhenden Entscheidungen liefern kann,[408] namentlich in Form der (natur)wissenschaftlichen Bestimmung eines *Risikos*.

BasisVO, Rn. 17; siehe weiterhin die unten stehenden Ausführungen unter Teil 3 zu den (Rechts-)Folgen der *Risikobewertung* und dem *Risikomanagement*.

404 Siehe hierzu die Art. 22 und 23 BasisVO, welche den Auftrag und die Aufgaben der EFSA normativ manifestieren; vgl. auch *Felix Ortgies*, in: Fischer/Hilgendorf, Gefahr, S. 55, 59 f.; *Simon*, Kooperative Risikoverwaltung im neuen Lebensmittelrecht, S. 108; bzgl. des BfR siehe § 2 BfR-Gesetz.

405 *Simon*, Kooperative Risikoverwaltung im neuen Lebensmittelrecht, S. 108.

406 *Scherzberg*, VVDStRL 63 (2004), S. 214, 228; *Simon*, Kooperative Risikoverwaltung im neuen Lebensmittelrecht, S. 108 sowie 120 f.; *Holle*, ZLR 2004, 307, 314.

407 So auch *Gelbert*, Die Risikobewältigung im Lebensmittelrecht, S. 78.

408 Ähnlich *Karthaus*, Risikomanagement durch ordnungsrechtliche Steuerung, S. 73, der in diesem Zusammenhang zwar mit anderen Begrifflichkeiten operiert, die inhaltlich allerdings insoweit übereinstimmen; vgl. zu diesen teils synonym verwendeten Termini auch *Gelbert*, Die Risikobewältigung im Lebensmittelrecht, S. 57 in der dortigen Tabelle 1.

II. Die vier Einzelschritte der Risikobewertung

Die entsprechenden *Risikobewertungen* beruhen einheitlich auf den vier Stufen (zunächst) der *Gefahrenidentifizierung,* (sodann) der *Gefahrenbeschreibung,* der (daran anschließenden) *Expositionsabschätzung* sowie (schlussendlich dem Ergebnis) der *Risikobeschreibung,* die im Folgenden einer näheren Betrachtung zu unterziehen und ferner in den Kontext der Gesamtkonzeption der BasisVO zu setzen sind. Es sei allerdings bereits an hiesiger Stelle ausdrücklich darauf hingewiesen, dass sich die BasisVO auf eben diese Aufzählung der Einzelschritte beschränkt, um dem relevanten Umstand Rechnung zu tragen, dass die *Risikobewertung* im Einzelfall stark von dem Gesamtzustand des jeweiligen Lebensmittels respektive den möglichen Agenzien abhängt, unerheblich, ob jene Gefahren biologischer, chemischer oder physikalischer Natur sind.[409]

1. Die Gefahrenidentifizierung

Innerhalb des ersten Schrittes der *Risikobewertung* sind zunächst mögliche Gefahrenquellen festzustellen, also entsprechend der Begriffsbestimmung des Art. 3 Nr. 14 BasisVO[410] solche biologischen, chemischen oder physikalischen Agenzien eines Lebensmittels bzw. innerhalb eines Lebensmittels, die potentiell negative gesundheitliche Beeinträchtigung nach sich ziehen respektive verursachen könnten. Die *Gefahrenidentifizierung* setzt dementsprechend voraus, einerseits schon vor dem Hintergrund, dass die *Risikobewertung* die wissenschaftliche Grundlage der *Risikoanalyse* darstellt, andererseits aus Gründen eines effektiven Verbraucherschutzes, dass sämtliche Tatsachen, Umstände und wissenschaftlichen Erkenntnisse dabei Beachtung finden, soweit diese vorliegen und verfügbar sind.[411]

In der Regel fallen hierunter[412] neben der Identifikation der chemischen biologischen oder physikalischen Agenzien auch deren Charakterisierung sowie die Typisierung von Erregern bei Mikroorganismen, einschließlich deren Pathogenität, Virulenz-Faktoren, die minimale Infektionsdosis, die Tenazität

409 Vgl. hierzu *Simon,* Kooperative Risikoverwaltung im neuen Lebensmittelrecht, S. 110 m. w. N., der bzgl. des genauen, naturwissenschaftlichen Vorgehens auf verschiedene Sachverständigenkommissionen und deren Standardsetzungen verweist.

410 Siehe hierzu die Ausführungen unter Teil 2.A.III.

411 *Rathke,* in: Sosnitza/Meisterernst (ehem. Zipfel/Rathke), Art. 3 BasisVO, Rn. 64a; *Thilo Ortgies,* Rechtliches Risikomanagement im Lebensmittelrecht, S. 270; vgl. hierzu außerdem *Rathke,* in: Sosnitza/Meisterernst (ehem. Zipfel/Rathke), Art. 6 BasisVO, Rn. 4 sowie in Bezug auf die Einbeziehung auch von betriebseigenen Beurteilungen Rn. 5.

412 Die nachfolgende Aufzählung der regelmäßig zu betrachtenden Tatsachen und wissenschaftlichen Erkenntnisse im Rahmen der Gefahrenidentifizierung ist angelehnt an *Felix Ortgies,* in: Fischer/Hilgendorf, Gefahr, S. 55, 61 bzw. entspricht den dortigen Ausführungen.

etc., außerdem Kenntnisse über die qualitative wie quantitative Verbreitung des Agens sowohl in der Umwelt oder im Tierbestand als auch in der Lebensmittelkette; bei Mikroorganismen weiterhin Kenntnisse über entsprechende Erreger-Lebensmittel-Kombinationen einschließlich des diesbezüglichen Einflusses der Lebensmitteltechnologie auf den jeweiligen Erreger. Zudem ist in die Betrachtung die Beschreibung von Vorkommen, der Herstellung und der Verwendung nach dem bestimmungsgemäßen und vorherzusehenden Gebrauch des Agens einzustellen.[413]

2. Die Gefahrenbeschreibung

Die zweite Stufe erfordert schon entsprechend ihrer Bezeichnung als *Gefahrenbeschreibung* die schriftliche Fixierung der festgestellten Gefahren bzw. der diesbezüglichen Umstände.[414] Vergleicht man an dieser Stelle die deutsche Sprachfassung insbesondere mit der englischen, die als Pendant *hazard characterisation* verwendet, und der französischen Sprachfassung, welche von *leur caractérisation* spricht,[415] ergibt sich überdies, dass die Gefahrenbeschreibung auch eine qualitative wie quantitative Bestimmung von Schweregrad und Eigenart der mit den kausalen Tätigkeiten oder Agenzien in Verbindung stehenden Auswirkungen beinhaltet.[416] Mithin gilt es im Rahmen der *Gefahrenbeschreibung* das Gefährdungspotential der Gefahrenquelle sowie dessen bzw. deren Pathogenese zu ermitteln und Angaben zu möglichen gesundheitlichen Nachteilen oder weiteren inakzeptablen Konsequenzen, sowie zur Abundanz des In-Erscheinung-Tretens von Erkrankungen und damit einhergehenden Komplikationen darzustellen,[417] also zu bestimmen, in welchem Verhältnis die Dosis des Agens zu seinem Effekt steht.[418]

Üblicherweise orientiert sich sowohl die EFSA als auch das BfR hier an der Abfolge, wonach zunächst in Bezug auf die Toxikokinetik bzw. Pharmakokinetik die Aufnahme, die Verteilung und der Metabolismus sowie die Ausscheidung zu betrachten ist, sodann hinsichtlich der toxischen Wirkungen zwischen einer akuten und wiederholten Aufnahme zu differenzieren und deren Genotoxizität, Kanzerogenität und Reproduktionstoxizität in den Blick zu nehmen

413 *Felix Ortgies*, in: Fischer/Hilgendorf, Gefahr, S. 55, 61; ähnlich *Simon*, Kooperative Risikoverwaltung im neuen Lebensmittelrecht, S. 109.

414 *Streinz*, in: Streinz/Meisterernst, BasisVO/LFGB, Art. 6 BasisVO, Rn. 13; *Thilo Ortgies*, Rechtliches Risikomanagement im Lebensmittelrecht, S. 270.

415 Vgl. hierzu *Rathke*, in: Sosnitza/Meisterernst (ehem. Zipfel/Rathke), Art. 3 BasisVO, Rn. 65.

416 *Simon*, Kooperative Risikoverwaltung im neuen Lebensmittelrecht, S. 109; *Thilo Ortgies*, Rechtliches Risikomanagement im Lebensmittelrecht, S. 270; *Arndt*, Das Vorsorgeprinzip im EU-Recht, S. 183.

417 *Felix Ortgies*, in: Fischer/Hilgendorf, Gefahr, S. 55, 62.

418 *Thilo Ortgies*, Rechtliches Risikomanagement im Lebensmittelrecht, S. 270.

ist, und ferner die infektiösen Wirkungen bzgl. Pathogenität und Infektiosität einzubeziehen sind.[419]

3. Die Expositionsabschätzung

Die dritte Stufe, die sog. *Expositionsabschätzung*, gemeinhin als die wichtigste Stufe bezeichnet,[420] beinhaltet eine wertende Prognose des quantitativen und qualitativen Umfangs der Konzentration, in welchem die Verbraucherschaft wahrscheinlich mit dem identifizierten und untersuchten Gefahrenpotential in Berührung kommt.[421] Insoweit greift die *Expositionsabschätzung* das verknüpfende Element, die *Funktion*,[422] des *Risikobegriffes* aus Art. 3 Nr. 9 BasisVO auf und korrespondiert mit diesem, indem es das *Risiko* aufgrund einer entsprechenden Beurteilung des Wahrscheinlichkeitsgrades der schädlichen Auswirkungen auf die menschliche Gesundheit und der Schwere dieser potentiellen Wirkung bewertet.[423]

Da für solche Abschätzungen allerdings keine feststehende Werteskala existiert, wird das *Risiko* mit eher allgemein gehaltenen Aussagen wie beispielsweise *niedrig*, *mäßig* oder *hoch* umschrieben, die wiederum auf einer zwar unionsweit verbreiteten, aber nicht bindenden Nomenklatur beruhen.[424] Dieser liegen insbesondere Angaben zu exponierten Bevölkerungsgruppen zugrunde sowie deren jeweils divergierende Belastungssituation, wie z. B. bei Verbrauchern, Anwendern, Personen mit Vorerkrankungen oder Schwangeren, wobei auch das entsprechende Alter und Körpergewicht mit einzubeziehen ist. Zudem sind hierin Informationen zur Verbreitung der Agenzien im Hinblick auf die Frage, aus welcher Art von Produkt eine Freisetzung erfolgt, samt Verzehrsdaten und weiterer Angaben zur Häufigkeit der Exposition zu berücksichtigen, genauso wie Informationen zu diversen, konkreten Verzehrs-

---

419 Siehe hierzu ausführlich *Felix Ortgies*, in: Fischer/Hilgendorf, Gefahr, S. 55, 62.

420 So bspw. *Rathke*, in: Sosnitza/Meisterernst (ehem. Zipfel/Rathke), Art. 3 BasisVO, Rn. 66; *Felix Ortgies*, in: Fischer/Hilgendorf, Gefahr, S. 55, 62.

421 *Thilo Ortgies*, Rechtliches Risikomanagement im Lebensmittelrecht, S. 270 f.; *Simon*, Kooperative Risikoverwaltung im neuen Lebensmittelrecht, S. 109.

422 Siehe hierzu die Ausführungen unter Teil 2.A. V.

423 *EuGH*, Urteil vom 23.09.2003 – C-192/01, Rn. 48, LMRR 2003, 34; *Rathke*, in: Sosnitza/Meisterernst (ehem. Zipfel/Rathke), Art. 3 BasisVO, Rn. 66; *Thilo Ortgies*, Rechtliches Risikomanagement im Lebensmittelrecht, S. 270 f.; ähnlich zu einem entsprechenden Ursache-Wirkungszusammenhang, allerdings in Bezug auf gesundheitsbezogene Angaben *EuG*, Urteil vom 16.03.2016 – T-100/15, Rn. 39, LMuR 2016, 102, 106 f.

424 Die nachfolgende Darstellung dieser (nicht-verbindlichen) Nomenklatur ist angelehnt an *Felix Ortgies*, in: Fischer/Hilgendorf, Gefahr, S. 55, 63; vgl. auch *Rathke*, in: Sosnitza/Meisterernst (ehem. Zipfel/Rathke), Art. 3 BasisVO, Rn. 66.

gewohnheiten und zum qualitativen und quantitativen Vorkommen der Agenzien oder Rückstandsgehälter in oder auf Lebensmitteln bzw. Produkten.[425]

Nicht von der *Expositionsabschätzung* umfasst ist hierbei jedoch die Frage nach der *Akzeptabilität des Risikos,* also der konkreten kritischen Schwelle für die Wahrscheinlichkeit in Bezug auf das Eintreten nachteiliger Wirkungen bzw. der Schwere dieser potentiellen Auswirkungen, welche für die Gesellschaft noch hinnehmbar oder eben nicht mehr tragbar erscheinen.[426] Die Festlegung dieses Schutzniveaus obliegt vielmehr den politisch legitimierten Einrichtungen im Sinne einer politisch-normativen Entscheidung, namentlich den Gemeinschaftsorganen der EU sowie den äquivalenten Entscheidungsträgern auf mitgliedstaatlicher Ebene.[427]

4. Die Risikobeschreibung

Die Zusammenfassung und Auswertung der auf den vorherigen Stufen erhobenen Erkenntnisse erfolgt im Rahmen des letzten Schrittes, der *Risikobeschreibung.*[428] Gegenstand der *Risikobeschreibung* ist dementsprechend nicht nur eine allgemeine Abschätzung über die Höhe des Risikos, sondern vielmehr eine umfassende quantitative und qualitative diesbezügliche Beurteilung, worüber ein entsprechender Bericht zu verfassen ist.[429] Bei diesem handelt es sich in aller Regel um ein sog. Gutachten der EFSA im Sinne des Art. 22 Abs. 6 BasisVO.[430] Konkret sind hierin die betroffenen Bevölkerungsteile und -gruppen ebenso darzustellen, wie die Wahrscheinlichkeit, die Häufigkeit und die Dauer der unerwünschten Ereignisse inklusive einer Bewertung von Art und Schwere der potentiell gesundheitsbeeinträchtigenden oder schädigenden Wirkungen auf diese, weiterhin deren Reversibilität sowie die Evidenz der Kausalzusammenhänge, aber auch die Art, Qualität und Variabilität der herangezogenen Daten, die zur Verfügung standen, ferner die Kontrollierbarkeit des erkannten Risikos.[431]

Insbesondere da für *Gefahren* vielzählige Umstände ausschlaggebend sein können bzw. sich der kausale Fortgang nicht stets eindeutig und in bloß eine

425 *Felix Ortgies,* in: Fischer/Hilgendorf, Gefahr, S. 55, 63.
426 *Alfred Meyer,* ZLR 2006, 675, 677.
427 *Trenkler,* Risikoverwaltung im Wirtschaftsverwaltungsrecht, S. 31 f.; vgl. auch *Di Fabio,* Risikoentscheidungen im Rechtsstaat, S. 112 f.; siehe hierzu auch die einleitenden Ausführungen zu Teil 3.
428 *Thilo Ortgies,* Rechtliches Risikomanagement im Lebensmittelrecht, S. 271; *Roth,* Die allgemeine Lebensmittelüberwachung als Instrument des Verbraucherschutzes, S. 68.
429 *Rathke,* in: Sosnitza/Meisterernst (ehem. Zipfel/Rathke), Art. 3 BasisVO, Rn. 67; *Thilo Ortgies,* Rechtliches Risikomanagement im Lebensmittelrecht, S. 271.
430 Vgl. hierzu *Holle,* in: Sosnitza/Meisterernst (ehem. Zipfel/Rathke), Art. 22 BasisVO, Rn. 23 ff.
431 *Felix Ortgies,* in: Fischer/Hilgendorf, Gefahr, S. 55, 64.

Richtung hin vorhersehen lässt, ist wesentlicher Bestandteil der *Risikobeschreibung* auch eine Darstellung von alternierenden Geschehensabläufen.[432] Weiterhin hat aus einem solchem Bericht ebenso hervorzugehen, ob und inwieweit innerhalb der einzelnen Stufen in wissenschaftlicher Hinsicht Unklarheiten bestehen und welche dahingehenden Hypothesen zugrunde gelegt wurden, um diese fehlenden wissenschaftlichen Erkenntnisse zu kompensieren.[433] Schon aus Gründen der institutionellen Trennung von *Risikobewertung* und *Risikomanagement* kann Gegenstand einer solchen *Risikobeschreibung* freilich nur die Bewertung des aktuell erhobenen Wissensstandes sein, nicht jedoch auch eine daran anschließende rechtliche Beurteilung.[434]

Diese Ergebnisse der *Risikobewertung* in Form der *Risikobeschreibung* liefern sodann die wissenschaftliche Grundlegung, das Fundament für die entsprechenden Maßnahmen bzw. den Umgang mit dem konkret festgestellten *Risiko,*[435] die sich – abhängig von dem erkannten Risikograd – doch erheblich voneinander unterscheiden[436] bzw. im Falle einer bestehenden wissenschaftlichen Unsicherheit auch einen Rückgriff auf das in Art. 7 BasisVO manifestierte *Vorsorgeprinzip*[437] zeitigen können.[438]

5. Die (teilweise) Entbehrlichkeit der Risikobewertung

Schon aus den vorangegangenen Ausführungen lässt sich schließen, dass eine *Risikobewertung* ggf. einen längeren, mindestens jedoch einen gewissen Zeitraum erfordert, sich also nicht sehr kurzfristig durchführen lässt, was vor dem Hintergrund des Grundsatzes aus Art. 6 Abs. 1 BasisVO, wonach sich das gesamte Lebensmittelrecht zur Erreichung eines hohen Gesundheitsschutzniveaus auf *Risikoanalysen* stützen soll, die wiederum nach Abs. 3 den Ergebnissen der *Risikobewertung* Rechnung zu tragen haben, für sog. *Normalfälle* durchaus zielführend erscheint.[439] Anders hingegen in akut auftretenden *Krisenfällen*, die ein unmittelbares Tätigwerden erfordern, worauf sich dementsprechend Art. 6 Abs. 1 BasisVO in seinem 2. Halbsatz bezieht und eine Entbehrlichkeit der *Risikoanalyse* für Fälle manifestiert, in denen *„dies nach den Umständen oder der Art der Maßnahme unangebracht wäre“*.

432 *Rathke*, in: Sosnitza/Meisterernst (ehem. Zipfel/Rathke), Art. 3 BasisVO, Rn. 67.

433 *Simon*, Kooperative Risikoverwaltung im neuen Lebensmittelrecht, S. 110; *Alfred Meyer*, ZLR 2006, 675, 680; *Thilo Ortgies*, Rechtliches Risikomanagement im Lebensmittelrecht, S. 271.

434 So *Alfred Meyer*, ZLR 2006, 675, 681, der dies plakativ wie überspitzt mit *„Schuster bleib bei deinen Leisten“* umschreibt.

435 *Burchardi*, Die Vereinbarkeit der europäischen Vorschriften zur Kennzeichnung gentechnisch veränderter Lebensmittel mit dem Welthandelsrecht, S. 101.

436 Siehe hierzu die nachfolgenden Ausführungen in Teil 3.

437 Siehe hierzu die nachfolgenden Ausführungen in Teil 5.

438 *Müller*, Die Bewältigung von Lebensmittelrisiken durch Risikokommunikation, S. 28.

439 Vgl. hierzu auch *Fuchs*, Lebensmittelsicherheit in der Mehrebenenverwaltung, S. 77.

Mit Blick auf die erste Alternative – den *Umständen* – ist freilich hierunter nicht zu verstehen, dass *Risikoanalysen* im Allgemeinen bzw. die vorgelagerten *Risikobewertungen* vollständig unterbleiben können, da schließlich *Gefahren* zunächst erkannt und identifiziert bzw. die konkreten *Auswirkungen* im Sinne der Exposition zu bemessen sind, um überhaupt auch nur den Ansatz eines naturwissenschaftlichen Fundaments für weitergehende, verhältnismäßige Maßnahmen zu begründen.[440]

Etwas abweichendes gilt hingegen für die zweite Alternativ – der *Art der Maßnahme* –, die auf Fallkonstellationen abzielt, welche nicht in einem Zusammenhang mit gesundheitlichen *Risiken* stehen, die von Lebensmitteln ausgehen, also solchen, die anders gelagert sind. Beispielsweise handelt es sich hierbei um behördliche Aufforderungen an Lebensmittelunternehmer, lediglich Informationen über Lebensmittel zu korrigieren oder zu ergänzen, soweit sich die fehlerhaften Informationen oder Angaben nicht selbst auf die menschliche Gesundheit auswirken.[441]

III. Die Risikokommunikation als faktischer Vorgang innerhalb der Risikobewertung

Eine entscheidende Rolle in Bezug auf die Risikobewertung kommt weiterhin der *Risikokommunikation* zu, die ausweislich Art. 3 Nr. 13 BasisVO

> *„den interaktiven Austausch von Informationen und Meinungen über Gefahren und Risiken, risikobezogene[r] Faktoren und [der] Risikowahrnehmung zwischen Risikobewertern, Risikomanagern, Verbrauchern, Lebensmittel- und Futtermittelunternehmen, Wissenschaftlern und anderen interessierten Kreisen einschließlich der Erläuterung von Ergebnissen der Risikobewertung und der Grundlage für Risikomanagemententscheidungen"*

darstellt und definitionsgemäß wohl zwischen den Schritten der *Risikobewertung* und dem *Risikomanagement* angesiedelt sein dürfte, entsprechend der nummerierten Reihenfolge hingegen die dritte Stufe bzw. das letzte Element der *Risikoanalyse*[442] bildet. Daraus folgen freilich Schwierigkeiten in der glie-

440 Ähnlich *Rathke*, in: Sosnitza/Meisterernst (ehem. Zipfel/Rathke), Art. 6 BasisVO, Rn. 2 und 3a, der in diesem Zusammenhang exemplarisch die Fallkonstellation von möglichen Gesundheitsschäden aufgrund verunreinigtem Trinkwassers aufwirft, sodass nach lebensnaher Betrachtung denklogisch ein sofortiges Handeln geboten ist.

441 *Streinz*, in: Streinz/Meisterernst, BasisVO/LFGB, Art. 6 BasisVO, Rn. 9.

442 So auch die Benennung in Art. 3 Nr. 10 BasisVO mit der Reihenfolge: *Risikobewertung, Risikomanagement* und *Risikokommunikation*, sowie die numerische Gliederung der *Risikokommunikation* unter dortiger Nr. 13 im Anschluss an die *Risikobewertung* in Nr. 11 und das *Risikomanagement* in Nr. 12; vgl. auch *Müller*, Die Bewältigung von Lebensmittelrisiken

derungsmäßigen Darstellung derselben,[443] die nicht zuletzt auch damit einhergehen, dass die *Risikokommunikation* häufig in einem engen Zusammenhang mit dem *Risikomanagement* gestellt bzw. zum Teil als ein Unterfall des *Risikomanagements* angesehen wird[444].

Ausgehend von dem wissenschaftszentrierten Ansatz der BasisVO darf dies jedoch nicht darüber hinwegtäuschen, dass unter *Risikokommunikation* eben nicht dasselbe zu verstehen ist, wie der sog. *Prozess der Abwägung strategischer Alternativen in Konsultation mit den Beteiligten* aus Art. 3 Nr. 12 BasisVO[445], im Rahmen des *Risikomanagements.*[446] *Risikokommunikation* bezieht sich vielmehr auf einen kommunikativen Austausch der relevanten Akteure und interessierten Kreise miteinander und untereinander, um einerseits mögliche Konflikte frühzeitig auszuräumen,[447] andererseits um den Risikobewertungsprozess für alle Beteiligten nachvollziehbar und transparent abzubilden,[448] was noch einmal mittels Ergänzung der BasisVO um die Art. 8a, 8b und 8c im Jahre 2019[449] klargestellt wurde. *Risikokommunikation* stellt dementsprechend keine Einbahnstraße wie beispielsweise die hoheitliche Informationstätigkeit auf Grundlage des Art. 10 BasisVO oder des § 40 LFGB dar, sondern einen interaktiven und wechselseitigen Austausch von Informationen und Erkenntnissen,[450] was insbesondere vor dem Hintergrund, dass

---

durch Risikokommunikation, S. 30; *Berg*, in: Streinz, Verbraucherinformation und Risikokommunikation, S. 125, 126; *Delewski/Fuhrmann*, ZLR 2005, 645, 656.

443 Gliederungsmäßig wird die *Risikokommunikation* häufig als die letzte von drei Stufen der *Risikoanalyse* dargestellt, so bspw. *Thilo Ortgies*, Rechtliches Risikomanagement im Lebensmittelrecht, S. 274 ff.; *Simon*, Kooperative Risikoverwaltung im neuen Lebensmittelrecht, S. 123 ff.; *Transfeld*, Das Vorsorgeprinzip im Lichte der Ökonomischen Analyse des Rechts, S. 61; anders *Müller*, Die Bewältigung von Lebensmittelrisiken durch Risikokommunikation, S. 28 ff., der die Risikokommunikation im Rahmen bzw. als Teil des Risikomanagements abhandelt.

444 So bspw. *Simon*, BayVBl 2009, 161, 164.

445 Siehe hierzu die Legaldefinition zu dem Begriff des *Risikomanagements* aus Art. 3 Nr. 12 BasisVO, worunter der *„von der Risikobewertung unterschieden[e] Prozess der Abwägung strategischer Alternativen in Konsultation mit den Beteiligten unter Berücksichtigung der Risikobewertung und anderer berücksichtigenswerter Faktoren und gegebenenfalls der Wahl geeigneter Präventions- und Kontrollmöglichkeiten“* zu verstehen ist; zum *Risikomanagement* siehe die nachfolgenden Ausführungen in Teil 3.

446 So auch *Rathke*, in: Sosnitza/Meisterernst (ehem. Zipfel/Rathke), Art. 3 BasisVO, Rn. 84.

447 So *Müller*, Die Bewältigung von Lebensmittelrisiken durch Risikokommunikation, S. 30.

448 *Felix Ortgies*, in: Fischer/Hilgendorf, Gefahr, S. 55, 64.

449 Einfügung der genannten Artikel 8a bis 8c in die BasisVO mittels Verordnung (EU) 2019/1381 des Europäischen Parlaments und des Rates vom 20. Juni 2019 über die Transparenz und Nachhaltigkeit der EU-Risikobewertung im Bereich der Lebensmittelkette und zur Änderung der Verordnung (EG) Nr. 178/2002, (EG) Nr. 1829/2003, (EG) Nr. 1831/2003, (EG) Nr. 2065/2003, (EG) Nr. 1935/2004, (EG) Nr. 1331/2008, (EG) Nr. 1107/2009, (EU) 2015/2283 und der Richtlinie 2001/18/EG, ABl. EU L 231/1.

450 *Thilo Ortgies*, Rechtliches Risikomanagement im Lebensmittelrecht, S. 274 f.

risikobehaftete und -bewusste Entscheidungen einer verlässlichen informationellen Grundlage bedürfen,[451] insoweit der Gesamtkonzeption der BasisVO entspricht.[452]

Schon daraus folgt, dass im Zuge der *Risikokommunikation* nicht lediglich die Ergebnisse entsprechender *Risikobewertungen* präsentiert und daraufhin die verschiedensten Handlungsoptionen, namentlich die *strategischen Alternativen,* wie Art. 3 Nr. 12 BasisVO dies beschreibt, *abgewogen* werden, sondern – im Gegenteil – darüber hinaus ein Dialog im Sinne eines wissenschaftlichen Diskurses stattzufinden hat, der eine Rückkoppelung von eigenen oder anderslautenden Erkenntnissen der relevanten Akteure oder interessierten Kreise an die Risikobewerter ermöglicht, um den fortlaufenden Prozess der *Risikobewertung* auf ein breites wissenschaftliches Fundament zu stellen[453] und so den Sockel für weitergehende Entscheidungen, namentlich in Form von *Risikomanagementmaßnahmen* bzw. der voranzustellenden *Abwägung strategischer Alternativen,* zu begründen. Hinter *Risikokommunikation* verbirgt sich insofern *„kein subsumierbarer und mit unmittelbaren Rechtsfolgen verknüpfter Rechtsbegriff"*, sondern ein *„faktischer Vorgang"*[454] im Sinne einer *„Risikokontrolle"*[455], mit dem aber natürlich auch Eingriffe in grundrechtlich geschützte Rechtspositionen einhergehen können,[456] die es noch zu beleuchten gilt[457]. Und dieser *faktische Vorgang* kann mithin schwerlich nur als ein Unterfall des *Risikomanagements* oder als ein starr eingegliederter Schritt zwischen *Risikobewertung* und *Risikomanagement* angesehen werden, sondern vielmehr als ein andauernder und durchgängiger Prozess,[458] der die *Risikoanalyse* in ihrer Gesamtheit flankiert, also sowohl die Ermittlung bzw. Bestimmung von Risiken, als auch die darauf aufbauenden Grundlagen der *Risikomanagemententscheidungen.*

Mit Blick auf die *Risikobewertung* kann insoweit behauptet werden, dass die diesbezügliche Begleitung mittels *Risikokommunikation* zu einer Verbesserung der wissenschaftlichen Erkenntnisse im Sinne einer Ergänzung um

---

451 *Simon,* Kooperative Risikoverwaltung im neuen Lebensmittelrecht, S. 123.

452 Dies entspricht im weiteren Sinne auch Erwägungsgrund 17 BasisVO.

453 Dies entspricht insoweit auch Art. 8b lit. a und b BasisVO.

454 So die treffende Formulierung bei *Thilo Ortgies,* Rechtliches Risikomanagement im Lebensmittelrecht, S. 274 f., welche insoweit angelehnt ist an *Berg,* in: Streinz, Verbraucherinformation und Risikokommunikation, S. 125, 134.

455 So *Delewski/Fuhrmann,* ZLR 2005, 645, 655.

456 *Simon,* Kooperative Risikoverwaltung im neuen Lebensmittelrecht, S. 124; *Thilo Ortgies,* Rechtliches Risikomanagement im Lebensmittelrecht, S. 276 f.

457 Siehe hierzu die nachfolgenden Ausführungen in Teil 3.A.II. sowie Teil 3.B.

458 Anders *Berg,* in: Streinz, Verbraucherinformation und Risikokommunikation, S. 125, 135, der die Risikokommunikation gerade als *„Einzelschritt"* beschreibt, kritisch hierzu die Diskussionsbeiträge ebd. auf S. 141.

weitere Faktoren, Informationen und Meinungen führt, indem sie es den verschiedensten Akteuren und interessierten Kreisen ermöglicht, eigene Ansätze an- und einzubringen.

IV. Die Einordnung der Risikobewertung in die Risikoanalyse und Schlussfolgerung

Die vorstehende Betrachtung bestätigt, dass die *Risikobewertung* als der sog. erste Schritt der *Risikoanalyse* ein wissenschaftliches Verfahren darstellt, welches im Wesentlichen der Ermittlung und der Bestimmung des *Risikos* dient[459], insoweit also den wissenschaftszentrierten Ansatz der BasisVO in solche Bahnen lenkt, die anschließend weitergehende Entscheidungen im Rahmen des hiervon institutionell getrennten[460] *Risikomanagements* auf ein wissenschaftliches Fundament zu stellen vermögen. Unterstützt und begleitet wird die *Risikobewertung* hierbei durch die *Risikokommunikation*, oftmals als der sog. dritte Schritt der *Risikoanalyse* bezeichnet, welche eine Rückkoppelung alternativer oder anderer wissenschaftlicher Meinungen, Informationen und Erkenntnisse der relevanten Akteure oder interessierten Kreise an die Risikobewerter ermöglicht[461] und so ebenfalls den Anspruch der Wissenschaftlichkeit untermauert bzw. überdies dem entsprechenden Verfahren zu Transparenz und Verständlichkeit verhilft.

Wenn im Zusammenhang mit der *Risikoanalyse* allerdings von drei Einzelschritten die Rede ist, darf das nicht den Eindruck erwecken, dass diese abstrakt oder strikt bzw. starr in jener Reihenfolge ablaufen. Vielmehr ist die *Risikoanalyse* – auch wenn gliederungsmäßig hier bislang zunächst die Bestimmung wie Ermittlung von Risiken und partiell die diesbezüglich flankierende *Risikokommunikation* Eingang in die Betrachtung gefunden hat – ein verbundener, einheitlicher Vorgang, der sich fortlaufend zu wiederholen hat.[462]

Im Lichte dessen und in Anknüpfung an die Ausführungen zur Bestimmung von Tatbestand und Inhalt des *Risikobegriffes*[463] lässt sich zweierlei Bedeutsames festhalten, nämlich:

459 Siehe hierzu die Ausführungen unter Teil 2.B.II.

460 Siehe hierzu die Ausführungen unter Teil 2.B.I.

461 Siehe hierzu die Ausführungen unter Teil 2.B.III.

462 Ähnlich auch *Delewski/Fuhrmann*, ZLR 2005, 645, 647; im weiteren Sinne treffend erscheint hierzu wohl bereits der philosophische Ansatz von *Hegel*, Wissenschaft der Logik, Bd. I, 1. Buch, S. 41: *„Es kann nichts anfangen, weder insofern etwas ist, noch insofern es nicht ist; denn insofern es ist, fängt es nicht erst an; insofern es aber nicht ist, fängt es auch nicht an."*.

463 Siehe hierzu die Ausführungen unter Teil 2.A.

erstens: Die *Risikobewertung* mündet in eine Beschreibung sämtlicher Risiken[464], unabhängig von deren Expositionswahrscheinlichkeit[465] oder Schwere, sodass davon auszugehen ist, dass der *Risikobegriff* bzw. die darin enthaltene *materielle Komponente*, namentlich *einer die Gesundheit beeinträchtigenden Wirkung*, tatsächlich einen eigenständigen Regelungsgehalt aufweist, respektive originär verstanden werden muss und nicht im Sinne des Tatbestandsmerkmals der *Gesundheitsschädlichkeit* aus Art. 14 Abs. 2 lit. a BasisVO,[466] da die *Risikobewertung* eben eine breite und fundierte Einschätzung, eine wissenschaftliche Grundlegung darstellt, die andernfalls von vornherein auf evidente Fälle beschränkt wäre und das diesbezügliche Konzept somit leerliefe,[467] aber

zweitens: hierbei, also im Rahmen der *Risikobewertung*, nicht bereits die Schwelle für eingreifende behördliche Maßnahmen manifestiert wird, da andernfalls die relevante Entscheidung in Bezug auf das Ob und das Wie des Tätigwerdens dem *Risikomanagement* vorweggenommen und die institutionelle Trennung insoweit ausgehebelt würde.

C. Schlussfolgerungen

Anhand der bisherigen Untersuchungen zur tatbestandlichen Kontur und Ausgestaltung des *Risikobegriffes* aus Art. 3 Nr. 9 BasisVO[468] sowie zu den strukturellen und prozessualen Besonderheiten der Ermittlung und Bestimmung von *Risiken* in Form der *Risikobewertung*[469] lassen sich interessante Ähnlichkeiten aber auch Unterschiede zu dem deutschen polizeirechtlichen *Gefahrenbegriff* sowie zu dem aus dem deutschen Technikrecht entstammenden Rechtsbegriff des *Risikos* feststellen,[470] die durchaus zur Kontrastierung von Begrifflichkeit und Programmatik innerhalb der BasisVO beitragen.

In Bezug auf die Ähnlichkeiten kann konstatiert werden, dass der hiesige *Risikobegriff* Berührungspunkte zu beiden Konzeptionen aufweist, zum einen mit dem polizeirechtlichen *Gefahrenbegriff* hinsichtlich der tatbestandlichen Verknüpfung von Eintrittswahrscheinlichkeit und der Schwere der Wirkung bzw. der Gesundheitsbeeinträchtigung durch das Merkmal der *Funktion*[471]

464 Siehe hierzu die Ausführungen unter Teil 2 B.II.4.
465 Siehe hierzu die Ausführungen unter Teil 2 B.II.3.
466 Siehe hierzu die Schlussfolgerungen unter Teil 2.A.VI.
467 Die vorläufigen Schlussfolgerungen unter Teil 2.A.VI. können insoweit bestätigt werden.
468 Siehe hierzu die Ausführungen unter Teil 2.A.
469 Siehe hierzu die Ausführungen unter Teil 2.B.
470 Siehe hierzu die Ausführungen unter Teil 1.C.
471 Siehe hierzu die Ausführungen unter Teil 2.A.V.

(in Anlehnung an die sog. Je-desto-Formel),[472] das sich verfahrensmäßig auch in der *Expositionsabschätzung*[473] niederschlägt. Zum anderen im Zusammenhang mit dem Terminus *Risiko* aus dem technischen Sicherheitsrecht, indem auch geringere Wahrscheinlichkeiten oder fernliegendere Wirkungen umfasst sind, die ebenfalls Eingang in die entsprechende *Risikobeschreibung*[474] finden. Aus letzterem folgt, dass die materielle Komponente des *Risikobegriffes* (*die Gesundheit beeinträchtigende Wirkung*)[475] eigenständig, also originär und weiter gefasst sein muss als das engere Tatbestandsmerkmal der *Gesundheitsschädlichkeit* aus Art. 14 Abs. 2 lit. a BasisVO.[476]

Die Erkenntnis, dass der *Risikobegriff* des Art. 3 Nr. 9 BasisVO Bezüge zu beiden Konzeptionen und somit auch zum technischen Sicherheitsrecht in sich birgt, welches gerade solche Gegebenheiten betrifft, die von einer strukturell-wissenschaftlichen Ungewissheit geprägt sind und sich somit regelmäßig einer klassischen, situativen Gefahrbeurteilung entziehen,[477] impliziert allerdings gleichzeitig einen deutlichen Unterschied zu dem polizeirechtlichen Modell der *Gefahrenabwehr*, nämlich den Umstand, dass aufwändige Untersuchungen und Ermittlungen unter dem Zeitdruck des polizeilichen Alltagsgeschäfts nicht möglich sind,[478] das Lebensmittelrecht aber gerade solche in tatsächlicher und rechtlicher Hinsicht voraussetzt[479].

Freilich kann dieser Unterschied für sich genommen einerseits zwar noch nicht ausreichen, die Ähnlichkeit zwischen dem hiesigen *Risikobegriff* und dem polizeirechtlichen *Gefahrbegriff* zu bestreiten oder gar gänzlich abzulehnen, da sich dieser prima facie anmutende Widerspruch unter Zuhilfenahme der Ergebnisse der *Risikobewertung* insoweit überbrücken lässt, als dass hierbei – (natur)wissenschaftlich aufwändig – erhobene und erarbeitete Erkenntnisse von Seiten der rechtsunterworfenen Lebensmittelunternehmer genauso wie von den zuständigen Überwachungsbehörden als diejenige, auf Alltagserfahrungen beruhende, Sachverhaltsermittlung im Einzelfall herangezogen werden können, die beispielsweise Polizeibeamte zeitlich und situativ ad hoc vornehmen müssten. Das gilt insbesondere vor dem Hintergrund, da die insti-

---

472 Siehe hierzu bereits die Schlussfolgerungen unter Teil 2.A.VI.

473 Siehe hierzu die Ausführungen unter Teil 2.B.II.3.

474 Siehe hierzu die Ausführungen unter Teil 2.B.II.4.

475 Siehe hierzu die Ausführungen unter Teil 2.A.II.

476 Siehe hierzu bereits die Schlussfolgerungen unter Teil 2.A.VI, denen schon zu entnehmen ist, dass der *Risikobegriff* der BasisVO eben „*beide Welten* [also sowohl das Konzept der polizeilichen Gefahrenabwehr als auch die Risikosteuerung im Rahmen des technischen Sicherheitsrechts mittels eines ganz eigenen materiellen Duktus] *zu verbinden scheint*", sowie unter Teil 2.B.IV.

477 Siehe hierzu im Detail die nachfolgenden Ausführungen unter Teil 5.

478 Siehe hierzu die Ausführungen unter Teil 1.C.I.

479 Siehe hierzu die einführenden Ausführungen unter Teil 2.

tutionell unabhängigen Einrichtungen der *Risikobewertung*[480] ihre jeweiligen Ergebnisse, namentlich die *Risikobeschreibung*[481], in Form von entsprechenden Gutachten bereitstellen und veröffentlichen, sodass ein kurzfristiger Zugriff hierauf jederzeit sowohl möglich als auch geboten erscheint.

Andererseits deutet aber die enorme Offenheit des *Risikobegriffes* doch darauf hin, dass Art. 3 Nr. 9 BasisVO trotz seiner verknüpfenden Komponente – in Form der *Funktion* aus Eintrittswahrscheinlichkeit und Schwere der Gesundheitsbeeinträchtigung – wohl nur schwerlich eine sich selbst genügende Eingriffsgrundlage für staatliches Tätigwerden darzustellen vermag, zumal die *Risikobewertung*, die richtigerweise als das Institut anzusehen ist, durch das (lediglich) Gefahren ermittelt und Risiken untersucht bzw. gründlich wissenschaftlich eruiert werden und sich abhängig von dem im Rahmen der *Expositionsabschätzung* (innerhalb derer die sog. *Funktion* wiederum einer fundierten Betrachtung unterzogen wird) festgestellten Risikogrades das Erfordernis zum Ergreifen ganz heterogener Maßnahmen ergeben kann. Dies lässt konsequenterweise darauf schließen, dass der *Risikobegriff* entweder implizit mehrere abgestufte Schwellen enthalten müsse oder eben expliziter, weitergehender Konkretisierungen bedarf.

480 Siehe hierzu die Ausführungen unter Teil 2.B. I.

481 Siehe hierzu die Ausführungen unter Teil 2.B.II.4.

Teil 3 Das Risikomanagement und die (Rechts-)Folgen der Risikobewertung

Das *Risikomanagement* bildet den sog. zweiten Einzelschritt der *Risikoanalyse* und verkörpert

> „*den von der Risikobewertung unterschiedenen Prozess der Abwägung strategischer Alternativen in Konsultation mit den Beteiligten unter Berücksichtigung der Risikobewertung und anderer berücksichtigenswerter Faktoren und gegebenenfalls der Wahl geeigneter Präventions- und Kontrollmöglichkeiten*“[482],

der insoweit der *Risikobewertung* nachfolgt. Das *Risikomanagement* stellt demgemäß der verobjektivierten, funktional hiervon getrennten[483], wissenschaftlichen *Risikobewertung* die notwendigen Handlungsinstrumente zur Seite,[484] um in komplexen, von spezifizierten Wissen in Bezug auf Kausalität und Wirkung geprägten Entscheidungssituationen angemessen reagieren und das lebensmittelrechtliche Primärziel eines hohen Maßes an Schutz für das Leben und die Gesundheit der Menschen aus Art. 5 Abs. 1 BasisVO erreichen zu können.[485] *Risikomanagement* ist ausweislich der entsprechenden Legaldefinition des Art. 3 Nr. 12 BasisVO also kein (rein) wissenschaftlicher, sondern vielmehr ein politischer Prozess, in den freilich die Ergebnisse der *Risikobewertung* Eingang finden, darüber hinaus aber auch *andere berücksichtigenswerte Faktoren*, die miteinander und gegeneinander abzuwägen sind, was gleichzeitig bedeutet, dass *Risikomanagementmaßnahmen* (möglicherweise) nur partiell wissenschaftlich begründbar sind bzw. nicht zwangsläufig die logische Folge der fundierten wissenschaftlichen Grundlegung darstellen.[486]

Dieser relevante Umstand, der prima facie durchaus als ein inkonsequenter Bruch innerhalb des wissenschaftszentrierten Ansatzes der BasisVO bezeichnet werden könnte, liegt in den unterschiedlichen Zielsetzungen der beiden Verfahrensabschnitte begründet. Denn während der *Risikobewertung* die Gewinnung fundierter wissenschaftlicher Ergebnisse immanent ist, dient das

---

482 So die Legaldefinition des *Risikomanagements* aus Art. 3 Nr. 12 BasisVO.

483 Die Legaldefinition des *Risikomanagements* aus Art. 3 Nr. 12 BasisVO manifestiert ausdrücklich, dass es sich hierbei um einen „*von der Risikobewertung unterschiedenen Prozess*“ handelt; siehe hierzu bereits die Ausführungen unter Teil 2.B. I.

484 *Fuchs*, Lebensmittelsicherheit in der Mehrebenenverwaltung, S. 76; *Simon*, Kooperative Risikoverwaltung im neuen Lebensmittelrecht, S. 112 f.

485 Ähnlich bereits *Röhrig*, Risikosteuerung im Lebensmittelrecht, S. 105; *Simon*, Kooperative Risikoverwaltung im neuen Lebensmittelrecht, S. 113.

486 *Gelbert*, Die Risikobewältigung im Lebensmittelrecht, S. 57; *Gorny*, Kommentar zur VO (EG) Nr. 178/2002, Rn. 212.

Risikomanagement dazu, politische Konsequenzen aus den Erkenntnissen zu ziehen und diese umzusetzen und zu vollziehen.[487] Gerade vor dem Hintergrund, dass sich *Risiken* für die menschliche Gesundheit nicht sämtlich ausschließen lassen, ohne der Lebensmittelwirtschaft Belastungen in unzumutbarer Weise aufzubürden, müssen *Risikomanagemententscheidungen* dementsprechend neben der wissenschaftlichen Komponente gebotenerweise insbesondere auch politische Elemente wie gesellschaftliche, traditionelle, ethische oder wirtschaftliche Faktoren bzw. Auswirkungen auf die Umwelt, aber auch Fragen bzgl. der Kontrollierbarkeit von *Risiken* beinhalten,[488] die in eine Wertungsentscheidung über das jeweilige Schutzniveau oder die noch akzeptabel erscheinenden Restrisiken münden.[489]

Nachdem in diesem Zusammenhang zunächst – in einem ersten Schritt – die *Risikomanagemententscheidung* bzgl. des Ob des Tätigwerdens zu treffen ist,[490] ist sodann – in einem zweiten Schritt – eine Auswahl über diejenigen risikosteuernden Maßnahmen bzw. die sog. *strategischen Alternativen* vorzunehmen,[491] die durchaus ein breites Spektrum aufweisen.[492] So reichen die entsprechenden Handlungsoptionen von bloßen Empfehlungen über den Entschluss, weitere Nachforschungen anzustellen, auf Rechtsetzungsebene bis hin zu dem Erlass konkreter Rechtsvorschriften bzw. auf Rechtsdurchsetzungsebene betreffende Kontroll- und Überwachungsmaßnahmen in Vollzug zu setzen.[493] Weiterhin stellt auch die *Information* oder *Warnung der Öffentlichkeit* eine relevante und in der BasisVO unmittelbar geregelte[494]

---

487 *Groß*, Die Produktzulassung von Novel Food, S. 373; *Fuchs*, Lebensmittelsicherheit in der Mehrebenenverwaltung, S. 76; *Burchardi*, Die Vereinbarkeit der europäischen Vorschriften zur Kennzeichnung gentechnisch veränderter Lebensmittel mit dem Welthandelsrecht, S. 101.

488 So auch Erwägungsgrund 19 der BasisVO: „*Es wird allgemein anerkannt, dass die wissenschaftliche Risikobewertung allein in manchen Fällen nicht alle Informationen liefert, auf die sich eine Risikomanagemententscheidung gründen sollte, und dass auch noch andere für den jeweils zu prüfenden Sachverhalt relevante Faktoren wie beispielsweise gesellschaftliche, wirtschaftliche und ethische Gesichtspunkte, Traditionen und Umwelterwägungen wie auch die Frage der Kontrollierbarkeit zu berücksichtigen sind.*".

489 *Roth*, Die allgemeine Lebensmittelüberwachung als Instrument des Verbraucherschutzes, S. 70; *Simon*, Kooperative Risikoverwaltung im neuen Lebensmittelrecht, S. 113.

490 Siehe hierzu im Detail die nachfolgenden Ausführungen unter Teil 3.A.

491 Siehe hierzu im Detail die nachfolgenden Ausführungen unter Teil 3.B.

492 Vgl. hierzu auch *Burchardi*, Die Vereinbarkeit der europäischen Vorschriften zur Kennzeichnung gentechnisch veränderter Lebensmittel mit dem Welthandelsrecht, S. 102; *Thilo Ortgies*, Rechtliches Risikomanagement im Lebensmittelrecht, S. 273 f.

493 *Thilo Ortgies*, Rechtliches Risikomanagement im Lebensmittelrecht, S. 274; *Gelbert*, Die Risikobewältigung im Lebensmittelrecht, S. 57.

494 So bspw. Art. 10 BasisVO sowie das in Art. 50 ff. BasisVO manifestierte Schnellwarnsystem.

Handlungsalternative dar.[495] Umklammert werden all diese Optionen von der maßgebenden Intention, dass sie sowohl in dem jeweils in Rede stehenden (Einzel-)Fall als auch in ihrer Gesamtheit die allgemeinen Ziele des Lebensmittelrechts aus Art. 5 Abs. 1 BasisVO verfolgen, namentlich ein hohes Maß an Schutz für das Leben und die Gesundheit der Menschen sowie den Schutz der Verbraucherinnen und Verbraucher einschließlich der lauteren Handelsgepflogenheiten.[496]

A. Die Akzeptabilität des Risikos – die Bestimmung der materiellen Eingriffsschwelle

Die *Wahl geeigneter Präventions- und Kontrollmöglichkeiten* im Rahmen des *Risikomanagements* setzt zuvörderst die Beantwortung der Frage nach dem sog. Ob des Tätigwerdens voraus, mithin, inwieweit ein *Risiko* für die menschliche Gesundheit noch oder eben nicht mehr als akzeptabel anzusehen ist. Damit gleichzusetzen ist insofern die Ausbildung oder Formulierung einer *materiellen Eingriffsschwelle*, die im Falle des Überschreitens der Vornahme geeigneter und erforderlicher Schritte durch die zuständigen Stellen zur Verfolgung des allgemeinen lebensmittelrechtlichen Zieles eines hohen Maßes an Schutz für das Leben und die Gesundheit der Menschen aus Art. 5 Abs. 1 i. V. m. Art. 6 Abs. 1 BasisVO bedarf.

In konsequenter Anknüpfung an die bisherigen Erkenntnisse und Schlussfolgerungen lässt sich gerade diese *Akzeptabilität* für den Bereich des Lebensmittelrechts nicht ohne Weiteres fassen, da ja – so die diesbezügliche vorläufige Feststellung[497] – der *Risikobegriff* aus Art. 3 Nr. 9 BasisVO einen ganz eigenen Duktus aufweist, welcher eher darauf hindeutet, dass diesem trotz seiner konzeptionellen Nähe zu dem deutschen polizeirechtlichen *Gefahrenbegriff*, dem überdies aber auch Elemente des *Risikobegriffes* aus dem deutschen Technikrecht immanent sind,[498] ipso iure keine konkrete Eingriffsschwelle innewohnt.[499]

Bezieht man hierin nun den Umstand ein, dass neben der rein wissenschaftlichen Dimension in Form der Ergebnisse der *Risikobewertung* auch *andere*

495 *Thilo Ortgies*, Rechtliches Risikomanagement im Lebensmittelrecht, S. 274; *Rathke*, in: Sosnitza/Meisterernst (ehem. Zipfel/Rathke), Art. 3 BasisVO, Rn. 80a.

496 Vgl. auch *Simon*, Kooperative Risikoverwaltung im neuen Lebensmittelrecht, S. 113.

497 Siehe hierzu die Schlussfolgerungen unter Teil 2.A.VI.

498 Siehe hierzu die Schlussfolgerungen unter Teil 2.A.VI.

499 Siehe hierzu die Schlussfolgerungen unter Teil 2.C., die insoweit lediglich die bis dahin festgestellten Erkenntnisse zu der begrifflich-tatbestandlichen Bestimmung des *Risikobegriffes* und der wissenschaftlichen Dimension in Form der *Risikobewertung* berücksichtigen.

berücksichtigenswerte Faktoren[500] Eingang in die dementsprechende *Risikomanagemententscheidung* finden, so erscheinen gerade diese vorgenannten Schlussfolgerungen erneut bzw. fortgesetzt untersuchungswürdig, weshalb zunächst darauf ein Augenmerk zu richten ist bzw. die sog. *anderen berücksichtigenswerten Faktoren* und das Resultat der *Risikobewertung* einer näheren Betrachtung vor allem im Hinblick auf deren Inhalt und Gewicht zu unterziehen sind.

I. Die Berücksichtigung der sog. anderen Faktoren

In die entsprechenden *Risikomanagemententscheidungen* münden gemäß Art. 6 Abs. 3 BasisVO und Art. 3 Nr. 12 BasisVO[501] sowohl die (natur)wissenschaftlich geprägten Ergebnisse der *Risikobewertung* als auch sog. *andere berücksichtigenswerte Faktoren.* Hierbei lässt sich schon dem Wortlaut beider Normen eine gewisse Vorrangstellung in Bezug auf die Berücksichtigung der Ergebnisse der *Risikobewertung* entnehmen. Während sich Art. 3 Nr. 12 BasisVO allerdings auf den Passus der *anderen berücksichtigenswerten Faktoren* beschränkt bzw. lediglich mittels des Adjektivs *berücksichtigenswert* auf den jeweils in Rede stehenden Sachverhalt verweist, so formuliert Art. 6 Abs. 3 BasisVO

> „(3) *Beim Risikomanagement ist den Ergebnissen der Risikobewertung, insbesondere den Gutachten der Behörde gemäß Art. 22, anderen angesichts des betreffenden Sachverhalts berücksichtigenswerten Faktoren sowie – falls die in Artikel 7 Absatz 1 dargelegten Umstände vorliegen – dem Vorsorgeprinzip Rechnung zu tragen, um die allgemeinen Ziele des Lebensmittelrechts gemäß Artikel 5 zu erreichen.*"

und stellt insoweit heraus, dass *anderen Faktoren* eben lediglich dann *Rechnung zu tragen* ist, wenn sie *angesichts des betreffenden Sachverhaltes berücksichtigenswert* erscheinen. Ebenso lässt sich dieses Primat der Erstrangigkeit der englischen und der französischen Sprachfassung entnehmen, die in ihrem Art. 3 Nr. 12 BasisVO von *other legitimate factors*[502] bzw. *d'autres facteurs légitimes*[503] und in Art. 6 Abs. 3 BasisVO von *other factors legitimate to the mat-*

500 Vgl. Art. 3 Nr. 12 BasisVO; Erwägungsgrund 19 BasisVO sowie die einleitenden Ausführungen unter Teil 3.

501 Siehe hierzu auch die entsprechende Legaldefinition zum Begriff des *Risikomanagements* aus Art. 3 Nr. 12 BasisVO im Wortlaut im Rahmen der einleitenden Ausführungen zu hiesigem Teil 3.

502 *Other legitimate factors*, englisch: andere legitime Faktoren (https://www.deepl.com/de/translator#en/de/other%20legitimate%20factors [zuletzt abgerufen, am: 11.03.2024]).

503 *D'autres facteurs légitimes*, französisch: andere legitime Faktoren (https://www.deepl.com/de/translator#fr/de/d'autres%20facteurs%20l%C3%A9gitimes [zuletzt abgerufen, am: 11.03.2024]).

ter under consideration [504] bzw. *d'autres facteurs légitimes pour la question en cause*[505] spricht und die Berücksichtigung *anderer Faktoren* eben auf solche Sachverhalte beschränkt, denen jene Aspekte immanent sind.[506]

Freilich drängen sich in diesem Zusammenhang die Fragen auf, unter welchen Fallkonstellationen solche *anderen Faktoren* Gegenstand des Abwägungsprozesses sein können oder ggf. sogar sein müssen respektive welche *anderen Faktoren* hierbei überhaupt *berücksichtigenswert*[507], also einbeziehungsfähig sind und welche Gewichtung – auch in Bezug auf das Verhältnis zur wissenschaftlichen *Risikobewertung* – diese aufweisen (können).

1. Die Art und die Berücksichtigungsfähigkeit der sog. anderen Faktoren

Ausweislich Art. 3 Nr. 12, Art. 6 Abs. 3 sowie Erwägungsgrund 19 BasisVO handelt es sich bei diesen Faktoren um *andere* Faktoren, also solche, die sich von der *Risikobewertung* dahingehend unterscheiden, als dass diese nicht (natur-) wissenschaftlich-analytischer Provenienz sind, was durch die nicht-abschließende Darstellung in Erwägungsgrund 19, der als diesbezügliche Umstände *„gesellschaftliche, wirtschaftliche und ethische Gesichtspunkte, Traditionen und Umwelterwägungen wie auch die Frage der Kontrollierbarkeit"* auflistet, insoweit untermauert wird. *Andere Faktoren* in diesem Sinne sind demzufolge mitunter politische oder soziale Wertevorstellungen, die Wahrnehmung von Risiken in der Verbraucherschaft und der Öffentlichkeit,[508] aber auch ökonomische und technische Umstände oder die potentiellen Folgen eines Nichttä-

---

504 *Other factors legitimate to the matter under consideration*, englisch: andere für den zu prüfenden Sachverhalt legitime Faktoren (https://www.deepl.com/de/translator#en/de/other%20factors%20legitimate%20to%20the%20matter%20under%20consideration [zuletzt abgerufen, am: 11.03.2024]).

505 *D'autres facteurs légitimes pour la question en cause*, französisch: andere legitime Faktoren für die betreffende Frage (https://www.deepl.com/de/translator#fr/de/d'autres%20facteurs%20l%C3%A9gitimes%20pour%20la%20question%20en%20cause [zuletzt abgerufen, am: 11.03.2024]).

506 Mit ähnlichem bzw. sogar weitergehendem Ergebnis *Rathke*, in: Sosnitza/Meisterernst (ehem. Zipfel/Rathke), Art. 3 BasisVO, Rn. 79a, der die Auffassung vertritt, *„Die Berücksichtigung anderer berücksichtigenswerter Faktoren (...) bezieht sich (...) auf die Möglichkeit strategischer Alternativen, wobei unter diesem Begriff offensichtlich alternative Maßnahmen zur Abwendung der Gefahr zu verstehen sind."*; siehe hierzu auch die nachfolgenden Ausführungen unter Teil 3.A.III. und die Schlussfolgerungen ebd. unter IV.

507 Hingegen weist *Rathke*, in: Sosnitza/Meisterernst (ehem. Zipfel/Rathke), Art. 3 BasisVO, Rn. 79a zutreffend darauf hin, dass es sich bei der Formulierung bzgl. der *„Berücksichtigung anderer berücksichtigenswerter Faktoren"* um *„ein sprachliches Unding"* handle.

508 Vgl. hierzu *Simon*, Kooperative Risikoverwaltung im neuen Lebensmittelrecht, S. 114 ff.; *Gelbert*, Die Risikobewältigung im Lebensmittelrecht, S. 1 ff.; *Thilo Ortgies*, Rechtliches Risikomanagement im Lebensmittelrecht, S. 272.

tigwerdens,[509] die insgesamt als „*wissenschaftsfremde Elemente*“[510] bezeichnet werden können.

Operiert man entsprechend nahe an den Wortlauten des Erwägungsgrundes 19 und des Art. 6 Abs. 3 BasisVO, so unterstreicht dieser durchaus das Primat der Erstrangigkeit der *Risikobewertung* vor den *anderen Faktoren*, die eben lediglich dann zu berücksichtigen sind, wenn „*die wissenschaftliche Risikobewertung allein in manchen Fällen nicht alle Informationen liefert, auf die sich eine Risikomanagemententscheidung gründen sollte*“[511], wobei sie dabei aber nicht ausdrücklich deren Einbeziehung *neben* der Berücksichtigung der Ergebnisse der *Risikobewertung* ausschließt, da zum einen Erwägungsgrund 19 darstellt, dass „*auch noch andere für den jeweils zu prüfenden Sachverhalt relevante Faktoren (...) zu berücksichtigen*“ sein können, zum anderen Art. 6 Abs. 3 BasisVO die Einbeziehung lediglich auf den Umstand „*angesichts des betreffenden Sachverhalts*“, also situativ beschränkt.[512]

Gewiss vermag dieses Verhältnis der *Vorrangigkeit der Risikobewertung* zu den *anderen berücksichtigenswerten Faktoren* bzw. deren mögliches Nebeneinandertreten prima facie opak und verwirrend erscheinen, nichtsdestotrotz fügt es sich in den wissenschaftszentrierten Ansatz[513] der BasisVO und der Tatsache ein, dass es sich bei *Risikomanagementmaßnahmen* eben nicht um ausschließlich wissenschaftlich begründbare Vorgänge, sondern vielmehr um politische Entscheidungen von gesellschaftlicher Relevanz handelt, die insoweit – auch für das alltägliche Leben der Verbraucherschaft, der Bevölkerung und der Öffentlichkeit – nachvollziehbar und akzeptabel sein müssen. Denn gerade, wenn die mit dem *Risikomanagement* betrauten staatlichen Stellen Entscheidungen treffen, die sich zwar mit den wissenschaftlichen Ergebnissen der *Risikobewertung*, nicht aber mit der Risikowahrnehmung der

509 *Burchardi*, Die Vereinbarkeit der europäischen Vorschriften zur Kennzeichnung gentechnisch veränderter Lebensmittel mit dem Welthandelsrecht, S. 101.

510 *Thilo Ortgies*, Rechtliches Risikomanagement im Lebensmittelrecht, S. 272.

511 So der entsprechende Passus aus Erwägungsgrund 19 BasisVO.

512 In der einschlägigen Literatur wird diese Problematik rund um das hier postulierte *Primat der Erst- bzw. Vorrangigkeit der Risikobewertung* und das Verhältnis der Einbeziehung der sog. *anderen berücksichtigenswerten Faktoren* neben den Ergebnissen der *Risikobewertung* – soweit ersichtlich – nicht stets ausdrücklich angesprochen oder gar aufgelöst, oftmals nur partiell und oberflächlich angedeutet, so bspw. *Holle*, ZLR 2004, 307, 312, der diesbezüglich zwischen dem naturwissenschaftlichen und dem rechtlichen *Risikobegriff* differenziert; *Thilo Ortgies*, Rechtliches Risikomanagement im Lebensmittelrecht, S. 272; eher pauschal *Meisterernst*, in: Streinz/Meisterernst, BasisVO/LFGB, Art. 3 BasisVO, Rn. 53; etwas klarer hingegen *Roth*, Die allgemeine Lebensmittelüberwachung als Instrument des Verbraucherschutzes, S. 70; ebenfalls recht eindeutig allerdings *Simon*, Kooperative Risikoverwaltung im neuen Lebensmittelrecht, S. 113.

513 Siehe hierzu bereits die einleitenden Ausführungen zu Teil 2 sowie die Ausführungen unter Teil 2.A.II.; Teil 2.A.IV.1.; Teil 2.B.IV.

Gesellschaft decken, führt dies – wie vielzählige Beispiele belegen[514] – zu einem erheblichen und kontroversen öffentlichen Druck,[515] worin sich auch ein grundlegendes Problem im Zusammenhang mit Lebensmitteln erblicken lässt, nämlich, dass es sich bei *Risiken* schlussendlich in den häufigsten Fällen um individuell wie kollektiv wahrgenommene und interpretierte, höchst wertungsabhängige Sachverhalte handelt.[516]

Die Gründe für diese Diskrepanz[517] zwischen objektiv-wissenschaftlich belegtem Wissen[518] – hier in Form der Ergebnisse der *Risikobewertung* – und der Wahrnehmung von *Risiken* lassen sich auf unterschiedliche Weisen erklären. Natürlich trägt die moderne (Massen)Medienlandschaft zu einem wohl nicht unerheblichen Teil dazu bei,[519] dass das verfügbare Wissen über das potentielle Schadensausmaß und die diesbezügliche Eintrittswahrscheinlichkeit zwar für Experten, nicht aber für die Allgemeinheit bzw. die Laien den wesentlichen Faktor bildet.[520] Für Letztere sind vielmehr Attribute wie die *Schrecklichkeit*, die *Unkontrollierbarkeit*, die *Schwere* und das *Katastrophenpotential* von Risiken erheblich,[521] welche sich bedeutungsgleich in der medialen Berichterstattung zu einzelnen lebensmittelsicherheitsrechtlichen Vorfällen auch dann wiederfinden, wenn jene ganz nüchtern betrachtet über-

514 Eine exemplarische Auflistung und Darstellung mehrerer Lebensmittelskandale, die einer breiten Öffentlichkeit bekannt geworden sind findet sich bei *Scherzberg/Garbe*, ZLR 2018, 198, 198 ff.

515 *Holle*, ZLR 2004, 307, 313; Mitteilung der Kommission über die Anwendbarkeit des Vorsorgeprinzips vom 02.02.2000, KOM (2000) 1 endg. Ziff. 5.2.1; *Simon*, Kooperative Risikoverwaltung im neuen Lebensmittelrecht, S. 114.

516 *Simon*, Kooperative Risikoverwaltung im neuen Lebensmittelrecht, S. 114; vgl. auch *Beck*, in: Bechmann, Risiko und Gesellschaft, S. 305, 305, der diese Problematik zutreffend mit den Worten beschreibt: *„Die Wissenschaft ‚stellt Risiken fest', und die Bevölkerung ‚nimmt Risiken wahr'."*; *Wahl/Appel*, Prävention und Vorsorge, S. 108.

517 Eine solche Diskrepanz zwischen wahrgenommenen und wissenschaftlich konstatierten *Risiken* beschreibt schon *Sandman*, EPA 1987, 21, 21 mit den Worten: *„[T]he risks that kill you, are not necessarily the risks, that anger and frighten you"*.

518 Freilich sei an dieser Stelle (noch einmal) erwähnt, dass es ‚das' objektiv-belegte Wissen in seiner Absolutheit nicht geben kann, sondern sich die entsprechenden Einschätzungen und Bewertungen durchaus voneinander unterscheiden können, vgl. hierzu bereits die Ausführungen unter Teil 2.B. I. sowie unter Teil 2.B.II.4.; *Scherzberg*, VVDStRL 63 (2004), S. 214, 228; *Holle*, ZLR 2004, 307, 314; *Simon*, Kooperative Risikoverwaltung im neuen Lebensmittelrecht, S. 108.

519 Vgl. hierzu bereits *Göpfert*, Bundesgesundheitsbl. 2003, 574, 574 ff.; andeutungsweise auch *Holle*, ZLR 2004, 307, 312 f.

520 *Müller*, Die Bewältigung von Lebensmittelrisiken durch Risikokommunikation, S. 29.

521 Vgl. *Schütz/Wiedemann*, Bundesgesundheitsbl. 2003, 549, 550, die von einer *intuitiven Risikobeurteilung* sprechen; *Simon*, Kooperative Risikoverwaltung im neuen Lebensmittelrecht, S. 112; *Müller*, Die Bewältigung von Lebensmittelrisiken durch Risikokommunikation, S. 29.

haupt nicht als zutreffend konzediert werden können.[522] Weiterhin entscheidend sind auch wohlstandsgesellschaftliche Entwicklungen und Umstände, die sich freilich nicht völlig von der medialen Berichterstattung abstrahieren lassen,[523] die aber umschrieben werden können mit einer *zunehmenden Entfremdung* zwischen der Verbraucherschaft und der Lebensmittelproduktion[524], einer insgesamt *negativen Grundeinstellung* bzw. einem diesbezüglich *sinkendem Grundvertrauen* und dem – auch als *Schlaraffenlandeffekt* bezeichneten – *Sättigungsphänomen*, das auftritt wenn die physiologischen Grundbedürfnisse der Menschen (über)befriedigt sind und dementsprechend Zeit und Raum entsteht, sich anderen (wenn auch vermeintlichen) Problemen in Bezug auf die Ernährung und den Verbrauch von Nahrungsmitteln zu widmen.[525]

Dieser Kluft in der Perzeption steht paradoxerweise nicht entgegen, dass Lebensmittel in der EU und insbesondere in Deutschland bereits seit einigen Jahrzehnten so sicher sind wie nie zuvor.[526] Vielmehr führt gerade dieser Umstand dazu, dass Verbraucher im alltäglichen Leben nur noch sehr selten mit *Gefahren* im Zusammenhang mit Lebensmitteln konfrontiert werden und dadurch die Angst vor *Risiken* subjektiv zunimmt.[527] Dementsprechend tritt neben das wissenschaftlich begründbare und zwingend zu begründende Ergebnis der *Risikobewertung* die faktisch hiervon nur schwerlich zu trennende normative Wertentscheidung über die *gesellschaftliche Akzeptabilität* von Risiken, welche die maßgeblichen und zu einem dinghaften Zeitpunkt vorherrschenden politischen und sozialen Wertevorstellungen der Bevölkerung bzw. der Verbraucherschaft wiederspiegeln[528] und somit eine Fülle an (lebensmittel)rechtlichen Grenzen und Verpflichtungen von dazugehörigen Eingriffsgrundlagen prägen,[529] womit zwangsläufig auch eine Entscheidung bezüglich des Zugestehens von etwaigen, (gerade) noch zu konzedierenden *Restrisiken* einhergeht.[530]

---

522 Vgl. hierzu *Göpfert*, Bundesgesundheitsbl. 2003, 574, 574, der die Motivation der Medien, in einer oftmals übertriebenen Weise zu berichten zutreffenderweise darin erblickt, dass sich damit Absatz und ein höheres Publikum generieren lässt; ausführlich zur *Risikowahrnehmung* in der Gesellschaft und zum Einfluss der Medien *Simon*, Kooperative Risikoverwaltung im neuen Lebensmittelrecht, S. 114 ff und S. 119 f.

523 So stellt *Gelbert*, Die Risikobewältigung im Lebensmittelrecht, S. 5 ff. den Einfluss der Medien als nur eine Ursache dieser Wahrnehmungsverzerrung dar.

524 Siehe hierzu bereits die Ausführungen unter Teil 1.A.

525 *Gelbert*, Die Risikobewältigung im Lebensmittelrecht, S. 5 ff.

526 *Streinz*, ZLR 2002, 689, 690.

527 *Berg*, in: Streinz, Verbraucherinformation und Risikokommunikation, S. 125, 125 ff.; *Wahl/Appel*, Prävention und Vorsorge, S. 107.

528 *Holle*, ZLR 2004, 307, 312 m. w. N.

529 *Simon*, Kooperative Risikoverwaltung im neuen Lebensmittelrecht, S. 114; *Holle*, ZLR 2004, 307, 312.

530 *Murswiek*, VVDStRL 48 (1990), S. 207, 219; *Simon*, Kooperative Risikoverwaltung im neuen Lebensmittelrecht, S. 114.

Doch diese *Restrisiken* sind natürlich nicht nur aus der Blickrichtung der soeben dargestellten politischen und sozialen Wertevorstellungen zu betrachten, sondern auch hinsichtlich ihrer *Kontrollierbarkeit* und *Wirtschaftlichkeit*[531], die in der Zusammenschau wiederum zwei Dimensionen aufweisen: Einerseits sei hier in Anknüpfung an eben diese Wertevorstellungen auf den Fall verwiesen, dass weite Teile der Verbraucherschaft bestimmten Lebensmitteln oder Bestandteilen von Lebensmitteln kritisch gegenüberstehen,[532] eine Art diesbezügliche *Nulltoleranz* aber aus *wirtschaftlicher Sicht* der Lebensmittelunternehmer bedenklich,[533] gegebenenfalls mitunter innovationsfeindlich erscheint und auch von Seiten der staatlichen Akteure eine beispielsweise analytische oder faktische *Kontrollierbarkeit* nur schwerlich handhabbar ist[534]. Die (staatliche) Überwachung und das (unternehmerseits bestehende) ökonomische Interesse bilden insoweit einen Gleichlauf gegenüber der Wahrnehmung der Verbraucher. Andererseits sind gewiss auch Situationen denkbar, in denen der überwiegende oder zumindest ein nicht unerheblicher Teil der Verbraucherschaft Lebensmittel nachfragt, die sodann von Seiten der Lebensmittelunternehmer schon aus *wirtschaftlich-nachfrageorientierten Gesichtspunkten* auch angeboten werden wollen, dies aber die Lebensmittelüberwachung, mithin die *Kontrollierbarkeit*, vor Herausforderungen stellt, sodass eben die Wahrnehmung und Nachfrage der Verbraucher mit den *wirtschaftlichen Interessen* der Lebensmittelunternehmer diesbezüglich synchron gegen das staatliche Interesse betreffend der Handhabbarkeit der Lebensmittelüberwachung geht.[535]

2. Die Gewichtung der sog. anderen Faktoren

Wenn also neben den *Ergebnissen der wissenschaftlichen Risikobewertung* auch *andere relevante Faktoren*, namentlich *gesellschaftliche, wirtschaftliche und ethische Gesichtspunkte, Traditionen und Umwelterwägungen wie auch die Frage der Kontrollierbarkeit*, im Rahmen von *Risikomanagemententscheidungen* zu *berücksichtigen* sind, so können sich diese abhängig von der Fallkon-

531 Erwägungsgrund 19 BasisVO weist *die Frage der Kontrollierbarkeit* von Risiken und die Einbeziehung auch *wirtschaftlicher Gesichtspunkte* im Rahmen der *Risikomanagemententscheidungen* ausdrücklich als sog. *andere Faktoren* aus; vgl. hierzu auch *Meisterernst*, in: Sosnitza/ Meisterernst (ehem. Zipfel/Rathke), Art. 6 BasisVO, Rn. 11.

532 Bspw. *Streinz*, ZLR 2002, 689, 691 bezeichnet dies aus Verbrauchersicht als ein *„Mißtrauen gegen alles ‚Künstliche‘, ‚Chemische‘, ‚Neue‘“*.

533 Vgl. hierzu exemplarisch für den Fall wirtschaftlicher Interessen *Burchardi*, Die Vereinbarkeit der europäischen Vorschriften zur Kennzeichnung gentechnisch veränderter Lebensmittel mit dem Welthandelsrecht, S. 20.

534 Vgl. hierzu exemplarisch für den Fall der Spurenanalytik *Streinz*, ZLR 2002, 689, 694 f.

535 Im weitesten Sinne sei hier auf *EuGH*, Urteil vom 09.06.2005 – C-211/03 und C-299/03 und C-316/03 und C-317/03 und C-318/03, Rn. 69, LMRR 2005, 2 verwiesen.

stellation entweder in ihrer Gesamtheit oder auch nur partiell genauso decken wie konträr zueinander verlaufen, was eine Gewichtung untereinander und im Verhältnis zur Risikobewertung erfordert. Eine solche lässt sich, mit unterschiedlicher Ausprägung, bei näherer Betrachtung sowohl in Bezug auf die *Ergebnisse der Risikobewertung* gegenüber den *anderen Faktoren* als auch hinsichtlich des Binnenverhältnisses letztgenannter dem Wortlaut des Erwägungsgrundes 19 und der Konzeption der BasisVO entnehmen. Denn genau wie Erwägungsgrund 19 beschränkt Art. 6 Abs. 3 BasisVO die Einbeziehung der sog. *anderen Faktoren* auf den jeweils in Rede stehenden Sachverhalt. Erwägungsgrund 19 wählt hierbei die Formulierung, *„dass auch noch andere für den jeweils zu prüfenden Sachverhalt relevante Faktoren (...) zu berücksichtigen sind“*, Art. 6 Abs. 3 BasisVO den Passus *„anderen angesichts des betreffenden Sachverhalts berücksichtigenswerten Faktoren“*, dementsprechend nur solche, die im Rahmen des konkret vorliegenden Sachverhalts in Betracht kommen.[536]

Daraus ergibt sich freilich zunächst nur eine verbindliche Abstufung zugunsten der *Risikobewertung* und zu Lasten der sog. *anderen Faktoren*, die insoweit auch im Einklang mit den allgemeinen Zielen des Lebensmittelrechts aus Art. 5 Abs. 1 BasisVO[537], der dem *gesundheitlichen* und *wirtschaftlichen Verbraucherschutz* – ausweislich der Verwendung des Verbs *„verfolgt“* – im Gegensatz zu dem *„Schutz der Tiergesundheit, des Tierschutzes, des Pflanzenschutzes und der Umwelt“* – für welche die stark abgeschwächte Formulierung *„gegebenenfalls unter Berücksichtigung“* verwendet wird – deutlich eine Vorrangstellung einräumt.[538]

Für das Verhältnis der sog. *anderen Faktoren* untereinander, also das diesbezügliche Binnenverhältnis, lässt sich ein solches Rangverhältnis allerdings nicht prima facie den entsprechenden Wortlauten entnehmen. Interessant ist jedoch, dass sich die in Erwägungsgrund 19 zur BasisVO genannten *anderen Faktoren* nicht sämtlich auch bei den allgemeinen Zielen im Rahmen des Art. 5 Abs. 1 BasisVO wiederfinden. So sind hierbei nur die in Erwägungsgrund 19 genannten *Umwelterwägungen* mit den in Art. 5 Abs. 1 BasisVO manifestierten allgemeinen Zielen des *Pflanzenschutzes und der Umwelt* deckungsgleich. Bezieht man die Zielsetzung des Rechtsaktes aus Art. 1 Abs. 1 Satz 1 BasisVO ebenfalls mit ein, der allerdings keine eigenständige Rechtsetzung, sondern lediglich eine Art politisches Programm beinhaltet,[539] ergibt sich eine weite-

---

536 Siehe hierzu bereits die einleitenden Ausführungen zu Teil 3.A.I.

537 Art. 5 Abs. 1 BasisVO im Wortlaut: *„Das Lebensmittelrecht verfolgt eines oder mehrere der allgemeinen Ziele eines hohen Maßes an Schutz für das Leben und die Gesundheit der Menschen, des Schutzes der Verbraucherinteressen, einschließlich lauterer Handelsgepflogenheiten im Lebensmittelrecht, gegebenenfalls unter Berücksichtigung des Schutzes der Tiergesundheit, des Tierschutzes, des Pflanzenschutzes und der Umwelt.“*.

538 Vgl. *Rathke*, in: Sosnitza/Meisterernst (ehem. Zipfel/Rathke), Art. 5 BasisVO, Rn. 5.

539 *Meisterernst*, in: Streinz/Meisterernst, BasisVO/LFGB, Art. 1 BasisVO, Rn. 1 f.

re Überschneidung mit den in Erwägungsgrund 19 genannten *Traditionen*, die – wenn auch nur im Ansatz – mit der in Art. 1 Abs. 1 S. 1 BasisVO benannten *Vielfalt des Nahrungsmittelangebotes, einschließlich traditioneller Erzeugnisse* korrespondiert. Mithin verbleiben ohne eine solche Entsprechung als *andere Faktoren* noch die *gesellschaftlichen*, *wirtschaftlichen* und *ethischen Gesichtspunkte* sowie die *Kontrollierbarkeit*, die sich aber doch faktisch in der lebensmittelrechtlichen Materie wiederfinden,[540] da gerade die *gesellschaftlichen* und *ethischen Gesichtspunkte* die Risikowahrnehmung in der Verbraucherschaft und die dementsprechende *Akzeptabilität* in Bezug auf staatliche *Risikomanagemententscheidungen* erheblich beeinflussen, der *wirtschaftliche* Aspekt stark die (auch grundrechtliche[541]) Sphäre der Lebensmittelunternehmer berührt, indem derartige Maßnahmen das unternehmerische bzw. berufliche Tätigwerden einschränken oder möglicherweise gänzlich unterbinden können[542] und die *Frage der Kontrollierbarkeit* dem Diktat des Möglichen unterliegt.[543]

Insofern kann eine eindeutig bestimmte Hackordnung unter den sog. *anderen berücksichtigenswerten Faktoren* tatsächlich nur *angesichts des betreffenden Sachverhalts*[544] erfolgen, also abhängig davon, welche Umstände überhaupt einschlägig und relevant bzw. wie stark diese ausgeprägt sind. In Anknüpfung an die vorstehenden Ausführungen und Erkenntnisse können sich mithin freilich auch Situationen oder Fälle ergeben, in denen mehrere Faktoren eine gleiche oder zumindest ähnliche Signifikanz aufweisen, deren Berücksichtigung und Gewichtung sodann entsprechend der tatsächlichen Verhältnisse in die *Risikomanagemententscheidung* Eingang finden müssen.

II. Die Berücksichtigung der Ergebnisse der Risikobewertung

Die Rangfolge in Bezug auf das Primat der Berücksichtigung der Ergebnisse der *Risikobewertung* bei entsprechenden *Risikomanagemententscheidungen* entspricht insoweit auch dem wissenschaftszentrierten Ansatz der BasisVO und der damit einhergehenden Grundentscheidung, dass sich sämtliche (*Risikomanagement-*)*Maßnahmen* zunächst an objektiven Parametern[545] zu orientieren haben respektive sich solche ausnahmsweise nur dann maßgeblich oder zusätzlich an sog. *anderen berücksichtigenswerten Faktoren* ausrichten

540 Siehe hierzu bereits die Ausführungen unter Teil 3.A.I.1.

541 Siehe hierzu die nachfolgenden Ausführungen unter Teil 3.A.II.2.

542 Zu den einzelnen *Risikomanagementmaßnahmen* siehe die nachfolgenden Ausführungen unter Teil 3.B.

543 Siehe hierzu bereits die Ausführungen unter Teil 3.A.I.1.

544 So der entsprechende Passus aus Art. 6 Abs. 3 BasisVO.

545 Insoweit auch *Simon*, Kooperative Risikoverwaltung im neuen Lebensmittelrecht, S. 141; vgl. auch Erwägungsgrund 17 BasisVO.

dürfen, soweit die *Risikobewertung* nicht alle relevanten Informationen liefert oder liefern kann.[546] Freilich folgt aus diesem Umstand denklogisch die Frage, wann eben das der Fall ist. Der Gradmesser zur Beantwortung ist dementsprechend einerseits (für den konkreten Einzelfall bzw. Sachverhalt) in den jeweiligen Ergebnissen der *Risikobewertung*,[547] andererseits (allgemein) in dem entscheidenden Leitmotiv des Lebensmittelrechts zu erblicken, namentlich in der Gewährleistung der Lebensmittelsicherheit, welches insofern auch eine verfassungs- bzw. grundrechtliche Dimension aufweist und wiederum entscheidende Maßstäbe zur Begrenzung und zur Umsetzung lebensmittelrechtlicher Risikosteuerung bereit hält.[548]

Im lebensmittelrechtlichen Kontext erschöpft sich diese grundrechtliche Bedeutung nicht nur eindimensional in ihrer klassischen, abwehrrechtlichen Ausprägung zwischen den Lebensmittelunternehmern – mit den ihnen eingeräumten und geschützten Rechtspositionen – auf der einen Seite und den staatlichen Akteuren die – sowohl auf legislativer Ebene normativ als auch auf administrativer Ebene exekutiv – *Risikomanagement* betreiben auf der anderen Seite.[549] Vielmehr konstituieren die Grundrechte darüber hinaus auch eine an die staatlichen Stellen gerichtete Verpflichtung, Rechtsgüter – beispielsweise der Verbraucherschaft – aktiv vor nicht-staatlichen Eingriffen privater Dritter – oftmals der Lebensmittelunternehmern – zu schützen[550] und für bzw. in sog. zwischenbürgerliche(n) Beziehungen ein gewisses Schutzniveau (aufgrund sog. grundrechtlicher Schutzpflichten[551]) sicherzustellen;[552] der Staat[553] tritt in diesem letztgenannten, mehrdimensionalen Verhältnis als eine Art „*Koordinator*"[554] jener heterogenen Grundrechts- bzw. Freiheitssphären auf. Im Zusammenhang mit dem lebensmittelrechtlichen *Risikomanagement* und der hier in Rede stehenden Frage bzgl. der *Akzeptabilität des Risikos* bzw. einer *materiellen Eingriffsschwelle* für dasselbe ergeben sich dementsprechend in concreto die folgenden beiden grundrechtlich relevanten Kom-

546 Dies entspricht auch der Kernaussage des Erwägungsgrundes 19 BasisVO.

547 Siehe hierzu bereits die Ausführungen unter Teil 2.B.

548 Vgl. *Thilo Ortgies*, Rechtliches Risikomanagement im Lebensmittelrecht, S. 115 f.

549 *Thilo Ortgies*, Rechtliches Risikomanagement im Lebensmittelrecht, S. 116.

550 *Jaeckel*, Schutzpflichten im deutschen und europäischen Recht, S. 29; *Holle*, Verfassungsrechtliche Anforderungen an Normierungskonzepte im Lebensmittelrecht, S. 176.

551 Zur dogmatischen Herleitung von grundrechtlichen Schutzpflichten ausführlich *Unruh*, Zur Dogmatik der grundrechtlichen Schutzpflicht, S. 26 ff.

552 Vgl. *Krings*, Grund und Grenzen grundrechtlicher Schutzansprüche, S. 190; *Thilo Ortgies*, Rechtliches Risikomanagement im Lebensmittelrecht, S. 116 f.

553 Wenn in diesem Zusammenhang pauschaliert von „*Staat*" gesprochen wird, soll dies freilich nur der Vereinfachung dienen, nicht jedoch darüber hinwegtäuschen, dass sich das Lebensmittelrecht in komplexer Weise auf mehreren staatlichen Ebenen bewegt.

554 *Krings*, Grund und Grenzen grundrechtlicher Schutzansprüche, S. 190.

ponenten[555], die wiederum miteinander verknüpft sind und nicht abstrakt voneinander betrachtet werden können und dürfen, da beiderlei wesentliche Auswirkungen auf die Inhaltsbestimmung des *Risikobegriffes* und die Konzeption des *Risikomanagements* innerhalb der BasisVO zeitigen:

Erstens, in abwehrrechtlicher Hinsicht und mit Blick auf das bipolare Verhältnis zwischen Staat und Lebensmittelunternehmer, welche Schwelle das *Risiko* respektive die ihr innewohnende *Funktion* aus Wahrscheinlichkeit und Schwere überschreiten muss, um solche (natürlich an dem Grundsatz der Verhältnismäßigkeit zu messenden) *Risikomanagementmaßnahmen* überhaupt auszulösen, die sodann in die grundrechtlich geschützten Freiheitsrechte des rechtsunterworfenen Lebensmittelunternehmers eingreifen (können).

Zweitens, in Bezug auf die betreffenden Schutzpflichten und das tripolare Verhältnis zwischen Staat, Verbraucherschaft und Lebensmittelunternehmer, welche *Risiken* und inwieweit diese noch oder, auch vor dem Hintergrund des allgemeinen lebensmittelrechtlichen Ziels eines hohen Gesundheitsschutzniveaus aus Art. 5 Abs. 1 BasisVO, eben nicht mehr als *akzeptabel* gelten können. Mithin, ob bereits sog. bloße Grundrechtsbelästigungen ausreichen oder es doch erst solche in qualitativer oder quantitativer Hinsicht übersteigende Beeinträchtigungen von Grundrechten vermögen, eine etwaige Schutzpflicht im Sinne einer Aktivierungsschwelle auszulösen.[556]

Aufgrund der unionalen Provenienz der BasisVO bzw. dem Umstand, dass das Lebensmittelrecht insgesamt weit überwiegend auf europarechtlichen Rechtsakten beruht,[557] bilden den Maßstab zur Bewertung dieser Komponenten und der daraus folgenden Beurteilung im Wesentlichen die europäischen Grundrechte[558],[559] an welche ausweislich Art. 51 Abs. 1 Satz 1 GrCh neben den Orga-

---

555 Vgl. zu der nachfolgenden Differenzierung zwischen dem bipolaren und tripolaren Verhältnis *Thilo Ortgies*, Rechtliches Risikomanagement im Lebensmittelrecht, S. 146; vgl. auch *Borrmann*, Der Schutz der Berufsfreiheit im deutschen Verfassungsrecht und im europäischen Gemeinschaftsrecht, S. 23.

556 Vgl. *Thilo Ortgies*, Rechtliches Risikomanagement im Lebensmittelrecht, S. 154 ff.

557 Vgl. hierzu *Dannecker/Bülte*, in: Achenbach/Ransiek/Rönnau, Wirtschaftsstrafrecht, § 2 Lebensmittelstrafrecht, Rn. 2 ff. und 30 ff., die plakativ wie zutreffend von einer *„europarechtliche[n] Durchdringung"* des Lebensmittelrechts sprechen.

558 Eine Rekurrierung auf mitgliedstaatlich-national manifestierte Grundreche käme entsprechend der Solange-II-Entscheidung des *BVerfG* nur dann in Betracht, wenn der europarechtliche bzw. der durch den EuGH gewährte Grundrechtsschutz hinter dem Niveau des grundgesetzlichen Grundrechtsschutzes zurückbleibt, was diesbezüglich nicht (mehr) der Fall ist, *BVerfGE* 73, 339, 387; siehe auch Art. 23 Abs. 1 Satz 1 GG; vgl. zur Koexistenz grundgesetzlicher und unionsrechtlicher Grundrechte *Britz*, EuGRZ 2015, 275, 275 ff.; vgl. zum lebensmittelrechtlichen Kontext *Thilo Ortgies*, Rechtliches Risikomanagement im Lebensmittelrecht, S. 195 ff.

559 Die hiesige Vorrangstellung der europäischen Grundrechte im Verhältnis zu den (nationalen) grundgesetzlichen Grundrechten ergibt sich nach Art. 4 Abs. 3 UAbs. 3 EUV aus dem

nen, Einrichtungen und sonstigen Stellen der Union auch die Mitgliedstaaten gebunden sind,[560] soweit sie Unionsrecht durchführen.[561] Im Falle der Anwendung und des Vollzugs der BasisVO durch die jeweiligen Mitgliedstaaten mit dem mitgliedstaatlichen, nationalen Ausführungsrecht[562] lässt sich eine solche *Durchführung des Rechts der Union* und mithin der prinzipielle Anwendungsvorrang europarechtlicher Grundrechte unstreitig erkennen.[563]

Allerdings stellt sich die Frage nach der Anwendbarkeit von unionalen oder eben grundgesetzlich manifestierten Grundrechten in Fallkonstellationen, in denen das Unionsrecht den Mitgliedstaaten einen Spielraum bei der Umsetzung konzediert,[564] also solchen Fällen, mit denen (auch) eine Anwendung der deutschen Grundrechte einhergeht.[565] Und obgleich die bereits angesprochene, breite *„europarechtliche Durchdringung“*[566] des Lebensmittelrechts augenscheinlich wie offensichtlich ist, so lässt dies doch nicht den automatischen Schluss zu, dass die grundgesetzlichen Grundrechte gewissermaßen stets zurücktreten.[567] Denn vor dem Hintergrund, dass im Rahmen der (fach)gerichtlichen Überprüfungen in Deutschland[568] regelmäßig erst durch eine Vorlage nach Art. 267 Abs. 1 AEUV an den EuGH abschließend geklärt werden kann, inwieweit das Unionsrecht den nationalen Gesetzgebern einen Umsetzungs-

---

Anwendungsvorrang des Unionsrechts, dessen Existenz und Rangverhältnis allgemein anerkannt ist, obgleich über die dogmatische Herleitung dess. hingegen Uneinigkeit besteht, vgl. hierzu *Streinz*, Europarecht, Rn. 204 ff.; vgl. zu der Thematik im lebensmittelrechtlichen Kontext *Thilo Ortgies*, Rechtliches Risikomanagement im Lebensmittelrecht, S. 198 m. w. N.

560 Somit binden die europäischen Grundrechte auch oder vor allem diejenigen staatlichen Stellen, welche mit dem Vollzug des Lebensmittelrechts betraut sind, namentlich auf europäischer Ebene die Kommission und die EFSA, sowie auf deutscher Ebene das BVL und das BfR, aber auch die entsprechenden Landesbehörden.

561 *Schorkopf*, in: Grabitz/Hilf/Nettesheim, EUV/AEUV, Art. 6 EUV, Rn. 30b; ausführlich zur Bindung der Mitgliedstaaten an die Unionsgrundrechte *Pirker*, Grundrechtsschutz im Unionsrecht zwischen Subsidiarität und Integration, S. 365 ff.

562 Vgl. *Schorkopf*, in: Grabitz/Hilf/Nettesheim, EUV/AEUV, Art. 6 EUV, Rn. 30b; *Thym*, NVwZ 2013, 889, 894 f.

563 *Thilo Ortgies*, Rechtliches Risikomanagement im Lebensmittelrecht, S. 203; *Schorkopf*, in: Grabitz/Hilf/Nettesheim, EUV/AEUV, Art. 6 EUV, Rn. 30b; zum weiten Verständnis des Merkmals der *„Durchführung des Rechts Union“* vgl. auch *Thym*, NVwZ 2013, 889, 894.

564 *Thilo Ortgies*, Rechtliches Risikomanagement im Lebensmittelrecht, S. 203; *Jarass*, Charta der Grundrechte der Europäischen Union, Art. 26.

565 *Jarass*, Charta der Grundrechte der Europäischen Union, Art. 51, Rn. 26; *Thilo Ortgies*, Rechtliches Risikomanagement im Lebensmittelrecht, S. 203 spricht in diesem Zusammenhang von einem *„Kompetenzproblem“*.

566 *Dannecker/Bülte*, in: Achenbach/Ransiek/Rönnau, Wirtschaftsstrafrecht, § 2 Lebensmittelstrafrecht, Rn. 2 ff. und 30 ff.; vgl. auch *Schipper*, Lebensmittelkennzeichnung im Lichte des wohlgeordneten Rechts, S. 29 ff.

567 Vgl. zu den diesbezüglich unterschiedlichen Konstellationen *Britz*, EuGRZ 2015, 275, 276 ff.

568 Zur diesbezüglichen Rolle und Bedeutung der Fachgerichte in anderen (ausgewählten) Mitgliedstaaten im Vergleich zu Deutschland vgl. *Thym*, NVwZ 2013, 889, 895 f.

spielraum belässt,[569] jene Abgrenzungsfrage ohne eine dezidierte Prüfung also lediglich offen legt, *„dass eine nationale Maßnahme der Umsetzung von Unionsrecht dient“*[570], nicht jedoch bereits, *„inwiefern das Unionsrecht den in Rede stehenden Gehalt der nationalen Maßnahme zwingend vorgibt“*[571], folgt daraus, dass unter Umständen die grundgesetzlichen Grundrechte neben die Unionsgrundrechte treten.[572]

Im Folgenden soll daher ein Augenmerk sowohl auf die nationalen wie auch auf die unionsrechtlichen Grundrechte der Grundrechtecharta gelegt werden, die Konsequenzen auf die nähere Bestimmung des *Risikobegriffes* und die Konzeption des *Risikomanagements* zeitigen; konkret in abwehrrechtlicher Hinsicht, welche Schwelle das *Risiko* überschreiten muss, um *Risikomanagementmaßnahmen* im Sinne von Eingriffen in die Freiheitssphäre der Lebensmittelunternehmer überhaupt auszulösen (bzw. auslösen zu können) sowie in Bezug auf eine etwaige Aktivierungsschwelle grundrechtlicher Schutzpflichten im Sinne der diesbezüglichen *Akzeptabilität eines Risikos* bzw. inwieweit den Ergebnissen der *Risikobewertung* eine vorrangige Berücksichtigung im Vergleich zu den *anderen berücksichtigenswerten Faktoren*[573] zukommt.

Relevant in diesem Zusammenhang sind die grundgesetzlichen sowie unionsrechtlichen Grundreche aus verschiedenen Blickwinkeln: zum einen aus der der Verbraucherschaft, zum anderen aus der Sichtweise der inverkehrbringenden Lebensmittelunternehmerschaft.

1. Die grundrechtliche Dimension aus Sicht der Verbraucherschaft

In Anknüpfung an das lebensmittelrechtliche Primärziel eines hohen Maßes an Schutz für die Gesundheit der Verbraucher kommt dem sowohl in Art. 2 Abs. 2 Satz 1 GG als auch in Art. 2 Abs. 1 sowie Art. 3 Abs. 1[574] GrCH manifestierten *Grundrecht auf Leben und körperlicher Unversehrtheit* ein exponierter

569 Vgl. *BVerfGE* 129, 186, 202.

570 *Thilo Ortgies*, Rechtliches Risikomanagement im Lebensmittelrecht, S. 204.

571 *Thilo Ortgies*, Rechtliches Risikomanagement im Lebensmittelrecht, S. 204; *Britz*, EuGRZ 2015, 275, 279 f.

572 *BVerfG*, Beschluss vom 06.11.2019 – 1 BvR 276/17, insb. Leitsatz 1 i. V. m. Rn. 70 und 124, NJW 2020, 314 ff.

573 Zu dem Primat der Vorrangigkeit der Berücksichtigung der Ergebnisse der *Risikobewertung* im Vergleich zu den in Art. 3 Nr. 12 und Art. 6 Abs. 3 BasisVO genannten *anderen berücksichtigenswerten Faktoren* siehe die Ausführungen zu Teil 3.A. I.

574 In Bezug auf die Gewährleistung des *Grundrechts auf körperliche Unversehrtheit* aus Art. 3 Abs. 1 GrCH sei ausdrücklich erwähnt, dass gerade diesem ein Pendant in der EMRK fehlt, vgl. zu den Konsequenzen *Calliess*, in: Calliess/Ruffert, AEUV/EUV, Art. 3 GrCH, Rn. 2.

Stellenwert zu.[575] So umstritten die konkrete Bestimmung der Reichweite dieser Schutzbereiche allerdings ist, so unproblematisch erscheint gerade diese Uneinigkeit im lebensmittelrechtlichen Kontext, da über die Determination der hiesigen Schutzgüter einerseits weitestgehende Einigkeit besteht[576] und andererseits auftretende Schäden aufgrund der Nahrungsaufnahme für das Leben und die menschliche Gesundheit insoweit eben diesen Schutzgütern zugeordnet werden können.[577] Denn während das Schutzgut *Leben* die *„materiell[e], biologisch-physiologische Grundlage der menschlichen Existenz“*[578] beschreibt, bezeichnet die *körperliche Unversehrtheit* die Gesundheit bezüglich einer *„Negation pathologischer Zustände“*[579], also *„die körperliche Integrität“*[580] bzw. die *„Freiheit von Verletzungen der körperlichen Gesundheit“*[581].

Das *Grundrecht auf körperliche Unversehrtheit* flankiert in diesbezüglicher Hinsicht das *Grundrecht auf Leben* im Sinne eines *„vorgelagerten Integritätsschutzes“*[582], geht gleichzeitig aber nicht so weit wie der *Gesundheitsbegriff* der Weltgesundheitsorganisation (WHO),[583] der einen *„Zustand völligen* körperlichen, *seelischen und sozialen Wohlbefindens und nicht nur das Freisein von Krankheit oder Gebrechen“*[584] in Bezug nimmt, da ein solch ausgedehntes Verständnis mit Blick auf den sog. *Vorbehalt des Möglichen*[585] sowie in tatsächlicher Hinsicht bzw. schon im Zusammenhang mit dem alltäglichen Verzehr

575 So formuliert bereits *Rixen*, DVBl. 2014, 949, 949 in Bezug auf die grundrechtliche Ebene: *„Das Lebensmittelrecht ist vor allem eine Konkretisierung der aus Art. 2 Abs. 2 Satz 1 GG folgenden Schutzpflicht.“*.

576 Vgl. *Holle*, Verfassungsrechtliche Anforderungen an Normierungskonzepte im Lebensmittelrecht, S. 176 f.

577 So bereits *Ringel*, Das deutsche und gemeinschaftliche Lebensmittelrecht als Sicherheitsrecht, S. 23; *Holle*, Verfassungsrechtliche Anforderungen an Normierungskonzepte im Lebensmittelrecht, S. 176; *Thilo Ortgies*, Rechtliches Risikomanagement im Lebensmittelrecht, S. 142.

578 *Thilo Ortgies*, Rechtliches Risikomanagement im Lebensmittelrecht, S. 141; in Bezug auf Art. 2 Abs. 2 Satz 1 GG: *Schmidt-Aßmann*, AöR 106 (1981), S. 205, 208 f.; vgl. hierzu *BVerfGE* 46, 160, 164; *BVerfGE* 49, 24, 53, in denen ausdrücklich bezeichnet wird, dass das Leben *„innerhalb der grundgesetzlichen Ordnung einen Höchstwert dar[stellt]“*; in Bezug auf Art. 2 Abs. 1 GrCH: *Calliess*, in: Calliess/Ruffert, AEUV/EUV, Art. 2 GrCH, Rn. 14.

579 *Schmidt-Aßmann*, AöR 106 (1981), S. 205, 209.

580 *Holle*, Verfassungsrechtliche Anforderungen an Normierungskonzepte im Lebensmittelrecht, S. 176.

581 *Holle*, Verfassungsrechtliche Anforderungen an Normierungskonzepte im Lebensmittelrecht, S. 176; *Calliess*, in: Calliess/Ruffert, AEUV/EUV, Art. 3 GrCH, Rn. 3 f.

582 *Thilo Ortgies*, Rechtliches Risikomanagement im Lebensmittelrecht, S. 141.

583 Vgl. zum diesbezüglichen verfassungsgeschichtlichen Hintergrund *BVerfGE* 56, 54, 74.

584 Siehe hierzu die Bekanntmachung der Satzung der Weltgesundheitsorganisation vom 22. Januar 1974, BGBl. II S. 43, 45; *Thilo Ortgies*, Rechtliches Risikomanagement im Lebensmittelrecht, S. 142.

585 Siehe hierzu *Munaretto*, Der Vorbehalt des Möglichen, S. 65 ff.

von Lebensmitteln unmöglich zu realisieren wäre.[586] Ein etwaiges *Restrisiko* ist dementsprechend durch die Verbraucherschaft trotz der stetig fortschreitenden technischen und technologischen Entwicklungen im Lebensmittelsektor hinzunehmen, soweit es als rechtlich erlaubt anzusehen ist,[587] indem dieses *„unterhalb des rechtlich gebotenen Sicherheitsstandards lieg[t]"*[588].[589]

Die staatlichen Akteure und das Recht schulden insoweit keine vollständige *Risikofreiheit,* sondern vielmehr einen gewissen Mindestschutz im Sinne einer *Risikominimierung,*[590] in dessen Erfüllung und Umsetzung ihnen ein weiter Einschätzungs- und Gestaltungsspielraum zukommt,[591] der lediglich sodann als nicht erfüllt anzusehen ist, wenn entweder überhaupt keine Schutzvorkehrungen getroffen werden oder sich diese als völlig ungeeignet respektive gänzlich unzulänglich zur Erreichung des Schutzziels erweisen.[592] Allerdings verengt sich dieser Spielraum *nach unten hin,* umso größer sich Gefahren für die menschliche Gesundheit zeitigen (sog. Untermaßverbot)[593] und *nach oben hin* durch den Grundsatz der Verhältnismäßigkeit, soweit das diesbezügliche Recht in Grundrechte Dritter, namentlich in die *Berufsfreiheit* bzw. die *unternehmerische Freiheit* des Lebensmittelunternehmers eingreift[594].[595]

Unerheblich ist es hingegen, welche Herkunft eine Beeinträchtigung in das *Recht auf Leben* und das *Recht auf körperliche Unversehrtheit* aufweist, da sich solche Gefährdungen – nicht nur im Bereich des Lebensmittelrechts – der Natur der Sache nach selten bis überhaupt nicht staatlicherseits vollziehen[596] und infolgedessen schon kein sachlicher Grund zur Unterscheidung zwischen der Verletzung durch private Dritte oder eben durch staatliche Stellen existiert.[597] Beide Schutzgüter sind dementsprechend neutral und hinsicht-

586 Vgl. *Bauschke,* Verbraucherschutz im öffentlichen Recht aus Sicht des Lebensmittelrechts, S. 96 f.; vgl. auch *Murswiek,* Die staatliche Verantwortung für die Risiken der Technik, S. 139.

587 Vgl. *Ringel,* Das deutsche und gemeinschaftliche Lebensmittelrecht als Sicherheitsrecht, S. 52 ff.

588 *Bauschke,* Verbraucherschutz im öffentlichen Recht aus Sicht des Lebensmittelrechts, S. 97.

589 Vgl. hierzu exemplarisch am Beispiel des Alkoholgenusses *BVerfGE* 90, 145, 197.

590 *BVerfGE* 49, 89, 143; *Ringel,* Das deutsche und gemeinschaftliche Lebensmittelrecht als Sicherheitsrecht, S. 23; *Stober,* Allgemeines Wirtschaftsverwaltungsrecht, S. 136; *Calliess,* in: Calliess/Ruffert, AEUV/EUV, Art. 3 GrCH, Rn. 4.

591 *Bauschke,* Verbraucherschutz im öffentlichen Recht aus Sicht des Lebensmittelrechts, S. 97; *Calliess,* in: Calliess/Ruffert, AEUV/EUV, Art. 3 GrCH, Rn. 11.

592 Vgl. *BVerfGE* 77, 170, 214 f.; *Bauschke,* Verbraucherschutz im öffentlichen Recht aus Sicht des Lebensmittelrechts, S. 97.

593 Vgl. *Frenz,* ZG 2002, 226, 228.

594 Vgl. *Böhm,* ZLR 2000, 241, 245.

595 *Bauschke,* Verbraucherschutz im öffentlichen Recht aus Sicht des Lebensmittelrechts, S. 97.

596 *Hermes,* Das Grundrecht auf Schutz von Leben und Gesundheit, S. 191.

597 *Hermes,* Das Grundrecht auf Schutz von Leben und Gesundheit, S. 80 ff.

lich ihrer Schutzbedürftigkeit und -würdigkeit unteilbar,[598] zumal nur eine derartige Einbeziehung von privaterseits bewirkten Beeinträchtigungen die miteinander kollidierenden Grundrechtspositionen in solchen, vor allem dem Lebensmittelrecht immanenten, *Dreiecksbeziehungen* zwischen den hier zu schützenden Verbrauchern, den *störenden* Lebensmittelunternehmern und den zum Schutz verpflichteten staatlichen Akteuren einen entsprechenden Ausgleich zu erzeugen vermag.[599] Ebenso belanglos ist prinzipiell die Art und Weise des Verletzungsvorganges, mithin ob dieser beispielsweise chemischen oder physikalischen Ursprungs ist.[600]

Interessant ist weiterhin, dass sich zwar weder dem Grundgesetz[601] noch der GrCH[602] ausdrücklich ein normiertes Recht auf eine etwaige Selbstgefährdung durch Grundrechtsberechtigte entnehmen lässt, der Schutzbereich aus Art. 2 Abs. 2 Satz 1 GG sowie aus Art. 2 Abs. 1 bzw. Art. 3 Abs. 1 GrCH aber gleichzeitig *„nicht nur sinnvolle Handlungen des Grundrechtsträgers“*[603] umfasst, da die Verantwortung für die eigene Gesundheit bei jedem Einzelnen selbst liegt.[604] Soweit der Verbraucher also eine Beeinträchtigung oder Schädigung seiner Gesundheit beispielsweise aufgrund ungesunder Ernährung selbst in Kauf nimmt oder gar bezweckt, muss die staatliche Schutzpflicht hinter der individuellen und eigenverantwortlichen Entscheidung in Bezug auf eine Selbstgefährdung natürlich zurückstehen.[605] Schon in Anbetracht der Autonomie eines jeden Verbrauchers ist dementsprechend keine *„edukatorisch[e] Lebensmittelpolitik“*[606] geboten. Gleichwohl verläuft die Grenze dieser unterschiedlichen freiheitlichen Gewährleistungen entlang der Stellen, an welchen der Mitverursachungsbeitrag eines privaten Dritten, namentlich in Form eines Lebensmittelunternehmers, dazu führt, dass der Fremdschädigungsaspekt die Selbstschädigung überlagert bzw. wenn solche Umstände hinzutreten, die

---

598 *Holle*, Verfassungsrechtliche Anforderungen an Normierungskonzepte im Lebensmittelrecht, S. 177.

599 *Murswiek*, Die staatliche Verantwortung für die Risiken der Technik, S. 138; *Holle*, Verfassungsrechtliche Anforderungen an Normierungskonzepte im Lebensmittelrecht, S. 177.

600 *Hermes*, Das Grundrecht auf Schutz von Leben und Gesundheit, S. 223; anders *Isensee*, Das Grundrecht auf Sicherheit, S. 24 ff.

601 *Heinrich Lang*, in: Epping/Hillgruber, BeckOK GG, Art. 2 GG, Rn. 187.

602 Ähnlich *Jarass*, Charta der Grundrechte der Europäischen Union, Art. 3, Rn. 9.

603 *Thilo Ortgies*, Rechtliches Risikomanagement im Lebensmittelrecht, S. 149, der insoweit für den anderen Fall auf S. 151 auch von einem sog. *„aufgedrängten Grundrechtsschutz“* spricht.

604 *Heinrich Lang*, in: Epping/Hillgruber, BeckOK GG, Art. 2 GG, Rn. 187 ff., insb. Rn. 189; ähnlich *Jarass*, Charta der Grundrechte der Europäischen Union, Art. 3, Rn. 9; *Thilo Ortgies*, Rechtliches Risikomanagement im Lebensmittelrecht, S. 150.

605 *Bauschke*, Verbraucherschutz im öffentlichen Recht aus Sicht des Lebensmittelrechts, S. 99; *Hermes*, Das Grundrecht auf Schutz von Leben und Gesundheit, S. 228 f.

606 *Höfling*, ZLR 2006, 121, 132.

von Seiten der Verbraucher nicht in angemessener Weise abgeschätzt werden oder denen sich diese insoweit nicht erwehren können.[607]

Damit einher geht auch Art. 38 GrCH[608], welcher gewiss als *Grundrecht auf Verbraucherschutz* bezeichnet werden könnte, aufgrund seiner zu unbestimmten Ausgestaltung jedoch kein unmittelbar einklagbares, subjektives Recht sondern lediglich einen Grundsatz enthält, der insoweit durch unionsrechtliches oder mitgliedstaatliches Rechts konkretisierungsbedürftig ist[609] und im lebensmittelrechtlichen Kontext bereits eine solche Konkretisierung in der Breite und Tiefe erfahren hat.[610] Die diesbezügliche Zielsetzung ist ebenfalls die Erreichung eines hohen Niveaus in Bezug auf den Schutz der Gesundheit und der Sicherheit sowie der wirtschaftlichen Interessen von Verbrauchern,[611] deren Gewährleistung gegebenenfalls eine Einschränkung anderer grundrechtlicher Positionen, wie beispielsweise der unternehmerischen Freiheit bzw. der Berufsfreiheit oder des Eigentumsrechts mit sich bringt und hierfür als materielle Legitimation herangezogen werden kann.[612]

2. Die grundrechtliche Dimension aus Sicht der Lebensmittelwirtschaft

Vor dem Hintergrund der Bestimmung einer materiellen *Eingriffsschwelle* respektive der *Akzeptabilität eines Risikos* im Rahmen des *Risikomanagements* erstreckt sich die grundrechtliche Dimension freilich auch auf die vielfältige wirtschaftliche Betätigung der inverkehrbringenden Lebensmittelunternehmer. Hierbei bilden zunächst die zentralen Grundrechte der *Berufsfreiheit* nach Art. 12 GG bzw. Art. 15 GrCH ebenso wie die *unternehmerische Freiheit* aus Art. 16 GrCH[613] den Kern der europäischen Wirtschaftsverfassung, in-

607 *Thilo Ortgies*, Rechtliches Risikomanagement im Lebensmittelrecht, S. 151 f., der als schutzpflichtauslösende Beeinträchtigung der körperlichen Integrität das Beispiel einer unzureichenden Kennzeichnung von Lebensmitteln aufwirft, welche diverse chemische Substanzen enthalten und deren Aufnahme durch den Verbraucher insoweit unfreiwillig erfolgen würde.

608 Art. 38 GrCH im Wortlaut: *„Die Politik der Union stellt ein hohes Verbraucherschutzniveau sicher.“*, der insoweit auf Art. 169 AEUV gestützt ist.

609 *Jarass*, Charta der Grundrechte der Europäischen Union, Art. 38, Rn. 3 und 9; *Krebber*, in: Calliess/Ruffert, AEUV/EUV, Art. 38 GrCH, Rn. 5.

610 *Dannecker/Bülte*, in: Achenbach/Ransiek/Rönnau, Wirtschaftsstrafrecht, § 2 Lebensmittelstrafrecht, Rn. 2 ff. und Rn. 30 ff.

611 *Krebber*, in: Calliess/Ruffert, AEUV/EUV, Art. 38 GrCH, Rn. 2; *Jarass*, Charta der Grundrechte der Europäischen Union, Art. 38, Rn. 7.

612 *Jarass*, Charta der Grundrechte der Europäischen Union, Art. 38, Rn. 9.

613 Zur diesbezüglichen Trennung von *unselbständiger* (Art. 15 GrCH) und *selbständiger* (Art. 16 GrCH) *wirtschaftlicher Betätigung* durch die GrCH vgl. *Ruffert*, in: Calliess/Ruffert, AEUV/EUV, Art. 15 GrCH, Rn. 2 ff., der insb. in Rn. 4 darauf hinweist, dass diese *„wenig überzeugend“* sei; vgl. zu dieser Kontroverse auch *Gundel*, ZHR 2016, 323, 335 ff.

dem sie „*die ökonomische Seite menschlichen Strebens nach Glückseligkeit*“[614] gewährleisten. Während diese Grundrechte in sachlicher Hinsicht allesamt neben der Freiheit der entsprechenden Unternehmer[615] und Arbeitnehmer[616], Lebensmittel nach ihren Vorstellungen herzustellen, zusammenzusetzen und zu bezeichnen,[617] auch die freie Auswahl einer Produktpalette[618] sowie eben diese nach eigenem Gutdünken vertreiben zu können[619], also sämtliches berufsbezogenes, unselbständiges wie unternehmerisches Verhalten,[620] schützen, bestehen doch Unterschiede in der Verortung der jeweiligen persönlichen Schutzbereiche. Denn während sich auf Art. 12 GG sowohl natürliche[621] als auch juristische Personen[622] berufen können,[623] wird im Rahmen der GrCH zwischen der in Art. 15 GrCh normierten (*unselbständigen*) *Berufsfreiheit*[624] und der in Art. 16 GrCH manifestierten *unternehmerischen Freiheit*[625] differenziert;[626] obgleich sich in der Zusammenschau der Vorgenannten für den Bereich des Lebensmittelrechts insoweit ein Gleichlauf ergibt.[627] Sowohl die *Berufsfreiheit* aus Art. 12 GG und Art. 15 GrCH als auch die *unternehmerische Freiheit* aus Art. 16 GrCH setzen allerdings (oder denklogisch) eine Erwerbsabsicht[628] bzw. ein wirtschaftliches Tätigwerden[629] voraus.

---

614 *Ruffert*, in: Epping/Hillgruber, BeckOK GG, Art. 12 GG, Rn. 1 sowie die entsprechenden Vorb. ebd.

615 So Art. 12 GG und Art. 16 GrCH.

616 So Art. 12 GG und Art. 15 GrCH.

617 *Gert Meier*, ZLR 1985, 354, 358; *Holle*, Verfassungsrechtliche Anforderungen an Normierungskonzepte im Lebensmittelrecht, S. 181.

618 Ähnlich *Tettinger*, DVBl. 1995, 213, 215.

619 *Holle*, Verfassungsrechtliche Anforderungen an Normierungskonzepte im Lebensmittelrecht, S. 181.

620 Vgl. *Thilo Ortgies*, Rechtliches Risikomanagement im Lebensmittelrecht, S. 178; *Jarass*, Charta der Grundrechte der Europäischen Union, Art. 16, Rn. 10.

621 *Ruffert*, in: Epping/Hillgruber, BeckOK GG, Art. 12 GG, Rn. 33 ff.

622 *Ruffert*, in: Epping/Hillgruber, BeckOK GG, Art. 12 GG, Rn. 38 f.; *BVerfGE* 115, 205, 229.

623 *Thilo Ortgies*, Rechtliches Risikomanagement im Lebensmittelrecht, S. 179.

624 *Jarass*, Charta der Grundrechte der Europäischen Union, Art. 15, Rn. 4.

625 *Ruffert*, in: Calliess/Ruffert, AEUV/EUV, Art. 15 GrCH, Rn. 8; vgl. zum weiten Anwendungsbereich des Art. 16 GrCH bzw. zu einem eingeengten Anwendungsbereich des Art. 15 GrCH *Jarass*, Charta der Grundrechte der Europäischen Union, Art. 16, Rn. 4 f.

626 Interessant erscheint in diesbezüglicher Hinsicht, dass im Zusammenhang mit der unternehmerischen Vermarktung von Lebensmitteln zwischenzeitlich neben dem *EuGH* auch die deutsche Verwaltungsgerichtsbarkeit Art. 16 GrCH als Prüfungsmaßstab heranzieht, gleichzeitig jedoch auch Art. 15 GrCH als einschlägig betrachtet wird, vgl. hierzu auch *BVerwG*, Urteil vom 26.04.2012 – 3 C 20.11, LMuR 2012, 215 ff.

627 Vgl. hierzu *Thilo Ortgies*, Rechtliches Risikomanagement im Lebensmittelrecht, S. 218 ff.

628 *Ruffert*, in: Epping/Hillgruber, BeckOK GG, Art. 12 GG, Rn. 5; *Jarass*, Charta der Grundrechte der Europäischen Union, Art. 15, Rn. 7.

629 *Jarass*, Charta der Grundrechte der Europäischen Union, Art. 16, Rn. 8.

Geschützt sind weiterhin nicht nur erlaubte und gemeinfördernde Tätigkeiten, sondern auch solche, die gemeinschädlich oder durch einfaches mitgliedstaatliches oder europäisches Sekundärrecht (zunächst) verboten sind,[630] da solche einfachgesetzlichen Beschränkungen eine Verengung der Schutzbereiche zur Folge hätte, deren Rechtfertigung gerade an eben diesen Maßstäben zu messen ist.[631] Dementsprechend unterfallen auch Lebensmittelunternehmer, die in größerem Ausmaß oder wiederholt gegen die Anforderungen des Lebensmittelrechts verstoßen haben, den hiesigen Schutzbereichen.[632]

Verkürzungen der *Berufsfreiheit* oder der *unternehmerischen Freiheit* durch die staatlichen Akteure mittels des Rechts, beispielsweise in Form von klassischen Produktions- oder Verkehrsbeschränkungen bzw. -verboten, genauso wie durch staatliche Informationstätigkeit, stellen – entsprechend der deutschen Diktion bzw. der durch das BVerfG entwickelten sog. *Drei-Stufen-Theorie*[633] – regelmäßig sog. *Berufsausübungsregelungen*[634] dar, zu deren Begründung und Rechtfertigung im Grundsatz *alle vernünftigen Gemeinwohlbelange* herangezogen werden können.[635] Je gewichtiger die Lebensmittelunternehmer allerdings in ihren diesbezüglichen Freiheiten beeinträchtigt werden, umso höhere Anforderungen sind an die *Gemeinwohlinteressen* zu stellen.[636] Obgleich es den europäischen Grundrechten an einer solch feingliedrig austarierte Dogmatik wie der *Drei-Stufen-Theorie* fehlt – der Unterschied zwischen *Berufsausübungs-* und *Berufsauswahlregelungen* wurde von Seiten des *EuGH* nur angedeutet[637] – und jene nicht unisono auf das europäische Recht übertragen werden bzw. diesbezüglich keine zwingenden *„dogmatischen Katego-*

---

630 *Weiß*, Die rechtliche Gewährleistung der Produktsicherheit, S. 162; *Ruffert*, in: Calliess/Ruffert, AEUV/EUV, Art. 15 GrCH, Rn. 5; *Ruffert*, in: Epping/Hillgruber, BeckOK GG, Art. 12 GG, Rn. 42.

631 *Ruffert*, in: Calliess/Ruffert, AEUV/EUV, Art. 15 GrCH, Rn. 5; *BVerwGE* 22, 286, 288.

632 *Abbé*, Verbraucherschutz durch Transparenz?, S. 82; *Thilo Ortgies*, Rechtliches Risikomanagement im Lebensmittelrecht, S. 179.

633 Die in der sog. Apotheken-Entscheidung des *BVerfG* (*BVerfGE* 7, 377, 398 ff.) erstmalig entwickelte sog. *Drei-Stufen-Theorie* stellt eine besondere Ausprägung des Verhältnismäßigkeitsgrundsatzes im Rahmen des Art. 12 GG dar, wonach in Abhängigkeit des Motivs und der Intensität des Eingriffs in die Berufsfreiheit, mithin ob es sich um eine bloße Berufsausübungsregelung oder um eine (subjektive bzw. objektive) Berufswahlschranke handelt, unterschiedliche Anforderungen an die jeweilige Rechtfertigung zu stellen sind, vgl. hierzu exemplarisch *Ruffert*, in: Epping/Hillgruber, BeckOK GG, Art. 12 GG, Rn. 93 ff.; *Jarass*, Jarass/Pieroth, Grundgesetz für die Bundesrepublik Deutschland, Art. 12 GG, Rn. 42 ff.

634 Exemplarisch *BVerfGE* 53, 135, 143 f.

635 Vgl. hierzu exemplarisch *BVerfGE* 7, 377, 405; *BVerfGE* 71, 183, 196 f.; *BVerfGE* 95, 173, 183.

636 *BVerfGE* 30, 292, 316 f.; ähnlich *BVerfGE* 104, 357, 364; *Holle*, Verfassungsrechtliche Anforderungen an Normierungskonzepte im Lebensmittelrecht, S. 181.

637 So bspw. in *EuGH*, Urteil vom 13.12.1979 – C-44/79, Rn. 32, BeckRS 2004, 71206; *EuGH*, Urteil vom 13.12.1994 – C-306/93, Rn. 24, BeckRS 2004, 76192; vgl. hierzu bereits *Stadler*, Die Berufsfreiheit in der Europäischen Gemeinschaft, S. 345 ff.

rien“[638] vorgeben kann, so lässt sich dieser doch eine Art *„heuristische Funktion*“[639] entnehmen, indem unterschiedlich ausgeprägten Eingriffen mit einer entsprechenden *Verhältnismäßigkeitsprüfung* begegnet wird, in welche vor allem einfließt, ob und inwieweit damit ein Ausschluss von der Ausübung einer bestimmten beruflichen oder unternehmerischen Tätigkeit einhergeht.[640]

Für den Bereich des Lebensmittelrechts vermag jedenfalls das anerkannte Gemeinwohlinteresse der Gesundheit der Bevölkerung als hochrangiges Gemeinschaftsgut, das insoweit mit der Verwirklichung der staatlichen Schutzpflicht[641] in Bezug auf die *körperliche Unversehrtheit* und das *Leben*[642] korrespondiert,[643] auch empfindliche Eingriffe[644] in die *berufliche* und die *unternehmerische Freiheit* zu rechtfertigen[645].[646]

Weiterhin bildet auch die *Eigentumsfreiheit* aus Art. 14 GG bzw. das *Eigentumsrecht* aus Art. 17 GrCH eine wesentliche grundrechtliche Säule wirtschaftlicher Betätigung.[647] Während hierbei – so die gängige Kurzformel,[648] die sich sowohl auf das deutsche als auch auf das europäische Grundrecht übertragen lässt[649] – die *Berufsfreiheit* den Erwerb schützt, so schützt die *Eigentumsgarantie* das bereits Erworbene,[650] mithin also vorhandene oder bestehende Rechtspositionen, die dem Lebensmittelunternehmer rechtlich gesichert zugeordnet werden können,[651] worunter insoweit auch der sog. *eingerichtete und ausge-*

638 *Ruffert*, in: Calliess/Ruffert, AEUV/EUV, Art. 15 GrCH, Rn. 10.

639 *Ruffert*, in: Calliess/Ruffert, AEUV/EUV, Art. 15 GrCH, Rn. 10.

640 *Ruffert*, in: Calliess/Ruffert, AEUV/EUV, Art. 15 GrCH, Rn. 10.

641 Siehe hierzu bereits die Ausführungen unter Teil 3.A. I. 1.a.

642 Siehe hierzu die Ausführungen unter Teil 3.A. I. 1.a.

643 *Thilo Ortgies*, Rechtliches Risikomanagement im Lebensmittelrecht, S. 180.

644 Vgl. zur grundrechtlichen Dimension lebensmittelrechtlicher Eingriffe *Domeier*, Gesundheitsschutz und Lebensmittelstrafrecht, S. 85 ff.; *Hufen*, Verfassungsrechtliche Maßstäbe und Grenzen lebensmittelstrafrechtlicher Verantwortung, S. 91 ff.

645 *Holle*, Verfassungsrechtliche Anforderungen an Normierungskonzepte im Lebensmittelrecht, S. 181; *Thilo Ortgies*, Rechtliches Risikomanagement im Lebensmittelrecht, S. 180.

646 *BVerfGE* 20, 283, 295; *BVerfGE* 107, 186, 196; *Thilo Ortgies*, Rechtliches Risikomanagement im Lebensmittelrecht, S. 181; vgl. auch *Roth*, Die allgemeine Lebensmittelüberwachung als Instrument des Verbraucherschutzes, S. 51.

647 *Ossenbühl*, AöR 115 (1990), S. 1, 25.

648 *BVerfGE* 30, 292, 334.

649 *Jarass*, Charta der Grundrechte der Europäischen Union, Art. 17, Rn. 4; *BVerfGE* 30, 292, 334.

650 *Simon*, Kooperative Risikoverwaltung im neuen Lebensmittelrecht, S. 193.

651 *Jarass*, Charta der Grundrechte der Europäischen Union, Art. 17, Rn. 6 f.; *Calliess*, in: Calliess/Ruffert, AEUV/EUV, Art. 17 GrCH, Rn. 6 f.; *Axer*, in: Epping/Hillgruber, BeckOK GG, Art. 14 GG, Rn. 42 ff.

übte Gewerbebetrieb fällt[652].[653] Grundsätzlich kommt im Bereich des Lebensmittelrechts ein Eingriff in das *Grundrecht auf Eigentum* wohl eher selten in Betracht,[654] prinzipiell ausschließen lässt sich ein solcher aber freilich nicht. Das wäre nämlich dann der Fall, wenn der Gebrauch des Eigentums mit der beruflichen Betätigung deckungsgleich ist,[655] also eine sachliche Überschneidung der Schutzbereiche der *beruflichen* bzw. der *unternehmerischen Freiheit* mit den *Grundrechten auf Eigentum* vorliegt,[656] oder wenn eine staatliche Maßnahme so weit geht, dass sie die Existenz eines Lebensmittelunternehmers gefährdet.[657] Letzteres könnte beispielsweise im Zuge immer strengerer und engmaschigerer hygienerechtlicher Vorgaben angenommen werden, soweit diese zu einem unverhältnismäßigen Investitionszwang führen.[658]

3. Der grundrechtliche Maßstab zur Berücksichtigung der Risikobewertung und der daraus folgende Konkretisierungsbedarf

In Anknüpfung an die vorstehenden Ausführungen lässt sich festhalten, dass die grundrechtliche Dimension lebensmittelrechtlicher Risikobewältigung zwischen den diesbezüglich eingeräumten Rechten der Verbraucherschaft und der Lebensmittelunternehmer verläuft,[659] an der sich die staatlichen Akteure sowohl in der Gesamtheit als auch im Einzelfall nicht nur zu orientieren, sondern überdies zwingend zu richten haben.[660] Bezieht man hierbei das

652 Hierbei sei jedoch erwähnt, dass sowohl das *BVerfG* als auch der *EuGH* die Frage, ob das *Recht auf den eingerichteten und ausgeübten Gewerbebetrieb* von Art. 14 GG bzw. Art. 17 GrCH mit umfasst ist, bislang offen gelassen hat, vgl. hierzu *BVerfGE* 66, 116, 145; *BVerfGE* 96, 375, 397; *EuGH*, Urteil vom 05.10.1994 – C-280/93, Rn. 79, NJW 1995, 945, 948; *EuGH*, Urteil vom 12.07.2005 – C-157/04 und C-155/04, Rn. 126, EuZW 2005, 598, 605; obgleich die Anwendbarkeit im einschlägigen Schrifttum überwiegend bejaht wird, vgl. hierzu *Thilo Ortgies*, Rechtliches Risikomanagement im Lebensmittelrecht, S. 183 m. w. N.; im Ergebnis erscheint dies jedoch unproblematisch, da das Recht auf den eingerichteten und ausgeübten Gewerbebetrieb ohnehin nur soweit reichen kann, wie die einzelnen, sowieso vom Eigentumsrecht geschützten Rechtspositionen, vgl. *Calliess*, in: Calliess/Ruffert, AEUV/EUV, Art. 17 GrCH, Rn. 10.

653 *Simon*, Kooperative Risikoverwaltung im neuen Lebensmittelrecht, S. 194.

654 *Holle*, Verfassungsrechtliche Anforderungen an Normierungskonzepte im Lebensmittelrecht, S. 182.

655 *Thilo Ortgies*, Rechtliches Risikomanagement im Lebensmittelrecht, S. 182.

656 *Thilo Ortgies*, Rechtliches Risikomanagement im Lebensmittelrecht, S. 182 f.

657 *Hufen*, Verfassungsrechtliche Maßstäbe und Grenzen lebensmittelstrafrechtlicher Verantwortung, S. 124; *Holle*, Verfassungsrechtliche Anforderungen an Normierungskonzepte im Lebensmittelrecht, S. 182; *Simon*, Kooperative Risikoverwaltung im neuen Lebensmittelrecht, S. 195.

658 So *Simon*, Kooperative Risikoverwaltung im neuen Lebensmittelrecht, S. 195; *Thilo Ortgies*, Rechtliches Risikomanagement im Lebensmittelrecht, S. 184.

659 *Thilo Ortgies*, Rechtliches Risikomanagement im Lebensmittelrecht, S. 451.

660 Siehe hierzu bereits die einleitenden Ausführungen unter Teil 3.A.II.

dem Lebensmittelrecht und der BasisVO überwölbende Ziel des Verbraucherschutzes und der Lebensmittelsicherheit mit ein, zu dessen Erreichung es sich gemäß Art. 6 Abs. 1 BasisVO auf *Risikoanalysen* stützt und in deren Rahmen nach Art 6 Abs. 3 BasisVO bei *Risikomanagemententscheidungen* zunächst den Ergebnissen der *Risikobewertung* Rechnung zu tragen bzw. lediglich *angesichts des betreffenden Sachverhaltes*[661] auf andere berücksichtigenswerte Faktoren zurückzugreifen ist,[662] so stellt sich die Frage, welche Maßstäbe und Folgen daraus resultieren.

Dies ist insbesondere vor dem Hintergrund zu erläutern, da innerhalb des lebensmittelrechtlichen Kontextes anfänglich *Risiken* überhaupt erst ermittelt und erhoben werden müssen, um diese sodann strukturiert bewältigen zu können, wofür die BasisVO das System der soeben erneut angesprochenen *Risikoanalysen* vorhält und welches nunmehr mit der grundrechtlichen Dimension zu synchronisieren ist, zumal die Grundrechte das *einfache Recht*[663] und somit das Lebensmittelrecht nicht bloß überwölben, sondern deren konkrete *Ausgestaltung* und *Durchsetzung* gänzlich vorgeben.[664]

Hierbei lässt sich zunächst konstatieren, dass die *Ausgestaltung* des Lebensmittelrechts im Allgemeinen und des Systems der *Risikoanalysen* mit ihrem wissenschaftszentrierten Ansatz im Besonderen vornehmlich eine Ausprägung der grundrechtlichen Schutzpflichtendimension darstellt, die zwar in Bezug auf das *Leben* und die *körperliche Unversehrtheit* keine vollständige *Risikofreiheit*, sondern lediglich einen gewissen Mindestschutz im Sinne einer *Risikominimierung* fordert,[665] die BasisVO ausweislich ihrer Grundidee aber gerade auf ein *hohes Maß an Schutz für das Leben und die Gesundheit der Menschen*[666] abzielt und innerhalb dieses Konzepts, im Rahmen der *Risikobewertung*, sämtliche Risiken ermittelt und beschrieben werden.[667] Daraus folgt zwangsläufig die Frage, wie sich dies auf Ebene der *Rechtsdurchsetzung* fortsetzt, also welche Konsequenzen für die vorrangige Berücksichtigung der Ergebnisse der *Risikobewertung* im Rahmen von *Risikomanagemententscheidungen* damit einhergehen. Maßgeblich ist in dem Zusammenhang, worin die

---

661 So Art. 6 Abs. 3 BasisVO.

662 Siehe hierzu bereits die Ausführungen unter Teil 3.A.I.

663 Natürlich sei an dieser Stelle ausdrücklich darauf hingewiesen, dass der Terminus des *einfachen Rechts* hier nicht im Sinne der bundesdeutschen Normenhierarchie zu verstehen ist, sondern vielmehr in Abgrenzung zu dem grundrechtlichen Rahmen, den (auf deutscher Ebene) das Grundgesetz bzw. (auf unionsrechtlicher Ebene) die Grundrechtecharta insoweit den staatlichen Akteuren bei deren Rechtssetzung und Rechtsdurchsetzung vorgibt.

664 Vgl. *Transfeld*, Das Vorsorgeprinzip im Lichte der Ökonomischen Analyse des Rechts, S. 43; *Thilo Ortgies*, Rechtliches Risikomanagement im Lebensmittelrecht, S. 115.

665 Siehe hierzu bereits die Ausführungen unter Teil 3.A.II.1.

666 Siehe hierzu Art. 1 Abs. 1 Satz 1, Art. 5 Abs. 1, Art. 6 Abs. 1 BasisVO.

667 Siehe hierzu bereits die Schlussfolgerungen unter Teil 2.B.IV.

Aktivierungsschwelle für *Risikomanagementmaßnahmen* bzw. die *Akzeptabilität* von Risiken zu erblicken ist, also ob hierfür bereits bloße *Grundrechtsbelästigungen* ausreichen, die schon kein Mindestmaß an quantitativer oder qualitativer Erheblichkeit besitzen,[668] oder doch eine *Grundrechtsbeeinträchtigung* erforderlich ist, wie sie grundrechtliche Schutzpflichten tatbestandlich voraussetzen[669].

Das in der BasisVO manifestierte *hohe Gesundheitsschutzniveau* könnte jedenfalls darauf hindeuten, dass bereits solche, durch (beispielsweise schlicht ungesunde) Lebensmittel hervorgerufene gesundheitliche Belästigungen, die die Schwelle zu einem die Schutzpflicht auslösenden eingriffsadäquaten privaten Tätigwerden[670] noch nicht überschritten haben, die Grenze dieser *Akzeptabilität* erreichen, was insoweit auch mit der Erkenntnis im Einklang stünde, dass (erstens) der *Risikobegriff* aus Art. 3 Nr. 9 BasisVO sämtliche *Risiken* beinhaltet, mithin auch derlei, die fernliegendere Wirkungen aufweisen[671] und diese (zweitens) auch sämtlich Eingang in die *Risikobeschreibung*, also das Ergebnis der *Risikobewertung*, finden[672].

Dem steht allerdings entgegen, dass es nicht Aufgabe der Grundrechte sein kann, die Bevölkerung respektive die Verbraucherschaft vor jeglichen Belästigungen des Alltags zu schützen oder zu isolieren, da Konflikte bis zu einem bestimmten Moment einen sog. *vorrechtlichen Charakter*[673] aufweisen, deren Auflösung nicht der Mittel des Rechts, sondern anderer gesellschaftlicher Tugenden oder Umstände bedarf[674]. Damit einher geht auch, dass die Verantwortung für die eigene Gesundheit grundsätzlich und so lange bei jedem Einzelnen selbst liegt,[675] bis ein etwaiger *Fremdschädigungsaspekt* in Form eines Mit- oder Fremdverursachungsbeitrag eines privaten Dritten, beispielsweise eines inverkehrbringenden Lebensmittelunternehmers, hinzutritt, der durch den Verbraucher nicht mehr angemessen abschätzbar ist und dem sich der Verbraucher nicht mehr erwehren kann.[676] Bezieht man hierin außerdem

---

668 Vgl. zum Begriff der *Grundrechtsbelästigung* und dessen Inhalt *Isensee*, Das Grundrecht auf Sicherheit, S. 37 f.; *Murswiek*, Die staatliche Verantwortung für die Risiken der Technik, S. 193 ff.; *Thilo Ortgies*, Rechtliches Risikomanagement im Lebensmittelrecht, S. 155.

669 *Isensee*, Das Grundrecht auf Sicherheit, S. 37 ff.

670 *Thilo Ortgies*, Rechtliches Risikomanagement im Lebensmittelrecht, S. 155.

671 Siehe hierzu bereits die Schlussfolgerungen unter Teil 2.A.VI.

672 Siehe hierzu bereits die Schlussfolgerungen unter Teil 2.B.IV.

673 So *Isensee*, Das Grundrecht auf Sicherheit, S. 38.

674 *Isensee*, Das Grundrecht auf Sicherheit, S. 38 nennt hierfür „*Urbanität, Distanz, Takt, Umgangsform, Höflichkeit, Großmut, Rücksichtnahme, Nächstenliebe*".

675 Siehe hierzu bereits die Ausführungen unter Teil 3.A.II.1.; *Heinrich Lang*, in: Epping/Hillgruber, BeckOK GG, Art. 2 GG, Rn. 187 ff., insbes. Rn. 189; *Jarass*, Charta der Grundrechte der Europäischen Union, Art. 3, Rn. 9.

676 Siehe hierzu bereits die Ausführungen unter Teil 3.A.II.1.; *Thilo Ortgies*, Rechtliches Risikomanagement im Lebensmittelrecht, S. 151 f.

mit ein, dass *Risikomanagementmaßnahmen* regelmäßig auch Eingriffe in die grundrechtliche Sphäre solcher Lebensmittelunternehmer[677] darstellen, die sich freilich mit den Schutzpflichten der Verbraucherschaft begründen, aber auch am Maßstab der Verhältnismäßigkeit messen lassen müssen, so folgt doch, dass die *Akzeptabilität* von Risiken bis zu einer gewissen Schwelle (noch) bejaht werden kann.

Mit Blick auf die Schutzbedürftigkeit und die Hochwertigkeit der Vitalgüter des *Lebens* und der *körperlichen Unversehrtheit*, darf diese Schwelle natürlich nicht so niedrig gesetzt sein, als dass sie gegenüber der gefährdeten Verbraucherschaft Wirkungen entfaltet, die einem (staatlichen) Grundrechtseingriff gleichkämen.[678] Unter Heranziehung der Begrifflichkeiten aus dem deutschen Polizeirecht erscheint dementsprechend ein Zuwarten, bis *Gefahren* für die Verbraucherschaft unmittelbar bevorstehen, nicht ausreichend, vielmehr ist – und das entspricht auch dem Ansatz des Lebensmittelrechts als Risikoverwaltungsrecht[679] – bereits frühzeitig anzuknüpfen, jedenfalls dann, wenn Risiken eine gewisse Bagatellgrenze überschreiten, die sich auf das *Leben* oder die *körperliche Unversehrtheit* der grundrechtsberechtigten Verbraucherschaft auswirken.[680] Eine solche Bagatellgrenze folgt bereits aus dem Umstand, dass die staatlichen Akteure und das Recht nicht sämtliche *Risiken* oder Gefährdungen ausschalten können, die im Zusammenhang mit dem Verzehr von Lebensmitteln stehen.[681]

Gleichwohl folgt daraus aber insgesamt auch, dass dieser aus den grundrechtlichen Dimensionen entstehende Maßstab lediglich eine Leitplanke bilden (kann), die dem unionalen Verordnungsgeber einerseits zwar einen beträchtlichen Ausgestaltungsspielraum zwischen Übermaß-[682] und Untermaßverbot[683] zuerkennt,[684] es andererseits jedoch einer weitergehenden – diesseitigen – einfachgesetzlichen Präzisierung und Anleitung im Sinne einer

---

677 Siehe hierzu bereits die Ausführungen unter Teil 3.A.II.2.; *Roth*, Die allgemeine Lebensmittelüberwachung als Instrument des Verbraucherschutzes, S. 51.

678 *Holle*, Verfassungsrechtliche Anforderungen an Normierungskonzepte im Lebensmittelrecht, S. 174; *Isensee*, Das Grundrecht auf Sicherheit, S. 38.

679 Siehe hierzu bereits die einleitenden Ausführungen unter Teil 1.A.

680 *Thilo Ortgies*, Rechtliches Risikomanagement im Lebensmittelrecht, S. 155, 157 f.

681 *Bauschke*, Verbraucherschutz im öffentlichen Recht aus Sicht des Lebensmittelrechts, S. 96.

682 Siehe hierzu die vorstehenden Ausführungen unter Teil 3.A.II.2.

683 Siehe hierzu die vorstehenden Ausführungen unter Teil 3.A.II.1.

684 So zutreffend in Bezug auf die Ebene des deutschen Rechts *Möstl*, Die staatliche Garantie für die Öffentliche Sicherheit und Ordnung, S. 194 (hinsichtlich des polizeirechtlichen *Gefahrenbegriffes*) sowie S. 267 (hinsichtlich des *Risikobegriffes* des technischen Sicherheitsrechts); vgl. auch *Karthaus*, Risikomanagement durch ordnungsrechtliche Steuerung, S. 141; ähnlich *Transfeld*, Das Vorsorgeprinzip im Lichte der Ökonomischen Analyse des Rechts, S. 45.

Konkretisierung der *akzeptablen Schwelle* bedarf,[685] hinsichtlich derer es doch fraglich ist, ob eine solche bereits dem *Risikobegriff* aus Art. 3 Nr. 9 BasisVO bzw. Art. 6 Abs. 3 BasisVO entnommen werden kann[686].

III. Die Relevanz der sog. anderen Faktoren für die Bestimmung der Akzeptabilität

Soweit zu Beginn des hiesigen Abschnittes[687] die Frage nach der *Akzeptabilität* eines Risikos und einer damit einhergehenden *Eingriffsschwelle* für *Risikomanagementmaßnahmen* aufgeworfen bzw. im Rahmen der vorstehenden Ausführungen[688] der Versuch einer klärenden Darstellung in Bezug auf die dementsprechende Einbeziehung der Ergebnisse der *Risikobewertung* und der *anderen berücksichtigenswerten Faktoren* unternommen wurde, so erscheinen die Konturen einerseits zwar ein wenig klarer, andererseits aber doch noch verworrener als zuvor. Denn während ebenso in Anknüpfung an den Wortlaut des Art. 6 Abs. 3 BasisVO wie auch an den des Erwägungsgrundes 19 BasisVO (zunächst) der Eindruck entstanden ist, dass auch die sog. *anderen Faktoren* Auswirkungen auf eben diese Frage der *Akzeptabilität* eines Risikos zeitigen, so stellt sich nun jedoch die Folgefrage, ob dies tatsächlich der Fall ist oder sein kann.

Berücksichtigt man nämlich die Konsequenzen, welche sich insbesondere aus den einschlägigen Grundrechten in ihrer schutzpflichtenrechtlichen Dimension zugunsten der Verbraucherschaft ergeben,[689] sowie die Evidenz des lebensmittelrechtlichen Primärziels eines hohen Gesundheitsschutzniveaus, unterstreichen beiderlei gleichermaßen nicht nur das Primat der Erstrangigkeit der Berücksichtigung der Ergebnisse der *Risikobewertung*, sondern deuten mitunter sogar darauf hin, dass allein diese Bewertungen entscheidend sind, um das Ob – und somit eine Eingriffsschwelle – für weitergehende *Risikomanagemententscheidungen* zu begründen und die sog. *anderen Faktoren* lediglich im Zusammenhang mit dem Wie des *Risikomanagements* zum Tragen kommen. Dem einschlägigen Schrifttum, welches sich mit solchen oder ähnlichen Fragen der lebensmittelrechtlichen Risikobewältigung auseinandergesetzt hat, lässt sich jedenfalls eine Tendenz entnehmen, die stark auf

---

685 Vgl. auch *Jarass*, Charta der Grundrechte der Europäischen Union, Art. 15, Rn. 13 sowie Art. 16, Rn. 20 f.

686 Siehe hierzu bereits die Schlussfolgerungen unter Teil 2.C., welche eben darauf hindeuten.

687 Siehe hierzu die einleitenden Ausführungen unter Teil 3.A.

688 Siehe hierzu die Ausführungen unter Teil 3.A. I. und II.

689 Siehe hierzu die Ausführungen unter Teil 3.A.II.1. und 3.

jene letztgenannte Stoßrichtung hindeutet,[690] ohne dies jedoch stets so klar zu benennen.[691]

Vor dem Hintergrund dieses Ansatzes lohnt sich dementsprechend ein erneuter Blick in die relevanten Wortlaute des Erwägungsgrundes 19 und des Art. 6 Abs. 3 BasisVO. Entscheidend im Rahmen des Erwägungsgrundes 19 ist hierbei die Textstelle zu Anfang, die lautet:

> *„Es wird allgemein anerkannt, dass die wissenschaftliche Risikobewertung allein in manchen Fällen nicht alle Informationen liefert, auf die sich eine Risikomanagemententscheidung gründen sollte (...)"*

und den Passus *„gründen sollte"*[692] verwendet, insoweit also weder die Lesart, dass die sog. *anderen Faktoren* bereits für die Frage der *Akzeptabilität* eine Rolle spielen, noch die Stoßrichtung ausschließt, dass ebendiese lediglich die Auswahl der Handlungsmöglichkeiten betrifft.

Unter neuerlicher Betrachtung erscheint hingegen möglicherweise der Wortlaut des Art. 6 Abs. 3 BasisVO ergiebiger, der am Ende doch klarstellt, dass *Risikomanagementmaßnahmen* dem Zweck dienen, *„die allgemeinen Ziele des Lebensmittelrechts gemäß Art. 5 zu erreichen"*, welche eben primär ein *hohes Maß an Schutz für das Leben und die Gesundheit* und der *Verbraucherinteressen* darstellen sowie sekundär auch den *Schutz der Tiergesundheit, des Tierschutzes, des Pflanzenschutzes und der Umwelt* einbeziehen,[693] hierbei aber

690 So bspw. *Simon*, Kooperative Risikoverwaltung im neuen Lebensmittelrecht, S. 113; *Roth*, Die allgemeine Lebensmittelüberwachung als Instrument des Verbraucherschutzes, S. 70; *Thilo Ortgies*, Rechtliches Risikomanagement im Lebensmittelrecht, S. 272.

691 *Roth*, Die allgemeine Lebensmittelüberwachung als Instrument des Verbraucherschutzes, S. 70 erkennt zwar die Vorrangigkeit der Berücksichtigung wissenschaftlicher Erkenntnisse klar an und verweist in Bezug auf die anderen Faktoren auf die *„Entwicklung und Abwägung der Handlungsalternativen"*, vermischt dies aber wiederum mit Fragen der *Akzeptabilität* und bezeichnet *„das jeweils anzustrebende Schutzniveau bzw. die noch tolerierbaren Restrisiken"* als *„politische Wertungsentscheidung"*; sehr viel klarer *Simon*, Kooperative Risikoverwaltung im neuen Lebensmittelrecht, S. 113, der die anderen Faktoren bei der *„Auswahlentscheidung"*, also dem Wie verortet; weniger eindeutig *Thilo Ortgies*, Rechtliches Risikomanagement im Lebensmittelrecht, S. 272 und 453, der vertritt, das *„‚richtige' Verbraucherschutzniveau [müsse] politisch gewonnen werden"*; diese Frage offen lassend *Meisterernst*, Lebensmittelrecht, S. 30; eher pauschal *Meisterernst*, in: Streinz/Meisterernst, BasisVO/LFGB, Art. 3 BasisVO, Rn. 53; sehr eindeutig hingegen, ohne das jedoch näher auszuführen *Rathke*, in: Sosnitza/Meisterernst (ehem. Zipfel/Rathke), Art. 6 BasisVO, Rn. 79a.

692 Im Vergleich zu anderen Sprachfassungen: *should be based*, englisch: sollte basieren (https://www.deepl.com/de/translator#en/de/should%20be%20based%0A [zuletzt abgerufen, am: 11.03.2024]); *doit se fonder*, französisch: basieren sollte (https://www.deepl.com/de/translator#fr/de/lesquelles%20une%20d%C3%A9cision%20de%20gestion%20des%20risques%20%0Adoit%20se%20fonder%20%0A [zuletzt abgerufen, am: 11.03.2024]).

693 Siehe zur Rangfolge der allgemeinen Ziele des Lebensmittelrechts aus Art. 5 Abs. 1 BasisVO bereits die Ausführungen unter Teil 3.A.I.2.

nur partielle Überschneidungen mit den in Erwägungsgrund 19 bezeichneten sog. *anderen Faktoren* aufweisen.[694] Mitunter könnte dies darauf hindeuten, dass tatsächlich für die Frage des Ob des Tätigwerdens vorrangig die jeweiligen Ergebnisse der *Risikobewertung* heranzuziehen sind, da gerade diese das in Rede stehende *Risiko* wissenschaftlich fundiert beschreiben bzw. eine abgestufte Aussage darüber treffen, inwieweit die menschliche Gesundheit überhaupt berührt ist[695] und die *anderen berücksichtigenswerten Faktoren* sodann abhängig von dem konstatierten *Risikograd* und der *wissenschaftlichen Gewissheit respektive Ungewissheit*[696] entweder, nämlich dann, wenn diese ein Tätigwerden erfordern, einzig für das Wie, also die Auswahl und die konkrete Ausgestaltung der *Risikomanagementmaßnahmen* eine Rolle spielen, um den unterschiedlichen Wahrnehmungen in und aus der Verbraucherschaft gerecht zu werden bzw. die Durchführung der Maßnahmen auf eine breite Akzeptanz[697] zu stellen oder eben, wenn diese – der *Risikograd* oder die *wissenschaftliche Gewissheit* – so gering sind, als dass nach dem Untermaßverbot ein Tätigwerden gerade nicht zwingend erforderlich erscheint, auch eine weitergehende Berücksichtigung erfahren können.[698] Gleichwohl bedarf es hierfür konkretisierter Vorgaben, die sich nicht allein in Art. 6 Abs. 3 BasisVO bzw. dem *Risikobegriff* aus Art. 3 Nr. 9 BasisVO erblicken lassen.[699]

IV. Schlussfolgerungen und weitere Gedanken

In unmittelbarem Anschluss an die Ausführungen bezüglich der beiden Fragen nach der Bestimmung der *Akzeptabilität* von Risiken bzw. einer damit einhergehenden *materiellen Eingriffsschwelle* zur Begründung von *Risikomanagementmaßnahmen* sowie nach der dementsprechenden Relevanz auch *anderer berücksichtigenswerter Faktoren* lassen sich interessante vorläufige Schlüsse ziehen, die freilich noch einer weitergehenden Untersuchung bedürfen, aber bereits hier als richtungsweisend bezeichnet werden können. In diesem Zusammenhang sei zunächst rekapituliert, dass die vorstehende Betrachtung zwar zunächst darauf hindeutete, dass sich diese *Akzeptabilität* sowohl – jedoch vorrangig – an (natur)wissenschaftlich-analytischen Bewertungen (in Form der Ergebnisse der *Risikobewertung*) als auch – allerdings nachrangig – an wissenschaftsfremden Umständen (in Form der in Erwägungsgrund 19

694 Siehe hierzu ebenfalls bereits die Ausführungen unter Teil 3.A.I.2.

695 Siehe hierzu die Ausführungen unter Teil 2.B.II.

696 Zur Einbeziehung *anderer Faktoren* im Falle wissenschaftlicher Unsicherheit siehe unter Teil 5.B.II.

697 Siehe hierzu bereits die Ausführungen unter Teil 3.A.I.1.

698 Zu dieser Verdichtung der staatlichen Schutzpflichten siehe insbesondere *Frenz*, ZG 2002, 226, 228; *Bauschke*, Verbraucherschutz im öffentlichen Recht aus Sicht des Lebensmittelrechts, S. 97.

699 Siehe hierzu bereits die vorstehenden Ausführungen unter Teil 3.A.II.3. a. E.

bezeichneten sog. *anderen berücksichtigenswerten Faktoren*)[700] orientiert, was aber in Bezug auf letztere eventualiter im Widerspruch zu den hochrangigen grundrechtlichen Schutzpflichten zugunsten der Verbraucherschaft[701] und der Zielsetzung der BasisVO steht, die ein *hohes Maß an Schutz für das Leben und die Gesundheit der Menschen* verfolgt,[702] jedenfalls soweit ein entsprechend hoher *Risikograd* konstatiert wurde, der ein staatliches Tätigwerden erfordert[703].

Gegebenenfalls ließen sich jedoch diese beiden Stoßrichtungen bei entsprechender Auslegung und Rechtsanwendung in die Konzeption der BasisVO hineinlesen:

Erstens käme die Lesart in Betracht, welche die Einbeziehung der sog. *anderen Faktoren* auf die Frage des Wie des *Risikomanagements* beschränkt, die *Akzeptabilität* und das Ob also ausschließlich anhand der Ergebnisse der *Risikobewertung* bestimmt,[704] was insoweit mit dem lebensmittelrechtlichen Primärziel *eines hohen Maßes an Schutz für das Leben und die Gesundheit der Menschen* im Einklang stünde.[705]

Zweitens, die Interpretation, nach der sowohl die Ergebnisse der *Risikobewertung* als auch die sog. *anderen Faktoren* zur Bestimmung der *Akzeptabilität* bzw. einer *materiellen Eingriffsschwelle* (nebeneinander, ergänzend) herangezogen werden, soweit dies *angesichts des betreffenden Sachverhalts* geboten erscheint,[706] was wiederum mit dem Wortlaut des Art. 6 Abs. 3 i. V. m. Erwägungsgrund 19 BasisVO und der Konzeption der BasisVO d'accord geht.

Nicht übersehen werden darf überdies, dass die *Risikobewertung* bspw. im Falle wissenschaftlicher Unsicherheit nicht stets die Ergebnisse liefern kann, welche für eine konkrete *Risikomanagemententscheidung* erforderlich sind und daher ein Rückgriff auf das in Art. 7 BasisVO manifestierte *Vorsorgeprinzip* erforderlich ist.[707]

Ersterer Ansatz weist unverkennbar den Vorteil der Klarheit in Bezug auf die Rechtsanwendung auf, da es sich bei der Bestimmung des Ob des Tätigwerdens zwar immer noch um eine politische Wertungsentscheidung handeln

700 Siehe hierzu die Ausführungen unter Teil 3.A. I.
701 Siehe hierzu die Ausführungen unter Teil 3.A.II.
702 So Art. 5 Abs. 1 BasisVO.
703 Siehe hierzu die Ausführungen unter Teil 3.A.III.
704 Siehe hierzu die Ausführungen unter Teil 3.A.III.
705 Dieser Ansatz ließe sich auch als `*wenn-dann-Ansatz*` bezeichnen.
706 Siehe in Fortsetzung dieses Ansatzes die nachfolgenden Schlussfolgerungen unter Teil 3.C.; dieser Ansatz ließe sich auch als (abgestufter bzw. differenzierter) ‚*je-desto-Ansatz*' bezeichnen.
707 Siehe hierzu die nachfolgenden Ausführungen unter Teil 5.

würde, diese aber vornehmlich auf objektiv ermittelten Erkenntnissen der *Risikobewertung* beruht und so den Schwerpunkt der politischen Entscheidung auf die Auswahl, das Wie, verengt, was wiederum den wissenschaftszentrierten Ansatz der BasisVO unterstreicht und gleichzeitig der Akzeptanz der jeweiligen Maßnahmen innerhalb der heterogenen Gruppe der Verbraucherschaft zugutekommen könnte.

Obgleich eben jener Vorteil der Klarheit und Abgrenzbarkeit zweiterer Lesart fehlt, böte diese doch eine abgestufte Betrachtung und Rechtsanwendung, die sich – bezieht man die Vorrangigkeit der Berücksichtigung der Ergebnisse der *Risikobewertung*, die grundrechtliche Dimension und den wissenschaftszentrierten Ansatz der BasisVO mit ein – anhand von drei Fallgruppen vollziehen könnte und müsste:

In einer ersten Fallgruppe würden ausschließlich die Ergebnisse der *Risikobewertung* für die Frage nach dem Ob herangezogen, nämlich dann, wenn diese so eindeutig ein bestimmtes *Risiko* für die menschliche Gesundheit konstatieren, dass sich die Frage nach dem Ob aufgrund des Untermaßverbots schlicht nur hierauf gründen kann und sich sodann die sog. *anderen Faktoren* allenfalls im Rahmen des Wie des *Risikomanagements* noch berücksichtigen ließen.

In einer zweiten Fallgruppe könnten sowohl die Ergebnisse der *Risikobewertung* als auch die sog. *anderen Faktoren* bzw. eine Auswahl derselben, soweit sie *angesichts des betreffenden Sachverhalts* berücksichtigungsfähig erscheinen, nebeneinander respektive ergänzend in die Beantwortung der Frage des Ob von *Risikomanagementmaßnahmen* Eingang finden, was natürlich voraussetzt, dass lediglich ein solch geringes *Risiko* für die menschliche Gesundheit ermittelt und prognostiziert wurde, welches nicht schon für sich *Risikomanagementmaßnahmen* erfordert.

Eine mögliche dritte Fallgruppe würde einen Rückgriff auf das Vorsorgeprinzip aus Art. 7 BasisVO beinhalten, namentlich sofern die Ergebnisse der *Risikobewertung* mit einer wissenschaftlichen Unsicherheit behaftet sind und daher vorbeugende Maßnahmen nötig erscheinen, was wiederum für beide Ansätze gleichermaßen relevant ist und die Einbeziehung anderer Faktoren in einem breiten Ausmaß ermöglicht[708].

Obgleich wohl jede der beiden Lesarten für sich eine angemessene Grundlage für differenzierte Handlungsoptionen bereithalten würde, so scheint doch in Anknüpfung an die grundrechtliche Dimension und die Konzeption der BasisVO insgesamt mehr dafür zu sprechen, die Frage der *Akzeptabilität* von Risiken und somit die materielle Schwelle in Bezug auf das Ob von *Risiko-*

708 Siehe hierzu die nachfolgenden Ausführungen unter Teil 5., ebd. insbesondere unter B.II.

managementmaßnahmen differenziert anhand des konstatierten *Risikogrades* und der wissenschaftlichen Gewissheit zu bemessen und sodann abhängig davon die sog. *anderen Faktoren* zu berücksichtigen.[709]

Vor allem da sich alleine aus der grundrechtlichen Dimension zwischen Untermaß- und Übermaßverbot ein diesbezüglich beträchtlicher Spielraum ergibt,[710] der mittels des offen gehaltenen *Risikobegriffes* aus Art. 3 Nr. 9 BasisVO bzw. allein aus Art. 6 Abs. 3 BasisVO wohl nur schwerlich bis kaum gefüllt wird,[711] sollen eben diese *Risikomanagementmaßnahmen* im Folgenden einer näheren Betrachtung unterzogen werden.

B. Die Instrumentarien und strategischen Alternativen des Risikomanagements in unterschiedlichen Situationen und Kontexten

Im Rahmen des *Risikomanagements* steht die ebenso relevante Frage der Auswahl der Instrumentarien bzw. *strategischen Alternativen* unmittelbar nach der des Ob des Tätigwerdens[712]. Interessant ist in diesem Zusammenhang, dass der einschlägige Art. 6 Abs. 3 BasisVO hierfür keine näheren Regelungen trifft oder beispielsweise einen (ggf. nicht abschließenden) Katalog an möglichen *Risikomanagementmaßnahmen* bereithält. Lediglich der dazugehörigen Legaldefinition aus Art. 3 Nr. 12 BasisVO lässt sich entnehmen, dass es sich um eine *Wahl geeigneter Präventions- und Kontrollmöglichkeiten* handelt, also sämtliche Maßnahmen umfasst sind, die der Bewältigung von *Risiken* dienlich sind respektive diese auszuschließen oder zumindest zu verringern vermögen.[713] Solche *Risiken* im Zusammenhang mit der Lebensmittelsicherheit können zwar gewöhnlich mittels vorausschauend-planbarer legislativer[714] und exekutiver Betätigung gewährleistet werden, erfordern mitunter aber auch regelmäßig Reaktionen auf entsprechend kurzfristig auftretende Krisenfälle.[715]

Auch ein Blick über die gesamte BasisVO zeigt allerdings, dass hierin nur eine recht überschaubare Auswahl an entsprechenden Instrumenten – wie z. B. das sog. *Schnellwarnsystem* aus Art. 50 ff. BasisVO, die Möglichkeit des

709 Anders *Rathke*, in: Sosnitza/Meisterernst (ehem. Zipfel/Rathke), Art. 3 BasisVO, Rn. 79a.

710 Siehe hierzu die vorstehenden Ausführungen unter Teil 3.A.II.

711 Zur diesbezüglichen (einfachgesetzlichen) Konkretisierungsbedürftigkeit siehe bereits die vorstehenden Ausführungen unter Teil 3.A.II. 3. sowie unter III.

712 Siehe hierzu die vorstehenden Ausführungen unter Teil 3.A.

713 Ähnlich *Rathke*, in: Sosnitza/Meisterernst (ehem. Zipfel/Rathke), Art. 3 BasisVO, Rn. 79, der jedoch davon spricht *Gefahren* auszuschließen bzw. zu verringern.

714 Zur legislativen Ausgestaltung siehe die nachfolgenden Ausführungen unter Teil 3.B.IV.

715 *Fuchs*, Lebensmittelsicherheit in der Mehrebenenverwaltung, S. 78.

Ergreifens von *Sofortmaßnahmen* nach Art. 53 f. BasisVO oder die *Information der Öffentlichkeit* aus Art. 10 BasisVO – aufgeführt ist. Freilich finden sich hierin auch weitere Regelungen, die ggf. als eine legislative Ausprägung des *Risikomanagements* bezeichnet werden können, indem sie (so Art. 14 und 15 BasisVO) das Inverkehrbringen nicht sicherer Lebens- und Futtermittel verbieten[716], mithin *Verkehrsverbotsnormen* darstellen, gewisse Vorgaben bzgl. der *Rückverfolgbarkeit* von Lebensmitteln (so Art. 18 BasisVO) vorsehen[717] oder gegenüber dem Lebensmittelunternehmer besondere *Handlungspflichten* in Form von *Rücknahme-* oder *Rückrufpflichten* für den Fall des Inverkehrbringens von nicht sicheren Lebens- oder Futtermitteln (so Art. 19 und 20 BasisVO) statuieren[718].

Vor dem Hintergrund der Vielschichtigkeit der Lebensmittelbranche mit ihren durchaus komplexen Lieferketten und verschiedenartigen Eigenheiten können diese Bestimmungen alleine allerdings nicht genügen, da insbesondere weder Fragen der (Rechts-)Durchsetzung bzw. des Vollzugs noch weitere Standardmaßnahmen enthalten sind. Im Folgenden soll daher ein Überblick über die Instrumentarien und *strategischen Alternativen* inklusive der diesbezüglichen sog. *Konsultation mit den Beteiligten* erfolgen (auch jener, die sich außerhalb der BasisVO wiederfinden) und deren tatbestandlichen Voraussetzungen einer näheren Betrachtung unterzogen werden, insbesondere auf die Fragestellung hin, inwieweit neben einem festgestellten *Risiko* auch *andere berücksichtigenswerte Faktoren* solche Maßnahmen auszulösen vermögen oder eben das jeweilige *Risiko* bzw. ein bestimmter Risikograd für sich genügt.[719] Damit steht gleichwohl die wiederum vorgelagerte Frage in Verbindung, wie weit die Verantwortlichkeit der Lebens- und Futtermittelunternehmer reicht und diesen aufgrund der ihnen auferlegten *Handlungspflichten* selbst das *Risikomanagement* obliegt bzw. ab wann überhaupt die staatlichen Akteure einschreiten dürfen oder müssen.

I. Die Konsultation mit den Beteiligten zur Abwägung der strategischen Alternativen

Soweit sich beispielsweise aus den Erkenntnissen der *Risikobewertung* ergibt, dass *Risikomanagementmaßnahmen* erforderlich und zu veranlassen sind,[720]

---

716 Siehe hierzu die nachfolgenden Ausführungen unter Teil 4.

717 Siehe hierzu die einleitenden Ausführungen zu Teil 3.B.II.2.

718 Siehe hierzu die nachfolgenden Ausführungen unter Teil 3.B.II.2.

719 Dies in Anknüpfung an Teil 3.A.IV.

720 Offen ist hierbei natürlich noch die Frage, ob und inwieweit auch die sog. *anderen berücksichtigenswerten Faktoren* zur Bestimmung der *Akzeptabilität* bzw. einer *materiellen Eingriffsschwelle* neben oder gar anstelle der Ergebnisse der *Risikobewertung* heranzuziehen sind, siehe hierzu die Schlussfolgerungen unter Teil 3.A.IV.

sieht die Legaldefinition des *Risikomanagements* in Art. 3 Nr. 12 BasisVO eine sog. *Konsultation mit den Beteiligten* vor, nämlich dass sich die zuständigen Behörden mit den betroffenen Lebensmittel- und Futtermittelunternehmern zwecks Abwägung der *strategischen Alternativen* noch vor dem diesbezüglichen Erlass ins Benehmen setzen,[721] was freilich – auch wenn dies so nicht ausdrücklich geregelt ist – nur für solche Fälle gelten kann, in denen keine dringenden *Risiken* für die Gesundheit im Raume stehen, die wiederum den Erlass von Sofortmaßnahmen gebieten.[722]

Diese *Konsultation mit den Beteiligten* wird mitunter vereinzelt als ein Teil der *Risikokommunikation*, also des dritten und letzten Einzelschrittes der *Risikoanalyse*, angesehen,[723] was aber schon in systematisch-konzeptioneller Hinsicht nicht überzeugen kann, da die *Risikokommunikation* sowohl ausweislich ihrer Legaldefinition aus Art. 3 Nr. 13 BasisVO[724] als auch der einschlägigen Art. 8a, 8b und 8c BasisVO eher allgemeine und grundsätzliche Fragen im Zusammenhang mit dem Inverkehrbringen von Lebens- oder Futtermitteln und der Verbraucherinteressen, nicht jedoch konkrete Aspekte – um den deutschen polizeirechtlichen Terminus zu bedienen – der *Gefahrenabwehr* in Bezug nimmt. Dementsprechend unterscheidet sich auch der Kreis der potentiell Mitwirkenden, welcher für den Einzelschritt der *Risikokommunikation* sehr viel weiter gefasst ist und sämtliche mit lebensmitteltechnischen oder -rechtlichen Themen befasste Interessensgruppen, auch der Verbraucherschaft, einbezieht, während sich die *Konsultation mit den Beteiligten* im Rahmen des *Risikomanagements* – so auch der unterschiedliche Passus der Legaldefinitionen aus Art. 3 Nrn. 12 und 13 BasisVO – auf die konkret *Beteiligten* beschränkt.[725]

---

721 *Bauschke*, Verbraucherschutz im öffentlichen Recht aus Sicht des Lebensmittelrechts, S. 76 f.

722 *Rathke*, in: Sosnitza/Meisterernst (ehem. Zipfel/Rathke), Art. 3 BasisVO, Rn. 80.

723 So *Meisterernst*, in: Streinz/Meisterernst, BasisVO/LFGB, Art. 3 BasisVO, Rn. 53, der bzgl. der *Konsultation mit den Beteiligten* beispielhaft auf die Legaldefinition der *Risikokommunikation* aus Art. 3 Nr. 13 BasisVO verweist; zu der umgekehrten Annahme, dass die *Risikokommunikation* eine besondere Maßnahme innerhalb des *Risikomanagements* darstelle, siehe sogleich.

724 Art. 3 Nr. 13 BasisVO im Wortlaut: *„Im Sinne dieser Verordnung bezeichnet der Ausdruck ‚Risikokommunikation' im Rahmen der Risikoanalyse den interaktiven Austausch von Informationen und Meinungen über Gefahren und Risiken, risikobezogene Faktoren und Risikowahrnehmung zwischen Risikobewertern, Risikomanagern, Verbrauchern, Lebensmittel- und Futtermittelunternehmen, Wissenschaftlern und anderen interessierten Kreisen einschließlich der Erläuterung von Ergebnissen der Risikobewertung und der Grundlage für Risikomanagemententscheidungen"*.

725 Vgl. auch *Rathke*, in: Sosnitza/Meisterernst (ehem. Zipfel/Rathke), Art. 3 BasisVO, Rn. 84; eine ähnliche diesbezügliche Stoßrichtung lässt sich insbesondere auch folgenden Publikationen entnehmen, wobei diese allerdings nicht ausdrücklich Bezug auf die Differenzierung zwischen der (allgemeinen) *Risikokommunikation* und der (besonderen) *Konsultation der Beteiligten* nehmen: *Bauschke*, Verbraucherschutz im öffentlichen Recht aus Sicht des Lebensmittelrechts, S. 76; *Roth*, Die allgemeine Lebensmittelüberwachung als Instrument

Natürlich weisen beide Komponenten durchaus relevante Überschneidungen auf, die eine trennscharfe Differenzierung zwischen *Risikomanagement* und *Risikokommunikation* dementsprechend nur schwerlich zulassen,[726] weswegen in nachvollziehbarer Weise aus der umgekehrten Blickrichtung[727] die *Risikokommunikation* wegen ihres engen Zusammenhanges[728] mit dem *Risikomanagement* häufig als ein Unterfall desselben bezeichnet wird.[729] Gleichwohl stechen die unterschiedlichen Stoßrichtungen klar ins Auge: Denn während *Risikokommunikation* allgemein den Zweck verfolgt, einen *interaktiven Austausch von Informationen und Meinungen über Gefahren und Risiken, risikobezogener Faktoren* sowie der *Risikowahrnehmung* zu betreiben und hierbei sämtliche *interessierten Kreise* einbezieht, mithin die Einzelprozesse der *Risikobewertung* und des *Risikomanagements* umfassend begleitet,[730] um den Informationsfluss zwischen allen potentiell oder nur mittelbar Betroffenen und das gegen- wie wechselseitige Verständnis untereinander zu gewährleisten,[731] knüpft die sog. *Konsultation mit den Beteiligten* im Sinne des Art. 3 Nr. 12 BasisVO sehr viel konkreter an. Dieser engere Anknüpfungspunkt, der gerade eine *Konsultation* zur *Abwägung* der *strategischen Alternativen* und der *Wahl geeigneter Präventions- und Kontrollmöglichkeiten*[732] und nicht nur einen allgemeinen, *interaktiven Informationsaustausch*[733] in Bezug nimmt, könnte somit eher eine Ähnlichkeit zu dem verwaltungsverfahrensrechtlichen Insti-

---

des Verbraucherschutzes, S. 72; *Thilo Ortgies*, Rechtliches Risikomanagement im Lebensmittelrecht, S. 272 ff.; ähnlich *Seemann*, Behördliche Produktinformation im europäischen und deutschen Lebensmittelrecht, S. 83.

726 *Seemann*, Behördliche Produktinformation im europäischen und deutschen Lebensmittelrecht, S. 41.

727 Vertretbar erscheint durchaus, die *Risikokommunikation* als einen Unterfall des *Risikomanagements* anzusehen, nicht jedoch der eingangs aufgeworfene umgekehrte Ansatz, welcher die *Konsultation mit den Beteiligten* im Rahmen des *Risikomanagements* als einen Teil der *Risikokommunikation* betrachtet, da letztere schon nicht auf eine Konsultation der lediglich *konkret* Beteiligten abzielt, sondern vielmehr einen weiten, allgemeinen Kreis sämtlicher Interessierter einbezieht.

728 Vgl. zu diesem engen Zusammenhang *Thilo Ortgies*, Rechtliches Risikomanagement im Lebensmittelrecht, S. 275; ähnlich *Müller*, Die Bewältigung von Lebensmittelrisiken durch Risikokommunikation, S. 36.

729 Vgl. *Simon*, Kooperative Risikoverwaltung im neuen Lebensmittelrecht, S. 123 f.; *Müller*, Die Bewältigung von Lebensmittelrisiken durch Risikokommunikation, S. 37.

730 Vgl. *Roth*, Die allgemeine Lebensmittelüberwachung als Instrument des Verbraucherschutzes, S. 72; siehe hierzu bereits die Ausführungen unter Teil 2.B.III.

731 *Müller*, Die Bewältigung von Lebensmittelrisiken durch Risikokommunikation, S. 35; dies entspricht insoweit auch Erwägungsgrund 9 BasisVO.

732 So der entsprechenden Passus aus der Legaldefinition des *Risikomanagements* in Art. 3 Nr. 12 BasisVO.

733 So der entsprechende Passus aus der Legaldefinition der *Risikokommunikation* in Art. 3 Nr. 13 BasisVO, die konkret von einem *„interaktiven Austausch von Informationen und Meinungen über Gefahren und Risiken"* spricht.

tut der Anhörung aus dem deutschen Recht[734] aufweisen, freilich ohne jenes hier in dieser verpflichtenden Form zu statuieren.

Interessant ist in diesem Zusammenhang, dass die *Konsultation mit den Beteiligten* keine sog. Einbahnstraße darstellt, sondern mit Blick auf Art. 19 und 20 BasisVO auch die Lebensmittel- und Futtermittelunternehmer dazu verpflichtet sind, die zuständigen Behörden in entsprechender Weise zu unterrichten, also zu konsultieren, wenn sie *Grund zu der Annahme* haben, dass ein bereits *eingeführtes, erzeugtes, verarbeitetes, hergestelltes oder vertriebenes Lebens- oder Futtermittel nicht den Anforderungen an die Lebensmittel- bzw. Futtermittelsicherheit* entspricht,[735] um eine gemeinsame Herangehensweise und Zusammenarbeit zur Eindämmung oder zumindest zur Minimierung des Risikos im konkreten Einzelfall überhaupt erst zu ermöglichen,[736] was wiederum im Einklang mit der Konzeption des Lebensmittelrechts als Risikoverwaltungsrecht respektive der diesbezüglich kooperativen Aufgabenerledigung steht.[737]

Vor diesem Hintergrund erscheint es unbeschadet der großen Überlappungen zwischen der *Risikokommunikation* und der *Konsultation mit den Beteiligten*, letztere tatsächlich als einen dem Erlass von entsprechenden Maßnahmen vorgelagerten (formalen) Verfahrensschritt zu klassifizieren, nicht jedoch als einen Teil der *Risikokommunikation*, obschon dieser freilich auch die allgemeine *Risikokommunikation* zu kanalisieren vermag, dabei aber einerseits vornehmlich eine dienende Funktion zur Ermittlung der materiellen Richtigkeit staatlichen Handelns in Form des *Risikomanagements* übernimmt – ähnlich dem Anhörungsrecht bzw. der Anhörungspflicht aus dem deutschen Verwaltungsrecht – und andererseits über eine bloße Erhebung weiterer Informationen hinausgeht, indem solche aus dem Blickwinkel der betroffenen Lebens- oder Futtermittelunternehmer nicht lediglich im Sinne rechtlichen Gehörs in das *Risikomanagement* eingebracht würden, sondern überdies in eine konkrete Zusammenarbeit bei der Bewältigung der entsprechenden *Risiken* mündet,[738] was insoweit auch der besonderen Verortung innerhalb der Legaldefinition des *Risikomanagements* in Art. 3 Nr. 12 BasisVO und dem Wort-

734 Im bundesdeutschen Verwaltungsverfahrensgesetz findet sich die entsprechende Regelung zur Anhörung in § 28 VwVfG; vgl. im weiteren Sinne hierzu *Burgi*, DVBl. 2011, 1317, 1317 ff., der dem Verwaltungsverfahren eine *„dienende"* Funktion zuerkennt.

735 Siehe hierzu und zu der diesbezüglich abgestuften Meldeverpflichtung die nachfolgenden Ausführungen unter Teil 3.B.II.2.a.

736 Vgl. *Meisterernst*, Lebensmittelrecht, S. 39.

737 Vgl. zur kooperativen Aufgabenerledigung im Rahmen des Risikoverwaltungsrechts *Möstl*, Die staatliche Garantie für die Öffentliche Sicherheit und Ordnung, S. 262; siehe hierzu auch bereits die Ausführungen unter Teil 1.C.III.

738 Zur (verpflichtenden) Zusammenarbeit zwischen Lebensmittelunternehmer und Behörden siehe die nachfolgenden Ausführungen unter Teil 3.B.II.1.b.

laut, der auf die *Konsultation* zur *Abwägung der strategischen Alternativen* und der *Wahl geeigneter Präventions- und Kontrollmöglichkeiten* abstellt, entspricht.

II. Die Pflichten von Lebens- und Futtermittelunternehmer als Ausprägung des Risikomanagements

Soweit im Rahmen des *Risikomanagements* von der *Abwägung strategischer Alternativen* und der *Wahl geeigneter Präventions- und Kontrollmöglichkeiten*, mithin von einer Auswahl möglicher Maßnahmen die Rede ist, mag es zunächst widersprüchlich erscheinen, auch (abstrakte und konkrete) Pflichten der Lebens- und Futtermittelunternehmer, die eben nicht optional, sondern obligatorisch sind, hierunter zu fassen. Dennoch können gerade solche als eine Ausprägung des kooperativen Ansatzes des Lebensmittelrechts und des *Risikomanagements* bezeichnet werden, da diese ausweislich Art. 17 Abs. 1 BasisVO zum einen die Lebens- und Futtermittelunternehmer zur aktiven Erfüllung und Überprüfung der Anforderungen des Lebensmittelrechts und somit der Lebensmittelsicherheit verpflichten[739] und gemäß Art. 19 Abs. 3 Satz 2 und Abs. 4 BasisVO zum anderen die Kooperation im Sinne einer gemeinsamen Zusammenarbeit mit den zuständigen Behörden forcieren.[740] Dementsprechend sollen im Folgenden auch diese in die Betrachtung mit einbezogen und auf ihre Voraussetzungen hin untersucht werden.

1. Der Pflichtenkreis der Lebens- und Futtermittelunternehmer

Die Grundlage der lebensmittelrechtlichen Pflichtenverteilung bildet Art. 17 BasisVO, der gemäß seines Abs. 1 den jeweiligen Lebens- und Futtermittelunternehmern eine *primäre* und nach Abs. 2 den Mitgliedstaaten mit ihren zuständigen Behörden eine (lediglich) *sekundäre Verantwortlichkeit* im Sinne einer *„Kontroll- und Gewährleistungsverantwortung“*[741] auferlegt,[742] die ein behördliches Einschreiten – auch und vor allem mit Blick auf das *Risikomanagement* – nur dann gebietet, wenn die lebens- oder futtermittelunternehmereigenen Kontrollkonzepte versagen oder nicht greifen.[743] Dieses (auch als

739 *Rathke*, in: Sosnitza/Meisterernst (ehem. Zipfel/Rathke), Art. 17 BasisVO, Rn. 7a.

740 Vgl. zur Zusammenarbeit zwischen den Lebensmittelunternehmern und den zuständigen Behörden *Rudi Lang*, BayZR 2021, 78, 90 ff.

741 *Rudi Lang*, BayZR 2021, 78, 80; *Binnemann*, ZLR 2003, 518, 519.

742 Vgl. zu dem Zusammenspiel zwischen Unternehmern und Behörden auch *Gundel*, § 8 Lebensmittelrecht, in: Ruffert (Hrsg.), Europäisches Sektorales Wirtschaftsrecht, S. 557, 601; siehe auch *Reinhart*, LMuR 2022, 171, 173.

743 *Joh/Krämer/Teufer/Unland*, ZLR 2012, 420, 423, welche überdies jedoch von einem *„Kooperationsverhältnis“* zwischen Lebensmittelunternehmerschaft und Staat sprechen; a. A. *Rathke*, in: Sosnitza/Meisterernst (ehem. Zipfel/Rathke), Art. 17 BasisVO, Rn. 1, der von einer *„klare[n] Trennung zwischen der Tätigkeit der Lebensmittel- und Futtermittelunternehmer einer-*

„regulierte Selbstregulierung“[744] bezeichnete) Konzept beruht auf der zutreffenden Annahme des Erwägungsgrundes 30 BasisVO[745], dass vornehmlich die entsprechenden Unternehmer aufgrund ihrer Sachnähe in der Lage sind, die Anforderungen des Lebensmittelrechts und infolgedessen auch die Lebensmittelsicherheit zu gewährleisten.[746]

Bezeichnend ist hierbei allerdings, dass Art. 17 Abs. 1 BasisVO keinerlei konkrete Vorgaben in Bezug auf das Pflichtenprogramm selbst oder die Art und Weise wie dieses zu *erfüllen* respektive zu überprüfen ist,[747] trifft[748] und sich dementsprechend in der Regelung des Umstandes erschöpft, dass den jeweiligen Lebens- und Futtermittelunternehmern die *primäre Verantwortung* obliegt,[749] die im Sinne einer *„tatsächliche[n] Zuweisung von personaler Verantwortung“*[750] zu verstehen ist.[751] Hinsichtlich der gewählten Regelungsform als Verordnung hat dies freilich zu berechtigter Kritik geführt, da die bloße Benennung der Zielsetzung einer vollumfassenden Verantwortlichkeit[752] für die Unternehmer bei gleichzeitiger Aussparung der heranzuziehenden Mittel eher den Charakter einer Richtlinie aufweist.[753] Und obgleich sich die jeweiligen Pflichten natürlich auch den einzelnen, besonderen lebensmittelrechtlichen Rechtsquellen entnehmen lassen,[754] führt die offene Formulierung

---

seits und den staatlichen Aufgaben andererseits“ ausgeht und dies mit dem unterschiedlichen Wortlaut der Absätze 1 und 2 begründet; siehe hierzu die nachfolgenden Ausführungen unter Teil 3.B.II.1.b.

744 Vgl. zu diesem Begriff *Thoma*, Regulierte Selbstregulierung im Ordnungsverwaltungsrecht, S. 30 ff.

745 Der entsprechende Passus aus Erwägungsgrund 30 S. 1 BasisVO lautet: *„Der Lebensmittelunternehmer ist am besten in der Lage, ein sicheres System der Lebensmittellieferung zu entwickeln und dafür zu sorgen, dass die von ihm gelieferten Lebensmittel sicher sind; er sollte daher auch die primäre rechtliche Verantwortung für die Gewährleistung der Lebensmittelsicherheit tragen.“*.

746 *Rudi Lang*, BayZR 2021, 78, 80.

747 Art. 17 Abs. 1 BasisVO lässt sich lediglich entnehmen, dass die *Anforderungen des Lebensmittelrechts* zu *erfüllen* und die *Einhaltung dieser Anforderungen* eben zu überprüfen sind.

748 *van der Meulen/Gregor*, ZLR 2007, 265, 272; *Karola Krell*, Haftungsverteilung im Lebensmittelrecht, S. 115; *Kirchsteiger-Meier*, Die Lebensmittelhygiene als primäre Verantwortung des Lebensmittelunternehmers, S. 68; *Steiling*, in: FS Graf von Westphalen, S. 671, 674.

749 *Rudi Lang*, BayZR 2021, 78, 80 f. begründet dies zutreffend mit der *„offene[n] Formulierung der Norm“*, weshalb jene als *„konkretisierungsbedürftige, lebensmittelrechtliche ‚Verweisungsnorm‘ einzustufen“* ist.

750 So *van der Meulen/Gregor*, ZLR 2007, 265, 271.

751 Siehe hierzu aus strafrechtlicher Sichtweise *Bosch*, in: Sosnitza, Lebensmittel zwischen Technik und Ethik, S. 135, 137 ff.

752 Vgl. zur vollumfassenden Verantwortlichkeit des Lebensmittelunternehmers *Steiling*, in: FS Graf von Westphalen, S. 671, 673 f.

753 *Streinz*, ZLR 2000, 803, 807; *Schroeder/Kraus*, EuZW 2005, 423, 424; vgl. auch *van der Meulen/Gregor*, ZLR 2007, 265, 272; *Rudi Lang*, BayZR 2021, 78, 81.

754 *van der Meulen/Gregor*, ZLR 2007, 265, 272; *Rudi Lang*, BayZR 2021, 78, 81.

der Vorschrift doch zu unterschiedlichen Lesarten im Hinblick auf die Frage des konkreten Verantwortungsumfanges der Lebensmittel- und Futtermittelunternehmer[755] sowie auf das Verhältnis zwischen Unternehmer und staatlichen Akteuren[756].

a. Der Verantwortungsumfang: Kettenverantwortung versus differenzierte Stufenverantwortung

Die Frage nach dem konkreten Verantwortungsumfang, namentlich ob Art. 17 Abs. 1 BasisVO eine sog. *Kettenverantwortung* statuiert, worunter gemeinhin verstanden wird, dass sich jedes einzelne Glied der Kette, vom Erzeuger über den Groß- und Zwischen- bis hin zum Einzelhändler für die Einhaltung der und die Übereinstimmung mit sämtlichen lebensmittelrechtlichen Vorgaben verantwortlich zeichnet,[757] oder lediglich eine sog. *differenzierte Stufenverantwortung*, wonach der jeweilige Lebensmittelunternehmer allein für solche Verstöße und Fehler verantwortlich ist, welche entweder seinem eigenen Einflussbereich entspringen oder zumindest – soweit sie aus anderen Sphären herrühren – leicht erkenn- bzw. beeinflussbar sind[758], ist die wohl am häufigsten in diesem Zusammenhang diskutierte.[759] Vor ebenjenem Hintergrund reichen die ganz unterschiedlichen Deutungen, die mitunter teils mehr Elemente einer Auslegung *de lege ferenda* als weniger *de lege lata* enthalten, von der Auffassung, Deutschland sei gut beraten, das Prinzip der Kettenverantwortung *„unverändert beizubehalten“*[760] bis hin, dieses wäre *„obsolet“*[761]. Die Kernfrage zur Exegese dieser unterschiedlichen Sichtweisen auf Art. 17 Abs. 1 BasisVO lautet insoweit, ob ein Lebens- oder Futtermittelunternehmer auch für derlei Mängel responsabel ist, die beispielsweise von einem Zulieferer verursacht wurden und die nicht prima facie und ohne Weiteres erkennbar sind.[762]

Zur Begründung der sog. *differenzierten Stufenverantwortung* im Sinne einer verantwortlichkeitsbeschränkenden Lesart, wird häufig auf den Wortlaut der Norm verwiesen, der nach entsprechendem Verständnis den Unternehmern lediglich die Einhaltung der Anforderungen des Lebensmittelrechts auferlegt,

755 Siehe hierzu die nachfolgenden Ausführungen unter Teil 3.B.II.1.a.

756 Siehe hierzu die nachfolgenden Ausführungen unter Teil 3.B.II.1.b.

757 Vgl. *Hufen*, Verfassungsrechtliche Maßstäbe und Grenzen lebensmittelstrafrechtlicher Verantwortung, S. 34 ff.

758 *Simon*, Kooperative Risikoverwaltung im neuen Lebensmittelrecht, S. 223.

759 Vgl. zu dieser Problematik *Rudi Lang*, BayZR 2021, 78, 81 f., an der sich auch nachfolgende Darstellung orientiert; vgl. auch *Gallus*, in: FS Welsch, S. 75, 79.

760 So *Axel Preuß*, ZLR 2007, 85, 91.

761 So *Grube*, ZLR 2013, 415, 424.

762 Vgl. *Simon*, Kooperative Risikoverwaltung im neuen Lebensmittelrecht, S. 220.

welche *„für ihre Tätigkeit gelten“*[763], woraus in der Zusammenschau mit Art. 19 BasisVO eine Begrenzung auf die eigene Einflusssphäre folge,[764] da dieser ausweislich seines Abs. 2 gerade abgestufte Verpflichtungen abhängig von dem jeweiligen Grad der Einwirkungsmöglichkeit und der Handelsstufe enthalte,[765] wonach bspw. dem Handel eine nur eingeschränkte Verantwortlichkeit zukomme[766]. Weiterhin sei eine solche stufenübergreifende Verantwortung nicht mit dem Vertrauensgrundsatz vereinbar[767].[768]

Obgleich diese Argumentation (wenn auch nur auf den ersten Blick) erklärlich und im Rahmen einer repressiven, strafrechtlichen Beurteilung des subjektiven Tatbestandes von entsprechendem Fehl*verhalten* der Lebens- oder Futtermittelunternehmer durchaus angemessen erscheint,[769] verkennt es doch das traditionelle Verständnis des Lebensmittelrechts als Gefahrenabwehr- bzw. Sicherheitsrecht,[770] welches sich anders als das Strafrecht nicht an *„einer am eigenen Fehlverhalten ausgerichteten Zurechnung“*[771] orientiert, sondern – ganz im Gegenteil – das Innehaben der tatsächlichen Gewalt über eine gefahrbegründende Sache, hier in Form der mangel- oder fehlerbehafteten Lebens- oder Futtermittel, genügen lässt.[772] Und genau dies entspricht sowohl der Wertung des Art. 17 Abs. 1 BasisVO in Verbindung mit dem dazugehörigen Erwägungsgrund 12[773], wonach die gesamte *Lebensmittelherstellungskette als Kontinuum* zu betrachten ist, da jedes einzelne Glied *eine potenzielle Auswirkung auf die Lebensmittelsicherheit haben kann,* als auch dem Telos der Art. 5 Abs. 1 und Art. 1 Abs. 1 BasisVO, demzufolge gerade das Lebensmittelrecht ein

763 Exemplarisch *Dannecker*, ZLR 2002, 19, 28; *Holle*, ZLR 2004, 307, 322; *Karola Krell*, Haftungsverteilung im Lebensmittelrecht, S. 112 ff.; *Alfred Meyer*, ZLR 2007, 91, 93; *Grube*, ZLR 2013, 415, 417 f.; *Stollhof*, Zivilrechtliche Haftung bei Lebensmittelskandalen, S. 258 f.

764 So bspw. *Dannecker*, ZLR 2002, 19, 30; *Conte-Salinas*, ZLR 2021, 3, 6 f.

765 *Gallus*, in: FS Welsch, S. 75, 82.

766 *Simon*, Kooperative Risikoverwaltung im neuen Lebensmittelrecht, S. 228; *Conte-Salinas*, ZLR 2021, 3, 6 f.

767 So *Dannecker*, ZLR 2002, 19, 33; *Grube*, ZLR 2013, 415, 421.

768 *Rudi Lang*, BayZR 2021, 78, 83 f.

769 Vgl. *Rathke*, in: Sosnitza/Meisterernst (ehem. Zipfel/Rathke), Art. 17 BasisVO, Rn. 13.

770 Vgl. zur Einordnung des Lebensmittelrechts als Sicherheitsrecht *Holle*, Verfassungsrechtliche Anforderungen an Normierungskonzepte im Lebensmittelrecht, S. 47; *Müller*, Die Bewältigung von Lebensmittelrisiken durch Risikokommunikation, S. 6 f.; *Zellner*, ZLR 2007, 395, 297.

771 *Rudi Lang*, BayZR 2021, 78, 83.

772 *Rudi Lang*, BayZR 2021, 78, 83.

773 Erwägungsgrund 12 BasisVO im Wortlaut: *„Um Lebensmittelsicherheit gewährleisten zu können, müssen alle Aspekte der Lebensmittelherstellungskette als Kontinuum betrachtet werden, und zwar von – einschließlich – der Primärproduktion und der Futtermittelproduktion bis hin – einschließlich – zum Verkauf bzw. zur Abgabe der Lebensmittel an den Verbraucher, da jedes Glied dieser Kette eine potenzielle Auswirkung auf die Lebensmittelsicherheit haben kann.“*.

hohes Gesundheitsschutzniveau verfolgt.[774] Berücksichtigt man vor diesem Hintergrund weiterhin, dass das Verkehrsverbot für unsichere Lebensmittel aus Art. 14 BasisVO[775] für sämtliche Tätigkeitsstufen in der Lebensmittelkette Anwendung findet,[776] erscheint auch der Wortlaut des Art. 17 Abs. 1 BasisVO und das Verständnis der Art. 19 Abs. 1 und 2 BasisVO in einem diametral anderem Lichte als von den Befürwortern einer verantwortungsbegrenzenden Interpretation angenommen,[777] vor allem da sich beiden Normen weder eine unternehmereigene Verursachung der Lebensmittelunsicherheit entnehmen,[778] noch sich in der systematischen Zusammenschau eine Beschränkung der Verantwortung auf Mängel der eigenen Einflusssphäre herleiten lässt,[779] woraus nicht eine sog. *differenzierte Stufenverantwortung* folgt, sondern vielmehr eine stufenübergreifende *Kettenverantwortung*.[780]

Aus rechtspraktischer Sicht und im Hinblick auf die Effektivität der Gefahrenabwehr wird eben dies durch den Umstand unterstrichen, dass im Falle einer (eingeschränkten) *differenzierten Stufenverantwortung* die zuständigen Überwachungsbehörden daran gehindert wären, gegenüber einem Lebens- oder Futtermittelunternehmer, in dessen Einflussbereich zwar ein mangelhaftes oder gar unsicheres Lebens- oder Futtermittel vorhanden ist, der Mangel sich allerdings nicht auf diesen bzw. dessen Verhalten sondern beispielsweise auf einen Zulieferer zurückführen lässt, mangels Verantwortlichkeit entsprechende Maßnahmen zu erlassen, so wären sie [die zuständigen Behörden, zumindest auf deutscher Ebene] – wie bereits das *OVG Lüneburg* sehr zutreffend in dem sog. Pferdefleisch-Beschluss erkannt hat – *„auf die Inanspruchnahme des rechtswidrig handelnden – weil unmittelbar gegen lebensmittelrechtliche Vorschriften verstoßenden – Verhaltensstörer beschränkt, [was wiederum zur Folge*

---

774 So auch *Rudi Lang*, BayZR 2021, 78, 84, der zudem interessanterweise andeutet, dass eine *„Einschränkung der Verantwortlichkeit in der Lebensmittelkette [aber möglicherweise] für den rein wirtschaftlichen Verbraucherschutz als zweiten Grundpfeiler des europäischen Lebensmittelrechts gerechtfertigt sein"* könnte.

775 Siehe hierzu insbesondere auch die nachfolgenden Ausführungen unter Teil 4.

776 *Busse*, ZLR 2015, 302, 315.

777 Vgl. *Conte-Salinas*, ZLR 2021, 3, 6; in diesem Zusammenhang wird bspw. auch von Seiten *Axel Preuß*, ZLR 2007, 85, 89 darauf verwiesen, dass die in Rede stehende Formulierung des Art. 17 Abs. 1 BasisVO (*„die für ihre Tätigkeit gelten"*) lediglich die Tätigkeit des Inverkehrbringens aus Art. 3 Nr. 8 BasisVO beschreibt, nicht jedoch eine Einschränkung der Verantwortlichkeit.

778 *Christian Schröder*, ZLR 2004, 265, 279; ähnlich, ohne dies jedoch ausdrücklich zu benennen *Stollhof*, Zivilrechtliche Haftung bei Lebensmittelskandalen, S. 273; *Karola Krell*, Haftungsverteilung im Lebensmittelrecht, S. 129.

779 Kritisch im Hinblick auf eine verantwortungsbegrenzende Funktion des Wortlautes von Art. 17 Abs. 1 BasisVO *Conte-Salinas*, ZLR 2021, 3, 6; *Rudi Lang*, BayZR 2021, 78, 84.

780 Ähnlich *Rützler*, in: Streinz/Kraus, Lebensmittelrechts-Handbuch, Kap. II, Rn. 56b a. E.; vgl. *Rudi Lang*, BayZR 2021, 78, 85; siehe auch *Gerecke*, ZLR 2006, 267, 278.

hätte, dass] die Anordnungsbefugnisse bei einer Vielzahl von Akteuren in der Lebensmittelproduktionskette“[781] ins Leere liefen.

b. Die Abgrenzung der Pflichtenkreise aus Art. 17 Abs. 1 und Abs. 2 BasisVO

Bedingt durch die offene Formulierung des Art. 17 BasisVO[782] lässt sich noch eine weitere divergierende Lesart der Vorschrift erblicken, die sich auf das Verhältnis zwischen den Lebens- und Futtermittelunternehmern einerseits und den zuständigen Behörden andererseits bezieht. Denn während zwar Einigkeit darüber besteht, dass den Lebens- und Futtermittelunternehmern – ausweislich Art. 17 Abs. 1 BasisVO – die vollumfassende primäre Verantwortung auferlegt ist, *in den ihrer Kontrolle unterstehenden Unternehmen* dafür Sorge zu tragen, die *Anforderungen des Lebensmittelrechts* zu *erfüllen* bzw. deren *Einhaltung* zu *überprüfen*[783] und demgegenüber den zuständigen mitgliedstaatlichen Behörden – gemäß Art. 17 Abs. 2 BasisVO – die sekundäre Zuständigkeit für die dementsprechende Überwachung und Überprüfung obliegt,[784] kann die konkrete Verknüpfung dieser beiden (primären und sekundären) Verantwortlichkeiten durchaus als strittig bezeichnet werden. Die Problematik dieser unterschiedlichen Deutungen schlägt sich dabei vornehmlich in der Frage nieder, wie intensiv die an die Mitgliedstaaten gerichtete sekundäre *Kontroll- und Überwachungsverantwortlichkeit* zu verstehen ist, namentlich, ob die beiden Zuständigkeiten respektive Aufgaben entweder einer (mehr oder minder) strikten Trennung unterliegen[785] oder die Lebensmittelüberwachung in einer Art *„Kooperationsverhältnis zwischen Wirtschaft und Staat“*„[786] stattfindet[787].

Freilich lässt sich für zweitere Interpretation anführen, Art. 17 Abs. 1 und 2 BasisVO enthalte in der Zusammenschau den Grundgedanken einer gemeinsamen Aufgabenerfüllung im Sinne einer Zusammenarbeit, da der Staat dem Lebensmittel- oder Futtermittelunternehmer entsprechend des sog. *Miss-*

781 So *OVG Lüneburg*, Beschluss vom 28.10.2013 – 13 ME 132/13, NVwZ 2014, 798, 801.

782 Siehe hierzu einleitend unter Teil 3.B.II.1.

783 *Haunhorst*, in: Alfred Meyer, Lebensmittel heute, S. 181, 181; siehe hierzu bereits die vorstehenden Ausführungen unter Teil 3.B.II.1.a.; siehe weiterhin zum Kontrollgegenstand *Thilo Ortgies*, Rechtliches Risikomanagement im Lebensmittelrecht, S. 355 f.

784 Exemplarisch *Rathke*, in: Sosnitza/Meisterernst (ehem. Zipfel/Rathke), Art. 17 BasisVO, Rn. 1; *Joh/Krämer/Teufer/Unland*, ZLR 2012, 420, 423 f.

785 So bspw. *Rathke*, in: Sosnitza/Meisterernst (ehem. Zipfel/Rathke), Art. 17 BasisVO, Rn. 1.

786 *Rathke*, in: Sosnitza/Meisterernst (ehem. Zipfel/Rathke), Art. 17 BasisVO, Rn. 1, der sich jedoch dezidiert gegen ein solches Kooperationsverhältnis ausspricht.

787 So bspw. *Joh/Krämer/Teufer/Unland*, ZLR 2012, 420, 423.

brauchsprinzips[788] zunächst einen Vorschuss an Vertrauen entgegen bringt und nur dann eingreift, wenn die unternehmerseitigen Eigenkontrollen versagen oder nicht greifen.[789] Für ein solches Einschreiten stehen den zuständigen Behörden vielfältige Maßnahmen, beispielsweise aus Art. 138 Abs. 2 KontrollVO[790], zur Verfügung, die mitunter als *„scharfe[s] Schwert“*[791] bezeichnet werden können, bei deren Erlass sie [die zuständigen Behörden] allerdings sodann das *„gesetzlich angeordnete Kooperationsverhältnis zwischen Staat und Unternehmen ausreichend beachten“*[792] müssten.

Dem wird entgegengehalten, dass bereits die Abs. 1 und 2 des Art. 17 BasisVO eine strikte redaktionelle Trennung zwischen den unternehmerischen Tätigkeiten in Form der *Erfüllung der lebensmittelrechtlichen Anforderungen* und den staatlichen Aufgaben, die sich in der *Durchsetzung* derselben erstrecken, vornimmt. Und obgleich zweifelsohne die Lebens- und Futtermittelunternehmer dem Verbraucherschutz gleichermaßen verpflichtet sind wie die Mitgliedstaaten, handelt es sich bei der in Abs. 2 manifestierten Aufgabe doch um etwas inhaltlich und dem Wortlaut nach Anderes.[793] Allerdings würde dadurch wiederum die Ausgestaltung des Lebensmittelrechts als *Risikoverwaltungsrecht* verkannt, bei der lediglich die (staatlicherseits betriebene) Fremdkontrolle zugunsten von unternehmerischen Eigenkontrollen zurückzutreten habe.[794]

Betrachtet man diese unterschiedlichen Lesarten mit ihren – jeweils für sich wohl nachvollziehbaren – Erwägungen nun jedoch vor dem Hintergrund der eigentlich in Rede stehenden Frage, ob und inwieweit eine solche Differenzierung für die Rechtspraxis und die Vornahme von staatlichen *Risikomanagementmaßnahmen* überhaupt relevant ist, so lässt sich hierzu Folgendes anführen: Nach der Legaldefinition des *Risikomanagements* aus Art. 3 Nr. 12 BasisVO beinhaltet der diesbezügliche Prozess eine *Abwägung strategischer Alternativen in Konsultation mit den Beteiligten*, der in die *Wahl geeigneter Präventions- und Kontrollmöglichkeiten* mündet.[795] Und wenn jene *Abwägung strategischer Alternativen* eben zu der Schlussfolgerung führt, ein entsprechendes *Risiko* könne zumindest auch durch die betroffenen Lebensmittel- oder Futtermittelunternehmer bewältigt werden bzw. wenn ein unternehmerseitiges Vorgehen eine effektive, mithin *geeignete Präventionsmöglichkeit* darstellt, so

788 Vgl. zum Missbrauchsprinzip *Kraft/Grugel/Preußendorff*, ZLR 2008, 321, 321 ff.; *von Jagow*, ZLR 2007, 479, 479 ff.

789 *Joh/Krämer/Teufer/Unland*, ZLR 2012, 420, 423.

790 Siehe hierzu die nachfolgenden Ausführungen unter Teil 3.B.III.2.

791 *Joh/Krämer/Teufer/Unland*, ZLR 2012, 420, 424.

792 *Joh/Krämer/Teufer/Unland*, ZLR 2012, 420, 424.

793 *Rathke*, in: Sosnitza/Meisterernst (ehem. Zipfel/Rathke), Art. 17 BasisVO, Rn. 1.

794 *Simon*, Kooperative Risikoverwaltung im neuen Lebensmittelrecht, S. 229.

795 Siehe hierzu bereits die einleitenden Ausführungen zu hiesigem Teil 3 bzw. zu Teil 3.B.

gebietet doch einerseits bereits die Grundidee des *Risikomanagements* in Verbindung mit der Kernaussage des Art. 17 Abs. 1 BasisVO, dass vornehmlich die entsprechenden Unternehmer tätig werden können und müssen bzw. die zuständigen Behörden (in Anknüpfung an Art. 17 Abs. 2 BasisVO) erst Maßnahmen ergreifen, soweit unternehmereigene Mittel keinen Erfolg versprechen respektive von deren Seite kein Interesse oder keine Motivation für eine Mitwirkung erkennbar hervortritt. Andererseits entspricht genau dies dem im Falle von staatlichen Maßnahmen ohnehin zwingend zu berücksichtigenden Grundsatz der Verhältnismäßigkeit.[796]

2. Die Verpflichtung zu Rücknahme und Rückruf nach Art. 19 BasisVO

Als ein besonderes Instrument des *Risikomanagements* kann durchaus die in Art. 19 BasisVO manifestierte, unternehmerseitige Reaktionspflicht zur *Rücknahme* bzw. zum *Rückruf* bezeichnet werden, wonach der Lebensmittelunternehmer *ein von ihm eingeführtes, erzeugtes, verarbeitetes, hergestelltes oder vertriebenes Lebensmittel* entweder vom Markt zu nehmen (*Rücknahme* in Form des sog. stillen Rückrufes, Art. 19 Abs. 1 Satz 1 BasisVO)[797] oder zurückzurufen (sog. [öffentlicher] *Rückruf*, Art. 19 Abs. 1 Satz 2 BasisVO)[798] hat, sofern er *erkennt* oder zumindest *Grund zu der Annahme* besteht, dass dieses *den Anforderungen an die Lebensmittelsicherheit nicht entspricht*, womit auch eine Verpflichtung zur Unterrichtung (so Art. 19 Abs. 1 bis 3 BasisVO) respektive der Zusammenarbeit (Art. 19 Abs. 4 BasisVO) mit den zuständigen Behörden einhergeht. Art. 19 BasisVO flankiert insoweit zum einen die primäre Verantwortlichkeit aus Art. 17 Abs. 1 BasisVO dergestalt, als dass zunächst der Lebensmittelunternehmer selbst- und eigenverantwortlich die Vorschriftsmäßigkeit bzw. Lebensmittelsicherheit wieder herstellen kann und soll,[799] zum anderen begrifflich wie konzeptionell die zentrale Vorschrift des Art. 14 BasisVO im Sinne einer Ergänzung des Verbots, unsichere Lebensmittel in Verkehr zu bringen[800] für eben solche Fälle, in denen ein Lebensmittel *nicht*

---

796 Im Wesentlichen so auch *Simon*, Kooperative Risikoverwaltung im neuen Lebensmittelrecht, S. 230; siehe hierzu auch *Karola Krell*, ZLR 2005, 351, 361 f., die ein mögliches unternehmerseitiges Tätigwerden überdies davon abhängig macht, auf welcher Stufe der Lebensmittelkette das Problem auftritt; vgl. im weiteren Sinne zur Frage der Kompetenzabgrenzung durch den Grundsatz der Verhältnismäßigkeit *Grosche*, Der Staat 2021, 273, 273 ff.

797 *Riemer*, Melde-, Mitteilungs- und Informationspflichten, S. 18.

798 *Riemer*, Melde-, Mitteilungs- und Informationspflichten, S. 20.

799 *Sosnitza*, ZLR 2009, 299, 302.

800 Vgl. *Steiling*, in: FS Graf von Westphalen, S. 671, 677; *Joh/Krämer/Teufer/Unland*, ZLR 2012, 420, 422.

mehr unter der unmittelbaren Kontrolle des ursprünglichen Lebensmittelunternehmers steht.[801]

Freilich erfordern gerade diese Reaktionspflichten eine genaue Kenntnis des Lebensmittelunternehmers darüber, von welchen Zulieferern er seine Lebensmittel bzw. Zutaten bezogen[802] und an welche Abnehmer er sie weitergegeben hat[803], also eine *Rückverfolgbarkeit*[804] zumindest *„one step up, one step down“*.[805] Unabänderlich ist hierfür gemäß Art. 18 Uabs. 2 und Abs. 3 BasisVO zwar, dass der Lebensmittelunternehmer *Systeme* und *Verfahren* einrichtet, mit denen er jene Informationen den zuständigen Behörden nach Aufforderung zur Verfügung stellen kann, ohne diese jedoch konkret vorzugeben;[806] vielmehr obliegt die jeweilige Ausgestaltung dem Lebensmittelunternehmer[807] – mit Ausnahme von einigen sektorspezifischen Bestimmungen[808] – selbst.[809] Entscheidend ist einzig, dass im Falle auftretender Lebensmittelkrisen die Lieferwege so genau nachvollzogen werden können, um gegen die von Lebensmitteln ausgehenden Gesundheitsgefahren effektiv vorgehen zu können.[810]

---

801 *Rudi Lang*, BayZR 2021, 78, 87; *Müller*, Die Bewältigung von Lebensmittelrisiken durch Risikokommunikation, S. 91; *Simon*, Kooperative Risikoverwaltung im neuen Lebensmittelrecht, S. 226 f.; *Sosnitza*, ZLR 2004, 123, 137.

802 So Art. 18 Abs. 2 S. 1 BasisVO in seinem Wortlaut: *„Die Lebensmittel- und Futtermittelunternehmer müssen in der Lage sein, jede Person festzustellen, von der sie ein Lebensmittel, Futtermittel, ein der Lebensmittelgewinnung dienendes Tier oder einen Stoff, der dazu bestimmt ist oder von dem erwartet werden kann, dass er in einem Lebensmittel oder Futtermittel verarbeitet wird, erhalten haben.“*.

803 So Art. 18 Abs. 3 BasisVO in seinem Wortlaut: *„Die Lebensmittel- und Futtermittelunternehmer richten Systeme und Verfahren zur Feststellung der anderen Unternehmer ein, an die ihre Erzeugnisse geliefert worden sind. Diese Informationen sind den zuständigen Behörden auf Aufforderung zur Verfügung zu stellen.“*.

804 Vgl. zur Begriffsbestimmung der *Rückverfolgbarkeit* die entsprechende Legaldefinition aus Art. 3 Nr. 15 BasisVO, worunter *„die Möglichkeit, ein Lebensmittel oder Futtermittel, ein der Lebensmittelgewinnung dienendes Tier oder einen Stoff, der dazu bestimmt ist oder von dem erwartet werden kann, dass er in einem Lebensmittel oder Futtermittel verarbeitet wird, durch alle Produktions-, Verarbeitungs-und Vertriebsstufen zu verfolgen“* verstanden wird.

805 Vgl. hierzu *Holle*, ZLR 2004, 307, 319; *Riemer*, LMuR 2003, 121, 122; *Stollhof*, Zivilrechtliche Haftung bei Lebensmittelskandalen, S. 268.

806 *Schroeter*, ZLR 2003, 509, 509 und 511.

807 *Karola Krell*, ZLR 2005, 351, 357; ähnlich *Rabe*, ZLR 2003, 151, 159 f.

808 So Art. 18 Abs. 5 BasisVO, der als eine diesbezügliche Ermächtigungsnorm zu verstehen ist.

809 *Baumgartner/Uebe*, in: Kirchsteiger-Meier/Baumgartner, Global food legislation, S. 111, 121; *Kirchsteiger-Meier*, Die Lebensmittelhygiene als primäre Verantwortung des Lebensmittelunternehmers, S. 80.

810 *Meisterernst*, Lebensmittelrecht, S. 50; *Rudi Lang*, BayZR 2021, 78, 86.

a. Die Reaktionsstufen und der (Norm-)Adressatenkreis des Art. 19 BasisVO

Aus der Zusammenschau der einzelnen Absätze des Art. 19 BasisVO lassen sich, abhängig davon, ob das in Rede stehende Lebensmittel lediglich innerhalb der Lebensmittelkette weitergegeben wurde oder den Verbraucher bereits erreicht haben könnte bzw. ob dieses *möglicherweise die Gesundheit des Menschen schädigen kann,*[811] im Wesentlichen die drei folgenden *Reaktionsstufen*[812] beschreiben:

Die *erste Reaktionsstufe* (sog. *Rücknahme*) sieht ausweislich Art. 19 Abs. 1 Satz 1 BasisVO vor, dass der Lebensmittelunternehmer ein nicht sicheres Lebensmittel, welches sich zwar nicht mehr unter seiner Kontrolle befindet, gleichzeitig aber die Verbraucherschaft noch nicht erreicht hat, also lediglich innerhalb der Lieferkette an einen nachfolgenden Lebensmittelunternehmer weitergegeben wurde, unverzüglich vom Markt zu nehmen hat, indem er sich mit diesem in Verbindung setzt, um eine Weitergabe an den Verbraucher zu verhindern. Zudem ist die zuständige Behörde hierüber zu unterrichten[813].[814]

Sofern das nicht sichere Lebensmittel den Verbraucher bereits erreicht haben könnte, greift hingegen die *zweite Reaktionsstufe* (sog. *Rückruf*) aus Art. 19 Abs. 2 Satz 2 BasisVO, die nicht nur eine Unterrichtung der zuständigen Behörden, sondern darüber hinaus auch eine solche der Verbraucherschaft (*„unterrichtet der Unternehmer die Verbraucher effektiv und genau über den Grund für die Rücknahme“*)[815] vorsieht und mit der ebenfalls die Verpflichtung einhergeht, das betreffende Lebensmittel vom Markt zu nehmen.[816]

---

811 *Rathke*, in: Sosnitza/Meisterernst (ehem. Zipfel/Rathke), Art. 19 BasisVO, Rn. 1 spricht in diesem Zusammenhang zutreffend von *„Maßnahmen (...) entsprechend dem Grad einer Bedrohung der Sicherheit“*.

812 Diese *Reaktionsstufen* werden zum Teil auch (ungenau) als *„Gefahrenstufen“* bezeichnet, so bspw. *Steiling*, in: FS Graf von Westphalen, S. 671, 678 ff.; *Rudi Lang*, BayZR 2021, 78, 92, der in diesem Zusammenhang sogar vier *„Gefahrenstufen“* beschreibt und hierbei den (reinen) Anwendungsfall des Art. 14 BasisVO als die erste Stufe bezeichnet, also einen Fall in dem sich ein Lebensmittel (ausschließlich) unter der Kontrolle des Lebensmittelunternehmers befindet und dementsprechend (noch) kein Anlass zu einer Rücknahme oder einem Rückruf nach Art. 19 BasisVO besteht.

813 Zur Mitteilungspflicht des Lebensmittelunternehmers gegenüber den zuständigen Behörden vgl. *Müller*, Die Bewältigung von Lebensmittelrisiken durch Risikokommunikation, S. 90 ff.; *Grube*, ZLR 2012, 446, 451 bezeichnet diese Mitteilungspflicht als *„Annex zu [der] marktbezogenen Maßnahme“* der Rücknahme.

814 *Steiling*, in: FS Graf von Westphalen, S. 671, 678; *Rudi Lang*, BayZR 2021, 78, 92, der diese als *„zweite Gefahrenstufe“* bezeichnet; *Rathke*, in: Sosnitza/Meisterernst (ehem. Zipfel/Rathke), Art. 19 BasisVO, Rn. 1; *Sosnitza*, ZLR 2009, 299, 300 ff.

815 So der entsprechende Passus aus Art. 19 Abs. 1 Satz 2 BasisVO.

816 *Stollhof*, Zivilrechtliche Haftung bei Lebensmittelskandalen, S. 272; *Rathke*, in: Sosnitza/Meisterernst (ehem. Zipfel/Rathke), Art. 19 BasisVO, Rn. 26; *Sosnitza*, ZLR 2009, 299, 302 ff.

Besteht überdies die Möglichkeit, dass ein bereits in Verkehr gebrachtes Lebensmittel die Gesundheit des Menschen schädigen kann, so hat der Lebensmittelunternehmer gemäß Art. 19 Abs. 3 BasisVO im Rahmen einer *dritten Reaktionsstufe* zusätzliche Maßnahmen zu treffen, welche die vorgenannten einschließen und zudem eine umfassendere Unterrichtung der zuständigen Behörden beinhaltet, die sich auch auf die bereits getroffenen Maßnahmen bezieht. Weiterhin darf der Lebensmittelunternehmer *niemanden daran hindern oder davon abschrecken, mit den zuständigen Behörden zusammenzuarbeiten, um einem mit einem Lebensmittel verbundenen Risiko vorzubeugen* bzw. dieses *zu begrenzen oder auszuschalten.*[817]

Soweit über die grundsätzliche Gliederung dieser drei Reaktionsstufen zwar weitestgehende Einigkeit herrscht, folgen daraus doch mehrere Ungeklärtheiten. Zunächst sei in diesem Zusammenhang auf die Frage nach dem persönlichen Anwendungsbereich des Art. 19 Abs. 1 BasisVO verwiesen, der in seinem Satz 1 von dem sog. *ursprünglichen Lebensmittelunternehmer* spricht und in der Zusammenschau mit Abs. 2, in dem sich – so eine mögliche Auslegung – eine Privilegierung für den Bereich des Einzelhandels und des Vertriebs dergestalt erblicken lässt, als dass solchen Lebensmittelunternehmern lediglich eine Verpflichtung zur Information und Mitarbeit bzw. zur *Rücknahme*, nicht jedoch zu einem *Rückruf*[818] obliegt,[819] anderen *(ursprünglichen) Lebensmittelunternehmern*, namentlich den Produzenten oder Importeuren hingegen schon, während dieser Ansatz nach einer anderen Lesart eben nicht überzeugt und es sich auch bei einem Einzelhändler um den sog. *ursprünglichen Lebensmittelunternehmer* handelt,[820] mit der Folge, dass die *Rückruf*verpflichtung auch für diesen greift.[821] Beide Deutungen verkennen allerdings den immanenten Zweck des Art. 19 BasisVO, der vornehmlich im Sinne eines effektiven (gesundheitlichen) Verbraucherschutzes darin besteht, bereits in Verkehr befindliche, nicht sichere Lebensmittel wieder aus dem Verkehr zu entfernen.[822] Der Begriff des *ursprünglichen Lebensmittelunternehmers* bezieht sich dementsprechend nach dem Telos der Norm vielmehr auf sämtliche Unternehmer, die *erkennen oder Grund zu der Annahme* haben, dass ein von ihnen *eingeführtes, erzeugtes, verarbeitetes, hergestelltes oder vertriebenes*

817 Vgl. *Rathke*, in: Sosnitza/Meisterernst (ehem. Zipfel/Rathke), Art. 19 BasisVO, Rn. 35 ff.

818 In Art. 19 Abs. 2 BasisVO wird der Begriff des *Rückrufes* nämlich nicht verwendet.

819 Eine solche normadressatenbezogene Einschränkung wird in Art. 19 BasisVO hineingelesen von *Sosnitza*, ZLR 2004, 123, 137; ebenso von *Karola Krell*, Haftungsverteilung im Lebensmittelrecht, S. 129.

820 Anders *Rathke*, in: Sosnitza/Meisterernst (ehem. Zipfel/Rathke), Art. 19 BasisVO, Rn. 16, der auch den Vertrieb bzw. den Einzelhandel als *ursprünglichen Lebensmittelunternehmer* klassifiziert, sofern die Beeinträchtigung der Lebensmittelsicherheit erst in seinem Unternehmen, bspw. durch eine falsche Lagerung, verursacht wurde.

821 Vgl. hierzu auch zusammenfassend *Rudi Lang*, BayZR 2021, 78, 88.

822 Vgl. auch *Sosnitza*, ZLR 2009, 299, 299 ff.

Lebensmittel nicht sicher ist und dass sich dieses nicht mehr unter deren *unmittelbarer Kontrolle* befindet, mithin auf alle Unternehmer, die einen diesbezüglichen Kontrollverlust erlitten haben,[823] worunter freilich auch solche des Einzelhandels und des Vertriebs fallen können – allerdings deutlich seltener, da hier entsprechende Mängel natürlich nicht ohne Weiteres erkannt werden (können).[824]

b. Die materielle Komponente des Art. 19 BasisVO und ihre tatbestandlichen Ungeklärtheiten

Zwei weitere Ungeklärtheiten – welche für die Aufhellung der in hiesigem Abschnitt relevanten Frage,[825] ob ein *Risiko* bzw. welcher *Risikograd* genügt, *Risikomanagementmaßnahmen* auszulösen bzw. ob auch sog. *andere berücksichtigenswerte Faktoren* solche für sich auszulösen vermögen, sehr viel relevanter erscheinen – betreffen das *rücknahme-* bzw. *rückrufauslösende Tatbestandsmerkmal* des Art. 19 Abs. 1 BasisVO („*Anforderungen an die Lebensmittelsicherheit nicht entspricht*"):

So stellt sich *erstens* die Frage, ob ein *Rückruf* auch zu veranlassen ist, wenn lediglich die zweite Tatbestandsvariante des Art. 14 Abs. 2 (lit. b) BasisVO erfüllt ist, also bei lediglich *zum Verzehr ungeeigneter,* jedoch (noch) nicht *gesundheitsschädlicher* (Art. 14 Abs. 2 lit. a BasisVO) *Lebensmittel.* Denn während Art. 19 Abs. 1 BasisVO ausweislich seines Wortlautes auf Lebensmittel rekurriert, die den *Anforderungen an die Lebensmittelsicherheit nicht entsprechen,* mithin beide Tatbestandsvarianten in Bezug nimmt, wird insbesondere vertreten, dass die Warnfunktion des (öffentlichen) *Rückrufes* durch eine deutlich höhere Anzahl solcher marginalisiert oder bagatellisiert würde[826] respektive dass in solchen Fällen ein *Rückruf* regelmäßig zumindest nicht erforderlich sei;[827] die Rechtsprechung und Teile des ihr folgenden Schrifttums fordern hingegen allein eine „*strikte Beachtung des Verhältnismäßigkeitsgrundsatzes*"[828]. Vor dem Hintergrund des einschränkenden Passus aus Art. 19 Abs. 1 Satz 2 a. E. BasisVO, wonach ein Rückruf ohnehin nur dann statthaft ist, sofern *andere Maßnahmen zur Erzielung eines hohen Gesundheitsschutzniveaus nicht ausreichen,* erscheinen diese vorgenannten Deutungen zwar nicht als Makulatur, im Ergebnis aber doch *nur* als eine Frage der kon-

823 So auch *Rudi Lang,* BayZR 2021, 78, 88, der überdies zutreffend auf die spanische Sprachfassung des Art. 19 Abs. 1 BasisVO verweist.

824 Ähnlich *Sosnitza,* ZLR 2004, 123, 138.

825 Siehe hierzu die einleitenden Ausführungen unter Teil 3.B.

826 So *Grube,* ZLR 2012, 446, 452; *Weyland,* ZLR 2016, 558, 560.

827 So *Müller,* Die Bewältigung von Lebensmittelrisiken durch Risikokommunikation, S. 101.

828 Exemplarisch *VGH Mannheim,* Urteil vom 02.03.2010 – 9 S 171/09, 2. Leitsatz, BeckRS 2010, 47795; *Rathke,* in: Sosnitza/Meisterernst (ehem. Zipfel/Rathke), Art. 19 BasisVO, Rn. 31a.

sequenten Anwendung des Verhältnismäßigkeitsprinzips, die sich von der nebst angeführten *„strikten Verhältnismäßigkeitsprüfung“* nur in begrifflicher Hinsicht unterscheidet.[829]

Zweitens stellt(e) sich die Frage, ob eine *Rücknahme* bzw. ein *Rückruf* auch dann erforderlich ist, wenn das betreffende Lebensmittel zwar eine mikrobiologische Verunreinigung bspw. durch Listerien- oder Salmonellenbefunde aufweist, aufgrund eines zutreffenden Sicherheitshinweises gemäß Art. 14 Abs. 3 lit. b BasisVO jedoch als *sicher* in diesem Sinne anzusehen ist. Zur Auflösung dieser Auslegungsfrage hat nicht zuletzt die Entscheidung des *BVerwG* in dem plakativen wie bezeichnenden sog. *Dönerspieß-Fall*[830] beigetragen, welche ebene jene Problematik zum Gegenstand hatte. Ausgangspunkt war hierbei Art. 7 MikrobiolKritVO[831], in dem das *BVerwG* eine Rechtsfolgenverweisung[832] erblickte und der bei unbefriedigenden Untersuchungsergebnissen von sog. Lebensmittelsicherheitskriterien dementsprechend anordnet, das in Rede stehende Lebensmittel nach Art. 19 BasisVO zwingend vom Markt zu nehmen, unabhängig davon, ob dessen Voraussetzungen in Form der Erkenntnis oder des Grundes der Annahme, das Lebensmittel entspreche nicht den *Anforderungen an die Lebensmittelsicherheit*, vorliegen.[833]

c. Das epistemische und prognostische Element des Art. 19 BasisVO

Weniger Auslegungsprobleme lassen sich indes im Hinblick auf das epistemische Tatbestandsmerkmal des Art. 19 BasisVO erblicken, welches voraussetzt, dass der Lebensmittelunternehmer entweder (positiv) *erkennt*, also *„wenn ihm eine entsprechende und ihn überzeugende Beurteilung vorliegt“*[834] oder er zumindest *Grund zu der Annahme* hat, dass ein Lebensmittel den *Anforderungen an die Lebensmittelsicherheit nicht entspricht*. Erwähnenswert ist hierbei, vor allem hinsichtlich letzterer, sehr viel weitergehender Alternative, in welcher Intensität ein *Grund zu der Annahme* überhaupt vorliegen muss. Jedenfalls fügt sich dieser Passus beinahe nahtlos in die ähnlich gestaltete englische und französische Sprachfassung der BasisVO ein, die mit den Formulierungen *has*

829 So auch *Rudi Lang*, BayZR 2021, 78, 89.

830 *BVerwG*, Urteil vom 14.10.2020 – 3 C 10.19, LMuR 2021, 110 ff.

831 Verordnung (EG) Nr. 2073/2005 der Kommission vom 15. November 2005 über mikrobiologische Kriterien für Lebensmittel, ABl. EU 2005 L 338/1, im Folgenden: MikrobiolkritVO.

832 Obgleich in hiesigem Fall auch eine Vorlage an den *EuGH* gemäß Art. 267 AEUV durchaus erstrebenswert gewesen wäre, sah sich das *BVerwG*, da das Auslegungsergebnis *„hinreichend klar“* sei, nicht verpflichtet, *BVerwG*, Urteil vom 14.10.2020 – 3 C 10.19, Rn. 24, LMuR 2021, 110, 112 f.; vgl. hierzu ausführlich *Rudi Lang*, BayZR 2021, 78, 90.

833 Zur MikrobiolkritVO siehe auch die nachfolgenden Ausführungen unter Teil 3.B.IV.2.b.

834 *Rathke*, in: Sosnitza/Meisterernst (ehem. Zipfel/Rathke), Art. 19 BasisVO, Rn. 14.

reason to believe[835] und *a des raisons de penser*[836] eine deutlich schwächere Wissensgrundlage als beispielsweise den *hinreichenden Verdacht* erfordert, wie er für eine Information der Öffentlichkeit nach Art. 10 BasisVO vorausgesetzt wird.[837] Entscheidend ist aber, dass dem Lebensmittelunternehmer „*konkrete Umstände bekannt sind*“[838], die über bloß hypothetische Erwägungen hinausgehen,[839] während es dem Wortlaut der Norm nach noch nicht genügt, dass er solche Umstände zwar hätte erkennen müssen, tatsächlich aber nicht erkannt hat[840]

3. Zusammenfassung und Schlussfolgerungen

Den vorstehenden Ausführungen zu den Instrumentarien des *Risikomanagements,* die sich bislang auf die in der BasisVO manifestierten Handlungs*alternativen* bzw. *-pflichten* der *Lebensmittel- und Futtermittelunternehmer* beschränkten, lassen sich interessante Erkenntnisse entnehmen. Hierbei sei in Bezug auf das Verhältnis der Verpflichtung zum Ergreifen von *Risikomanagementmaßnahmen* in gewissen *Risiko*situationen eingangs festgestellt, dass, wenn nicht sichere Lebensmittel oder Futtermittel in den Verkehr gelangt sind, also in denen das betreffende Lebensmittel nicht mehr unter der unmittelbaren Kontrolle des ursprünglichen Lebensmittelmittelunternehmers steht, mithin, wenn es innerhalb der Lebensmittellieferkette bereits an andere Unternehmer weitergegeben wurde (so Art. 19 Abs. 1 Satz 1 BasisVO) oder dieses die Verbraucherschaft bereits erreicht haben könnte (so Art. 19 Abs. 1 Satz 2 BasisVO), ipso iure und ad interim die entsprechenden Unternehmer mittels einer *Rücknahme* bzw. eines *Rückrufes* tätig werden müssen, womit gleichzeitig eine abgestufte *Melde-* bzw. *Mitteilungsverpflichtung* gegenüber den zuständigen Behörden einhergeht[841]. Diese Vorrangstellung steht konzeptionell im Einklang mit zweierlei anderen Regelungen der BasisVO: zum einen mit der in Art. 17 Abs. 1 i. V. m. Abs. 2 BasisVO manifestierten unternehmerischen *Primärverantwortlichkeit,*[842] zum anderen mit dem Verbot aus Art. 14 BasisVO,

835 *To believe,* englisch: zu glauben (https://www.deepl.com/de/translator#en/de/to%20believe%0A [zuletzt abgerufen, am: 11.03.2024]).

836 *A des raisons de penser,* französisch: hat Grund zu der Annahme (https://www.deepl.com/de/translator#fr/de/a%20des%20raisons%20de%20penser [zuletzt abgerufen, am: 11.03.2024]).

837 Vgl. *Gorny,* Kommentar zur VO (EG) Nr. 178/2002, Rn. 346 f.

838 *Rathke,* in: Sosnitza/Meisterernst (ehem. Zipfel/Rathke), Art. 19 BasisVO, Rn. 14.

839 *Simon,* Kooperative Risikoverwaltung im neuen Lebensmittelrecht, S. 226; ähnlich, jedoch etwas weitergehender *Gorny,* Kommentar zur VO (EG) Nr. 178/2002, Rn. 346, der „*Annahmegründe, Glaubensgründe und weitestgehend gesagt, Vermutungsgründe*“ ausreichen lässt, soweit „*tatsächliche Anhaltspunkte als Anlass der Vermutung vorhanden sind*“.

840 So auch *OVG Lüneburg,* Beschluss vom 28.10.2013 – 13 ME 132/13, NVwZ 2014, 798, 800; vgl. auch *Gorny,* Kommentar zur VO (EG) Nr. 178/2002, Rn. 345.

841 Siehe hierzu die Ausführungen unter Teil 3.B.II.2.a.

842 Siehe hierzu die Ausführungen unter Teil 3.B.II.1.

nicht sichere Lebensmittel überhaupt in den Verkehr zu bringen[843], sodass die *Rücknahme* und der *Rückruf* als eine Fortsetzung des Art. 14 BasisVO und als eine Konkretisierung des unternehmerischen Pflichtenkreises verstanden werden kann. Freilich bedarf diese (vorläufige) Erkenntnis hinsichtlich des Zusammenspiels von Lebensmittelunternehmern und zuständigen Behörden innerhalb des *Risikomanagements* auch noch einer Verifizierung im Sinne einer näheren Betrachtung der behördlicherseits ergreifbaren Maßnahmen.[844]

Hervorzuheben ist außerdem in *materieller* Hinsicht, dass eben diese unternehmerseitigen Handlungs*pflichten* nur bei sicherheitsrelevanten Umständen greifen, also wenn *verzehrsungeeignete* oder *gesundheitsschädliche Lebensmittel* insoweit in den Verkehr *gelangt* sind, da das *rücknahme-* bzw. *rückrufauslösende Tatbestandsmerkmal* des Art. 19 Abs. 1 BasisVO an die Überschrift des Art. 14 BasisVO anknüpft und ein *Nichtentsprechen* des Lebensmittels mit den *„Anforderungen an die Lebensmittelsicherheit“* erfordert.[845] Vergleicht man diese zentrale tatbestandliche Voraussetzung mit der *materiellen Komponente* des *Risikobegriffes* aus Art. 3 Nr. 9 BasisVO, die bereits bloße *Gesundheitsbeeinträchtigungen* umfasst und insofern sehr weit angelegt ist,[846] so fällt doch eine relevante Ambivalenz auf: Während Art. 19 BasisVO, soweit die *Rücknahme* bzw. der *Rückruf* auf *gesundheitsschädliche* Lebensmittel zurückzuführen ist, qualitativ also mehr verlangt als eine *Gesundheitsbeeinträchtigung*, lässt er im Falle einer *Verzehrsungeeignetheit* einen Umstand genügen, der gemäß Art. 14 Abs. 2 lit. b BasisVO zwar ebenfalls eine *Anforderung an die Lebensmittelsicherheit* darstellt, hierbei allerdings weder eine *Gesundheitsbeeinträchtigung* noch eine *Gesundheitsschädlichkeit* voraussetzt[847].

Ebenso zeigt der Vergleich der jeweiligen *prognostischen* bzw. *diagnostischen Elemente* eine durchaus interessante Modifizierung, welche sich darin erblicken lässt, dass der *Risikobegriff* jene eben nicht näher definiert oder beschreibt, also zur (allgemeinen) *Risiko*bemessung jede – auch eine sehr geringe – *Eintrittswahrscheinlichkeit* genügen lässt, die ausweislich der *verknüpfenden Komponente* des *Risikobegriffes* freilich noch mit der Schwere der *Gesundheitsbeeinträchtigung* in *Funktion*[848] zu setzen ist, der Art. 19 BasisVO dies für eine *Rücknahme* oder einen *Rückruf* aber gerade insoweit konkretisiert – und hierin ist gerade die eigenständige Konkretisierungsleistung des Art. 19 BasisVO im Vergleich zu Art. 3 Nr. 9 bzw. Art. 6 Abs. 3 BasisVO zu se-

843 Siehe hierzu die einleitenden Ausführungen unter Teil 3.B.II.2.

844 Siehe hierzu die nachfolgenden Ausführungen zu Teil 3.B.III.

845 Siehe hierzu die Ausführungen unter Teil 3.B.II.2.b.

846 Siehe hierzu die Ausführungen unter Teil 2.A.II.

847 Siehe zu diesem Problemaufriss innerhalb des Art. 14 BasisVO bereits die Ausführungen unter Teil 1.B. sowie die nachfolgenden Ausführungen unter Teil 4.

848 Siehe hierzu bereits die Ausführungen unter Teil 2.A.V.

hen –, als dass schon die bloße Annahme bzw. Kenntnis von entsprechenden Umständen ausreicht, die über bloß hypothetische Annahmen hinausgehen und somit einen *Grund zu der Annahme* einer solchen Unsicherheit begründen[849].

Diese Erkenntnisse dürfen mit Blick auf zwei relevante Fragen, nämlich (erstens) nach der *Akzeptabilität* von *Risiken* bzw. ob der *Risikobegriff* aus Art. 3 Nr. 9 BasisVO bereits eine *materielle Eingriffsschwelle* manifestiert und (zweitens) welche *Faktoren* zur Bestimmung dieser *Akzeptabilität* respektive *Eingriffsschwelle* heranzuziehen sind oder herangezogen werden können,[850] zumindest als erträglich bezeichnet werden, da sie auch oder vor allem an vorherige Schlussfolgerungen anknüpfen und diese insoweit fortsetzen.

Hierbei sei zu ersterer Frage festgestellt, dass im Rahmen des *unternehmerischen Risikomanagements* jedenfalls nicht auf eine *Tätigkeitsschwelle* bzw. *Akzeptabilität* rekurriert wird, die sich unmittelbar dem *Risikobegriff* aus Art. 3 Nr. 9 BasisVO entnehmen lässt. Vielmehr konkretisiert Art. 19 BasisVO diese Schwelle in *diagnostischer* Hinsicht eigenständig, indem er bereits eine sehr geringe Tatsachen- oder Kenntnisgrundlage ausreichen lässt und definiert diese in *materieller* Hinsicht ausschließlich in Anlehnung an Art. 14 BasisVO. Und eben das steht im Einklang mit den Schlussfolgerungen im Zusammenhang mit der tatbestandlichen Betrachtung des *Risikobegriffes*,[851] in der wiederum davon ausgegangen wurde, dass dieser *Risiken* in ihrer Gesamtheit betrachten soll und muss.

Zur zweiteren Frage lässt sich anführen, dass ausschließlich sicherheitsrelevante Umstände, namentlich das *nicht im Einklang stehen* des Lebensmittels mit den *Anforderungen an die Lebensmittelsicherheit*, eine *Rücknahme* oder einen *Rückruf* auslösen können und sog. *andere Faktoren*[852] hierbei keine Rolle spielen. Erneut erwähnenswert ist ebenda allerdings die Ambivalenz der beiden Tatbestandsalternativen des Art. 14 BasisVO.

III. Die Tätigkeiten und Befugnisse der Lebensmittelüberwachungsbehörden als Bausteine des Risikomanagements

Einen weiteren Baustein des *Risikomanagements* bildet das mitgliedstaatliche Tätigwerden, das ausweislich Art. 17 Abs. 1 und 2 BasisVO im Unterschied zu dem unternehmerischen Pflichtenkreis, namentlich die *lebensmittelrecht-*

849 Siehe hierzu bereits die Ausführungen unter Teil 3.B.II.2.c.

850 Siehe hierzu bereits die Ausführungen unter Teil 3.A., die eben jene Fragestellungen näher betrachten.

851 Siehe hierzu die (sehr frühen) Schlussfolgerungen unter Teil 2.A.VI.; diese Annahme wird mit Einschränkungen fortgesetzt unter Teil 2.B.IV.

852 Siehe hierzu bereits die Ausführungen unter Teil 3.A.I. sowie Teil 3.A.III. und IV.

lichen Anforderungen zu erfüllen, als die sekundäre Verantwortlichkeit zur Überwachung und *Durchsetzung* derselben umschrieben[853] und insoweit als *Lebensmittelüberwachung* bezeichnet werden kann. Vor dem Hintergrund des im Lebensmittelrecht vorherrschenden *Missbrauchsprinzips* und des damit einhergehenden sehr liberalen Marktzuganges erfolgt dieses regelmäßig in Form sog. *Nachmarktkontrollen*, mithin durch Kontrollen von Lebensmitteln, die sich bereits auf dem Markt befinden, und nur in besonders geregelten Fällen mittels sog. *Marktzugangskontrollen*[854].[855] Anders als die Pflichten von Lebensmittel- und Futtermittelunternehmern, die in Art. 17 Abs. 1 und Art. 18 BasisVO nur kursorisch skizziert werden[856] bzw. für das Ergreifen von *Risikomanagementmaßnahmen* lediglich in Art. 19 BasisVO näher ausgestaltet sind,[857] weisen die Vorschriften in Bezug auf die *behördliche Kontrolle* und Überwachung der Lebensmittelunternehmer respektive des Lebensmittelrechts eine hohe Regelungsdichte auf.[858]

Im Wesentlichen lassen sich diese breit angelegten behördlichen Instrumentarien, welche sich nur sehr partiell in der BasisVO wiederfinden und demgemäß vornehmlich in anderen Rechtsakten manifestiert sind, wie in der (unionsrechtlichen) KontrollVO bzw. in dem (für Deutschland, mitgliedstaatlichen) LFGB, allerdings in drei Kategorien einteilen: Zunächst in sog. *allgemeine Kontroll- und Überwachungsbefugnisse* (erste Kategorie)[859], an die sich die – klassischen verwaltungsrechtlichen – *Durchsetzungsmaßnahmen* (zweite Kategorie)[860] anschließen,[861] sowie in die entsprechende *behördliche Informationstätigkeit* (dritte Kategorie)[862]. Vor dem Hintergrund der Fragestellung,[863] ob und inwieweit neben einem festgestellten *Risiko* auch *andere berücksichtigenswerte Faktoren* behördliche Maßnahmen des *Risikomanagements*

853 Siehe hierzu bereits die Ausführungen unter Teil 3.B.II.1.b.

854 Zur Differenzierung von *Marktzugangs-* und *Nachmarktkontrollen* siehe *Weiß*, Die rechtliche Gewährleistung der Produktsicherheit, S. 308, 334 ff. und 374 ff.; siehe hierzu auch die nachfolgenden kursorischen Ausführungen zu ausgewählten zulassungspflichtigen Lebensmitteln unter Teil 3.B.IV.1.

855 *Thilo Ortgies*, Rechtliches Risikomanagement im Lebensmittelrecht, S. 332.

856 Siehe hierzu bereits die Ausführungen unter Teil 3.B.II.1.

857 *Christian Hofmann*, Öffentlich-rechtlich statuierte Produktbeobachtungspflichten, S. 274 f.; ähnlich *Teufer*, in: Eifert, Produktbeobachtung durch Private, S. 105, 105.

858 *Teufer*, in: Eifert, Produktbeobachtung durch Private, S. 105, 112; *Thilo Ortgies*, Rechtliches Risikomanagement im Lebensmittelrecht, S. 333.

859 Siehe hierzu die nachfolgenden Ausführungen unter Teil 3.B.III.1.

860 Siehe hierzu die nachfolgenden Ausführungen unter Teil 3.B.III.2.

861 Vgl. zur Problematik der kategoriellen Unterscheidung zwischen *allgemeinen Kontroll- und Überwachungsmaßnahmen* einerseits und den entsprechenden *Durchsetzungsmaßnahmen* andererseits *Thilo Ortgies*, Rechtliches Risikomanagement im Lebensmittelrecht, S. 338 f. m. w. N., sowie S. 340.

862 Siehe hierzu die nachfolgenden Ausführungen unter Teil 3.B.III.3.

863 Siehe hierzu die einleitenden Ausführungen zu Teil 3.B.

auszulösen vermögen, sind eben jene Befugnisse in Bezug auf ihre tatbestandliche Ausgestaltung und die möglichen Rechtsfolgen näher zu untersuchen.

1. Die allgemeinen behördlichen Kontroll- und Überwachungsbefugnisse

Zur Überwachung und Überprüfung des Lebensmittelrechts bzw. dass der jeweilige Lebensmittelunternehmer die ihm obliegenden Anforderungen des Lebensmittelrechts erfüllt,[864] betreiben die Mitgliedstaaten[865] ausweislich Art. 17 Abs. 2 Uabs. 2 BasisVO ein *System amtlicher Kontrollen.*[866] Das Lebensmittelrecht stellt den Mitgliedstaaten hierfür – auf unionsrechtlicher Ebene innerhalb der KontrollVO sowie auf mitgliedstaatlich-deutscher Ebene mittels des LFGB – eine Vielzahl unterschiedlicher Instrumentarien zur Verfügung, die sich bezüglich der Überwachung und Überprüfung, mithin sog. *amtlicher Kontrollen,* einerseits[867] und der *Durchsetzung* andererseits[868] ganz wesentlich voneinander unterscheiden, da Letztere zunächst einer (zeitlich) vorgelagerten Kontrolltätigkeit im Sinne der Ermittlung und Erhebung von unternehmerischem Fehlverhalten bedarf.[869]

Solche *amtlichen Kontrollen* finden gemäß Art. 9 KontrollVO risikobasiert,[870] unangekündigt und in angemessener Häufigkeit statt. Die zuständigen Behörden sind hierbei im Rahmen sog. *„Vor-Ort-Kontrolltätigkeiten"*[871] insbesondere befugt,[872] die Betriebsräume und Transportmittel des Lebensmittelunternehmers zu betreten, sämtliche geschäftliche Schrift- und Datenträger bzw. Aufzeichnungen etc. einzusehen, hiervon Abschriften oder Vervielfältigungen anzufertigen oder einschlägige Auskünfte zu verlangen.[873] Des Weiteren obliegt es ihnen, *Proben*[874] aus entsprechenden Lebensmitteln oder Erzeugnis-

864 Zu den unternehmerischen Pflichten siehe bereits die Ausführungen unter Teil 3.B.II.; zur *Durchsetzung* des Lebensmittelrechts siehe die nachfolgenden Ausführungen unter Teil 3.B.III.2.

865 Überblicksartig für die deutsche Ebene siehe *Beckmann,* KommJur 2011, 441, 441 ff.

866 Siehe hierzu auch *Rathke,* in: Sosnitza/Meisterernst (ehem. Zipfel/Rathke), Art. 17 BasisVO, Rn. 15; *Müller/Wallau/Grube,* Taschenbuch der Lebensmittelkontrolle, S. 46.

867 Siehe hierzu die in Art. 2 Abs. 1 KontrollVO enthaltene Legaldefinition der sog. *amtlichen Kontrollen.*

868 Siehe hierzu die in Art. 2 Abs. 2 KontrollVO enthaltene Legaldefinition der sog. *anderen amtlichen Tätigkeiten,* die insoweit Art. 17 Abs. 2 Uabs. 3 BasisVO komplementiert.

869 Vgl. *Hecker,* Marktoptimierende Wirtschaftsaufsicht, S. 15.

870 Siehe hierzu bereits die einleitenden Ausführungen zu Teil 2, die partiell hierauf Bezug nehmen.

871 *Thilo Ortgies,* Rechtliches Risikomanagement im Lebensmittelrecht, S. 353.

872 So für Deutschland anhand des Kataloges des § 42 Abs. 2 LFGB.

873 *Meisterernst,* Lebensmittelrecht, S. 121 f.; *Neuhaus,* in: Frede, Handbuch für Lebensmittelchemiker, S. 109, 128 ff.

874 Siehe hierzu auch *Baumann,* ZLR 2010, 517, 518.

sen zu entnehmen und diese mithilfe mikrobiologischer respektive molekularbiologischer, physikalischer oder chemischer Untersuchungsverfahren auf ihre Rechtskonformität zu überprüfen,[875] was unternehmerseits nicht nur zu dulden ist, sondern überdies nach Art. 15 KontrollVO[876] der verpflichtenden Mitwirkung der Lebensmittelunternehmer bedarf.

Freilich stehen diese Überwachungsmaßnahmen, da mit ihnen Eingriffe in grundrechtlich geschützte Rechtspositionen einhergehen, unter dem Vorbehalt der Erforderlichkeit, sodass die zuständigen Behörden hiervon nur in dem Maße Gebrauch machen dürfen, als dass sie dem gesetzlich manifestierten Zweck der Überprüfung dienen.[877] Soweit sich das behördliche in Aktion treten allerdings auf die reine Überwachung und Überprüfung des Lebensmittelrechts in Form von Betriebskontrollen oder Probenahmen beschränkt, bestehen keine weitergehenden Tatbestandsvoraussetzungen in Bezug auf die Frage des Ob des Tätigwerdens.

2. Die (klassischen) verwaltungsrechtlichen Durchsetzungsmaßnahmen

Eine andere Ausrichtung als die *allgemeinen Kontroll- und Überwachungsbefugnisse* des Lebensmittelrechts verfolgen denknotwendigerweise die entsprechenden behördlichen *Durchsetzungsmaßnahmen*, die gerade darauf abzielen, (häufig im Rahmen von Betriebskontrollen oder amtlichen Probenahmen) erkannte oder festgestellte lebensmittelrechtliche Mängel zu verhindern oder diese abzustellen. Auch hier können die zuständigen Behörden auf ein breites Spektrum an möglichen und sich ergänzenden Optionen zurückgreifen,[878] die vor dem Hintergrund des kooperativen Ansatzes des Lebensmittelrechts[879] von bloß *informellem Verwaltungshandeln*[880] über *behördliche Informationstä-*

875 *Bauschke*, Verbraucherschutz im öffentlichen Recht aus Sicht des Lebensmittelrechts, S. 158; *Wehlau*, LFGB, § 43, Rn. 1 ff., insb. Rn. 4.

876 Mit Art. 15 KontrollVO korrespondiert insoweit auf deutscher Ebene § 44 LFGB.

877 *Wehlau*, LFGB, § 42, Rn. 12; *Wiebe*, Unternehmerfreiheit versus Verbraucherschutz, S. 343; *Thilo Ortgies*, Rechtliches Risikomanagement im Lebensmittelrecht, S. 363.

878 Vgl. *Müller/Wallau/Grube*, Taschenbuch der Lebensmittelkontrolle, S. 142; *Thilo Ortgies*, Rechtliches Risikomanagement im Lebensmittelrecht, S. 376.

879 Vgl. *Joh/Krämer/Teufer/Unland*, ZLR 2012, 420, 423.

880 Vgl. zur Möglichkeit *informellem Verwaltungshandelns* als milderes Mittel der Rechtsdurchsetzung *Wiebe*, Unternehmerfreiheit versus Verbraucherschutz, S. 350; beispielsweise fällt hierunter neben der behördlichen Beratung des Lebensmittelunternehmers auch die Erteilung allgemeiner Auskünfte oder eine formlose Beanstandung, Belehrung oder Ermahnung, siehe hierzu *Kemper*, Verbraucherschutzinstrumente, S. 441; siehe auch *Thilo Ortgies*, Rechtliches Risikomanagement im Lebensmittelrecht, S. 378 f. m. w. N.; kritisch hingegen *Wienhold/Grau*, Behördliche Lebensmittelüberwachung entlang der Warenketten, S. 94, die expressis verbis darauf hinweisen, dass behördlicherseits lediglich ein „*Auftrag zur Überwachung und nicht zur Beratung/Aufklärung*" besteht.

tigkeiten [881] bis hin zu den – hier näher zu betrachtenden – *klassischen verwaltungsrechtlichen Durchsetzungsmöglichkeiten* reichen,[882] welche vornehmlich in den Art. 137 Abs. 2 und 3, 138 Abs. 2 KontrollVO bzw. den für Deutschland insoweit ergänzenden § 39 Abs. 2, 5 und 6 LFGB geregelt sind.[883] Die dort vorgesehenen Rechtsfolgen greifen abhängig von den jeweils normierten tatbestandlichen Voraussetzungen, welche allerdings – so sei bereits an dieser Stelle ausdrücklich erwähnt – allesamt nicht an ein *Risiko* anknüpfen, sondern an einen *Verstoß* gegen lebensmittelrechtliche Vorschriften, an einen *Verdacht* bezüglich *eines* solchen *Verstoßes* bzw. an den *Schutz vor Gesundheitsgefahren* oder *vor Täuschung*.

a. Die Fallgruppen verwaltungsrechtlicher Durchsetzungsmaßnahmen

Im Einzelnen lassen sich diese anhand ihrer jeweiligen Rechtsfolgen in nachgenannte Fallgruppen[884] einteilen und -ordnen:

Im Falle eines *festgestellten Verstoßes* (sog. erste Fallgruppe) gegen unionsrechtliche Vorschriften, mithin wenn nach Auffassung der zuständigen Behörde objektiv sämtliche Tatbestandsvoraussetzungen einer solchen Verbotsnorm erfüllt sind,[885] ermöglicht Art. 138 Abs. 1 Satz 1 lit. a, lit. b Alt. 1 KontrollVO i. V. m. § 39 Abs. 1 LFGB bzw. im Falle von *festgestellten Verstößen* gegen rein nationales Recht[886] § 39 Abs. 1 LFGB i. V. m. Art. 138 Abs. 1 KontrollVO ein präventives behördliches Tätigwerden[887] entsprechend des nichtabschließenden Kataloges[888] des Art. 138 Abs. 2 KontrollVO,[889] der bereits eine

881 Siehe hierzu die nachfolgenden Ausführungen unter Teil 3.B.III.3.

882 *Thilo Ortgies*, Rechtliches Risikomanagement im Lebensmittelrecht, S. 378 f.

883 Vgl. zum Verhältnis der Art. 137, 138 KontrollVO zu § 39 LFGB *Möstl*, in: Möstl/Purnhagen, Maßnahmen und Sanktionen im Lebensmittelrecht, S. 49, 55 f.; *Gundel*, EuZW 2018, 735, 740; *Pullner*, BayZR 2023, 54, 55 f.

884 Die nachfolgende Darstellung orientiert sich mit Einschränkungen an *Pullner*, BayZR 2023, 54, 57 ff. sowie an *Möstl*, in: Möstl/Purnhagen, Maßnahmen und Sanktionen im Lebensmittelrecht, S. 49, 56 ff., der sich allerdings noch auf § 39 LFGB a. F. bezieht.

885 So insbesondere *VG München*, Urteil vom 01.03.2017 – M 18 K 16.68, Rn. 20, BeckRS 2017, 112533; *Holle*, in: Streinz/Meisterernst, BasisVO/LFGB, § 39 LFGB, Rn. 51.

886 Zu den Hintergründen der Unterscheidung von unionsrechtlichen und rein mitgliedstaatlichen Verstößen siehe *Meisterernst/Vergho*, ZLR 2019, 45, 51; *Möstl*, in: Möstl/Purnhagen, Maßnahmen und Sanktionen im Lebensmittelrecht, S. 49, 63.

887 Zur präventiven Ausrichtung entsprechender lebensmittelrechtlicher Befugnisnormen vgl. *Preuß*, ZLR 2011, 47, 48; *Möstl*, in: Möstl/Purnhagen, Maßnahmen und Sanktionen im Lebensmittelrecht, S. 49, 50.

888 Vgl. hierzu *Möstl*, in: Möstl/Purnhagen, Maßnahmen und Sanktionen im Lebensmittelrecht, S. 49, 50.

889 *Pullner*, BayZR 2023, 54, 57 f., der allerdings den sog. *festgestellten Verstoß gegen rein nationales Recht* losgelöst von dem *festgestellten Verstoß gegen unionsrechtliche Vorschriften* als eigenständige Fallgruppe einordnet, siehe ebd. S. 64.

breite Palette an möglichen Maßnahmen enthält und unter Berücksichtigung des Grundsatzes der Verhältnismäßigkeit[890] neben der bloßen Intensivierung der Kontrolltätigkeit[891] auch Betriebsschließungen[892] etc. vorsieht,[893] soweit diese auf die Beseitigung des konkret festgestellten Verstoßes abzielen.[894]

Eben diese Maßnahmen respektive Rechtsfolgen greifen auch im Rahmen der behördlichen *Verhütung künftiger Verstöße* entsprechend Art. 138 Abs. 1 lit. b Alt. 2 KontrollVO i. V. m. § 39 Abs. 4 Var. 1 LFGB, soweit die Abwehr oder Vereitelung von bevorstehenden Verstößen bezweckt wird und hierbei zuvor bereits mindestens ein solcher Verstoß festgestellt wurde (sog. zweite Fallgruppe, Verhütung künftiger *wiederholter* bzw. *erneuter* Verstöße) respektive § 39 Abs. 4 Var. 1 LFGB i. V. m. Art. 138 Abs. 2 KontrollVO, wenn die Abwendung eines erstmaligen künftigen Verstoßes (sog. dritte Fallgruppe, Verhütung künftiger *erstmaliger* Verstöße) intendiert ist[895]. Kumulativ wird hierbei lediglich vorausgesetzt, dass sich auf der Basis konkreter Tatsachen mit zumindest hinreichender Wahrscheinlichkeit ein Grund zur Annahme des Eintritts solcher bevorstehender Verstöße ergibt[896].[897]

Zudem verweist auch § 39 Abs. 4 Var. 2 und 3 LFGB auf die vorbezeichneten behördlichen Durchsetzungsmittel des [sodann i. V. m.] Art. 138 Abs. 2

---

890 So ausdrücklich im Wortlaut des Art. 138 Abs. 1 lit. a (*„die erforderlichen Maßnahmen“*), lit. b (*„geeignete Maßnahmen“*), Uabs. 2 (*„berücksichtigen die zuständigen Behörden die Art des Verstoßes und das bisherige Verhalten des betreffenden Unternehmers“*), vgl. auch *Thilo Ortgies*, Rechtliches Risikomanagement im Lebensmittelrecht, S. 391 f.

891 So Art. 138 Abs. 2 lit. f KontrollVO.

892 So Art. 138 Abs. 2 lit. h KontrollVO.

893 Insbesondere *Wiebe*, Unternehmerfreiheit versus Verbraucherschutz, S. 373 weist im Zusammenhang mit der Vorgängernorm des Art. 138 Abs. 2 KontrollVO, also des Art. 54 KontrollVO-alt, und des § 39 LFGB a. F. darauf hin, dass der umfangreich und differenziert ausgestaltete Katalog an sog. Standardmaßnahmen kaum Ergänzungen bedarf, was insoweit freilich auch für Art. 138 Abs. 2 KontrollVO gilt.

894 So auch *Pullner*, BayZR 2023, 54, 58; *Roth*, Die allgemeine Lebensmittelüberwachung als Instrument des Verbraucherschutzes, S. 249; *Möstl*, in: Möstl/Purnhagen, Maßnahmen und Sanktionen im Lebensmittelrecht, S. 49, 57.

895 Die unterschiedlichen Rechtsgrundlagen für die behördliche Verhütung künftiger *wiederholter* und künftiger *erstmaliger* Verstöße ergibt sich aus dem Umstand, dass Art. 138 Abs. 1 KontrollVO von *„erneute[n] Verstöße[n]“* spricht, also einen bereits festgestellten Verstoß voraussetzt, während § 39 Abs. 4 Alt. 1 LFGB diese Einschränkung gerade nicht immanent ist, vgl. hierzu *Meisterernst*, Lebensmittelrecht, S. 119; *Möstl*, in: Möstl/Purnhagen, Maßnahmen und Sanktionen im Lebensmittelrecht, S. 49, 58; *Klaus Meyer*, Lebensmittelüberwachung, S. 11; *Pullner*, BayZR 2023, 54, 60.

896 So auch *OVG Lüneburg*, Beschluss vom 10.05.2010 – 13 ME 181/09, BeckRS 2010, 49297; vgl. hierzu *Holle*, in: Streinz/Meisterernst, BasisVO/LFGB, § 39 LFGB, Rn. 54.

897 *Pullner*, BayZR 2023, 54, 60 ff., der allerdings, obgleich er die entsprechenden Unterschiede in den jeweiligen Rechtsgrundlagen darstellt, den sog. künftigen *erstmaligen* und künftigen *wiederholten* bzw. *erneuten* Verstoß als eine einheitliche Fallgruppe betrachtet.

KontrollVO und gewährt insoweit *Schutz vor Gesundheitsgefahren*[898] und *vor Täuschung*[899] (sog. vierte Fallgruppe).[900] Dieser – im Unterschied zu den anderen Fallgruppen – normverstoßunabhängige Schutz stellt eine Besonderheit des deutschen Gefahrenabwehrrechts dar, welches sich unter dem Begriff der öffentlichen Sicherheit in zweierlei, sich mitunter überschneidender Hinsicht verwirklicht,[901] namentlich in der *Rechtsdurchsetzung*, also dem Schutz *„vor Gefahren für die Unversehrtheit der Rechtsordnung durch drohende Normverletzungen"*[902] auf der einen Seite, und in *Rechtsgüterschutz*, mithin dem Schutz vor drohenden Verletzungen der Rechtsgüter wie Leib, Leben, Gesundheit u. a. auf der anderen Seite.[903] In den Art. 137 f. KontrollVO, die innerhalb ihrer Tatbestände gänzlich auf das Unterbinden von Normverstößen abstellen, findet sich ein solcher Rechtsgüterschutz nicht wieder.[904]

Während die bisher dargestellten Fallgruppen mit ihren unterschiedlichen Rechtsgrundlagen allesamt auf den Maßnahmenkatalog des Art. 138 Abs. 2 KontrollVO zurückgreifen, enthalten Art. 137 Abs. 2 und 3 KontrollVO i. V. m. § 39 Abs. 2 LFGB im Falle des *Verdachts eines Verstoßes* (sog. fünfte Fallgruppe) eigenständige Maßnahmen, die vornehmlich Untersuchungen zur Erhärtung oder Ausräumung eines solchen Verdachts (dortiger Abs. 2)[905] vorsehen sowie vorläufige Maßnahmen bis zur Klärung der in Rede stehenden Verdachtsmomente (Abs. 3); endgültige Maßnahmen, wie sie Art. 138 Abs. 2 KontrollVO vorsieht, scheiden – schon aus Gründen der Verhältnismäßigkeit – hier expressis verbis aus.[906] Wesentliche Voraussetzung ist freilich, dass eine sich auf konkrete Anhaltspunkte stützende Vermutung bezüglich des Vorliegens eines Verstoßes besteht.[907]

---

898 § 39 Abs. 4 Var. 2 LFGB.

899 § 39 Abs. 4 Var. 3 LFGB.

900 Vgl. hierzu bzw. zu § 39 LFGB a. F. *Holle*, in: Streinz/Meisterernst, BasisVO/LFGB, § 39 LFGB, Rn. 58 ff.; *Pullner*, BayZR 2023, 54, 62.

901 Siehe hierzu auch *Möstl*, in: Möstl/Schwabenbauer, Polizei- und Sicherheitsrecht Bayern, Systematische und begriffliche Vorbemerkungen, Rn. 6 ff.

902 *Möstl*, in: Möstl/Purnhagen, Maßnahmen und Sanktionen im Lebensmittelrecht, S. 49, 61.

903 Siehe hierzu ausführlich *Möstl*, in: Möstl/Purnhagen, Maßnahmen und Sanktionen im Lebensmittelrecht, S. 49, 61 f.

904 Insoweit auch Art. 1 Abs. 2 KontrollVO, der expressis verbis von der *„Einhaltung der Vorschriften"* und Erwägungsgrund 15 zur KontrollVO, der von der *„Durchsetzung der Unionsvorschriften"* spricht; siehe hierzu auch *Pullner*, BayZR 2023, 54, 62; *Möstl*, in: Möstl/Purnhagen, Maßnahmen und Sanktionen im Lebensmittelrecht, S. 49, 61.

905 Anders *Zechmeister*, ZLR 2018, 624, 631, der solche *„Aufklärungsmaßnahmen"* unter Art. 138 Abs. 1 lit. a KontrollVO subsumiert, hierbei allerdings wohl Art. 137 KontrollVO gänzlich zu übersehen scheint.

906 Vgl. *Möstl*, in: Möstl/Purnhagen, Maßnahmen und Sanktionen im Lebensmittelrecht, S. 49, 60; *Pullner*, BayZR 2023, 54, 59.

907 *Pullner*, BayZR 2023, 54, 59; vgl. auch *Holle*, in: Streinz/Meisterernst, BasisVO/LFGB, § 39 LFGB, Rn. 43.

b. Die Konkretisierungsleistung der verwaltungsrechtlichen Instrumente

Betrachtet man die soeben dargestellten behördlichen Instrumente, die – wie eingangs bereits bemerkt[908] – tatbestandlich zwar allesamt nicht ausdrücklich an den *Risikobegriff* anknüpfen, aber völlig unstreitig als geeignete *Präventions- und Kontrollmöglichkeit*en im Sinne des *Risikomanagements* aus Art. 3 Nr. 12 BasisVO angesehen werden können,[909] nun in der Gesamtschau, so fällt deutlich auf, dass diese ein *Risiko* aus Art. 3 Nr. 9 BasisVO doch auf verschiedene Weise konkretisieren oder zumindest flankieren. Hierbei sei zunächst im Zusammenhang mit den als erste,[910] zweite,[911] dritte[912] und fünfte[913] Fallgruppe vorbezeichneten Befugnissen festgestellt, dass diese in *materieller* Hinsicht gänzlich normakzessorisch ausgestaltet sind und sich im Falle gesundheitlich relevanten behördlichen Tätigwerdens regelmäßig an dem (insbesondere in Bezug auf die Verknüpfung der Tatbestandsvariante der *Gesundheitsschädlichkeit* mit der bloßen *Gesundheitsbeeinträchtigung* noch zu beleuchtenden[914]) Art. 14 BasisVO[915] ausrichten[916].[917] Demgegenüber lassen sich auch unterschiedliche *prognostische* bzw. *diagnostische* Anforderungen erblicken, welche die *epistemische Komponente* des *Risikobegriffes* – insofern

908 Siehe hierzu die einleitenden Ausführungen unter Teil 3.B.III.2.

909 So wohl auch *Thilo Ortgies*, Rechtliches Risikomanagement im Lebensmittelrecht, S. 376 ff., der eben diese Maßnahmen unter dem Titel *„Behördliches Risikomanagement"* behandelt.

910 Sog. erste Fallgruppe: Behördliche Befugnisse im Falle eines *festgestellten Verstoßes* gegen unionsrechtliche Vorschriften auf Grundlage des Art. 138 Abs. 1 S. 1 lit. a, lit. b Alt. 1 KontrollVO i. V. m. § 39 Abs. 1 LFGB bzw. gegen rein nationales Recht auf Grundlage des § 39 Abs. 1 LFGB i. V. m. Art. 138 Abs. 1 KontrollVO.

911 Sog. zweite Fallgruppe: Behördliche Befugnisse zur *Verhütung künftiger*, also *wiederholter* oder *erneuter Verstöße* auf Grundlage des Art. 138 Abs. 1 lit. b Alt. 2 KontrollVO i. V. m. § 39 Abs. 4 Var. 1 LFGB.

912 Sog. dritte Fallgruppe: Behördliche Befugnisse zur *Verhütung künftiger erstmaliger Verstöße* auf Grundlage des § 39 Abs. 4 Var. 1 LFGB i. V. m. Art. 138 Abs. 2 KontrollVO.

913 Sog. fünfte Fallgruppe: Behördliche Befugnisse im Falle des *Verdachts eines Verstoßes* auf Grundlage des Art. 137 Abs. 2 und 3 KontrollVO i. V. m. § 39 Abs. 2 LFGB.

914 Siehe hierzu die nachfolgenden Ausführungen unter Teil 4.

915 Dieser setzt in Bezug auf seine Tatbestandsvariante der *Gesundheitsschädlichkeit* wiederum ein Mehr als eine bloße *Gesundheitsbeeinträchtigung* voraus, siehe hierzu bereits die vorstehenden Ausführungen unter Teil 2 passim.

916 Freilich kommt diesbezüglich eine Vielzahl weiterer Vorschriften in Betracht, gegen deren *Verstoß* insoweit behördlicherseits jeweils Maßnahmen auf die hier dargestellten Befugnisgrundlagen gestützt werden können, siehe hierzu insbesondere die nachfolgenden Ausführungen unter Teil 3.B.IV.

917 Auf diese *Normakzessorietät* (obgleich dies nicht ausdrücklich so benannt wird) hindeutend *Meisterernst/Neusch*, ZLR 2022, 528, 532.

man (wohl) richtigerweise von dessen Konkretisierungsbedürftigkeit ausgeht[918] – näher bestimmen, im Einzelnen:[919]

Soweit nämlich nach der ersten Fallgruppe *diagnostisch* die *positive Feststellung* eines *Verstoßes,* also das Vorliegen sämtlicher Tatbestandsvoraussetzungen,[920] verlangt wird, erfordert Fallgruppe zwei einerseits ebenfalls *diagnostisch* einen *festgestellten Verstoß,* andererseits aber zusätzlich *prognostisch* einen gleichartigen *drohenden Verstoß* bzw. Fallgruppe drei in *diagnostischer* Hinsicht tatsächliche Anhaltspunkte, die *prognostisch* auf einen *künftigen (erstmaligen) Verstoß* hindeuten.[921] Die rechtsfolgenseitig anders gelagerte[922] Fallgruppe fünf gebietet dahingehend *diagnostisch* das Vorliegen konkreter Anhaltspunkte, die *prognostisch* in die situative Vermutung respektive den situativen *Verdacht* münden, dass ein *Verstoß* im Raume steht.[923]

Und obgleich die vierte Fallgruppe[924] im Kontrast[925] zu den Fallgruppen eins bis drei und fünf steht, mithin sowohl *materiell* als auch *diagnostisch* wie *prognostisch* in toto eigenständig – konkret: entsprechend des deutschen gefahrenabwehrrechtlichen Duktus[926] – ausgestaltet ist, zeigt sich interessanterweise, dass der inhaltlich konkretisierungsbedürftige *Risikobegriff* mittels der hier dargestellten verwaltungsrechtlichen Befugnisnormen eine von der entsprechenden Fallgruppe respektive der jeweils gegebenen Umstände abhängige,

918 Zur diesbezüglichen (einfachgesetzlichen) Konkretisierungsbedürftigkeit siehe bereits die vorstehenden Ausführungen unter Teil 3.A.II. 3., unter Teil 3.A.III. sowie die Schlussfolgerungen unter Teil 3.A.IV.

919 Zu den jeweiligen Voraussetzungen im Detail siehe die vorstehenden Ausführungen unter Teil 3.B.III.2.a.

920 *Rathke,* in: Sosnitza/Meisterernst (ehem. Zipfel/Rathke), § 39 LFGB, Rn. 64; *Holle,* in: Streinz/Meisterernst, BasisVO/LFGB, § 39 LFGB, Rn. 51; anders (allerdings noch in Bezug auf die Vorgängerregelungen) *Joh/Krämer/Teufer,* ZLR 2010, 243, 248.

921 So im Grundsatz, ohne jedoch im Einzelnen auf die jeweiligen *diagnostischen* und *prognostischen* Anforderungen einzugehen, auch *Pullner,* BayZR 2023, 54, 60; ähnlich *Boch,* LFGB, § 39, Rn. 6.

922 Anders als im Zusammenhang mit den Fallgruppen eins bis vier, die allesamt auf den Maßnahmenkatalog des Art. 138 Abs. 2 KontrollVO zurückgreifen, ermöglicht Art. 137 Abs. 2 und 3 KontrollVO i. V. m. § 39 Abs. 2 LFGB lediglich sog. *Gefahrerforschungseingriffe,* siehe hierzu die vorstehenden Ausführungen unter Teil 3.B.III.2.a.; siehe auch *Möstl,* in: Möstl/Purnhagen, Maßnahmen und Sanktionen im Lebensmittelrecht, S. 49, 60.

923 *Holle,* in: Streinz/Meisterernst, BasisVO/LFGB, § 39 LFGB, Rn. 43.

924 Sog. vierte Fallgruppe: Behördliche Befugnisse auf mitgliedstaatlicher, deutscher Ebene zum *Schutz vor Gesundheitsgefahren* sowie vor *Täuschung* auf Grundlage des § 39 Abs. 4 Var. 2 und 3 LFGB i. V. m. Art. 138 Abs. 2 KontrollVO.

925 Siehe zu dieser Unterschiedlichkeit im Detail die Ausführungen unter Teil 3.B.III.2.a.

926 Siehe auch *Möstl,* in: Möstl/Purnhagen, Maßnahmen und Sanktionen im Lebensmittelrecht, S. 49, 61 f., dessen Ausführungen sich zwar auf § 39 LFGB a. F. beziehen, insoweit aber gleichermaßen für § 39 LFGB n. F. zutreffend sind.

weitergehende Charakterisierung für die behördliche Durchsetzung erfährt, die diesen auf Exekutivebene handhabbar macht.

3. Die behördliche Informationstätigkeit

Ein weiteres ordnungsrechtliches Instrument mit herausgehobener Bedeutung für den Verbraucherschutz[927] stellt die *behördliche Informationstätigkeit* dar,[928] die gleichermaßen umstritten ist,[929] wie sie eine stetig zunehmende Bedeutung erfährt,[930] da sie vor dem Hintergrund moderner und digitaler Informationstechniken den zuständigen staatlichen Stellen nicht nur eine entscheidende Möglichkeit zum Dirigieren von selbstbestimmtem und risikobewusstem Verbraucherverhalten bereitstellt,[931] sondern überdies eine gewisse Anreiz- respektive Disziplinierungsfunktion hinsichtlich der Lebensmittelunternehmer bietet.[932] Die umfassende Bandbreite reicht dementsprechend – unter dem Begriff der *Transparenz* firmierend[933] – von der (auch kontinuierlichen) Veröffentlichung amtlicher Kontrollergebnisse[934] oder der Einstufung der Lebensmittelunternehmer im Rahmen sog. *Kontrollbarometer*[935] bis hin zur Publikation konkret steuernder Informationen, die vornehmlich – um den

927 *Wiebe*, Unternehmerfreiheit versus Verbraucherschutz, S. 361.

928 Zum Unterschied zwischen *behördlicher Informationstätigkeit* und *unternehmerischem Rückruf*, der ebenso auf eine *Information der Öffentlichkeit* abzielt, vgl. *Voit*, LMuR 2012, 9, 11 ff.

929 *Möstl*, LMuR 2014, 77, 77; zur Kritik an den gesetzgeberischen Einführungsaktivitäten solcher Informationstätigkeit siehe *Huber*, ZLR 2004, 241, 241 f.

930 *Schoch*, VBlBW 2014, 361, 361; *Zott*, Aktive Information des Staates im Internet, S. 23; vgl. auch *Girnau/Sieber*, in: Girnau/BLL, FS Horst, S. 241, 241; *Augsberg*, DVBl. 2007, 733, 734.

931 *Kühnle*, in: Leible, Verbraucherschutz durch Information im Lebensmittelrecht, S. 5, 7; *Wiebe*, Unternehmerfreiheit versus Verbraucherschutz, S. 361.

932 *Roth*, Die allgemeine Lebensmittelüberwachung als Instrument des Verbraucherschutzes, S. 269; *Thilo Ortgies*, Rechtliches Risikomanagement im Lebensmittelrecht, S. 411 f.; vgl. auch *Schoch*, NJW 2010, 2241, 2242; *Zott*, Aktive Information des Staates im Internet, S. 316; allgemein hierzu *Buser*, Der Staat 2023, 201, 202.

933 Siehe hierzu *Thilo Ortgies*, Rechtliches Risikomanagement im Lebensmittelrecht, S. 84 ff.

934 So auf Grundlage des Art. 8 Abs. 5 KontrollVO; vgl. *Müller/Wallau/Grube*, Taschenbuch der Lebensmittelkontrolle, S. 170; vgl. auch *Zott*, Aktive Information des Staates im Internet, S. 316 ff., 409 ff.; *Abbé*, Verbraucherschutz durch Transparenz?, S. 63 ff.

935 Die Voraussetzungen für die Veröffentlichung solcher Einstufungen ergeben sich aus Art. 11 Abs. 3 KontrollVO, im Wesentlichen müssen (so lit. a) die Einstufungskriterien *„objektiv, transparent und öffentlich verfügbar sein"* bzw. (gemäß lit. b) geeignete diesbezügliche Regelungen vorhanden sein, *„die gewährleisten, dass der Einstufungsprozess fair, schlüssig und transparent ist"*; vgl. hierzu *Eberling-Bender*, RFL 2017, 199, 201; zu den unionsrechtlichen Problemen solcher Kontrollbarometer vgl. exemplarisch *Becker/Harding*, LMuR 2022, 507, 507 ff.; eine ausführliche Darstellung zur Veröffentlichung von Kontrollergebnissen findet sich bei *Abbé*, Verbraucherschutz durch Transparenz?, S. 60 ff.

polizeirechtlichen Terminus zu bedienen – der Gefahrenabwehr dienen, namentlich *Warnungen* oder Ähnliche.[936]

a. Die behördliche Information der Öffentlichkeit nach Art. 10 BasisVO

Die BasisVO regelt in ihrem Art. 10[937] eben jene *Information der Öffentlichkeit* über Lebensmittel und Futtermittel, von denen wahrscheinlich ein *Risiko* für die Gesundheit von Mensch und Tier ausgeht.[938] In tatbestandlicher Hinsicht verlangt Art. 10 BasisVO hierbei den *hinreichenden Verdacht* eines solchen *Risikos*, dessen Vorliegen die zuständigen Behörden sodann dazu verpflichtet,[939] abhängig *von Art, Schwere und Ausmaß des Risikos geeignete Schritte zu unternehmen, um die Öffentlichkeit* unter anderem *über die Art des Gesundheitsrisikos aufzuklären*. Während der Begriff des *Risikos* in Art. 3 Nr. 9 BasisVO als *eine Funktion der Wahrscheinlichkeit einer die Gesundheit beeinträchtigenden Wirkung und der Schwere dieser Wirkung als Folge der Realisierung einer Gefahr*[940] legal definiert ist,[941] was in *prognostischer Hinsicht* wiederum den rein mathematischen Grad der *Wahrscheinlichkeit* der *die Gesundheit beeinträchtigenden Wirkung* beschreibt, der von sicher bis unwahrscheinlich rei-

---

936 Vgl. *Roth*, Die allgemeine Lebensmittelüberwachung als Instrument des Verbraucherschutzes, S. 270 ff.; vgl. auch *Augsberg*, DVBl. 2007, 733, 737.

937 Siehe zu den diesbezüglich ergänzenden Vorschriften des § 40 Abs. 1 und 1a LFGB im deutschen Recht *Becker*, NVwZ 2018, 1032, 1032 ff.

938 *Rathke*, in: Sosnitza/Meisterernst (ehem. Zipfel/Rathke), Art. 10 BasisVO, Rn. 1; *Seemann*, Behördliche Produktinformation im europäischen und deutschen Lebensmittelrecht, S. 23.

939 Zum Teil wird innerhalb des einschlägigen Schrifttums (in nicht nachvollziehbarer Weise) Art. 10 BasisVO nicht als Ermächtigungsgrundlage, sondern als eine rein programmatische Vorschrift begriffen, so bspw. *Seemann*, Behördliche Produktinformation im europäischen und deutschen Lebensmittelrecht, S. 23, 64 ff.; ebenso *Abbé*, Verbraucherschutz durch Transparenz?, S. 165 f.; ähnlich *Boch*, LFGB, § 40, Rn. 7; vor dem Hintergrund der Rechtsformwahl der BasisVO als Verordnung im Sinne des Art. 288 Abs. 2 AEUV ist dem freilich nicht zuzustimmen, vgl. hierzu auch *Voit*, LMuR 2012, 9, 12; *Rathke*, in: Sosnitza/Meisterernst (ehem. Zipfel/Rathke), Art. 10 BasisVO, Rn. 1; *Thilo Ortgies*, Rechtliches Risikomanagement im Lebensmittelrecht, S. 415; *Möstl*, LMuR 2014, 77, 79; *Merschmann*, Staatliche Informationen über lebensmittelrechtliche Beanstandungen während laufender Verfahren, S. 74.

940 Siehe hierzu bereits die Ausführungen zum *Risikobegriff* unter Teil 2.A.

941 Interessanterweise wird im Schrifttum punktuell vertreten, dass die *Risikodefinition* des Art. 3 Nr. 9 BasisVO wegen ihrer abstrakten Regelungswirkung nur im Zusammenhang mit der *Risikoanalyse* und dem *Vorsorgeprinzip* (Art. 6 und 7 BasisVO) zur Anwendung komme, nicht jedoch im Rahmen des Art. 10 BasisVO, so bspw. *Grube*, LMuR 2011, 21, 24; ebenso *Wehlau*, LFGB, § 40, Rn. 19; diese Sichtweise findet jedoch keinerlei Niederschlag in der Systematik der BasisVO und würde überdies der *Risikodefinition* ihre Verbindlichkeit nehmen, siehe hierzu *Boch*, LFGB, § 40, Rn. 5; ebenso *Thilo Ortgies*, Rechtliches Risikomanagement im Lebensmittelrecht, S. 416 f.

chen kann,[942] fehlt es allerdings hinsichtlich des Tatbestandsmerkmals des *hinreichenden Verdachts* an einer solchen.[943]

Vor dem Hintergrund der zwingenden unionsrechtlich autonomen Auslegung und dem Umstand, dass sich ein Rekurrieren auf überkommene Lesarten der verschiedenen mitgliedstaatlichen Rechtsordnungen[944] insoweit verbietet,[945] ist der *hinreichende Verdacht*, der schon begrifflich zumindest einen *gewissen Grad an Wahrscheinlichkeit* in Bezug nimmt, im Lichte des Art. 10 BasisVO näher zu beschreiben, mithin im Zusammenspiel mit seinem Pendant des *Risikos*, welchem ausweislich der Definition aus Art. 3 Nr. 9 BasisVO allerdings ebenfalls bereits die (bloße) Bemessung der *Wahrscheinlichkeit* immanent ist, ohne dabei jedoch eine konkrete Erheblichkeitsschwelle einzuziehen.[946]

Soweit man Art. 10 BasisVO richtigerweise als Ermächtigungsgrundlage für behördliches Tätigwerden betrachtet,[947] die eine hinlänglich bestimmte Ausgestaltung[948] bzw. eine *materielle Eingriffsschwelle*[949] erfordert, so kann doch gerade diese in der Komplementierung des *Risikobegriffes* um das Merkmal

---

942 Zum prognostischen Element des Risikobegriffes siehe bereits die Ausführungen unter Teil 2.A.IV.

943 *Thilo Ortgies*, Rechtliches Risikomanagement im Lebensmittelrecht, S. 416.

944 Exemplarisch könnte hierbei an den gleichlautenden strafprozessualen Begriff des *hinreichenden Verdachts* aus dem deutschen Recht gedacht werden, der die *Wahrscheinlichkeit einer Verurteilung* in Bezug nimmt, dessen Heranziehung neben den genannten Gründen allerdings bereits systematisch bedenklich erscheint, da dieser repressiv anknüpft, Art. 10 BasisVO hingegen klar präventiv, siehe hierzu *Wehlau*, LFGB, § 40, Rn. 20; ebenso *Seemann*, Behördliche Produktinformation im europäischen und deutschen Lebensmittelrecht, S. 71; ähnlich *Rathke*, in: Sosnitza/Meisterernst (ehem. Zipfel/Rathke), Art. 10 BasisVO, Rn. 10, der dies zwar ausdrücklich erkennt, sodann jedoch, in Abweichung zu seinen eigenen Ausführungen, auf den strafprozessualen Begriff des *hinreichenden Verdachts* rekurriert.

945 Zur unionsrechtlich autonomen Auslegung siehe bereits *EuGH*, Urteil vom 14.01.1982, Rs. 64/81, Rn. 8, BeckRS 2004, 73478; vgl. auch *Grundmann*, Die Auslegung des Gemeinschaftsrechts durch den Europäischen Gerichtshof, S. 399 f.

946 Siehe hierzu bereits die Ausführungen unter Teil 2.A.IV.2. sowie die Schlussfolgerungen unter Teil 2.A.VI.; vgl. auch *Seemann*, Behördliche Produktinformation im europäischen und deutschen Lebensmittelrecht, S. 71.

947 So auch *EuGH*, Urteil vom 11.04.2013 – C-636/11, Rn. 29, NVwZ 2013, 1002, 1003; *Rathke*, in: Sosnitza/Meisterernst (ehem. Zipfel/Rathke), Art. 10 BasisVO, Rn. 1; *Streinz*, in: Streinz/Meisterernst, BasisVO/LFGB, Art. 10 BasisVO, Rn. 1.; *Monsees*, Behördliches Informationshandeln im Lebensmittelbereich, S. 132 ff.; anders hingegen *Abbé*, Verbraucherschutz durch Transparenz?, S. 165 f.

948 Zur hinreichend bestimmten Ausgestaltung von Ermächtigungsgrundlagen im Allgemeinen vgl. *Detterbeck*, Allgemeines Verwaltungsrecht, Rn. 227, in entsprechender Lesart Rn. 607.

949 Zum Erfordernis einer solchen *materiellen Eingriffsschwelle* siehe bereits die einleitenden Ausführungen zu Teil 3.A.

des *hinreichenden Verdachts* erblickt werden[950],[951] da ein *hinreichender Verdacht* qualitativ mehr erfordert als eine *bloße Wahrscheinlichkeit*, demnach nicht allein bloße Mutmaßungen oder Überlegungen rein theoretischer Natur genügen können,[952] sondern vielmehr (zunächst) in *diagnostischer* Hinsicht fundierte Anhaltspunkte bezüglich einer *Gesundheitsbeeinträchtigung* notwendig sind,[953] die auf konkreten Tatsachen beruhen müssen,[954] ohne gleichzeitig abschließend nachgewiesen zu sein[955],[956] weiterhin aber in *prognostischer* Hinsicht auch, dass die Realisierung des in Rede stehenden *Risikos* gesundheitliche Folgen hat.[957] Art. 10 BasisVO verlangt in der Zusammenschau der beiden Tatbestandsvoraussetzungen des *Risikos* und des *hinreichenden Verdachts* dementsprechend eine sog. *„doppelte Wahrscheinlichkeit“*[958], die sich einerseits auf das Persistieren *konkreter Tatsachen* bezieht, andererseits auf das Vorliegen einer *hinreichend wahrscheinlichen Gesundheitsbeeinträchtigung*,[959] welche wiederum durch eine *Risikobewertung*[960] zu ermitteln ist.[961]

---

950 Im Wesentlichen diese *hinreichende Bestimmtheit* des Art. 10 BasisVO zwar anerkennend, die Kategorisierung als Ermächtigungsgrundlage dennoch ablehnend *Seemann*, Behördliche Produktinformation im europäischen und deutschen Lebensmittelrecht, S. 65, der zudem auf S. 71 die hier postulierte Komplementierung des *Risikobegriffes* um den *hinreichenden Verdacht* im Sinne der Einziehung einer materiellen Eingriffsschwelle völlig verkennt und lediglich – sich im Kreise drehend – darauf hinweist, dass *„[w]ollte man hier zusätzlich den hinreichenden Verdacht anwenden, so wäre Voraussetzung einer Information der Öffentlichkeit die Wahrscheinlichkeit einer Wahrscheinlichkeit einer nur wahrscheinlichen Gesundheitsbeeinträchtigung.“*; im Ergebnis ähnlich *Abbé*, Verbraucherschutz durch Transparenz?, S. 166.

951 Ebenso *Thilo Ortgies*, Rechtliches Risikomanagement im Lebensmittelrecht, S. 418.

952 *Boch*, LFGB, § 40, Rn. 8.

953 *Rathke*, in: Sosnitza/Meisterernst (ehem. Zipfel/Rathke), Art. 10 BasisVO, Rn. 12 f.

954 *Wehlau*, LFGB, § 40, Rn. 20; *Grube*, LMuR 2011, 21, 27; bspw. nicht ausreichend war im Zusammenhang mit der sog. EHEC-Krise (in *diagnostischer* Hinsicht) das bloße Auffinden von EHEC-Bakterien auf aus Spanien stammenden Gurken, da ebendiese nicht konkret als Epidemie-Quelle lokalisiert werden konnten, siehe *LG Hamburg*, Urteil vom 23.10.2015, 303 O 379/11, Rn. 25, BeckRS 2016, 9512.

955 *Seemann*, Behördliche Produktinformation im europäischen und deutschen Lebensmittelrecht, S. 72.

956 *Thilo Ortgies*, Rechtliches Risikomanagement im Lebensmittelrecht, S. 417.

957 So ausdrücklich *Streinz*, in: Streinz/Meisterernst, BasisVO/LFGB, Art. 10 BasisVO, Rn. 12; anders *Rathke*, in: Sosnitza/Meisterernst (ehem. Zipfel/Rathke), Art. 10 BasisVO, Rn. 12 f., der die Bedeutung des Merkmals des *hinreichenden Verdachts* auf rein *diagnostische* Erhebungen beschränkt sieht.

958 Dieser durchaus treffende Begriff findet sich in einer Mehrzahl einschlägiger Publikationen, so bspw. bei *Thilo Ortgies*, Rechtliches Risikomanagement im Lebensmittelrecht, S. 417; *Seemann*, Behördliche Produktinformation im europäischen und deutschen Lebensmittelrecht, S. 71; *Streinz*, in: Streinz/Meisterernst, BasisVO/LFGB, Art. 10 BasisVO, Rn. 12.

959 *Streinz*, in: Streinz/Meisterernst, BasisVO/LFGB, Art. 10 BasisVO, Rn. 12; *Thilo Ortgies*, Rechtliches Risikomanagement im Lebensmittelrecht, S. 417 f.

960 Zur *Risikobewertung* siehe bereits die Ausführungen unter Teil 2.B.

961 *Streinz*, in: Streinz/Meisterernst, BasisVO/LFGB, Art. 10 BasisVO, Rn. 12; *Seemann*, Behördliche Produktinformation im europäischen und deutschen Lebensmittelrecht, S. 69.

Und obgleich diese komprimierte Zusammenfassung der tatbestandlichen Voraussetzungen recht eingängig erscheint, bleibt doch die höchstrelevante Frage offen, welche Mindestschwelle Art. 10 BasisVO nun in *epistemisch-prognostischer* Hinsicht genau gebietet, konkret, ob bereits eine von der *Wahrscheinlichkeit* zu unterscheidende bloße *Möglichkeit* ausreicht,[962] wie sie im Zusammenspiel mit *wissenschaftlicher Unsicherheit* in sog. *Vorsorgefällen* nach Art. 7 BasisVO zum Tragen kommt,[963] insbesondere da jene von Seiten des einschlägigen Schrifttums mehrzählig in diese Richtung gehend beantwortet wird.[964] Die Auflösung lässt sich allerdings (erstens) in der soeben dargestellten Tatbestandsstruktur bzw. vor dem Hintergrund erblicken, dass der *hinreichende Verdacht* einerseits ein *diagnostisches* Mindestmaß,[965] andererseits zusätzlich eine zumindest gesteigerte *prognostische* Grundlage erfordert[966].[967] Weiterhin (zweitens) in der Zusammenschau mit der auf der deutschen Ebene manifestierten, Art. 10 BasisVO insoweit ergänzenden, speziellen Ermächtigung des § 40 Abs. 1 Satz 2 Nr. 3 i. V. m. Satz 1 LFGB,[968] die gerade darauf abzielt, auch in solchen Fallkonstellationen die Öffentlichkeit informieren zu können, in denen die Voraussetzungen des Art. 10 BasisVO in Form des *hinreichenden Verdachts* (noch) nicht vorliegen[969],[970] überdies aber einer besonderen Abwägung[971] im Einzelfall bedarf, was wiederum im Allgemeinen mit dem Verhältnis des Normpaares aus Art. 10 BasisVO und § 40 Abs. 1 LFGB zueinander, da letztgenannte Vorschrift insgesamt weitergehende Regelungen

---

962 Zur Unterscheidung von *Wahrscheinlichkeit* und bloßer *Möglichkeit* siehe bereits die Ausführungen unter Teil 1.C.II.

963 Siehe hierzu insgesamt die nachfolgenden Ausführungen unter Teil 5.A.

964 So bspw. *Rathke*, in: Sosnitza/Meisterernst (ehem. Zipfel/Rathke), Art. 10 BasisVO, Rn. 5 ff., der tatbestandlich *„jedes Risiko"* (Rn. 5) genügen lässt und ebd. in Rn. 2 die Norm *„als eine Regelung der Vorsorge"* klassifiziert; ebenso *Seemann*, Behördliche Produktinformation im europäischen und deutschen Lebensmittelrecht, S. 71.

965 Dies auch anerkennend *Rathke*, in: Sosnitza/Meisterernst (ehem. Zipfel/Rathke), Art. 10 BasisVO, Rn. 12 f.

966 So auch *Streinz*, in: Streinz/Meisterernst, BasisVO/LFGB, Art. 10 BasisVO, Rn. 12.

967 Dem steht auch nicht entgegen, dass Art. 10 BasisVO in seinem Halbsatz 2 den Passus *„möglicherweise damit verbundene[s] Risiko"* verwendet, da sich dieser lediglich auf die abgestuften Rechtsfolgen bezieht; im Ergebnis diesbezüglich zutreffend *Rathke*, in: Sosnitza/Meisterernst (ehem. Zipfel/Rathke), Art. 10 BasisVO, Rn. 34, der die verwendete Vokabel *„möglicherweise"* zwar als „überflüssig" bezeichnet, sodann jedoch verkennt, dass *„der Begriff Risiko (...) als Funktion einer Wahrscheinlichkeit das Wort möglicherweise"* umfasse.

968 *Holle*, in: Streinz/Meisterernst, BasisVO/LFGB, § 40 LFGB, Rn. 43.

969 § 40 Abs. 1 Satz 2 Nr. 3 LFGB verlangt hiernach anders als Art. 10 BasisVO lediglich *„hinreichende Anhaltspunkte"* bei (insb.) *„unzureichender wissenschaftlicher Erkenntnis"*.

970 *Boch*, LFGB, § 40, Rn. 16 stellt hierzu richtigerweise fest, dass *„man dem Gesetzgeber nicht den Willen zu einer Doppelung unterstellen kann"*.

971 So die ausdrückliche Regelung des § 40 Abs. 1 Satz 3 LFGB.

enthält,[972] und im Besonderen (mithin drittens) mit den anders gelagerten Anforderungen des Art. 7 BasisVO im Einklang steht, der für das Tätigwerden in *Vorsorgefällen*, trotz oder wegen einer bisweilen nicht konstatierbaren *Wahrscheinlichkeit* – sodann jedoch erforderlichen *Möglichkeit*[973] – eigene Anforderungen verlangt,[974] die andernfalls womöglich umgangen werden könnten.

Legt man indes die Tatbestände des Art. 10 BasisVO und des deutschen polizeirechtlichen *Gefahrenbegriffes* übereinander, so tritt die große Ähnlichkeit[975] – vor allem da nun mit der zusätzlichen tatbestandlichen Voraussetzung des *hinreichenden Verdachts* eine *materielle Eingriffsschwelle* eingezogen wird – noch ausgeprägter hervor,[976] als im ausschließlichen Vergleich zwischen Letztgenanntem und dem *Risikobegriff* aus Art. 3 Nr. 9 BasisVO.[977] Gerade diese *Erheblichkeitsschwelle* ermöglicht es den zuständigen Behörden, im Falle der tatbestandlichen Erfüllung des Art. 10 BasisVO, *je nach Art, Schwere und Ausmaß des Risikos geeignete Schritte* zu *unternehmen, um die Öffentlichkeit über die Art des Gesundheitsrisikos aufzuklären* und hierbei *möglichst umfassend das Lebens-* bzw. *Futtermittel* oder die *Art* desselben, ebenso wie die damit in Verbindung stehenden *Maßnahmen*, die bereits *getroffen wurden* oder noch *zu treffen* sind, zu beschreiben, *um dem Risiko vorzubeugen, es zu begrenzen oder auszuschalten.*

Obgleich der Wortlaut („*so unternehmen die Behörden (...) geeignete Schritte, um die Öffentlichkeit über die Art des Gesundheitsrisikos aufzuklären*") prima

972 *Seemann*, Behördliche Produktinformation im europäischen und deutschen Lebensmittelrecht, S. 98; im Ergebnis ebenso, obgleich in anderem Kontext *Monsees*, Behördliches Informationshandeln im Lebensmittelbereich, S. 133; so auch (freilich hier in Bezug auf *zum Verzehr ungeeignete* Lebensmittel) die Kernaussage des *EuGH*, Urteil vom 11.04.2013 – C-636/11, Rn. 29 f., NVwZ 2013, 1002, 1003; *Streinz*, in: Streinz/Meisterernst, BasisVO/LFGB, Art. 10 BasisVO, Rn. 25.

973 Siehe hierzu die nachfolgenden Ausführungen unter Teil 5.A.II.

974 Freilich lässt sich eine *Information der Öffentlichkeit* u. U. auch auf den rechtsfolgenseitig ausgesprochen offen ausgestalteten Art. 7 BasisVO stützen, soweit die in dortigem Abs. 2 statuierten, besonderen Voraussetzungen beachtet werden, siehe hierzu die nachfolgenden Ausführungen unter Teil 5.B.I.

975 Ähnlich *Grube*, LMuR 2011, 21, 24, der allerdings nicht darauf eingeht, dass sich diese Ähnlichkeit eben aus der Ergänzung des Tatbestandsmerkmal eines *hinreichenden Verdachts* als materielle Eingriffsschwelle ergibt; ebenfalls ähnlich *Abbé*, Verbraucherschutz durch Transparenz?, S. 166, die direkt auf den polizeirechtlichen *Gefahrenbegriff* rekurriert, da Art. 10 BasisVO Einzelfallmaßnahmen betreffe, Art. 3 Nr. 9 BasisVO hingegen einen abstrakt-generellen Regelungsbereich betreffe, eine Bezugnahme auf die erforderliche materielle Eingriffsschwelle fehlt jedoch auch hier; ebenso *Boch*, LFGB, § 40, Rn. 5; siehe auch *Wehlau*, LFGB, § 40, Rn. 19.

976 So auch *Thilo Ortgies*, Rechtliches Risikomanagement im Lebensmittelrecht, S. 418.

977 Zu den Überschneidungen zwischen lebensmittelrechtlichem *Risikobegriff* und (deutschem) polizeirechtlichen *Gefahrenbegriff* siehe bereits die Schlussfolgerungen unter Teil 2.A.VI., mitunter auch unter Teil 2.B.IV. sowie unter Teil 2.C.

facie darauf hindeutet,[978] dass diesen kein Ermessen in Bezug auf das Ob der *Information der Öffentlichkeit* bzw. lediglich hinsichtlich des Wie eingeräumt sei,[979] so steht einer solchen Lesart doch schon die Systematik der Norm klar entgegen, wonach jene in Abhängigkeit von den konkreten Umständen des *Risikos* und der Art der Gefährdung erfolgen soll,[980] was mitunter auch zur Folge haben kann, dass von einer Information gänzlich abgesehen werden kann[981].[982] Die Auswahl der Maßnahmen hat sich dabei an dem in Art. 5 Abs. 1 Satz 2 und Abs. 4 EUV manifestierten Verhältnismäßigkeitsgrundsatz zu orientieren.[983]

In Betracht kommen hierbei verschiedene, abgestufte Mittel,[984] von denen die sog. *Warnung* wohl als das eingängigste und schärfste[985] zugleich bezeichnet werden kann, da diese den klaren Zweck verfolgt, die Verbraucherschaft auf konkrete Gefahren aufmerksam zu machen[986] und aufgrund der Darstellung der Information beabsichtigt, den Adressaten dazu zu bewegen, ein bestimmtes Verhalten zu unterlassen oder herbeizuführen,[987] respektive diesem nur noch *„eine vernünftige Handlungsalternative, wie beispielsweise einen Verzicht*

---

978 Noch deutlicher kommt dies in der englischen Sprachfassung zum Vorschein, welche lautet: *„public authorities shall take appropriate steps to inform the general public"* und somit von *„Die Behörden treffen geeignete Maßnahmen"* spricht (https://www.deepl.com/de/translator#en/de/public%20authorities%20shall%20take%20appropriate%20steps%20to%20inform%20the%20general%20public [zuletzt abgerufen, am: 11.03.2024]).

979 So aber *Thilo Ortgies*, Rechtliches Risikomanagement im Lebensmittelrecht, S. 419.

980 *Seemann*, Behördliche Produktinformation im europäischen und deutschen Lebensmittelrecht, S. 80 f.; so auch *Rathke*, in: Sosnitza/Meisterernst (ehem. Zipfel/Rathke), Art. 10 BasisVO, Rn. 17 ff. der zutreffend anführt, dass vor dem Hintergrund des überwölbenden Grundsatz der Verhältnismäßigkeit die drei relevanten Umstände (erstens) der *Art, Schwere und Ausmaß des Risikos*, (zweitens) die *geeigneten Schritte* und (drittens) die *Art des Gesundheitsrisikos* gemeinsam zu bewerten sind.

981 So im Ergebnis auch *Streinz*, in: Streinz/Meisterernst, BasisVO/LFGB, Art. 10 BasisVO, Rn. 15 a. E.; deutlicher *Rathke*, in: Sosnitza/Meisterernst (ehem. Zipfel/Rathke), Art. 10 BasisVO, Rn. 19.

982 Eine Information der Öffentlichkeit nach Art. 10 BasisVO kommt freilich nicht in Betracht *„bei offensichtlicher Ungeeignetheit der Informationsmaßnahme zur Wiederherstellung der Lebensmittelsicherheit, im Fall des Rechtsmissbrauchs oder bei Verletzung des Wesensgehalts der betroffenen Grundrechte"*, siehe hierzu *Holle*, Rechtliche Handlungsmöglichkeiten der amtlichen Lebensmittelüberwachung, S. 20.

983 *Boch*, LFGB, § 40, Rn. 9 ff.; vgl. auch *Voit*, LMuR 2012, 9, 11.

984 Siehe hierzu *Thilo Ortgies*, Rechtliches Risikomanagement im Lebensmittelrecht, S. 420 ff.; überblicksartig *Schoch*, NJW 2012, 2844, 2844; siehe auch *Zott*, Aktive Information des Staates im Internet, S. 82 ff.; *Engel*, Die staatliche Informationstätigkeit, S. 7 ff.

985 *Holle*, Rechtliche Handlungsmöglichkeiten der amtlichen Lebensmittelüberwachung, S. 21.

986 Vgl. *Christian Schmidt*, Verhaltenslenkende Informationsmaßnahmen der Bundesregierung, S. 27 f.; *Seemann*, Behördliche Produktinformation im europäischen und deutschen Lebensmittelrecht, S. 74.

987 *Tremml/Luber*, NJW 2005, 1745, 1746; *Seemann*, Behördliche Produktinformation im europäischen und deutschen Lebensmittelrecht, S. 74.

auf den Verzehr oder die Rückgabe an den Hersteller oder Inverkehrbringer"[988] belässt. Ebenso kommen sog. *Empfehlungen* in Frage, die häufig themenbezogen ergehen, im Vergleich zu *Warnungen* allerdings keine Gefahrenabwehr bezwecken, sondern „*staatliche Präferenzäußerung[en]*"[989] beinhalten, die auf die Verbraucherschaft verhaltenslenkend in der Weise einwirken sollen, als dass sie zu einem gewünschten Verhalten zwar anhalten, dem Adressaten hierbei aber mehrere Handlungsoptionen offen lassen.[990] Regelmäßig werden hier Produkte und Lebensmittel in Bezug genommen, die einerseits den rechtlichen Vorgaben entsprechen, von deren Verwendung andererseits aber abgeraten wird,[991] womit freilich auch die konkrete Benennung oder Bezeichnung der Inverkehrbringer bzw. des entsprechenden Lebensmittels oder Produktes einhergeht.[992]Anders bei bloßen *Hinweisen*, welche die vermutlich mildeste Form der Publikation darstellen und lediglich Problemzusammenhänge[993] beschreiben bzw. die Öffentlichkeit neutral mit Informationen über relevante Themenkomplexe versorgen, ohne jedoch individualisiert zu sein.[994]

Aufgrund dieser Mannigfaltigkeit an Ausgestaltungsmöglichkeiten von behördlichen Öffentlichkeitsinformationen, die denknotwendigerweise ganz unterschiedlich intensiv in die geschützten Grundrechtssphären der betroffenen, rechtsunterworfenen Lebensmittelunternehmer eingreifen,[995] stellt sich doch die Frage, ob jene allesamt von Art. 10 BasisVO umfasst werden, da dieser tatbestandlich ja gerade den *hinreichenden Verdacht eines Gesundheitsrisikos* voraussetzt. Unstreitig erscheint das freilich im Zusammenhang mit zielgerichteten *Warnungen*, denen die *Wahrscheinlichkeit* eines solchen *Risikos* immanent ist[996],[997] anders hingegen bei *Empfehlungen* und bloßen *Hinweisen*. Zum Teil finden sich im einschlägigen Schrifttum dementsprechend

---

988 *Thilo Ortgies*, Rechtliches Risikomanagement im Lebensmittelrecht, S. 420 f.; *Holle*, Rechtliche Handlungsmöglichkeiten der amtlichen Lebensmittelüberwachung, S. 21.

989 *Seemann*, Behördliche Produktinformation im europäischen und deutschen Lebensmittelrecht, S. 75; *Streinz*, in: Streinz/Meisterernst, BasisVO/LFGB, Art. 10 BasisVO, Rn. 14.

990 *Christian Schmidt*, Verhaltenslenkende Informationsmaßnahmen der Bundesregierung, S. 29; *Engel*, Die staatliche Informationstätigkeit, S. 9 f.

991 *von Dannwitz*, in: Streinz, Verbraucherinformation und Risikokommunikation, S. 83, 83; *Seemann*, Behördliche Produktinformation im europäischen und deutschen Lebensmittelrecht, S. 74.

992 *Christian Schmidt*, Verhaltenslenkende Informationsmaßnahmen der Bundesregierung, S. 29; *Thilo Ortgies*, Rechtliches Risikomanagement im Lebensmittelrecht, S. 420.

993 *Tremml/Luber*, NJW 2005, 1745, 1746.

994 *Thilo Ortgies*, Rechtliches Risikomanagement im Lebensmittelrecht, S. 419 f.

995 Vgl. hierzu insbesondere *Schoch*, NJW 2012, 2844, 2846 ff.; *Holle*, Rechtliche Handlungsmöglichkeiten der amtlichen Lebensmittelüberwachung, S. 21.

996 *Seemann*, Behördliche Produktinformation im europäischen und deutschen Lebensmittelrecht, S. 76.

997 *Thilo Ortgies*, Rechtliches Risikomanagement im Lebensmittelrecht, S. 421.

Stimmen, die letztgenannte nicht als von Art. 10 BasisVO gedeckt ansehen,[998] was insoweit allerdings weder mit dem Wortlaut der Norm, welche auf Rechtsfolgenseite gerade abgestufte Schritte *nach Art, Schwere und Ausmaß des Risikos* vorsieht und hierbei ausdrücklich darauf abzielt, *die Öffentlichkeit über die Art des Gesundheitsrisikos aufzuklären*, mithin eine differenzierte Darstellung anstrebt,[999] noch mit der Systematik der BasisVO im Einklang steht, die einen ganzheitlich-vollumfassenden Ansatz verfolgt[1000] bzw. der in Art. 3 Nr. 9 BasisVO legal definierte *Risikobegriff* mittels der *Risikobewertung* in eine Erfassung und Veranschaulichung sämtlicher *Risiken* mündet, ohne auf evidente Fälle beschränkt zu sein;[1001] freilich nur, soweit die Erkenntnislage über eine bloße *Möglichkeit* gesundheitlicher Auswirkungen hinausgeht bzw. ein *hinreichender Verdacht* besteht.[1002]

b. Der behördliche Informationsaustausch im Rahmen des Europäischen Schnellwarnsystems (RASFF)

Eine weitere Form der behördlichen Informationstätigkeit, die richtigerweise als *Informationsaustausch der Mitgliedstaaten untereinander* zu bezeichnen ist,[1003] bildet das in Art. 50 ff. BasisVO geregelte sog. europäische *Schnellwarnsystem für Lebensmittel und Futtermittel* (*Rapid Alert System for Food and Feed*, kurz: *RASFF*),[1004] welches es den Mitgliedstaaten in Anbetracht des grenzüberschreitenden und globalen Warenverkehrs mit Lebensmitteln ermöglicht, die jeweils zuständigen Stellen[1005] in den angeschlossenen Nationalstaaten sowohl über entsprechende *Risiken* zu informieren,[1006] als auch für diese eine wechselseitige Möglichkeit der Kommunikation und Koordination zu

---

998 So bspw. *Thilo Ortgies*, Rechtliches Risikomanagement im Lebensmittelrecht, S. 421; ebenso *Streinz*, in: Streinz/Meisterernst, BasisVO/LFGB, Art. 10 BasisVO, Rn. 14.

999 Ähnlich *Seemann*, Behördliche Produktinformation im europäischen und deutschen Lebensmittelrecht, S. 76.

1000 Siehe hierzu bereits die Schlussfolgerungen unter Teil 2.A.VI.

1001 Siehe hierzu bereits die Ausführungen unter Teil 2.B.IV. sowie die Schlussfolgerungen unter Teil 2.A.VI.

1002 Siehe hierzu die vorstehenden Ausführungen des hiesigen Abschnittes.

1003 Gemeinhin wird der Informationsaustausch im Rahmen des RASFF auch als sog. *„interne Koordination"* bezeichnet, so bspw. bei *Simon*, Kooperative Risikoverwaltung im neuen Lebensmittelrecht, S. 124.

1004 Zur Entstehungsgeschichte des RASFF siehe monographisch *Theis*, Das europäische Schnellwarnsystem für Lebensmittel, S. 8 ff., 24 ff.; zur Kritik an dem entsprechenden Vorgängermodell siehe *Bach*, ZLR 2000, 489, 489 ff.

1005 Gemäß Art. 50 Abs. 1 Satz 3 BasisVO ist von jedem Mitgliedstaat sowie der Kommission eine Kontaktstelle zu benennen.

1006 *Hoffbauer*, in: Streinz/Meisterernst, BasisVO/LFGB, Art. 50 BasisVO, Rn. 1 f.; *Simon*, Kooperative Risikoverwaltung im neuen Lebensmittelrecht, S. 124; *Theis*, Das europäische Schnellwarnsystem für Lebensmittel, S. 25; ähnlich bereits *Ringel*, Das deutsche und gemeinschaftliche Lebensmittelrecht als Sicherheitsrecht, S. 153.

schaffen.[1007] Ausweislich Art. 50 Abs. 2 Uabs. 1 BasisVO sind solche Informationen über das genannte *Schnellwarnsystem* an die Kommission, die gemäß Art. 50 Abs. 1 Satz 3 BasisVO für die Verwaltung des Netzes zuständig ist und insoweit als Knotenpunkt fungiert,[1008] zu melden, die diese sodann (gegebenenfalls unter Ergänzung wissenschaftlicher oder technischer Informationen[1009]) unverzüglich weiterleitet.[1010] Der klare Vorteil dieser Vernetzung liegt einerseits freilich darin, einen schnellen Informationsfluss und idealiter ein abgestimmtes, einheitliches Vorgehen sicherzustellen,[1011] andererseits ist er aber auch im Zusammenhang mit dem praktischen Problem zu sehen, dass vor dem Erlass *geeigneter Risikomanagementmaßnahmen*[1012] regelmäßig eine diesbezügliche *Risikobewertung* zu erfolgen hat, die denklogisch nicht in jedem Falle in Bezug auf sämtliche Lebensmittel von allen Mitgliedstaaten zeitgleich stattfinden wird und stattfinden kann, entsprechende Erkenntnisse mithilfe des *RASFF* aber – soweit beispielsweise ein Mitgliedstaat solche erlangt hat – der Gemeinschaft zur Verfügung gestellt werden können.[1013]

Meldepflichtig sind mehrere Umstände die zwar allesamt – wenn auch in einem Fall nur mittelbar[1014] – auf *Risiken für die menschliche Gesundheit* rekurrieren, dabei allerdings in verschiedener Hinsicht um konkretisierende Attri-

1007 Vgl. *Theis*, Das europäische Schnellwarnsystem für Lebensmittel, S. 21; *Deißler*, Gewährleistung von Informationsqualität in europäischen Informatinssystemen, S. 102.

1008 *Hoffbauer*, in: Streinz/Meisterernst, BasisVO/LFGB, Art. 50 BasisVO, Rn. 3; *Fuchs*, Lebensmittelsicherheit in der Mehrebenenverwaltung, S. 160 spricht insoweit zutreffenderweise davon, dass der Informationsfluss „*nicht horizontal zwischen den Mitgliedstaaten des Netzes*" verläuft; zur Funktionsweise des RASFF siehe auch *Deißler*, Gewährleistung von Informationsqualität in europäischen Informatinssystemen, S. 104 ff.

1009 Siehe Art. 50 Abs. 2 Uabs. 2 BasisVO, der dies der EFSA zuweist.

1010 Konkrete Vorgaben in Bezug auf das technische, organisatorische, strukturelle und zeitliche Verfahren der Weiterleitung von entsprechenden Informationen finden sich weiterhin in der Durchführungsverordnung (EU) 2019/1715 der Kommission vom 30. September 2019 mit Vorschriften zur Funktionsweise des Informationsmanagementsystems für amtliche Kontrollen und seiner Systemkomponenten (sog. IMSOC-Verordnung), ABl. L 261 vom 14.10.2019, S. 37 – 96; vgl. auch *Hoffbauer*, in: Streinz/Meisterernst, BasisVO/LFGB, Art. 50 BasisVO, Rn. 21.

1011 So auch Erwägungsgrund 60 zur BasisVO; *Hoffbauer*, in: Streinz/Meisterernst, BasisVO/LFGB, Art. 50 BasisVO, Rn. 8.

1012 Dazu kann natürlich auch eine Information der Öffentlichkeit auf Grundlage des Art. 10 BasisVO gehören, siehe hierzu die vorstehenden Ausführungen unter Teil 3.B.III.3.a.

1013 Daraus können sodann ggf. und soweit erforderlich *Sofortmaßnahmen* nach Art. 53 f. BasisVO erfolgen, siehe hierzu die nachfolgenden Ausführungen unter Teil 3.B.III.4.

1014 An dieser Stelle sei ausdrücklich auf Art. 50 Abs. 3 Uabs. 1 lit. a BasisVO verwiesen, der begrifflich zwar nicht ausdrücklich auf ein *mittelbares oder unmittelbares Risiko* Bezug nimmt, allerdings auf *Maßnahmen zur Beschränkung des Inverkehrbringens von Lebensmitteln oder Futtermitteln oder zur Erzwingung ihrer Rücknahme vom Markt oder ihres Rückrufes ‚aus Gründen des Gesundheitsschutzes'* rekurriert und dementsprechend schon strukturell das Vorliegen eines *Risikos* verlangt.

bute ergänzt werden. Denn während Art. 50 Abs. 1 Satz 1 BasisVO (lediglich) den Anwendungsbereich des *Schnellwarnsystems* zunächst allgemein und sehr weitgehend für *unmittelbare* oder *mittelbare Risiken* eröffnet,[1015] stellt Abs. 2 Satz 1 mit *‚ernsten'* *unmittelbaren* oder *mittelbaren Risiken* erhöhte Anforderungen,[1016] die sodann in Abs. 3 lit. a (welches jedoch nicht ausdrücklich auf ein *Risiko* Bezug nimmt[1017]) und in lit. b nochmals eine Komplettierung um die Voraussetzung des Erfordernisses eines *raschen Handelns* erfahren.

Diese prima facie nicht ganz leicht zu erfassenden Abstufungen in Bezug auf die Meldepflicht lassen sich, vor allem da weder die Begrifflichkeit des *mittelbaren* und *unmittelbaren* respektive des *ernsten Risikos* noch die des *raschen Handelns* hier legal definiert ist[1018],[1019] nur in der Synopse mit der IMSOC-Verordnung näher deskribieren, die in ihrem Art. 2 Abs. 14 bis 23 unterschiedliche Arten von Meldungen bestimmt. Ins Auge stechen hierbei die Abs. 15 und 16, die zwischen *Warnmeldungen* und bloßen *Informationsmeldungen*[1020] differenzieren. Beiderlei verlangen freilich ein *unmittelbares* oder *mittelbares Risiko*, wobei eine bloße *Informationsmeldung* allerdings nur dann in Betracht kommt, wenn jenes erstens *kein rasches Handeln erfordert* und zweitens dieses – aufgrund des Fehlens der Voraussetzung – eben *nicht ernstlich* ist; eine *Warnmeldung* setzt demgegenüber sowohl das Bestehen eines *ernsten Risikos* als auch die Exigenz des *raschen Handelns* voraus. In zeitlich-administrativer Hinsicht haben *Warnmeldungen* somit *höchste Priorität*, *Informationsmeldungen* hingegen nicht.[1021]

1015 Ähnlich *Ludwig*, in: Sosnitza/Meisterernst (ehem. Zipfel/Rathke), Art. 50 BasisVO, Rn. 40.

1016 Vgl. hierzu auch *Hoffbauer*, in: Streinz/Meisterernst, BasisVO/LFGB, Art. 50 BasisVO, Rn. 4.

1017 Vielmehr rekurriert der Auslösetatbestand des Art. 50 Abs. 3 lit. a BasisVO auf die Mitteilung *bereits ergriffener Maßnahmen zur Beschränkung des Inverkehrbringens* von Lebensmitteln oder Futtermitteln bzw. zur *Erzwingung ihrer Rücknahme oder ihres Rückrufs* aus Gründen des Gesundheitsschutzes, soweit ein *rasches Handeln* erforderlich ist.

1018 *Theis*, Das europäische Schnellwarnsystem für Lebensmittel, S. 43; *VGH Baden-Württemberg*, Beschluss vom 16.11.2015 – 9 S 1749/15, Rn. 5, LMuR 2016, 32, 33; *Hoffbauer*, in: Streinz/Meisterernst, BasisVO/LFGB, Art. 50 BasisVO, Rn. 34.

1019 Eine Legaldefinition zu dem Tatbestandsmerkmal *„Produkt, mit dem ein ernstes Risiko verbunden ist"* findet sich allerdings in Art. 3 Nr. 20 der hier nicht einschlägigen Marktüberwachungsverordnung, Verordnung (EU) 2019/1020 des Europäischen Parlaments und des Rates vom 20.06.2019 über Marktüberwachung und die Konformität von Produkten sowie zur Änderung der Richtlinie 2004/42/EG und der Verordnungen (EG) Nr. 765/2008 und (EU) Nr. 305/2011, Abl. 2019 L 169/1, siehe hierzu sogleich.

1020 In Bezug auf die jeweiligen *Informationsmeldungen* sei erwähnt, dass diese in den ff. Absätzen nochmals eine Differenzierung erfahren, konkret: Abs. 17: *Informationsmeldung zur Weiterleitung*, Abs. 18: *Informationsmeldung zur Kenntnisnahme.*

1021 Vgl. zu den Arten von Meldungen und deren Priorisierung *Ludwig*, in: Sosnitza/Meisterernst (ehem. Zipfel/Rathke), Art. 50 BasisVO, Rn. 50; *Theis*, Das europäische Schnellwarnsystem für Lebensmittel, S. 44.

Somit ergibt sich aus der Zusammenschau der tatbestandlichen Voraussetzungen der Meldepflicht(en) und der damit verbundenen Priorisierung mitunter eine unterschiedliche Qualität, die sich ausgehend von dem *Risikobegriff* des Art. 3 Nr. 9 BasisVO beschreiben lässt, der wiederum sämtliche *Risiken* in Bezug nimmt,[1022] was stringenterweise zugleich bedeutet, dass die Charakteristika der *Mittelbarkeit* und *Unmittelbarkeit* allenfalls eine deklaratorische Funktion verfolgen können, die auf eben diese Reichweite verweisen oder hinweisen.[1023]

Etwas anderes gilt natürlich für die sog. *Ernstlichkeit des Risikos*, das gegenüber dem Grundbegriff des *Risikos* insoweit ein *materielles*[1024] oder *prognostisches*[1025] Mehr erfordert, mithin, dass entweder die *Schwere der Gesundheitsbeeinträchtigung* oder deren *Wahrscheinlichkeit* gesteigert sein müssen. Demgegenüber wird in dem einschlägigen Schrifttum vereinzelt auch vertreten, dass ein *ernstes Risiko* erst dann zu erblicken ist, wenn eine *„erhöhte Wahrscheinlichkeit einer qualifizierten gesundheitsbeeinträchtigenden Wirkung oder die Wahrscheinlichkeit einer besonders schwerwiegenden gesundheitsbeeinträchtigenden Wirkung im Einzelfall“*[1026] vorliegt, mithin wenn sowohl die *Eintrittswahrscheinlichkeit* als auch die *Schwere der Gesundheitsbeeinträchtigung* kumulativ erhöht ist. Freilich ist ein beiderseitig erhöhtes Mehr für die Annahme eines *ernsten Risikos* unschädlich, allerdings missdeutet dieser Ansatz schon in systematischer Hinsicht den Grundbegriff des *Risikos* aus Art. 3 Nr. 9 BasisVO, indem bereits in diesen *„eine bestimmte Wahrscheinlichkeit einer qualifizierten gesundheitsbeeinträchtigenden Wirkung im Einzelfall“*[1027] hineingelesen wird, obgleich jener doch ausweislich seines Wortlautes und des dahinterstehenden immanenten Zwecks darauf angelegt ist, *Risiken* in ihrer Gesamtheit zu beschreiben.[1028] Weiterhin verkennt eine solch strenge Exegese, die so hohe Anforderungen an ein *ernstes Risiko* stellt, den immanenten Telos des Art. 50 BasisVO sowie des *Schnellwarnsystems*, da dieses ja

1022 Siehe hierzu bereits die Ausführungen unter Teil 2.B.IV. sowie die Schlussfolgerungen unter Teil 2.A.VI.

1023 Interessanterweise finden sich in der monographischen Darstellung des Schnellwarnsystems bei *Theis*, Das europäische Schnellwarnsystem für Lebensmittel, S. 42 ff. keine Versuche, die Funktion der ergänzenden Attribute des *unmittelbaren* bzw. *mittelbaren* Risikos zu beleuchten; ebenso wenig bei *Ludwig*, in: Sosnitza/Meisterernst (ehem. Zipfel/Rathke), Art. 50 BasisVO, Rn. 72 ff. und bei *Hoffbauer*, in: Streinz/Meisterernst, BasisVO/LFGB, Art. 50 BasisVO, Rn. 20 ff.

1024 Zur *materiellen Komponente* des *Risikobegriffes* siehe bereits die Ausführungen unter Teil 2.A.II. und III.

1025 Zum *prognostischen Element* des *Risikobegriffes* siehe bereits die Ausführungen unter Teil 2.A.IV.

1026 So *Theis*, Das europäische Schnellwarnsystem für Lebensmittel, S. 44.

1027 *Theis*, Das europäische Schnellwarnsystem für Lebensmittel, S. 43.

1028 Siehe hierzu bereits die Schlussfolgerungen unter Teil 2.B.IV.

gerade nicht nur darauf abzielt, dass ausschließlich ‚extrem hohe Risiken‘[1029] einer Meldepflicht unterliegen.[1030]

Das kann ergänzend im übertragenen Sinne eines erst-recht-Schlusses dadurch unterstrichen werden, dass die hier freilich nicht einschlägige Marktüberwachungsverordnung bereits für sog. Non-Food-Produkte[1031], deren Auswirkungen im Vergleich zu lebensmittelbedingten Risiken als sehr viel geringer anzusehen sind, eine Legaldefinition bezüglich eines *„Produkt[es], mit dem ein ernstes Risiko verbunden ist“*[1032] vorhält, die weder in *materieller* (ausdrücklich hinsichtlich der Exposition: *„auch wenn das Risiko keine unmittelbare Auswirkung hat“*) noch in *prognostischer* Hinsicht erhöhte Anforderungen verlangt, sondern vielmehr lediglich auf die *Erforderlichkeit eines raschen Eingreifens* rekurriert, sodass stringenterweise für die Annahme eines *ernsten Risikos* im Sinne des Art. 50 BasisVO schon ein *prognostisches* oder alternativ *materielles* Mehr ausreichen muss, worin sich gleichzeitig eine *Erheblichkeitsschwelle für behördliches Tätigwerden* erblicken lässt, die freilich zunächst den (wenn auch unionsweit zu begreifenden) behördeninternen Raum nicht verlässt,[1033] aber die Grundlage für weitergehende *Risikomanagementmaßnahmen* bildet.

Soweit man die tatsächlichen oder auch nur potentiellen Auswirkungen von lebensmittelbedingten *ernsten Risiken* konsequent weiter denkt, exemplarisch können diese – so wohl der klassische Lehrbuchfall – auf Lebensmittel zurückgehen, von denen ein *physikalisches Risiko,* insbesondere durch Fremdbestandteile, ausgeht oder auf derartige, die *Rückstände von pharmakologisch wirksamen Stoffen* bzw. von *Pflanzenschutzmitteln* aufweisen, weiterhin auf Lebensmittel mit *krebserregenden, fortpflanzungsgefährdenden* oder *erbgutschädigenden Stoffen,*[1034] erfordern jene allesamt ein *rasches Handeln* im Sinne

1029 In Abgrenzung hierzu siehe die nachfolgenden Ausführungen unter Teil 3.B.III.4.

1030 So sieht Art. 2 Abs. 14 IMSOC-Verordnung bereits sog. *Verstoßmeldungen* vor, die lediglich auf einen Normverstoß, nicht jedoch auf ein *ernstes* oder gar (einfaches) *Risiko* rekurrieren.

1031 Zum diesbezüglichen Anwendungsbereich siehe Art. 2 Marktüberwachungsverordnung.

1032 Die Legaldefinition des Art. 3 Nr. 20 Marktüberwachungsverordnung im Wortlaut: „‚Produkt, mit dem ein ernstes Risiko verbunden ist‘ [, ist] ein Produkt, das ein Risiko birgt und bei dem das Verhältnis zwischen der Eintrittswahrscheinlichkeit einer Gefahr, die einen Schaden verursacht, und der Schwere des Schadens auf der Grundlage einer Risikobewertung und unter Berücksichtigung der normalen und vorhersehbaren Verwendung des Produkts ein rasches Eingreifen der Marktüberwachungsbehörden erforderlich macht, auch wenn das Risiko keine unmittelbare Auswirkung hat“.

1033 *OVG Lüneburg,* Beschluss vom 27.11.2007 – 11 ME 455/07, Rn. 12 f., BeckRS 2007, 28080; *Kraft,* ZLR 2008, 257, 257 f.; anders *Rathke,* in: Sosnitza/Meisterernst (ehem. Zipfel/Rathke), Art. 10 BasisVO, Rn. 2a.

1034 *Ludwig,* in: Sosnitza/Meisterernst (ehem. Zipfel/Rathke), Art. 50 BasisVO, Rn. 73 mit Beispielen, die sich allerdings an der bundesdeutschen AVV SWS orientieren; ähnlich bei *Theis,* Das europäische Schnellwarnsystem für Lebensmittel, S. 45 ff.; weitere Beispiels-

der Vorschrift, sodass das Erfordernis des *raschen Handelns* bereits aus dem Umstand folgt, dass ein *ernstes Risiko* vorliegt,[1035] was aber stets im Rahmen einer Einzelfallentscheidung zu ermitteln ist.[1036]

4. Die Sofortmaßnahmen gemäß Art. 53 f. BasisVO

Über die *(klassischen) verwaltungsrechtlichen Durchsetzungsmaßnahmen* nach Art. 137, 138 KontrollVO[1037] und die *behördliche Informationstätigkeit*[1038] hinaus, welche beiderlei regelmäßig durch die zuständigen mitgliedstaatlichen Stellen zu besorgen sind, statuiert Art. 53 f. BasisVO die Befugnis, in sog. *Notfällen*[1039] geeignete *Sofortmaßnahmen* zu erlassen. Diese besondere wie umfassende, zuvörderst an die Kommission, hilfsweise jedoch auch an die Mitgliedstaaten,[1040] adressierte Ermächtigung verfolgt ausweislich Erwägungsgrund 60 zur BasisVO[1041] das Ziel, unionsweit einheitliche Verfahren und Handlungsoptionen festzulegen, um in wirksamer Weise, künstliche – aber dennoch bestehende – Diskrepanzen zwischen den Mitgliedstaaten zu überbrücken respektive aufeinander abgestimmte Reaktionen der Union zu ermöglichen.[1042] Solche *Sofortmaßnahmen* können abhängig von dem in Rede stehenden Einzelfall[1043] und unter Beachtung des Grundsatzes der Verhältnismäßigkeit (auch in Bezug auf die Dauer[1044]) die *Aussetzung* des *Inverkehrbringens*, der *Verwendung* oder der *Einfuhr* entsprechender Lebensmittel oder

fälle finden sich bei *Hoffbauer*, in: Streinz/Meisterernst, BasisVO/LFGB, Art. 50 BasisVO, Rn. 58 ff.

1035 Ähnlich *Ludwig*, in: Sosnitza/Meisterernst (ehem. Zipfel/Rathke), Art. 50 BasisVO, Rn. 11.

1036 *VGH Baden-Württemberg*, Beschluss vom 16.11.2015 – 9 S 1749/15, Rn. 5 a. E., LMuR 2016, 32, 33; *Hoffbauer*, in: Streinz/Meisterernst, BasisVO/LFGB, Art. 50 BasisVO, Rn. 37.

1037 Siehe hierzu die vorstehenden Ausführungen unter Teil 3.B.III.2.

1038 Siehe hierzu die vorstehenden Ausführungen unter Teil 3.B.III.3.

1039 So auch die amtliche Überschrift („*Notfälle*") des Abschnittes 2 i. R.d. Kapitel IV („*Schnellwarnsystem, Krisenmanagement und Notfälle*") der BasisVO, welcher die Art. 53 f. BasisVO beinhaltet.

1040 Siehe hierzu Art. 54 BasisVO; zum Verfahren eines entsprechenden Erlasses siehe weiterhin Art. 53 Abs. 2 BasisVO.

1041 Erwägungsgrund 60 BasisVO im Wortlaut: „*Vorkommnisse im Zusammenhang mit der Lebensmittelsicherheit in jüngerer Zeit haben gezeigt, dass es notwendig ist, geeignete Maßnahmen für Notfallsituationen festzulegen, wonach alle Lebensmittel unabhängig von ihrer Art und Herkunft und alle Futtermittel bei einer ernsthaften Gefährdung der Gesundheit von Mensch und Tier und der Umwelt einheitliche Verfahren angewandt werden können. Durch einen solchen umfassenden Ansatz für Sofortmaßnahmen zur Lebensmittelsicherheit dürfte es möglich sein, wirksam einzugreifen und künstliche Diskrepanzen beim Umgang mit einem ernsthaften Risiko im Zusammenhang mit Lebensmitteln und Futtermitteln zu vermeiden.*".

1042 *Hoffbauer*, in: Streinz/Meisterernst, BasisVO/LFGB, Art. 53 BasisVO, Rn. 25.

1043 Art. 53 Abs. 1 BasisVO formuliert hierzu eingängig: „*je nachdem, wie ernst die Situation ist*".

1044 *Hoffbauer*, in: Streinz/Meisterernst, BasisVO/LFGB, Art. 53 BasisVO, Rn. 4.

Futtermittel ebenso beinhalten, wie die *Festlegung besonderer Bedingungen* oder *jede sonst geeignete Maßnahme*[1045].[1046]

Ein entsprechendes Tätigwerden setzt gemäß Art. 53 Abs. 1 BasisVO dabei voraus, dass ein aus einem Drittland eingeführtes oder der Gemeinschaft entstammendes Lebensmittel oder Futtermittel *wahrscheinlich* ein *ernstes Risiko* für die menschliche oder tierische Gesundheit bzw. die Umwelt darstellt und diesem auf (bloß) mitgliedstaatlicher Ebene *nicht zufriedenstellend* oder ausreichend *begegnet* werden kann,[1047] worin sich prima facie – abgesehen von dem *institutionellen Faktor* – eine gewisse – genauer formuliert: partielle – *faktische* und *tatbestandliche Nähe* zu Art. 50 BasisVO erblicken lässt. Aus *faktischer* Warte natürlich, da die Kommission regelmäßig infolge einschlägiger Meldungen im Rahmen des RASFF von vorgenannten Umständen Kenntnis erlangt,[1048] in *tatbestandlicher* Hinsicht schon aufgrund des sowohl für *Warnmeldungen* als auch für *Sofortmaßnahmen* erforderlichen *ernsten Risikos*, obgleich jene auch eine relevante Divergenz in den Wortlauten aufweisen. Denn während im Kontext des RASFF bzw. des Art. 50 BasisVO nicht ausdrücklich das Attribut *wahrscheinlich* benannt wird, findet dieses expressis verbis Eingang in Art. 53 Abs. 1 BasisVO, woraus zwangsläufig die Frage resultiert, ob und inwieweit darin eine Unterschiedlichkeit zu sehen ist.

Freilich könnte in Fortsetzung der vorstehenden Betrachtung des Tatbestandsmerkmals des *ernsten Risikos* im Rahmen des Schnellwarnsystems,[1049] welches jeweils für sich entweder ein *prognostisches* oder alternierend ein *materielles* Mehr zur Begründung der Schwelle betreffs des Erfordernisses der Absetzung einer *Warnmeldung* ausreichen lässt, eine lediglich redaktionelle Abweichung im Sinne eines Versehens angenommen werden, die allerdings den unterschiedlichen Besonderheiten keineswegs Rechnung trägt. Zunächst im Hinblick auf die *Kompetenzverteilung* zwischen der Kommission und den jeweiligen Mitgliedstaaten, wonach entsprechende Maßnahmen vorrangig von Seiten Letzterer zu verrichten sind und nur, soweit mittels dieser dem in Rede stehenden *Risiko nicht auf zufrieden stellende Weise begegnet werden kann*,[1050] die Kommission eben ermächtigt ist, demgemäße *Sofortmaßnahmen* auf Grundlage des Art. 53 BasisVO zu erlassen.[1051] Überdies in Anbetracht

1045 Art. 53 Abs. 1 lit. a und b BasisVO.

1046 *Ludwig*, in: Sosnitza/Meisterernst (ehem. Zipfel/Rathke), Art. 53 BasisVO, Rn. 2 f.

1047 Zur *Vorrangigkeit* des mitgliedstaatlichen und der *Subsidiarität* des unionalen Tätigwerdens vgl. *Hoffbauer*, in: Streinz/Meisterernst, BasisVO/LFGB, Art. 53 BasisVO, Rn. 6.

1048 So auch *Hoffbauer*, in: Streinz/Meisterernst, BasisVO/LFGB, Art. 50 BasisVO, Rn. 25.

1049 Zur Bestimmung des Tatbestandsmerkmals des *ernsten Risikos* siehe bereits die vorstehenden Ausführungen unter Teil 3.B.III.3.b.

1050 So der ausdrückliche Wortlaut des Art. 53 Abs. 1 BasisVO.

1051 Zu dieser Vorrangstellung der Mitgliedstaaten, siehe *Hoffbauer*, in: Streinz/Meisterernst, BasisVO/LFGB, Art. 53 BasisVO, Rn. 6.

der erheblich voneinander abweichenden *Rechtsfolgen*, da es sich bei *Warnmeldungen*, die in das RASFF einzustellen sind, um Informationen handelt, die den behördeninternen Raum üblicherweise nicht verlassen, mithin um solche, die ausschließlich der Kommission respektive den weiteren Mitgliedstaaten in effektiver Weise zur Verfügung zu stellen sind, damit jene ihre Kontrolltätigkeit oder diesfällige Maßnahmen im Rahmen des vorgenannten Zuständigkeitsrahmens daran ausrichten können,[1052] während *Sofortmaßnahmen* der Kommission, ad interim auch der Mitgliedstaaten,[1053] explizit nach außen gerichtet sind.

Infolgedessen ergeben sich notwendigerweise voneinander abweichende Anforderungen, die in Bezug auf *Warnmeldungen* geringer sein können und müssen, da hierin zwar *ernste Risiken*, also *prognostisch* ‚oder' *materiell* gesteigerte *Risiken*, vermeldet werden, die sodann seitens der Mitgliedstaaten einem jeweils eigenen *Risikomanagement* unterzogen werden können, im Falle *wahrscheinlicher ernster Risiken* im Zuge des Art. 53 BasisVO allerdings, soweit das mitgliedstaatliche *Risikomanagement* nicht (mehr) ausreichend erscheint, die Kommission unionsweit einheitlich tätig werden muss,[1054] sodass mit einem *wahrscheinlich ernsten Risiko* eine *prognostisch* ‚und' *kumulativ* gesteigerte Qualität einhergeht, mithin *„ein erhebliches Risiko (...), das offensichtlich die Gesundheit von Mensch oder Tier oder die Umwelt gefährdet"*[1055].

5. Zusammenfassung und Schlussfolgerungen

Die vorstehende Betrachtung der lebensmittelüberwachungsbehördlichen Tätigkeiten und Befugnisse, mithin der Ebene der *Rechtsdurchsetzung*, hat aufgezeigt, dass die sog. *allgemeinen Kontroll- und Überwachungsbefugnisse* aus Art. 9 ff. KontrollVO[1056] allenfalls dem Vorfeldbereich des *Risikomanagements* zuzuordnen sind, nicht jedoch dem eigentlichen *Umgang mit* (festgestellten) *Risiken* dienen, da jene vornehmlich darauf abzielen, unternehmerisches Fehlverhalten – und somit auch *Risiken* – überhaupt erst zu eruieren.[1057] Dementsprechend setzen diese tatbestandlich auch kein *Risiko* für das Tätigwerden

1052 *Hoffbauer*, in: Streinz/Meisterernst, BasisVO/LFGB, Art. 50 BasisVO, Rn. 6 ff.; siehe hierzu bereits die vorstehenden Ausführungen unter Teil 3.B.III.3.b.

1053 Siehe hierzu Art. 54 BasisVO.

1054 Soweit auch der ausdrückliche Passus des Art. 53 Abs. 1 BasisVO: *„(...) dass diesem Risiko durch Maßnahmen des betreffenden Mitgliedstaats oder der betreffenden Mitgliedstaaten nicht auf zufrieden stellende Weise begegnet werden kann (...)"*.

1055 So im Ergebnis *EuGH*, Urteil vom 08.09.2011 – C-58/10 bis 68/10, Rn. 76, BeckRS 2011, 81325; *EuGH*, Urteil vom 13.09.2017 – C-111/16, Rn. 51, BeckRS 2017, 124209; siehe auch *Hoffbauer*, in: Streinz/Meisterernst, BasisVO/LFGB, Art. 53 BasisVO, Rn. 41 f.

1056 Auf deutscher Ebene damit korrespondierende Normen sind die §§ 42 ff. LFGB.

1057 Siehe hierzu die Ausführungen unter Teil 3.B.III.1.

voraus,[1058] ermöglichen allerdings in Ergänzung zur *wissenschaftlichen Risikobewertung*[1059] eine *situativ-faktische Ermittlung und Erhebung* von *Risiken* und bilden so die Grundlage für weitergehende behördliche Maßnahmen, für die sich freilich etwas anderes konstatieren lässt. Im Einzelnen:

Interessant ist in diesem Zusammenhang, dass die *(klassischen) verwaltungsrechtlichen Durchsetzungsmaßnahmen* nach Art. 137, 138 KontrollVO zwar nicht an das Vorliegen eines *Risikos*, sondern ausschließlich an *Normverstöße* bzw. an einen diesbezüglichen *Verdacht* anknüpfen, insoweit normakzessorisch sind, die dort vorgesehenen Maßnahmen und Rechtsfolgen allerdings mehr als prädestiniert erscheinen, um *Risiken* behördlicherseits zu handhaben, mithin *Risikomanagement* zu betreiben.[1060] Als ebenso geeignet lassen sich auch die Wirkungen und Effekte der *behördlichen Informationstätigkeit* bezeichnen, welche (erstens) im Rahmen des *RASFF*[1061] einen behördeninternen Informationsaustausch vorsehen bzw. (zweitens) mittels Art. 10 BasisVO eine *Information der Öffentlichkeit*[1062] erlaubt und der Verbraucherschaft daran ausgerichtete, selbstbestimmte Entscheidungen ermöglicht. Tatbestandlich setzen beide ein *Risiko* voraus, welches aber um weitere Komponenten ergänzt wird, namentlich um das Erfordernis der *Ernstlichkeit* [1063] respektive um einen *hinreichenden Verdacht*[1064]. In gleichem Maße passabel stellen sich unionsweite *Sofortmaßnahmen* auf Grundlage des Art. 53 BasisVO dar, die auf ein *wahrscheinlich ernstes Risiko* rekurrieren.[1065]

Aus diesen Feststellungen lassen sich in der Zusammenschau mit vorherigen Erkenntnissen, ertragreiche Schlussfolgerungen formulieren, die sich vornehmlich darauf beziehen, ob nun bereits der *Risikobegriff* aus Art. 3 Nr. 9 BasisVO eine *materielle Eingriffsschwelle* für behördliches Tätigwerden enthält[1066] und somit die Frage der *Akzeptabilität* von Risiken aus sich heraus beantwortet bzw. ob oder inwieweit neben den Ergebnissen der *Risikobewertung*, die ja auf die Beschreibung von *Risiken* abzielen, auch andere *berück-*

1058 Allerdings manifestiert Art. 9 KontrollVO, dass die Kontrollen *risikobasiert* zu erfolgen haben, siehe hierzu bereits die Ausführungen unter Teil 2.A. I.

1059 Zur *Risikobewertung* siehe bereits die Ausführungen unter Teil 2.B.

1060 Siehe hierzu die Ausführungen unter Teil 3.B.III.2.

1061 Siehe hierzu die Ausführungen unter Teil 3.B.III.3.b.

1062 Siehe hierzu die Ausführungen unter Teil 3.B.III.3.a.

1063 So im Rahmen des RASFF, Art. 50 ff. BasisVO, die mitunter ein *„ernstes Risiko"* voraussetzen.

1064 So im Rahmen des Art. 10 BasisVO.

1065 Siehe hierzu die Ausführungen unter Teil 3.B.III.4.

1066 Siehe hierzu die Schlussfolgerungen unter Teil 2.A.VI. und unter Teil 2.C. sowie die einleitende Fragestellung unter Teil 3.A.

sichtigenswerte Faktoren[1067] als relevant für *Risikomanagemententscheidungen* anzusehen sind.

Zu zweiterer Frage kann festgehalten werden, dass solche anderen *berücksichtigenswerten Faktoren*, wie Sie in Erwägungsgrund 19 zur BasisVO beispielhaft aufgezählt sind,[1068] tatbestandlich weder im Zusammenhang mit der *behördlichen Informationstätigkeit* noch im Rahmen der *(klassischen)* mitgliedstaatlichen *verwaltungsrechtlichen Durchsetzungsmaßnahmen* nach Art. 137, 138 KontrollVO oder den sog. *Sofortmaßnahmen* der Kommission auf Grundlage des Art. 53 BasisVO einen Niederschlag finden, da diese ausschließlich entweder an *Normverstöße*[1069] oder an modifizierte bzw. konkretisierte *Risiken* anknüpfen.

So ergänzt Art. 10 BasisVO das für die Öffentlichkeitsinformation notwendige *Risiko* hinsichtlich des *prognostischen* bzw. *diagnostischen Elementes*[1070] um das Erfordernis eines *hinreichenden Verdachts*, worin die Exigenz einer, im Vergleich zum Grundbegriff des Art. 3 Nr. 9 BasisVO, *qualitativ erhöhten Wahrscheinlichkeit* in Bezug auf den Eintritt einer *Gesundheitsbeeinträchtigung* zu erblicken ist, die wiederum auf konkreten Tatsachen oder Anhaltspunkten beruhen muss.[1071] Ein wenig anders verhält es sich in puncto des Auslösetatbestandes einer Meldung an das *Schnellwarnsystem* nach Art. 50 BasisVO, der ein *ernstes Risiko* voraussetzt, folglich ein solches, dass alternativ – aber nicht zwangsläufig kumulativ – ein *materielles* oder *prognostisches* Mehr erfordert[1072] und somit auf die verknüpfende Komponente des Art. 3 Nr. 9 BasisVO, namentlich die *Funktion*[1073] aus beiden, rekurriert. Demgegenüber erfordern *Sofortmaßnahmen* nach Art. 53 BasisVO eine in *prognostische*r und *materieller* Hinsicht, also kumulativ, gesteigerte Qualität.[1074]

Sowohl die Apposition des *Risikos* um einen *hinreichenden Verdacht* in Art. 10 BasisVO als auch um die *Ernstlichkeit* desselben bezüglich der Verpflichtung zu einer Meldung im Rahmen des *RASFF* oder um die *wahrscheinliche Ernstlichkeit* als Bedingung für entsprechende *Sofortmaßnahmen* nach Art. 53 BasisVO kann dementsprechend als taugliche Eingriffsschwelle für behördliches Tätigwerden bezeichnet werden, die der *Risiko*definition aus Art. 3 Nr. 9

1067 Siehe hierzu die Ausführungen unter Teil 3.A. I. und III.

1068 Erwägungsgrund 19 BasisVO benennt exemplarisch *„gesellschaftliche, wirtschaftliche oder ethische Gesichtspunkte, Traditionen und Umwelterwägungen wie auch die Frage der Kontrollierbarkeit“*.

1069 So Art. 138 KontrollVO bzw. mit Blick auf Art. 137 KontrollVO, der an einem diesbezüglichen *Verdacht* anknüpft.

1070 Siehe hierzu die Ausführungen unter Teil 2.A.IV.

1071 Siehe hierzu die Ausführungen unter Teil 3.B.III.3.a.

1072 Siehe hierzu die Ausführungen unter Teil 3.B.III.3.b.

1073 Siehe hierzu die frühen Ausführungen unter Teil 2.A. V.

1074 Siehe hierzu die vorstehenden Ausführungen unter Teil 3.B.III.4.

BasisVO im Umkehrschluss sodann gerade fehlt. Daraus folgt konsequenterweise die Erkenntnis, dass sich konkrete *Risikomanagementmaßnahmen* eben nicht alleine hierauf stützen lassen,[1075] sondern der *Risikobegriff* hinsichtlich einzelner Elemente oder Komponenten einer *Konkretisierung* bzw. *Ergänzung* bedarf, wie sie sich in den vorstehend dargestellten Instituten wiederfinden.

Freilich lässt sich dies nur insoweit konstatieren, als dass eine nähere Betrachtung bereits und überhaupt stattgefunden hat, mithin auf die Ebene der *Rechtsdurchsetzung* in konkret-individuellen Einzelfällen, (noch) nicht jedoch in Bezug auf Fragen der *Rechtsetzung*. Diese werden aber doch mit Blick auf Art. 137, 138 KontrollVO relevant, deren Rechtsfolgen tatbestandlich ausschließlich an *Normverstöße* gegen solche knüpfen. Aufhellungsbedürftig bleibt dementsprechend die Rolle des *Risikobegriffes* auf und dessen Einbeziehung, auch in Verbindung mit sog. *anderen berücksichtigenswerten Faktoren*, in die (Aus-)Gestaltung lebensmittelrechtlicher Rechtsakte der Union, da jene Normen gerade einen weiten und breiten Rahmen vorgeben, gegen den bzw. gegen einzelne Vorschriften hierin verstoßen werden kann.

IV. Die Einbeziehung in und die Relevanz des Risikobegriffes auf ausgewählte lebensmittelrechtliche Rechtsetzungen der Union

Das mit der Einführung der BasisVO im Jahre 2002 verfolgte Ziel eines *hohen Maßes an Schutz für das Leben und die Gesundheit der Menschen* soll insbesondere dadurch erreicht werden, dass sich das gesamte übrige unionsrechtliche (damals gemeinschaftsrechtliche) und mitgliedstaatliche Lebensmittelrecht in den dort manifestierten Rahmen einzupassen hat[1076],[1077] was insoweit auch für die Reichweite des Systems der *Risikoanalysen* gilt.[1078] Das bedeutet natürlich nicht, dass die BasisVO uneingeschränkt auf sämtliche besonderen Arten und Produktgruppen von Lebensmitteln respektive deren Rechtsregime in vollharmonisierender Weise durchschlägt,[1079] vielmehr ist diese als ein *Allgemeiner Teil* des Lebensmittelrechts zu verstehen, der ein Grundkonzept und – soweit möglich – einheitliche Begriffsbestimmungen kodifiziert,[1080] die

1075 Diese Erkenntnis widerlegt dementsprechend die frühen Vermutungen, dass möglicherweise bereits dem *Risikobegriff* eine oder mehrere abgestufte Schwellen für behördliches Tätigwerden immanent sind, siehe hierzu die Schlussfolgerungen unter Teil 2.A.VI. sowie unter Teil 2.C.

1076 Vgl. Art. 1, 4 und 5 BasisVO sowie Erwägungsgrund 2 BasisVO; siehe hierzu bereits die Ausführungen unter Teil 1.A.

1077 *Weiß*, Die rechtliche Gewährleistung der Produktsicherheit, S. 274.

1078 *Meisterernst*, in: Streinz/Meisterernst, BasisVO/LFGB, Art. 1 BasisVO, Rn. 3 spricht insoweit von einer *„Verwissenschaftlichung des Lebensmittelrechts"*.

1079 *Rützler*, in: Streinz/Kraus, Lebensmittelrechts-Handbuch, Kap. II, Rn. 1a.

1080 So bereits *Köhler*, ZLR 2001, 191, 194, der allerdings noch auf das sog. *Weißbuch* rekurriert.

bei der Auslegung und Gestaltung der lebensmittelrechtlichen Politiken zu berücksichtigen sind.[1081]

Im Folgenden soll daher ein kurzer kursorischer Blick auf ausgewählte besondere lebensmittelrechtliche Rechtsquellen geworfen werden,[1082] ob und inwieweit der *Risikobegriff* aus Art. 3 Nr. 9 BasisVO und das System der *Risikoanalysen* bzw. das damit verfolgte Ziel *eines hohen Maßes an Schutz für die menschliche Gesundheit* in diese Eingang gefunden hat, konkret in Bezug auf die Frage des jeweiligen Konkretisierungsgrades der Eingriffsschranken in Form des *Risikos*,[1083] gleichzeitig aber auch, welche Relevanz und welches Gewicht den sog. *anderen berücksichtigenswerten Faktoren*[1084] jenen bei der Ausgestaltung zugrunde lag respektive liegt.

1. Der Blick auf zulassungspflichtige Lebensmittel und Verfahren

Obgleich der Ausgestaltung des Lebensmittelrechts traditionell das sog. *Missbrauchsprinzip*[1085] zugrundeliegt, das Inverkehrbringen von Lebensmitteln demnach *zulassungsfrei* unter der Prämisse erfolgen kann, dass die entsprechenden Lebensmittelunternehmer eigenverantwortlich und selbst die einschlägige Nomenklatur und somit die Einhaltung der materiell-rechtlichen Vorgaben sicherstellen,[1086] existieren doch verschiedene sektorale Vorschriften, die eine vorherige Zulassung erfordern,[1087] was nicht zuletzt eine Folge der rasanten technologischen Entwicklung im Lebensmittelsektor darstellt[1088] und dementsprechend mit dem vorbeugenden Gesundheitsschutz begründet

1081 Vgl. *Rathke*, in: Sosnitza/Meisterernst (ehem. Zipfel/Rathke), Art. 1 BasisVO, Rn. 5; siehe auch *Holle*, ZLR 2004, 307, 307, der die BasisVO ebenfalls als Allgemeinen Teil des Lebensmittelrechts bezeichnet; *Meisterernst*, in: Streinz/Meisterernst, BasisVO/LFGB, Art. 1 BasisVO, Rn. 4.

1082 Zunächst in Bezug auf zulassungspflichtige Lebensmittel und Verfahren unter Teil 3.B.IV.1., sodann hinsichtlich besonderer produktbezogener Regelungen und mikrobiologischer Kriterien bzw. Höchstmengen unter Teil 3.B.IV.2.

1083 Siehe hierzu die vorangestellten Ausführungen unter Teil 3.A. I. und III.

1084 Siehe hierzu die vorangestellten Ausführungen unter Teil 3.A. I. und III.

1085 Zur Abgrenzung von *Missbrauchs-* und *Verbotsprinzip* vgl. *Meisterernst*, Lebensmittelrecht, S. 6 f.; siehe hierzu auch *Schomburg*, Rechtsrahmen funktioneller Lebensmittel, S. 54 f.; *Heck*, Paradigmenwechsel im Lebensmittelrecht, S. 96 ff.

1086 *Gundel*, § 8 Lebensmittelrecht, in: Ruffert (Hrsg.), Europäisches Sektorales Wirtschaftsrecht, S. 557, 602; *von Jagow*, in: FS Welsch, S. 111, 111; *Kraft/Grugel/Preußendorff*, ZLR 2008, 321, 322.

1087 Zum Teil wird hierin ein „*inhaltlicher Paradigmenwechsel (...) zum Verbotsprinzip*" gesehen, so bspw. *Schroeter*, ZLR 2005, 191, 197; ebenso *von Jagow*, ZLR 2007, 479, 479 ff.; im Ergebnis ähnlich *Armin Werner*, LMuR 2006, 63, 63 ff. insb. 67, der allgemein von einer Überregulierung spricht.

1088 So bspw. *Kraft/Grugel/Preußendorff*, ZLR 2008, 321, 321 ff.; vgl. auch *Fritzsche*, Innovative Lebensmittel im europäischen Verwaltungsverfahrensrecht, S. 27 ff.

wird[1089].[1090] Eine Auswahl eben jener Vorschriften die diesem *präventivem Verbot mit Erlaubnisvorbehalt* respektive dem *Verbotsprinzip*[1091] unterfallen, sollen daher zu Beginn betrachtet werden, ob und inwieweit sich die jeweilige Zulassungspflicht entweder ausschließlich anhand *sicherheits- bzw. gesundheitsrelevanter Kriterien* leiten lässt oder auch *andere berücksichtigenswerte Faktoren* einbezogen wurden bzw. einzubeziehen sind.

a. Neuartige Lebensmittel und genetisch veränderte Lebensmittel

Zunächst sei hierbei auf die Zulassungspflicht von sog. *neuartigen Lebensmitteln* hingewiesen,[1092] also solchen, die vor dem Stichtag des 15. Mai 1997 in der Union (noch) nicht in nennenswertem Umfang für den menschlichen Verzehr verwendet wurden und einer der in Art. 3 Abs. 2 lit. a Ziffern i) bis x) Novel-Food-Verordnung[1093] aufgeführten Kategorien[1094] unterfallen.[1095] Zweck der Novel-Food-Verordnung ist es, eine vollständige wie abschließende Regelung der Sicherheitsüberprüfung und des Inverkehrbringens von *neuartigen Lebensmitteln* abzubilden.[1096] Hierbei verfolgt sie ausweislich Art. 1 Abs. 2 Novel-Food-Verordnung[1097] das Ziel, (erstens) *ein reibungsloses Funktionieren des Binnenmarktes sicherzustellen und* (zweitens) *dabei ein hohes Niveau beim Schutz der menschlichen Gesundheit und der Verbraucherinteressen herbeizuführen*, mithin gleichermaßen sowohl unternehmerseitige, wirtschaftliche Interessen, als auch die beiden lebensmittelrechtlichen Primärziele des gesundheitlichen und wirtschaftlichen Verbraucherschutzes zu verwirklichen[1098];[1099]

1089 *Kraft/Grugel/Preußendorff*, ZLR 2008, 321, 324.

1090 *Gundel*, § 8 Lebensmittelrecht, in: Ruffert (Hrsg.), Europäisches Sektorales Wirtschaftsrecht, S. 557, 602.

1091 Zum *Vorsorgeprinzip* siehe insbesondere *Heck*, Paradigmenwechsel im Lebensmittelrecht, S. 100 ff.

1092 Eine Darstellung des Rechtsregimes für *neuartige Lebensmittel* findet sich bei *Meisterernst*, Lebensmittelrecht, S. 319 ff.

1093 Verordnung (EU) 2015/2283 des Europäischen Parlaments und des Rates vom 25.11.2015 über neuartige Lebensmittel, zur Änderung der Verordnung (EU) Nr. 1169/2011 des Europäischen Parlaments und des Rates und zur Aufhebung der Verordnung (EG) Nr. 258/97 des Europäischen Parlaments und des Rates und der Verordnung (EG) Nr. 1852/2001 der Kommission, Abl. EU 2015 L 327/1.

1094 Eine ausführliche Beschreibung dieser Kategorien findet sich u. a. bei *Meisterernst*, Lebensmittelrecht, S. 324 ff.

1095 Zur Zulassungspflicht siehe Art. 6 Novel-Food-Verordnung.

1096 *Meisterernst*, Lebensmittelrecht, S. 321.

1097 Art. 1 Abs. 2 Novel-Food-Verordnung deckt sich insoweit mit den Erwägungsgründen 1 und 2 Novel-Food-Verordnung.

1098 Der wirtschaftliche Verbraucherschutz findet insbesondere weiterhin Niederschlag in Art. 9 Abs. 3 lit. b, Art. 10 Abs. 2 lit. g, Art. 14 Uabs. 2 lit. f. Novel-Food-VO.

1099 Siehe hierzu *Ballke*, in: Sosnitza/Meisterernst (ehem. Zipfel/Rathke), Art. 1 Novel-Food-VO, Rn. 8 f.

flankiert werden diese ausweislich Erwägungsgrund 2 zur Novel-Food-Verordnung von *Transparenz-* und *Umweltschutzbelangen*, in die mitunter auch Aspekte der *„Versorgung der Allgemeinheit mit unbedenklichen und gesunden Lebensmitteln"*[1100] hineingelesen werden.

Das Inverkehrbringen *neuartiger Lebensmitteln* ist insoweit abhängig entweder von der Eintragung in die entsprechende Unionsliste[1101] nach Durchlaufen des *Zulassungsverfahrens* gemäß Art. 10 ff. Novel-Food-Verordnung,[1102] welches insbesondere den Nachweis wissenschaftlicher Daten erfordert, dass von dem Lebensmittel kein Sicherheitsrisiko ausgeht[1103],[1104] oder von einem *vereinfachten Meldeverfahren* nach Art. 14 ff. Novel-Food-Verordnung, soweit es sich um ein sog. *traditionelles Lebensmittel aus einem Drittland* handelt,[1105] Gegenstand der Beurteilung ist hierbei – wie bereits erwähnt – zum einen freilich die Frage der gesundheitlichen Auswirkungen,[1106] zum anderen sind nach Art. 12 Abs. 1 Novel-Food-Verordnung allerdings auch weitere Umstände zu berücksichtigen, wie *sämtliche einschlägige Vorschriften des Unionsrechts einschließlich des Vorsorgeprinzips aus Art. 7 BasisVO* (so lit. b) und *alle anderen zu berücksichtigenden Faktoren, die für den jeweiligen Antrag ausschlaggebend sind* (so lit. d), ohne dass diese jedoch konkret benannt werden.[1107] Vor dem Hintergrund der vornehmlich gesundheitlichen Relevanz des Inverkehrbringens *neuartiger Lebensmittel* und der damit in Verbindung stehenden potentiellen Auswirkungen, die zu bewerten und einzubeziehen sind, kann Letzteres wohl nur als ein Art Auffangtatbestand verstanden werden, in den ethische, gesellschaftliche oder politische Erwägungen allenfalls partiell Eingang finden.[1108]

1100 So jedenfalls *Ballke*, in: Sosnitza/Meisterernst (ehem. Zipfel/Rathke), Art. 1 Novel-Food-VO, Rn. 7.

1101 Siehe hierzu die Durchführungsverordnung (EU) 2017/2471 der Kommission vom 20.12.2017 zur Erstellung der Unionsliste der neuartigen Lebensmittel gemäß der Verordnung (EU) 2015/2283 des Europäischen Parlaments und des Rates über neuartige Lebensmittel, Abl. EU 2017 L 351/72.

1102 Kritisch im Hinblick auf die Dauer des Zulassungsverfahrens *Gerstberger*, ZLR 2008, 175, 179.

1103 Art. 10 Abs. 2 lit. 3 Novel-Food-VO.

1104 *Kostenzer*, LMuR 2017, 189, 190 ff.; *Alfred Meyer*, Novel Food, S. 40 ff., insb. S. 43 ff.

1105 *Alfred Meyer*, Novel Food, S. 46 ff.; *Kostenzer*, LMuR 2017, 189, 192.

1106 Art. 12 Abs. 1 lit. c Novel-Food-Verordnung, der auf das Gutachten der EFSA bzgl. der gesundheitlichen Auswirkungen verweist.

1107 Siehe hierzu *Kostenzer*, LMuR 2017, 189, 191.

1108 Im Ergebnis ähnlich *Ballke*, in: Sosnitza/Meisterernst (ehem. Zipfel/Rathke), Art. 12 Novel-Food-VO, Rn. 10.

Ausweislich Art. 4 Abs. 2 Gen-Food-VO[1109] unterliegen weiterhin *genetisch veränderte Organismen*[1110] einer Zulassungspflicht, soweit sie zur Verwendung als Lebensmittel oder in einem Lebensmittel bestimmt sind.[1111] Im Rahmen des Zulassungsverfahrens ist gemäß Art. 4 Abs. 1 lit. a bis c Gen-Food-VO durch die EFSA zu prüfen, dass diese keine nachteiligen Auswirkungen auf die Gesundheit von Mensch, Tier oder die Umwelt haben (lit. a), die Verbraucher durch die Verwendung nicht irregeführt werden (lit. b) und dass sie sich von den zu ersetzenden Lebensmitteln nicht so stark unterscheiden, als dass mit ihrem normalen Verzehr ein Ernährungsmangel für die Verbraucherschaft einhergeht (lit. c).[1112] Die Kommission berücksichtigt hierbei nach Art. 17 Abs. 1 Satz 1 Gen-Food-VO einerseits die vorgenannten Umstände, aber auch *andere legitime Faktoren*, die (gleichermaßen wie im Zusammenhang mit *neuartigen Lebensmitteln*) in Erwägungsgrund 32 zur Gen-Food-VO nochmals angesprochen werden, ohne diese jedoch konkret zu benennen.

b. Zusatzstoffe und Enzyme

Ebenfalls einer Zulassungspflicht unterliegen *Zusatzstoffe*[1113] und *Enzyme*[1114].[1115] Unter *Zusatzstoffen* werden nach Art. 3 Abs. 2 lit. a ZusatzstoffVO Stoffe verstanden, *die (unabhängig von ihrem Nährwert) in der Regel weder selbst als Lebensmittel verzehrt noch als charakteristische Lebensmittelzutat verwendet werden und einem Lebensmittel aus technologischen Gründen bei der Herstellung, Verarbeitung, Zubereitung, Behandlung, Verpackung, Beförderung oder Lagerung zugesetzt werden, wodurch sie selbst oder (zumindest) ihre Nebenprodukte mittelbar oder unmittelbar zu einem Bestandteil des Lebensmittels wer-*

1109 Verordnung (EG) Nr. 1829/2003 des Europäischen Parlaments und des Rates vom 22.09.2003 über genetisch veränderte Lebensmittel und Futtermittel, Abl. 2003 L 268/1.

1110 Zur Legaldefinition von *genetisch veränderten Organismen* bzw. *GVO* siehe Art. 2 Nr. 5 Gen-Food-VO; interessant ist in diesem Zusammenhang die Frage der Reichweite der Gen-Food-VO bzw. ob auch neue biotechnologische Verfahren hiervon umfasst sind, siehe *Seitz*, EuZW 2018, 757, 757 sowie 759 f.; *Spranger*, NJW 2018, 2929, 2929 f.

1111 Eine Darstellung des Rechtsregimes für *genetisch veränderte Lebensmittel* findet sich bei *Meisterernst*, Lebensmittelrecht, S. 333 ff.

1112 Vgl. hierzu auch Erwägungsgrund 3 Gen-Food-VO.

1113 Geregelt in der Verordnung (EG) Nr. 1333/2008 des europäischen Parlaments und des Rates vom 16.12.2008 über Lebensmittelzusatzstoffe, Abl. 2008 L 354/16.

1114 Geregelt in der Verordnung (EG) Nr. 1332/2008 des Europäischen Parlaments und des Rates vom 16.12.2008 über Lebensmittelenzyme und zur Änderung der Richtlinie 83/417/EWG des Rates, der Verordnung (EG) Nr. 1493/1999 des Rates, der Richtlinie 2000/13/EG, der Richtlinie 2001/112/EG des Rates sowie der Verordnung (EG) Nr. 258/97, Abl. 2008 L 357/7.

1115 Zur Abgrenzung dieser Begrifflichkeiten siehe *Martell*, ZLR 2015, 448, 448 ff; eine Darstellung des Rechtsregimes für *Zusatzstoffe* findet sich bei *Meisterernst*, Lebensmittelrecht, S. 393 ff., für *Enzyme* ebd., S. 411 ff.

den oder werden können.[1116] Das Inverkehrbringen setzt das vorherige Durchlaufen eines Zulassungsverfahrens[1117] und die Eintragung in eine Positivliste nach Anhang II[1118] oder III[1119] ZusatzstoffVO voraus. Gegenstand der Bewertung ist ausweislich Art. 6 Abs. 1 lit. a bis c ZusatzstoffVO[1120] im Wesentlichen die gesundheitliche Unbedenklichkeit (lit. a), eine technische Notwendigkeit für den Einsatz des *Zusatzstoffes* (lit. b), sowie, dass mit der Verwendung desselben keine Irreführung der Verbraucher (lit. c) einhergeht. Weiterhin spielen nach Art. 6 Abs. 1 Uabs. 1 ZusatzstoffVO gegebenenfalls auch *andere berücksichtigenswerte legitime Faktoren, einschließlich umweltrelevanter Faktoren* eine Rolle, die – anders als im Zusammenhang mit *neuartigen Lebensmitteln*[1121] – hier ausdrücklich exemplarisch in Satz 4 des Erwägungsgrundes 7 zur ZusatzstoffVO aufgeführt werden und *gesellschaftliche, wirtschaftliche und ethische Faktoren, Traditionen und Umwelterwägungen, das Vorsorgeprinzip sowie die Durchführbarkeit von Kontrollen* umfassen, mithin denen des Erwägungsgrundes 19 zur BasisVO entsprechen,[1122] zusätzlich wird allerdings noch das *Vorsorgeprinzip* benannt. Grundvoraussetzung ist hierbei freilich die Sicherheit, die technische Notwendigkeit und eine nicht zu befürchtende Irreführung der Verbraucher[1123].[1124]

Durchaus vergleichbar verhält es sich in Bezug auf *Lebensmittelenzyme*, nach Art. 3 Abs. 2 lit. a EnzymVO solche *Erzeugnisse, die aus Pflanzen, Tieren oder Mikroorganismen oder daraus hergestellten Erzeugnissen gewonnen werden bzw. auch Erzeugnisse, die durch ein Fermentationsverfahren mit Mikroorganismen gewonnen werden und die ein oder mehrere Enzyme enthalten, welche die Fähigkeiten besitzen, eine spezifische biochemische Reaktion zu katalysieren und einem Lebensmittel zugesetzt werden, um auf irgendeiner Stufe der Herstellung, Verarbeitung, Behandlung, Verpackung, Beförderung oder Lagerung von*

1116 Siehe hierzu auch Erwägungsgrund 5 ZusatzstoffVO.

1117 Die Reglementierung des gemeinsamen Bewertungs- und Zulassungsverfahrens (lediglich das Verfahren, nicht jedoch die materiellen Zulassungsbedingungen) für Lebensmittelzusatzstoffe, -enzyme und -aromen findet sich in VO (EG) Nr. 1331/2008 über ein einheitliches Zulassungsverfahren für Lebensmittelzusatzstoffe, -enzyme und -aromen, Abl. 2008 L 354/1.

1118 Gemäß Art. 4 Abs. 1 i. V. m. Anhang II ZusatzstoffVO in Bezug auf die Verwendung in einem Lebensmittel.

1119 Gemäß Art. 4 Abs. 2 i. V. m. Anhang III ZusatzstoffVO in Bezug auf die Verwendung in einem Lebensmittelzusatzstoff, -enzym oder –aroma.

1120 So auch Erwägungsgründe 1, 2 und 3 VO (EG) Nr. 1331/2008.

1121 Die Novel-Food-Verordnung benennt solche Umstände gerade nicht ausdrücklich, siehe hierzu die Ausführungen unter Teil 3.B.IV.1.a.

1122 Siehe hierzu bereits die Ausführungen unter Teil 3.A.III.

1123 So auch die Kernaussage der Erwägungsgründe 7 Satz 2, 2, 3 und 1 sowie Art. 6 Abs. 1 ZusatzstoffVO.

1124 *Rathke*, in: Sosnitza/Meisterernst (ehem. Zipfel/Rathke), Art. 1 ZusatzstoffVO, Rn. 2 erblickt hierin allerdings keine ausdrückliche Rangfolge.

Lebensmitteln einen technologischen Zweck erfüllen,[1125] die ein ebensolches Zulassungsverfahren durchlaufen müssen wie *Zusatzstoffe* und deren Inverkehrbringen gemäß Art. 4 EnzymVO die Eintragung in die entsprechende Gemeinschaftsliste voraussetzt. Gegenstand der hiesigen Bewertung ist nach Art. 6 EnzymVO gleichermaßen neben der gesundheitlichen Unbedenklichkeit (lit. a), der hinreichenden technischen Notwendigkeit für den Einsatz des *Enzyms* (lit. b) und der Sicherstellung, dass der Verbraucher durch die Verwendung nicht in die Irre geführt (lit. c) wird, gegebenenfalls die Einbeziehung *anderer berücksichtigenswerter Faktoren*[1126], die in Erwägungsgrund 6 zur EnzymVO exemplarisch benannt werden und hierbei zwar deckungsgleich mit denen in Erwägungsgrund 7 zur ZusatzstoffVO sind, allerdings von *„für den Sachverhalt zu prüfende[n] Faktoren"*[1127] spricht, während Vorgenannte auf *„andere für diesen Bereich relevante Faktoren"*[1128] abstellt.

2. Der Blick auf besondere produktbezogene Regelungen und mikrobiologische Kriterien

Die Frage, ob und inwieweit der *Risikobegriff* aus Art. 3 Nr. 9 BasisVO und dementsprechend *sicherheits- und gesundheitsrelevante Kriterien* beziehungsweise sog. *andere berücksichtigenswerte Faktoren* Eingang in unionale Rechtssetzungen gefunden haben, stellt sich natürlich nicht nur im Hinblick auf *zulassungspflichtige Lebensmittel,* die einem *präventivem Verbot mit Erlaubnisvorbehalt* unterfallen,[1129] sondern ebenso in Bezug auf solche, deren Inverkehrbringen traditionellerweise zwar dem *Missbrauchsprinzip* unterliegen, für die aber sektoral dennoch besondere Regelungen[1130] gelten und daher – zumindest eine Auswahl derselben – im Folgenden in den Blick genommen werden.

a. Nahrungsergänzungsmittel und angereicherte Lebensmittel

Obgleich für eine Vielzahl von Lebensmitteln und Lebensmittelgruppen spezifische, vertikale Vorgaben bestehen,[1131] erscheint deren erschöpfende Be-

1125 Siehe hierzu auch Erwägungsgrund 4 EnzymVO.

1126 Während Art. 6 Abs. 1 ZusatzstoffVO allerdings von *„andere[n] berücksichtigenswerte[n] legitime[n] Faktoren – einschließlich umweltrelevante Faktoren"* spricht, wird hier in Art. 6 Abs. 1 EnzymVO lediglich auf *„ander[e] berücksichtigenswert[e] Faktoren"* rekurriert.

1127 So in Erwägungsgrund 6 EnzymVO.

1128 So in Erwägungsgrund 7 ZusatzstoffVO.

1129 Siehe hierzu die vorstehenden Ausführungen unter Teil 3.B.IV.1.

1130 Zur Abgrenzung von horizontalen und sektoralen Vorschriften siehe etwa *Rützler,* in: Streinz/Kraus, Lebensmittelrechts-Handbuch, Kap. II, Rn. 1a.

1131 Ein überblicksartiger Aufriss der vielzähligen Produkte und Produktgruppen findet sich insb. bei *Meisterernst,* Lebensmittelrecht, S. 338.

trachtung schon aus Gründen des schieren Umfanges kaum möglich, sodass zunächst ein plakatives Augenmerk auf die besonderen unionalen Regelungen für *Nahrungsergänzungsmittel* und *angereicherte Lebensmittel* gelegt werden soll, die sowohl Ähnlichkeiten als auch Unterschiede aufweisen.

Während es sich bei *Nahrungsergänzungsmitteln* um *Lebensmittel* handelt, die aus *Einfach-* oder *Mehrfachkonzentraten* von *Nährstoffen* oder *sonstigen Stoffen* mit *ernährungsspezifischer* oder *physiologischer Wirkung* bestehen und in *dosierter Form* in Verkehr gebracht werden (d.h. beispielsweise in Form von Kapseln, Pastillen, Tabletten, Pillen und anderen ähnlichen Darreichungsformen, Pulverbeuteln, Flüssigampullen, Flaschen mit Tropfeinsätzen und ähnlichen Darreichungsformen von Flüssigkeiten und Pulvern zur Aufnahme in abgemessenen kleinen Mengen) und dazu bestimmt sind, die *normale Ernährung zu ergänzen,*[1132] zeichnen sich *angereicherte Lebensmittel* dadurch aus, dass (umgangsspr.) *‚normalen' Lebensmitteln* nach Art. 2 BasisVO ein bestimmter (Nähr-)Stoff wie Vitamine oder Mineralstoffe zugesetzt werden, mit dem ein *gesundheitlicher Nutzen* einhergeht[1133].[1134]

In beiderlei Fällen dürfen nur solche *Vitamine* und *Mineralstoffe* verwendet bzw. zugesetzt werden, die in den Anhängen zur NemRL[1135] und zur AnreicherungsVO[1136] aufgeführt sind. Interessant ist diesem Zusammenhang, welche Zielsetzungen damit verfolgt werden, die sich im Wesentlichen den jeweiligen Erwägungsgründen entnehmen lassen.

So stellt sowohl die NemRL als auch die AnreicherungsVO freilich auf die *Sicherheit* der Nährstoffe ab,[1137] womit die Festsetzung diverser *Höchstmengen* einhergeht[1138]. Gleichzeitig heben beide aber auch das Bedürfnis nach einer *ausgewogenen und abwechslungsreichen Ernährung* hervor,[1139] die gegebenenfalls durch *Nahrungsergänzungsmittel* oder entsprechende *Anreicherungen*

1132 So Art. 2 Abs. lit. a Richtlinie 2002/46/EG des Europäischen Parlaments und des Rates vom 10.06.2002 zur Angleichung der Rechtsvorschriften der Mitgliedstaaten über Nahrungsergänzungsmittel, Abl. 2002 L 183/51, die auf bundesdeutscher Ebene durch die Nahrungsergänzungsmittelverordnung (NemV) in nationales Recht umgesetzt wurde.

1133 Geregelt in der Verordnung (EG) Nr. 1925/2006 des Europäischen Parlaments und des Rates vom 20.12.2006 über den Zusatz von Vitaminen und Mineralstoffen sowie bestimmten anderen Stoffen zu Lebensmitteln, Abl. 2006 L 404/26.

1134 Zur Unterscheidung von *Nahrungsergänzungsmitteln* und *angereicherten Lebensmitteln* siehe *Meisterernst*, Lebensmittelrecht, S. 380.

1135 Nach Art. 4 Abs. 1 NemRL dürfen vorbehaltlich des Abs. 6 nur die in Anhang I aufgeführten *Vitamine* und *Mineralstoffe* in der in Anhang II dargestellten Form verwendet werden.

1136 Nach Art. 3 Abs. 1 AnreicherungsVO dürfen nur die in Anhang II aufgeführten *Vitamine* und *Mineralstoffe* nach Maßgabe der AnreicherungsVO zugesetzt werden.

1137 So Erwägungsgrund 5 NemRL und Erwägungsgrund 10 AnreicherungsVO.

1138 So Erwägungsgrund 13 NemRL und Erwägungsgründe 14 und 15 AnreicherungsVO.

1139 So Erwägungsgrund 7 AnreicherungsVO, etwas schwächer Erwägungsgrund 3 NemRL.

zu *ergänzen* ist respektive ergänzt werden kann,[1140] wobei allerdings vornehmlich Nährstoffe eingesetzt werden sollen, die ohnehin in der *normalen Ernährung vorkommen.*[1141] Ebenso relevant ist die Erwägung, mit unionsweit einheitlichen Regelungen das *Funktionieren des Binnenmarktes* sicherzustellen[1142].

Zwar lässt sich in der Gesamtschau unter diesen ganz heterogenen Zielsetzungen prima facie keine Rangfolge herauslesen,[1143] bezeichnend ist aber doch, dass der *lebensmittelsicherheitsrechtliche* und *-technische* beziehungsweise *gesundheitsschützende Impetus* weniger hervortritt als im Vergleich zu *zulassungspflichtigen Lebensmitteln*[1144].

b. Höchstmengen und mikrobiologische Kriterien

Um eine nicht minder interessante wie relevante lebensmittelrechtliche Rechtsquelle, die sich von den exemplarisch soeben dargestellten Regelungen zu *Nahrungsergänzungsmitteln* und *angereicherten Lebensmitteln* doch stark unterscheidet, handelt es sich bei der MikrobiolKritVO[1145], mittels derer in Ergänzung der in der BasisVO manifestierten *Anforderungen an die Lebensmittelsicherheit*[1146] ausweislich Art. 1 MikrobiolKritVO *mikrobiologische Kriterien* für bestimmte Mikroorganismen festgelegt werden, deren Vorhandensein oder Nichtvorhandensein sich auf die *Akzeptabilität* eines Erzeugnisses auswirkt.[1147]

Soweit eine Untersuchung[1148] zu dem Ergebnis führt, dass jene in Anhang 1 zur MikrobiolKritVO festgelegten *Lebensmittelsicherheitskriterien* bzw. *Grenzwerte* überschritten, mithin *unbefriedigend* sind, folgt daraus gemäß Art. 7 MikrobiolKritVO die Verpflichtung für den Lebensmittelunternehmer entsprechend tätig zu werden und (Abhilfe)Maßnahmen (Abs. 1) bis hin zur *Rücknahme* be-

---

1140 So Erwägungsgrund 4 NemRL und Erwägungsgrund 7 Sätze 2 und 3 AnreicherungsVO.

1141 So Erwägungsgrund 9 NemRL und Erwägungsgrund 9 AnreicherungsVO.

1142 So Erwägungsgrund 2 NemRL und Erwägungsgrund 1 AnreicherungsVO.

1143 *Meisterernst*, StoffR 2005, 54, 54 bspw. stellt (obgleich er dies nicht so ausdrücklich benennt) die *Harmonisierung des Binnenmarktes* und die *Gewährleistung eines hohen Schutzniveaus für die Gesundheit der Verbraucher* als gleichrangig dar.

1144 Siehe hierzu die exemplarische Betrachtung unter Teil 3.B.IV.1.

1145 Verordnung (EG) Nr. 2073/2005 der Kommission vom 15.11.2005 über mikrobiologische Kriterien für Lebensmittel, Abl. 2005 L 338/1.

1146 Siehe hierzu die Ausführungen in nachfolgendem Teil 4.

1147 So die Legaldefinition aus Art. 2 lit. b MikrobiolKritVO.

1148 Siehe hierzu Art. 5 MikrobiolKritVO.

ziehungsweise den *Rückruf*[1149] eines Produktes (Abs. 2) zu ergreifen.[1150] Mit einer solchen Grenzwertüberschreitung geht freilich nicht zwangsläufig einher, dass die betreffenden Lebensmittel auch unsicher im Sinne des Art. 14 BasisVO sind oder sein müssen, vielmehr betrifft Art. 7 MikrobiolKritVO ausweislich seines Wortlautes die *Akzeptabilität* von Lebensmitteln, also die Frage, wann ein solches zumindest *inakzeptabel* für den menschlichen Verzehr geworden ist.[1151]

Natürlich ist in diesem Zusammenhang ausdrücklich zu erwähnen, dass die Festsetzungen solcher Grenzwerte dem vorbeugenden Gesundheitsschutz dienen und dabei auf einer wissenschaftlichen Basis zu ermitteln sind,[1152] es sich gleichwohl aber um politische Entscheidungen handelt,[1153] die im Falle der MikrobiolKritVO die Besonderheit aufweisen, dass sie auf eine sehr prägnante Weise restriktiv definiert sind und bereits im Falle *unbefriedigender Ergebnisse* zu den vorgenannten, strengen Rechtsfolgen führen, da ausweislich Erwägungsgrund 1 zur MikrobiolKritVO hierin *eine Hauptquelle lebensmittelbedingter Krankheiten beim Menschen* erblickt wird,[1154] die überdies – so Erwägungsgrund 4 – Rückschlüsse auf nicht rechtskonforme *Herstellungs-, Handhabungs- und Vertriebsverfahren* bieten.

Ähnlich ausgestaltet, d. h. ebenso mit einem Sicherheitsfaktor versehen, sind auch die weiteren geläufigen *toxikologischen Kenngrößen*, die im Unterschied zu den Festsetzungen der MikrobiolKritVO allerdings konkret auf akute oder chronische gesundheitliche Auswirkungen von Lebensmitteln bzw. deren immanenten Stoffen rekurrieren und diese beschreiben, hierbei jedoch auf verschiedene Arten bestimmt werden, im Einzelnen:[1155] Während der auf experimentelle Weise bestimmte sog. *No Observed Adverse Effect Level (NOAEL)* eine Dosis oder eine Konzentration beschreibt, nach deren Aufnahme keinerlei negative Effekte beobachtet werden können, bezieht sich der sog. *Lowest*

1149 Zu *Rücknahme* und *Rückruf* gemäß Art. 19 BasisVO siehe bereits die Ausführungen unter Teil 3.B.II.2.

1150 Zur Frage, ob Art. 7 Abs. 2 MikrobiolKritVO eine *Rechtsgrund-* oder eine *Rechtsfolgenverweisung* auf Art. 19 BasisVO beinhaltet, siehe *BVerwG*, Urteil vom 14.10.2020 – 3 C 10.19, Rn. 29, LMuR 2021, 110, 113; kritisch hierzu *Roffael*, LMuR 2021, 113, 113 f.; *Rudi Lang*, BayZR 2021, 78, 90; interessant ist in diesem Zusammenhang *EuGH*, Urteil vom 30.06.2022 – C-51/21, Rn. 26 f., LMuR 2022, 421, 422, wonach der *EuGH* die BasisVO als spezieller im Vergleich zur MikrobiolKritVO anzusehen scheint.

1151 *Wallau*, in: Sosnitza/Meisterernst (ehem. Zipfel/Rathke), § 5 LMRStrafVO, Rn. 3; *Meisterernst*, Lebensmittelrecht, S. 145.

1152 *Streinz*, ZLR 2002, 689, 693.

1153 So bereits *Streinz*, ZLR 2002, 689, 696.

1154 Siehe hierzu *Weyland*, ZLR 2016, 558, 560.

1155 Die nachfolgende Darstellung orientiert sich im Wesentlichen an *Matissek*, Lebensmittelsicherheit, S. 58 ff., dem auch die entsprechenden Erhebungs- und Berechnungsmethoden zu entnehmen sind.

Observed Adverse Effect Level (LOAEL) auf die niedrigste Dosis oder Konzentration, bei der sich gerade noch schädliche Auswirkungen erblicken lassen.

Aussagen über die erlaubte Tageshöchstdosis, d. h. welche Menge eines (zugelassenen) Stoffes über die gesamte Lebenszeit hinweg täglich durch den Menschen aufgenommen werden kann, ohne dass dies gesundheitlich bedenklich erscheint, trifft der um einen Sicherheitsfaktor erhöhte sog. *Acceptable Daily Intake (ADI)*[1156].[1157] Ähnliches, allerdings in Bezug auf Grenzwerte für Verunreinigungen und Kontaminationen, bildet der sog. *Tolerable Daily Intake (TDI)* ab, der zudem von einer wöchentlichen (*Tolerable Weekly Intake [TWI]*) und einer monatlichen Darstellung (*Tolerable Monthly Intake [TMI]*) flankiert wird.

Hiervon zu unterscheiden ist die sog. *Akute Referenzdosis (ARfD)*[1158],[1159] bei der es sich um einen Grenzwert inklusive Sicherheitsfaktor zur Beschreibung von kurzfristigen Expositionen betreffs der Aufnahme im Rahmen einer Mahlzeit oder über einen Tag verteilt handelt und dessen Überschreiten zu einem spürbaren Gesundheitsrisiko führt.

3. Zusammenfassung und Schlussfolgerungen

Die vorstehende Betrachtung lebensmittelrechtlicher Rechtsquellen – die aufgrund der schieren Anzahl freilich nur in Form einer Auswahl erfolgen konnte – vollzog sich vor dem Hintergrund, dass Art. 137, 138 KontrollVO zwar durchaus geeignete Rechtsfolgen zur Bewältigung und Beherrschung von lebensmittelbedingten *Gesundheitsrisiken* vorhält, dabei tatbestandlich allerdings nicht auf ein *Risiko* rekurriert, sondern vielmehr ausschließlich

---

1156 Siehe hierzu auch eine Legaldefinition des *ADI* in Art. 3 Abs. 2 lit. j Verordnung (EG) Nr. 396/2005 des Europäischen Parlaments und des Rates vom 23.02.2005 über Höchstgehalte an Pestizidrückständen in oder auf Lebens- und Futtermitteln pflanzlichen und tierischen Ursprungs und zur Änderung der Richtlinie 91/414/EWG des Rates [kurz: RückstandshöchstmengenVO], Abl. 2005 L 70/, die diese als *„vertretbare Tagesdosis"* bezeichnet und als *„die geschätzte Menge eines Stoffs in einem Lebensmittel, ausgedrückt mit Bezug auf das Körpergewicht, die nach dem Kenntnisstand zum Zeitpunkt der Bewertung ein Leben lang täglich ohne nennenswertes Risiko für jeden Verbraucher unter Berücksichtigung besonders gefährdeter Bevölkerungsgruppen (z. B. Kinder und Ungeborene) aufgenommen werden kann"* beschreibt.

1157 Siehe hierzu auch *Crone/Grube*, ZLR 2021, 398, 403.

1158 Siehe hierzu auch eine Legaldefinition zur *akuten Referenzdosis* in Art. 3 Abs. 2 lit. i RückstandshöchstmengenVO, die diese als *„die geschätzte Menge eines Stoffs in einem Lebensmittel, ausgedrückt mit Bezug auf das Körpergewicht, die den geeigneten Studien gewonnenen Daten zufolge ohne nennenswertes Risiko für die Verbraucher über einen kurzen Zeitraum – normalerweise an einem Tag – unter Berücksichtigung besonders gefährdeter Bevölkerungsgruppen (z. B. Kinder und Ungeborene) aufgenommen werden kann"* beschreibt.

1159 Siehe hierzu auch *Crone/Grube*, ZLR 2021, 398, 403.

Normverstöße in Bezug nimmt.[1160] Dementsprechend stellte sich die Frage, welche Erwägungen diesen materiellen Vorgaben überhaupt zugrunde liegen bzw. ob und inwieweit hierbei neben *gesundheitlich relevante Faktoren*, wie sie mittels einer *Risikobewertung* erhoben werden, auch *anderen berücksichtigenswerten Faktoren* Relevanz zukommt. Zusammenfassend lässt sich Folgendes erkennen:

Erstens ist allen untersuchten Rechtsquellen das lebensmittelrechtliche Primärziel *eines hohen Maßes an Schutz für das Leben und die Gesundheit der Menschen* immanent, was sich denklogisch auch sämtlich in den entsprechenden materiellen Regelungen wiederfindet. Konkret dergestalt, dass diese jeweils (mindestens) sicher im Sinne des – noch zu betrachtenden[1161] – Art. 14 BasisVO sein müssen.

Zweitens spielen in Abhängigkeit von dem zugrundeliegenden *Risiko-* respektive *Gefahrenpotential* der jeweiligen Lebensmittel und Stoffe jedoch auch sog. *andere berücksichtigenswerte Faktoren* eine unterschiedlich ausgeprägte Rolle, die das Inverkehrbringen bzw. die Verwendung interessanterweise weitergehend (zum Teil auch strenger) reglementieren, indem beispielsweise auch Erwägungen einer möglichen *Irreführung*[1162] oder der *Unterscheidbarkeit* zu etwaig zu ersetzenden Lebensmitteln,[1163] einer *ausgewogenen und abwechslungsreichen Ernährung*[1164] bzw. der *technischen*[1165] oder *technologischen*[1166] *Notwendigkeit* genauso Eingang finden, wie beinahe insgesamt das *Funktionieren des Binnenmarktes*[1167].

Dementsprechend lässt sich konstatieren, dass *anderen Faktoren* im Zusammenhang mit *zulassungspflichtigen Lebensmitteln* und *Stoffen*[1168], *Höchstmengen* und *mikrobiologischen Kriterien*[1169] nur partiell Bedeutung zukommt, diese dabei allenfalls – über die Sicherheit derselben hinausgehend – strengere

1160 Siehe hierzu die Ausführungen unter Teil 3.B.III.2. sowie die Schlussfolgerungen unter Teil 3.B.III.5.

1161 Siehe hierzu die nachfolgenden Ausführungen unter Teil 4.

1162 So bspw. im Zusammenhang mit genetisch veränderten Lebensmitteln (siehe unter Teil 3.B.IV.1.a.) oder mit Zusatzstoffen und Enzymen (siehe unter Teil 3.B.IV.1.b.).

1163 So insb. im Falle genetisch veränderter Lebensmittel (siehe unter Teil 3.B.IV.1.a.).

1164 So bspw. im Zusammenhang mit genetisch veränderten Lebensmitteln (siehe unter Teil 3.B.IV.1.a.) oder Nahrungsergänzungsmitteln und angereicherten Lebensmitteln (siehe unter Teil 3.B.IV.1.a.).

1165 So insb. im Falle von Zusatzstoffen (siehe unter Teil 3.B.IV.1.b.).

1166 So insb. im Falle von Enzymen (siehe unter Teil 3.B.IV.1.b.).

1167 So in Bezug auf sämtliche unter Teil 3.B.IV.1. und 2.a. untersuchten Rechtsetzungen; nicht jedoch in Bezug auf mikrobiologische Kriterien und Grenzwerte (siehe unter Teil 3.B.IV.2.b.).

1168 Siehe hierzu die Ausführungen unter Teil 3.B.IV.1.

1169 Siehe hierzu die Ausführungen unter Teil 3.B.IV.2.b.

Anforderungen stellen[1170] und in den einschlägigen Vorschriften zu (umgangsspr.) ‚*nicht so gefährlichen*' und lediglich *sektoral besonders geregelten Lebensmitteln* und *Produktgruppen*[1171], doch verstärkten Niederschlag finden. Oder prägnanter formuliert: Je risikoreicher und gewisser sich negative gesundheitliche Auswirkungen tatsächlich oder potentiell darstellen, desto weniger Raum verbleibt für die Einbeziehung anderer Faktoren und umgekehrt.[1172]

C. Schlussfolgerungen

Die umfangreichen Darstellungen zur normativen *(In-)Akzeptabilität von Risiken* und den sich gegebenenfalls daran anschließenden *(Rechts-)Folgen* haben doch Interessantes und Ergiebiges hervorgebracht. So ist in erster Linie klar zu konstatieren, dass sich nicht bereits dem *Risikobegriff* des Art. 3 Nr. 9 BasisVO eine *Erheblichkeits-* bzw. *Akzeptabilitätsschwelle* entnehmen lässt,[1173] da dieser schlicht darauf angelegt ist, *Risiken* in ihrer Gesamtheit darzustellen und zu bemessen[1174]. Soweit allerdings mittels einer *Risikobewertung* lebensmittelbedingte *Risiken* für die menschliche Gesundheit dargelegt werden, folgt daraus gleichwohl die Verpflichtung zum Ergreifen etwaiger *Risikomanagementmaßnahmen*, die sich sowohl auf *Rechtsetzungsebene* in Form normativer Ausgestaltungen und entsprechender Festsetzungen, als auch auf *Rechtsdurchsetzungsebene*, die sodann jedoch einer tatbestandlichen Konkretisierung bedürfen, zeitigen (können). Damit verbunden ist freilich weiterhin die Frage, welche Relevanz und welches Gewicht neben den Ergebnissen der *Risikobewertung* auch sog. *andere berücksichtigenswerten Faktoren* im Rahmen des *Risikomanagements* zukommt bzw. wie diese beiden zueinander stehen.

Zunächst zeigt sich mit Blick auf die einschlägigen Rechtsakte[1175] betreffs jener Lebensmittel und Stoffe, aufgrund deren Verwendung oder Aufnahme sicherheits- oder gesundheitlich relevante Auswirkungen schon prima facie zu

---

1170 Besonders hervorgehoben seien in diesem Zusammenhang die Festsetzungen der MikrobiolKritVO, nach der die *Inakzeptabilität* bereits dann vorliegt, wenn bspw. die in dortigem Anhang I aufgeführten *mikrobiologischen Kriterien* unbefriedigend sind, unabhängig davon, ob bereits gesundheitliche Auswirkungen (tatsächlich) zu befürchten sind, da jene entsprechend Erwägungsgrund 1 (potentiell) *„eine Hauptquelle lebensmittelbedingter Krankheiten"* darstellen, womit wiederum eine Art vorgelagerter Gesundheitsschutz einhergeht.

1171 Siehe hierzu die Ausführungen unter Teil 3.B.IV.2.a.

1172 Ähnlich bereits die (noch abstrakten) Schlussfolgerungen zu Teil 3.A.IV.

1173 So aber noch die (frühe) Vermutung aus den Schlussfolgerungen zu Teil 2.A.IV. bzw. die Annahme aus den Schlussfolgerungen zu Teil 2.C., der *Risikobegriff* enthalte möglicherweise mehrere abgestufte Eingriffsschwellen.

1174 So bereits die Schlussfolgerungen zu Teil 2.B.IV.

1175 Siehe hierzu die Ausführungen unter Teil 3.B.IV.

befürchten sind,[1176] dass für solche mitunter *Zulassungspflichten*[1177] oder zumindest besondere *produktspezifische Vorgaben*[1178] statuiert sind, die allesamt (vorrangig) ein deutliches Augenmerk auf die Sicherheitsbeurteilung legen. *Andere berücksichtigenswerte Faktoren* finden hierbei lediglich partiell, d.h. soweit dies angesichts der betreffenden Lebensmittelkategorie und durch die besonderen Gegebenheiten bedingt wird, Eingang bzw. erweitern allenfalls die Anforderungen um strengere Regelungen wie bspw. die *technische* oder *technologische Notwendigkeit* des Einsatzes, den Schutz vor *Irreführung*[1179] oder Erwägungen hinsichtlich einer *ausgewogenen* und *abwechslungsreichen Ernährung*[1180].

Anders verhält es sich hingegen auf Ebene der *Rechtsdurchsetzung*, mittels derer die abstrakt-generellen lebensmittelrechtlichen Rechtsakte in konkret-individueller Weise fortgesetzt werden und die hinsichtlich der Zuständigkeit für das *Risikomanagement* sowohl auf den *Lebensmittelunternehmer*[1181] als auch auf die *staatlichen Stellen*[1182] rekurriert. Für beide ist ein Tätigwerden nur im Falle von *Risiken* erforderlich, was natürlich darauf zurückzuführen ist, dass das lebensmittelrechtliche Primärziel des *Gesundheitsschutzes* ein Überwölbendes darstellt und die Einbeziehung *anderer berücksichtigenswerter Faktoren* somit nur dann in Betracht kommt, wenn die Ergebnisse der *Risikobewertung* dies zulassen, mithin, wenn ein Gesundheits*risiko* nicht zu befürchten ist.[1183] Konkrete Handlungspflichten folgen hierbei natürlich erst im Falle des Bestehens eines *qualifizierten Risikos*, welches sich in unterschiedlicher Ausprägung in den einschlägigen Normen wiederfindet und dementsprechend eine *materielle Eingriffsschwelle* manifestiert. Im Einzelnen:

Zuvörderst sei hierbei auf die *tatbestandlichen Voraussetzungen* für das *behördliche Risikomanagement* hingewiesen, welches im Zusammenhang mit dem Europäischen *Schnellwarnsystem (RASFF)*[1184] als meldepflichtigen Umstand das Vorliegen eines

1176 Freilich ist dies anhand wissenschaftlicher Nachweise und Erkenntnisse zu erheben.

1177 Siehe hierzu die Ausführungen unter Teil 3.B.IV.1.

1178 Siehe hierzu die Ausführungen unter Teil 3.B.IV.2.

1179 Siehe hierzu die Ausführungen unter Teil 3.B.IV.1. sowie unter Teil 3.B.IV.3.

1180 Siehe hierzu die Ausführungen unter Teil 3.B.IV.2.a. sowie unter Teil 3.B.IV.3.

1181 Zum *lebensmittelunternehmerischen* Tätigwerden im Rahmen des *Risikomanagements* siehe die Ausführungen unter Teil 3.B.II.

1182 Zum *staatlichen* bzw. *behördlichen* Tätigwerden im Rahmen des *Risikomanagements* siehe die Ausführungen unter Teil 3.B.III.

1183 Des Weiteren kann nicht von einem Lebensmittelunternehmer als Rechtsunterworfener erwartet werden, dass dieser sog. *andere berücksichtigenswerte Faktoren* in Bezug auf die Frage des Ob des Tätigwerdens einbezieht und selbst gewichtet.

1184 Siehe hierzu die Ausführungen unter Teil 3.B.III.3.b.

ernsten Risikos erfordert, also ein solches, das alternativ entweder in *prognostischer*[1185] oder in *materieller*[1186] Hinsicht ein Mehr beinhaltet, dergestalt, dass entweder eine *gesteigerte Wahrscheinlichkeit* hinsichtlich des *Eintritts einer Gesundheitsbeeinträchtigung* oder eine *schwere Gesundheitsbeeinträchtigung wahrscheinlich* ist; denklogisch ist es hierbei natürlich unschädlich, wenn beide Komponenten kumulativ ein hohes Maß aufweisen. Das *ernste Risiko* kontinuiert und konkretisiert dementsprechend die *verknüpfende Komponente* des *Risikobegriffes*, die sog. *Funktion*[1187] aus *Eintrittswahrscheinlichkeit* und *Schwere der Wirkung*.

Demgegenüber gebieten *Sofortmaßnahmen* auf Grundlage des Art. 53 BasisVO sowohl ein *prognostisches* als auch ein *materielles* Mehr.[1188]

Eine behördliche *Information der Öffentlichkeit*[1189] nach Art. 10 BasisVO setzt indes (lediglich) den

hinreichenden Verdacht eines *Risikos* voraus ohne zugleich erhöhte *materielle* Anforderungen zu stellen, sodass im Rahmen des Art. 10 BasisVO von einem ausschließlich in *diagnostischer* oder *prognostischer* Hinsicht *qualifizierten Risikobegriff* gesprochen werden kann. Dies ist mit Blick auf die Rechtsfolgen des Art. 10 BasisVO allerdings insoweit konsequent, als das eine *Information* abhängig von *Art, Schwere und Ausmaß des Risikos* ergeht und somit *abgestufte Informationsmittel* oder *-arten*, wie *Warnungen*, *Empfehlungen* oder *allgemeine Hinweise*, Verwendung finden können und müssen. Gleichwohl genügt die bloße *Möglichkeit* einer *gesundheitlichen Beeinträchtigung* nicht den tatbestandlichen Voraussetzungen der Norm, was überdies auch mit systematischen Erwägungen in Abgrenzung zu – dem noch zu behandelnden[1190] – Art. 7 BasisVO im Einklang steht.

Die Art. 137, 138 KontrollVO knüpfen demgegenüber nicht ausdrücklich an ein *Risiko* an, sondern setzen entweder einen *festgestellten Normverstoß* oder den *Verdacht* eines solchen voraus.[1191] Soweit ein behördliches Tätigwerden nach diesen Vorschriften jedoch auf *risikobehaftete* Vorgänge oder *lebensmittelsicherheitsrelevante* Umstände zurückzuführen ist, bspw. aufgrund

1185 Zum *prognostischen Element* des *Risikobegriffes* siehe bereits die Ausführungen unter Teil 2.A.IV.

1186 Zur *materiellen Komponente* des *Risikobegriffes* siehe bereits die Ausführungen unter Teil 2.A.II.

1187 Zur *verknüpfenden Komponente* des *Risikobegriffes* siehe bereits die Ausführungen unter Teil 2.A.V.

1188 Siehe hierzu die vorstehenden Ausführungen unter Teil 3.B.III.4.

1189 Siehe hierzu die Ausführungen unter Teil 3.B.III.3.a.

1190 Siehe hierzu die nachfolgenden Ausführungen unter Teil 5.

1191 Siehe hierzu die Ausführungen unter Teil 3.B.III.2.

eines *Verstoßes* gegen Art. 14 BasisVO etc.[1192], die besonders reglementiert sind, so lässt sich ein mittelbarer Zusammenhang zu lebensmittelbedingten *Risiken* doch erblicken, da die konkrete Ausgestaltung dieser besonderen Vorschriften ja gerade einen die Gesundheit schützenden Zweck verfolgt, sodass bereits in diesen Geboten und Verboten eine unionsgesetzgeberische Vorentscheidung bezüglich *geeigneter Präventions- und Kontrollmöglichkeiten*[1193] im Sinne eines vorbeugenden *Risikomanagements* zu sehen ist, die die Abwehr oder zumindest die Beschränkung und Eindämmung von *Risiken* intendiert. Oder anders ausgedrückt: Sofern ein Bedürfnis für den Erlass entsprechender Gebote oder Verbote besteht, ist dies tendenziell stets auf eine Art *qualifiziertes Risiko* zurückzuführen. Insoweit sind die Art. 137, 138 KontrollVO in *materieller* Hinsicht gänzlich *normakzessorisch* ausgestaltet, beinhalten darüber hinaus allerdings auch eigene *diagnostische* bzw. *prognostische* Konkretisierungsleistungen,[1194] die in Abhängigkeit von der jeweils in Rede stehenden (tatbestandlichen) Fallgruppe Nuancierungen aufweisen, um das behördliche Tätigwerden – auch in Bezug auf die unterschiedlichen Maßnahmen[1195] – auf Exekutivebene einer Handhabbarkeit zuzuführen.

Ebenso zeigt der Blick auf das *unternehmerische Risikomanagement*, welches vornehmlich in Art. 19 BasisVO dargestellt ist, dass tatbestandlich auch hier nicht auf ein *Risiko* rekurriert wird, eine *Rücknahme* bzw. ein *Rückruf* stattdessen dann erforderlich wird, wenn der Lebensmittelunternehmer *erkennt* oder *Grund zu der Annahme* hat, dass ein durch ihn eingeführtes Lebensmittel, welches sich nicht mehr unter seiner unmittelbaren Kontrolle befindet, den *Anforderungen an die Lebensmittelsicherheit nicht entspricht.*[1196] Soweit man den Auslösetatbestand des Art. 19 BasisVO mit dem *Risikobegriff* synchronisiert, lässt sich feststellen, dass in *epistemischer*[1197] Hinsicht lediglich die positive Kenntnis oder *der Grund zu der Annahme* genügt, mithin deutlich weniger vorausgesetzt wird als beispielsweise im Zusammenhang mit einer *behördlichen Information der Öffentlichkeit* nach Art. 10 BasisVO, die einen *hinreichenden Verdacht* erfordert. Sehr viel problematischer ist indes die Konturierung der *materiellen Komponente*[1198], nämlich dass das in Verkehr gebrachte Lebensmittel den *Anforderungen an die Lebensmittelsicherheit nicht*

1192 Ebenso kommen natürlich Verstöße gegen weitere, besondere lebensmittelrechtliche Vorschriften in Betracht, siehe hierzu die Ausführungen unter Teil 3.B.IV., die eine Auswahl ebensolcher enthalten.

1193 So auch der entsprechende Passus aus Art. 3 Nr. 12 BasisVO.

1194 Siehe hierzu im Detail die Ausführungen unter Teil 3.B.III.2.b.

1195 Zu den einzelnen (tatbestandlichen) Fallgruppen und den entsprechenden (sich unterscheidenden) Maßnahmen siehe die Ausführungen unter Teil 3.B.III.2.a.

1196 Siehe hierzu die Ausführungen unter Teil 3.B.II.2.

1197 Zum *epistemischen Element* des Art. 19 BasisVO siehe die Ausführungen unter Teil 3.B.II.2.c.

1198 Zur *materiellen Komponente* des Art. 19 BasisVO siehe die Ausführungen unter Teil 3.B.II.2.b.

entspricht, sich insoweit an Art. 14 BasisVO orientiert und einerseits mit der *Gesundheitsschädlichkeit* eigentlich ein Mehr als die bloße *Gesundheitsbeeinträchtigung*, andererseits aber mit der *Verzehrsungeeignetheit* ein Weniger erfordert. Infolgedessen ist eine genauere Betrachtung des Binnenverhältnisses des Art. 14 BasisVO weiterhin angezeigt.[1199]

Jedenfalls kann darauf aufbauend bereits an dieser Stelle abschließend noch Folgendes konstatiert werden, nämlich

erstens, dass der *materiellen Komponente* des *Risikobegriffes*, der sog. *Gesundheitsbeeinträchtigung*, im Vergleich zu der in Art. 14 Abs. 2 lit. a BasisVO manifestierten *Gesundheitsschädlichkeit*[1200] ein eigenständiger Regelungsgehalt zukommt, der sich in einer Mehrzahl behördlicher Befugnisnormen niederschlägt.

Zweitens, dass der *qualifizierte Risikobegriff*, der in *materieller, diagnostischer* und *prognostischer* Hinsicht alternativ oder gegebenenfalls kumulativ gesteigerte Anforderungen beinhaltet, wie er sich in diesen Befugnisnormen, namentlich in Art. 10 (in Form des *hinreichenden Verdachts*) und Art. 50 BasisVO (in Form des *ernsten Risikos*) bzw. im Rahmen des Art. 53 BasisVO (in Form des *wahrscheinlich ernsten Risikos*) wiederfindet, also auf Ebene der *Rechtsdurchsetzung* wirkt respektive an den Rechtsanwender adressiert ist, eine große Similarität zu dem im deutschen Polizeirecht verwendeten *Gefahrenbegriff* aufweist, indem er eine *Eingriffsschwelle* zieht, mit der zudem insoweit die *Akzeptabilität von Risiken* punktiert und normiert wird; mithin nicht bereits sog. *Vorsorgekonstellationen*[1201] in Bezug genommen werden. Die verbleibende strukturelle Unterschiedlichkeit zwischen deutschem *Gefahrenbegriff* und lebensmittelrechtlichem *Risikobegriff* hinsichtlich der dem Erlass entsprechender Maßnahmen vorgelagerten, erforderlichen *Sachverhaltsermittlung*, die im Polizeirecht regelmäßig *situativ*,[1202] im Lebensmittelrecht zusätzlich *wissenschaftlich* geprägt ist, wird weiterhin dadurch kompensiert, dass die *Risikobewertung wissenschaftliche*[1203] und mitunter die *allgemeinen Kontroll- und Überwachungsmaßnahmen*[1204] diesbezügliche *situativ-faktische*

1199 Siehe hierzu die Ausführungen in nachfolgendem Teil 4.

1200 Siehe zur konkreten Inhaltsbestimmung der *Gesundheitsschädlichkeit* die nachfolgenden Ausführungen unter Teil 4.B.

1201 Siehe hierzu auch die Ausführungen unter Teil 1.C. sowie die nachfolgenden Ausführungen unter Teil 5.

1202 Hinsichtlich des *zeitlich-situativen Anknüpfungspunktes* des polizeirechtlichen *Gefahrenbegriffes* siehe bereits die Ausführungen unter Teil 1.C. I. sowie die Schlussfolgerungen unter Teil 1.C.IV.

1203 Siehe hierzu bereits die Schlussfolgerungen unter Teil 2.C.

1204 Siehe hierzu die Ausführungen unter Teil 3.B.III.1.

Erkenntnisse liefert, die ein anschließendes rechtskonformes behördliches Tätigwerden ermöglichen.

Außerdem, drittens, dass auf *abstrakt-genereller Ebene* – also der der *Rechtsetzung* – anders als auf *Rechtsdurchsetzungsebene,*[1205] neben der im Schwerpunkt durchaus gesundheitsschützenden Festsetzungen auch *andere berücksichtigenswerte Faktoren* eine Normierung erfahren haben und so ein mitunter sehr viel breiterer Ansatz in Bezug genommen wird, der zusätzliche Erwägungen mit einbezieht.[1206]

1205 Dies jedenfalls im Hinblick auf die in der BasisVO manifestierten *Risikomanagementmaßnahmen*, siehe hierzu die Ausführungen unter Teil 3.B.II.2., Teil 3.B.III.3. und 4. sowie die Schlussfolgerungen unter Teil 3.B.II.3., Teil 3.B.III.5.

1206 Siehe hierzu die Ausführungen unter Teil 3.B.IV. sowie im Besonderen die Schlussfolgerungen unter Teil 3.B.IV.3.

Teil 4 Die Anforderungen an die Lebensmittelsicherheit und das Binnenverhältnis des Art. 14 BasisVO

Die zentrale, die *Anforderungen an die Lebensmittelsicherheit* statuierende Vorschrift des Art. 14 BasisVO, deren Praxisrelevanz eminent ist,[1207] manifestiert zum einen die Voraussetzungen zur Beurteilung, ob Lebensmittel *sicher* oder *nicht sicher* sind,[1208] zum anderen bildet sie eine Brücke zwischen den *„allgemeinen Prinzipien im vorderen Teil"*[1209] und den nachfolgenden, *„weiterführenden Vorschriften im mittleren und hinteren Teil"*[1210] der BasisVO.[1211] Dementsprechend ist es doch bezeichnend, dass sie sich in mehrerlei Hinsicht von diesen (anderen) Regelungen unterscheidet. So sei (erstens) auf Art. 14 Abs. 1 BasisVO hingewiesen, der prägnant dekretiert,

> *„Lebensmittel, die nicht sicher sind, dürfen nicht in Verkehr gebracht werden."*

und insoweit anders als die vorstehend dargestellten, heterogenen *(Rechts-) Folgen* und *Instrumentarien* des *Risikomanagements*[1212] eine unbedingte *Rechtsfolge* in Form eines zwingenden *Verkehrsverbotes*, mithin einen sog. *„Rechtsfolgenautomatismus"*[1213] vorsieht, was vor dem Hintergrund des lebensmittelrechtlichen Primärziels aus Art. 1 Abs. 1 und Art. 5 Abs. 1 BasisVO eines *hohen Maßes an Schutz für das Leben und die Gesundheit der Menschen* zunächst augenfällig ist, da in tatbestandlicher Hinsicht nicht auf eine – schon semantisch weitergehende und somit schwächere – *Gesundheitsbeeinträchtigung*[1214] rekurriert wird, wie sie im Zusammenhang mit dem *Risikobegriff* aus Art. 3 Nr. 9 BasisVO und den daran anknüpfenden qualifizierten *Risikobegrif-*

1207 So beschreibt bspw. *van der Meulen*, EFFL 2012, 117, 125, die Norm gar wie folgt: *„There is no doubt in my mind that Article 14 of the General Food Law is the single most important provision in all of European Food Law."*; *Schomburg*, Rechtsrahmen funktioneller Lebensmittel, S. 90 bezeichnet Art. 14 BasisVO als *„Generalnorm"*; *Rathke*, in: Sosnitza/Meisterernst (ehem. Zipfel/Rathke), Art. 14 BasisVO, Rn. 1 als *„die zentrale Vorschrift"* der BasisVO *„zum Schutze der Verbraucher vor unsicheren Lebensmitteln"*.

1208 *Meisterernst*, in: FS Doepner, S. 245, 247.

1209 *Joh/Krämer/Teufer/Unland*, ZLR 2012, 420, 422.

1210 *Joh/Krämer/Teufer/Unland*, ZLR 2012, 420, 422.

1211 Siehe hierzu auch *Thilo Ortgies*, Rechtliches Risikomanagement im Lebensmittelrecht, S. 72.

1212 Siehe hierzu bereits die vorstehenden Ausführungen unter Teil 3.B.

1213 *Möstl*, LMuR 2022, 513, 516.

1214 Siehe hierzu bereits die Ausführungen unter Teil 2.A.II. m. w. N.

fen aus Art. 10[1215] und Art. 50 ff. BasisVO[1216] Verwendung findet[1217], sondern mitunter eine – begrifflich sehr viel engere – *Gesundheitsschädlichkeit* voraussetzt.

Daraus folgt aber unweigerlich (zweitens) die Frage, worin sich die *materielle* Differenzierung zwischen einer (bloßen) *Gesundheitsbeeinträchtigung* und einer (sodann wohl intensiver wirkenden) *Gesundheitsschädlichkeit* überhaupt erblicken lässt, zumal Art. 14 Abs. 2 BasisVO neben Letztgenannter zusätzlich auch *zum Verzehr ungeeignete Lebensmittel* als *nicht sicher* bezeichnet, siehe im Wortlaut:

> *„Lebensmittel gelten als nicht sicher, wenn davon auszugehen ist, dass sie*
>
> *a) gesundheitsschädlich sind,*
>
> *b) für den Verzehr durch den Menschen ungeeignet sind.*"[1218],

alternativ mithin solche,[1219] deren Aufnahme nicht zwangsläufig zu gesundheitlichen Auswirkungen führen[1220]. Unter dem Lichte des *„ordnungsrechtlichen Ursprung[s] des Lebensmittelrechts*"[1221] bzw. dessen produktsicherheitsrechtlicher Ausprägung[1222] betrachtet, die auf eine Situation abzielt, *„in de[r] nicht mit Schädigungen durch Produkte zu rechnen ist*"[1223],[1224] sticht diese tatbestandliche Disparität zwangsläufig hervor, weshalb eine nähere Betrachtung der beiden Tatbestandsvarianten des Abs. 2 lit. a[1225] und b[1226] sowie des gesamten Binnenverhältnisses[1227] – auch und vor allem im Zusammenspiel mit den weiteren Bestimmungen – des Art. 14 BasisVO durchaus angezeigt ist, um darauf aufbauend die möglichen Abweichungen respektive Gemeinsamkeiten zwischen den Termini *einer die Gesundheit beeinträchtigenden Wir-*

1215 Zu Art. 10 BasisVO siehe bereits die Ausführungen unter Teil 3.B.III.3.a.

1216 Zu Art. 50 BasisVO siehe bereits die Ausführungen unter Teil 3.B.III.3.b., zu Art. 53 BasisVO unter Teil 3.B.III.4.

1217 Siehe hierzu die vorstehenden Schlussfolgerungen unter Teil 3.C.

1218 So Art. 14 Abs. 2 BasisVO.

1219 *Gorny*, Kommentar zur VO (EG) Nr. 178/2002, Rn. 284; *Simon*, Kooperative Risikoverwaltung im neuen Lebensmittelrecht, S. 211.

1220 Siehe hierzu im Detail die nachfolgenden Ausführungen unter Teil 4.C.

1221 *Schliesky*, ZLR 2004, 283, 285.

1222 Zur Einordnung des Lebensmittelrechts als *„bereichsspezifisches Produktsicherheitsrecht*" siehe *Roth*, Die allgemeine Lebensmittelüberwachung als Instrument des Verbraucherschutzes, S. 27; *Rüdt von Collenberg*, Instrumente und Verfahren des Produktsicherheitsrechts, S. 59.

1223 *Weiß*, Die rechtliche Gewährleistung der Produktsicherheit, S. 45.

1224 *Thilo Ortgies*, Rechtliches Risikomanagement im Lebensmittelrecht, S. 71.

1225 Siehe hierzu die nachfolgenden Ausführungen unter Teil 4.B.

1226 Siehe hierzu die nachfolgenden Ausführungen unter Teil 4.C.

1227 Wozu es freilich auch allgemeiner Vorklärungen bedarf, siehe hierzu die nachfolgenden Ausführungen unter Teil 4.A.

kung in Verbindung mit den unterschiedlich *modifizierten Risikobegriffen* und einer *Gesundheitsschädlichkeit* darlegen zu können.

A. Die Struktur und Reichweite des Art. 14 BasisVO – allgemeine Vorklärungen

Die Ausgestaltung des Art. 14 BasisVO als unionsrechtliche Verbotsnorm[1228] stellt eine – womöglich sogar die prägnanteste – Ausprägung des *Missbrauchsprinzips* im Lebensmittelrecht dar[1229] und weist hierbei folgende Struktur auf: Art. 14 BasisVO manifestiert in seinem Abs. 2 die beiden Haupttatbestände der sog. *Nicht-Sicherheit von Lebensmitteln,*[1230] die jeweils das Verkehrsverbot nach Abs. 1 auslösen und durch die Abs. 4 und 5 flankiert werden und weitere *besondere Kriterien* enthalten,[1231] die bei der Beurteilung der Frage der *Gesundheitsschädlichkeit* (Abs. 4) bzw. der *Verzehrsungeeignetheit* (Abs. 5) *zu berücksichtigen*[1232] sind. Ergänzend fasst der dortige Abs. 3 *allgemeine Kriterien,*[1233] wonach auch die normalen Bedingungen der Verwendung (lit. a) und die zur Verfügung stehenden Informationen (lit. b) Eingang in eine diesfällige Entscheidung finden.[1234] Während Abs. 6 zudem eine gesetzliche Vermutung hinsichtlich der Nicht-Sicherheit einer gesamten Charge statuiert, zu der (auch nur ein einzelnes) nicht *sicheres Lebensmittel* gehört (sog. *Chargenvermutung*),[1235] nehmen die Abs. 7, 8 und 9 Bezug auf *spezifische Bestimmungen der Gemeinschaft* (Abs. 7) sowie der Mitgliedstaaten (Abs. 9) bzw. sehen eine, an die zuständigen Behörden gerichtete, *besondere Befugnisnorm* (Abs. 8) für das Ergreifen entsprechend beschränkender Maßnahmen für den Fall eines *begründeten Verdachts* vor, dass betreffende Lebensmittel trotz der Einhaltung jener *spezifischer Bestimmungen* nicht sicher sind[1236].

1228 *Purnhagen*, in: Sosnitza/Meisterernst (ehem. Zipfel/Rathke), Art. 14 BasisVO, Rn. 1.

1229 *Schomburg*, Rechtsrahmen funktioneller Lebensmittel, S. 54 führt Art. 14 BasisVO in diesem Zusammenhang beispielhaft auf.

1230 Art. 14 Abs. 2 BasisVO enthält dementsprechend keine positive Definition der sog. *Lebensmittelsicherheit*, sondern knüpft insoweit negativ an die *Nicht-Sicherheit* an, vgl. *Thilo Ortgies*, Rechtliches Risikomanagement im Lebensmittelrecht, S. 72.

1231 *Meisterernst*, in: Streinz/Meisterernst, BasisVO/LFGB, Art. 14 BasisVO, Rn. 3 f. bezeichnet diese als *„spezielle Kriterien"*.

1232 Zu der relevanten Bedeutung des Passus *„zu berücksichtigen"* siehe die nachfolgenden Ausführungen unter Teil 4.B.III.

1233 Siehe hierzu die nachfolgenden Ausführungen unter Teil 4.A. V.

1234 *Rathke*, in: Sosnitza/Meisterernst (ehem. Zipfel/Rathke), Art. 14 BasisVO, Rn. 4.

1235 *Purnhagen*, in: Sosnitza/Meisterernst (ehem. Zipfel/Rathke), Art. 14 BasisVO, Rn. 3; siehe hierzu auch die nachfolgenden Ausführungen unter Teil 4.A.III.

1236 Siehe hierzu die nachfolgenden Ausführungen unter Teil 4.A.VI.

I. Der Anwendungsbereich und die Zielsetzung des Art. 14 BasisVO

Hervorzuheben ist bereits an dieser Stelle, dass Art. 14 BasisVO ausweislich seiner amtlichen Überschrift („*Anforderungen an die Lebensmittelsicherheit*“) und seines Wortlautes ausschließlich darauf abzielt, dass *nicht sichere Lebensmittel nicht in den Verkehr gebracht* werden, womit natürlich zuvörderst der überragende lebensmittelrechtliche Zweck des *Gesundheitsschutzes* verfolgt wird[1237].[1238] Dabei bezieht er sich einerseits eigens auf *Lebensmittel* im Sinne des Art. 2 BasisVO, andererseits allein auf das lebensmittelunternehmerseitige[1239] *Inverkehrbringen* im Sinne des Art. 3 Nr. 8 BasisVO,[1240] unter welchem *„das Bereithalten von Lebensmitteln (...) für Verkaufszwecke einschließlich des Anbietens zum Verkauf oder jeder anderen Form der Weitergabe, gleichgültig, ob unentgeltlich oder nicht, sowie den Verkauf, den Vertrieb oder andere Formen der Weitergabe selbst*“ zu verstehen ist.

Von Art. 14 BasisVO sind dementsprechend – anders als in dem deutschen Pendant des § 5 Abs. 1 LFGB – nicht auch vorbereitende Tätigkeiten wie die Herstellung oder die Behandlung von Lebensmitteln erfasst,[1241] jedenfalls soweit sich diese vollständig innerhalb des Betriebes eines Lebensmittelunternehmens[1242] vollziehen, doch aber wenn jene Verrichtungen unterbrochen werden, beispielsweise um die entsprechenden Lebensmittel innerhalb der Produktionskette an nachfolgende Unternehmen weiterzugeben respektive -zuliefern, da bereits hierin ein *Inverkehrbringen* („*jeder anderen Form der Weitergabe*“) zu erblicken ist.[1243] Begreift man Art. 14 BasisVO allerdings als *„das entscheidende Leitmotiv und [als] das Leitziel allen Handelns zur Herstellung von Lebensmitteln“*[1244] so mag diese vermeintliche Regelungslücke in Bezug auf die Herstellung und Behandlung doch auf den ersten Blick überraschen oder

1237 Siehe hierzu insbesondere die Erwägungsgründe 26 und 27 BasisVO, die zudem auch auf die Konsolidierung des Binnenmarktes abstellen.

1238 Vgl. *Gorny*, Kommentar zur VO (EG) Nr. 178/2002, Rn. 282; *Meisterernst*, in: Streinz/Meisterernst, BasisVO/LFGB, Art. 14 BasisVO, Rn. 21; *Rabe*, ZLR 2003, 151, 156.

1239 Gemäß Art. 1 Abs. 3 S. 1 BasisVO richtet sich dies an sämtliche Lebensmittelunternehmen i. S. d. Art. 3 Nr. 2 BasisVO auf *„alle[n] Produktions-, Verarbeitungs- und Vertriebsstufen von Lebensmitteln“*, nach S. 2 lediglich nicht an den *„privaten häuslichen Gebrauch“*.

1240 Deutlicher formuliert dieses Ziel Erwägungsgrund 10 BasisVO, der gar noch früher anknüpft und ausdrücklich formuliert, dass Lebensmittel *„nicht in den Verkehr gelangen“* dürfen.

1241 *Rathke*, in: Sosnitza/Meisterernst (ehem. Zipfel/Rathke), Art. 14 BasisVO, Rn. 7.

1242 Eine Legaldefinition des *Lebensmittelunternehmens* findet sich in Art. 3 Nr. 2 BasisVO.

1243 *Rathke*, in: Sosnitza/Meisterernst (ehem. Zipfel/Rathke), Art. 14 BasisVO, Rn. 8; siehe auch *Reinhart*, LMuR 2022, 171, 172.

1244 *Gorny*, Kommentar zur VO (EG) Nr. 178/2002, Rn. 282, der dies zwar richtigerweise und zielführend erkennt, aber doch insoweit über den klaren Wortlaut des Art. 14 Abs. 1 BasisVO hinausgeht; ähnlich *Thilo Ortgies*, Rechtliches Risikomanagement im Lebensmittelrecht, S. 75.

gar verwundern, zumal die BasisVO einen ganzheitlichen Ansatz wählt,[1245] was sich vor dem Hintergrund der gesundheits- respektive verbraucherschützenden Ausrichtung doch insoweit nachvollziehen und relativieren lässt, da mit solchen unternehmensinternen Betätigungen noch keine Exposition einhergeht.[1246]

Gleichzeitig folgt daraus aber ein rechtspraktisches Problem hinsichtlich der *Kontrollierbarkeit*[1247] sowohl (primär) durch den Lebensmittelunternehmer als auch (sekundär) durch die zuständigen Überwachungsbehörden,[1248] die sodann differenzieren müssen, auf welche Art und Provenienz diese Nicht-Sicherheit zurückgeht bzw. ob sich die *Gesundheitsschädlichkeit*[1249] und die *Verzehrsungeeignetheit*, beispielsweise ausgelöst durch eine Kontamination durch Fremdstoffe,[1250] innerhalb des weiteren Verarbeitungsverfahrens überhaupt noch beseitigen lässt, was ein *sicheres Inverkehrbringen* sodann ermöglichen würde, oder ob die Nicht-Sicherheit unbehebbar ist,[1251] womit vernünftigerweise just das Bedürfnis für das Vorhalten solcher Lebensmittel durch den Lebensmittelunternehmer entfällt.[1252]

1245 Siehe hierzu bereits die vorstehenden Ausführungen und Schlussfolgerungen passim, insbesondere unter Teil 1.A., Teil 2.A.VI.

1246 *Alfred Meyer*, NJW 2005, 3320, 3322; zumindest missverständlich in diesem Zusammenhang *Purnhagen*, in: Sosnitza/Meisterernst (ehem. Zipfel/Rathke), Art. 14 BasisVO, Rn. 8, der eher allgemein ausführt, dass *„das Herstellen und Behandeln nicht sicherer Lebensmittel (...) nicht unionsrechtlich harmonisiert“* sei und dabei das unionsrechtlich determinierte Hygienerecht womöglich zu übersehen scheint und weiterhin vertritt, der Lebensmittelunternehmer sei *„nicht gehalten, gesundheitsbedenkliche Verunreinigungen eines Lebensmittels während der Herstellung zu beseitigen“*, was durchaus im Widerspruch zu dem einschlägigen Hygienerecht steht, abstrakt in Bezug auf Art. 14 BasisVO allerdings insoweit zutrifft.

1247 Siehe hierzu auch Erwägungsgrund 19 BasisVO, der die *„Frage der Kontrollierbarkeit“* ausdrücklich als einen sog. anderen berücksichtigenswerten Faktor im Rahmen der *Risikobewertung* benennt.

1248 Interessant in diesem Zusammenhang *OVG Schleswig-Holstein*, Beschluss vom 20.09.2023 – 3 MB 13/23, Rn. 5 und 7, BeckRS 2023, 25508, dessen Entscheidung zwar einen anders gelagerten, hinsichtlich der Wertungen in Bezug auf die Frage der *Kontrollierbarkeit* und Abgrenzbarkeit von Lebensmitteln zu nicht zum Inverkehrbringen bestimmter Produkte, aber insoweit doch vergleichbaren und somit hierfür relevanten Fall zum Gegenstand hatte.

1249 Beispielsfälle für verschiedene Arten der Gesundheitsschädlichkeit finden sich insbesondere bei *Meisterernst*, Lebensmittelrecht, S. 141 f.

1250 Siehe hierzu Art. 14 Abs. 5 BasisVO.

1251 Vgl. hierzu im weiteren Sinne auch *Meisterernst*, in: Streinz/Meisterernst, BasisVO/LFGB, Art. 14 BasisVO, Rn. 27 f.

1252 Zur damit in Verbindung stehenden Frage, wann ein *nicht sicheres Lebensmittel* seine Lebensmitteleigenschaft i. S. d. Art. 2 BasisVO verliert bzw. sich diese Zweckänderung manifestiert, siehe *Konrad/Brzezinski-Hofmann*, ZLR 2024, 135, 136 f.

II. Der Adressatenkreis und die Verantwortungsverteilung des Art. 14 BasisVO

Art. 14 BasisVO richtet sich schon aufgrund seines in Abs. 1 manifestierten Anknüpfungspunktes, der ausdrücklich auf das *Inverkehrbringen* eines Lebensmittels im Sinne des Art. 3 Nr. 8 BasisVO abstellt, an den jeweiligen *Lebensmittelunternehmer,* da nur dieser Lebensmittel für *Verkaufszwecke bereithalten* bzw. *zum Verkauf anbieten* oder *sonst weitergeben* und dementsprechend Adressat eines solchen *Verkehrsverbotes* sein kann. Insoweit konkretisiert Art. 14 BasisVO auch ausweislich seiner amtlichen Überschrift (*„Anforderungen an die Lebensmittelsicherheit“*) den in Art. 17 Abs. 1 BasisVO umschriebenen primären Pflichtenkreis des Lebensmittelunternehmers (*„Lebensmittel[unternehmer] sorgen (...) dafür, dass die Lebensmittel (...) die Anforderungen des Lebensmittelrechts erfüllen“*)[1253],[1254] indem er für ebenjene eine klare *Handlungspflicht* statuiert, die hier auf erster Ebene bis zu einem *Inverkehrbringen* greift und sich auf zweiter Ebene, nachdem sich ein betreffendes *Lebensmittel nicht mehr unter seiner Kontrolle befindet,* mithin in den Verkehr gelangt ist, mittels Art. 19 BasisVO fortsetzt,[1255] der sodann entsprechende *Rücknahme-* bzw. *Rückrufpflichten* enthält.[1256]

Sofern fälschlicherweise auch die *staatlichen Akteure,* insbesondere in Form der zuständigen Überwachungsbehörden, als Adressaten des Art. 14 BasisVO bezeichnet werden,[1257] so würde dadurch einerseits der Charakter des Art. 14 BasisVO als Verbotsnorm,[1258] andererseits die grundsätzliche Verantwortungsverteilung aus Art. 17 Abs. 1 und 2 BasisVO verkannt, die ebendiesen lediglich eine *Kontroll- und Überwachungsverantwortung*[1259] einräumt

1253 Siehe hierzu bereits die Ausführungen unter Teil 3.B.II.1.

1254 Ähnlich *Meisterernst,* in: Streinz/Meisterernst, BasisVO/LFGB, Art. 14 BasisVO, Rn. 92 f.

1255 *Meisterernst,* LMuR 2022, 411, 411.

1256 Siehe hierzu bereits die Ausführungen unter Teil 3.B.II.2.

1257 So bspw. *Purnhagen,* in: Sosnitza/Meisterernst (ehem. Zipfel/Rathke), Art. 14 BasisVO, Rn. 13, der konstatiert, dass *„Verpflichteter aus Art. 14 [BasisVO] (...) primär der Lebensmittelunternehmer [ist], subsidiär (...) auch die mitgliedstaatlichen Kontrollbehörden“* sind bzw. Art. 14 BasisVO zwar als *„Verbotsnorm“* bezeichnet, die *„aber als Eingriffs- oder Befugnisnorm für das Handeln mitgliedstaatlicher Behörden herangezogen werden“* kann, vermengt hier wohl das Zusammenspiel und die Unterschiedlichkeit von Verbots- und Befugnisnormen, insbesondere da die ebd. zitierten Quellen gerade nicht darauf hindeuten.

1258 Freilich sei in diesem Zusammenhang auf Art. 14 Abs. 8 BasisVO verwiesen (siehe hierzu die nachfolgenden Ausführungen unter Teil 4.A.VI.), in welchem tatsächlich eine besondere Befugnis zum Erlass geeigneter Maßnahmen manifestiert wird, mithin einen die Art. 137 f. KontrollVO ergänzenden Sonderfall darstellt, soweit ein Lebensmittel zwar den einschlägigen, spezifischen Bestimmungen (nach Art. 14 Abs. 7 BasisVO) entspricht, bei einem *begründeten Verdacht* der nicht Sicherheit aber dennoch ein Tätigwerden ermöglicht.

1259 Siehe hierzu bereits die Ausführungen unter Teil 3.B.II.1. sowie die einleitenden Ausführungen unter Teil 3.B.III.

und somit gerade nicht darauf gerichtet ist, nicht sichere Lebensmittel nicht (selbst) in Verkehr zu bringen, sondern vielmehr, daran anschließende, *geeignete Maßnahmen* nach Art. 137, 138 KontrollVO zu ergreifen,[1260] die *gewährleisten, dass der betreffende Unternehmer den Verstoß* (hier sodann gegen Art. 14 BasisVO) *beendet* bzw. *dass er erneute Verstöße dieser Art verhindert,*[1261] wozu freilich auch ein an den Lebensmittelunternehmer gerichtetes *Verbot des Inverkehrbringens* gehört[1262].[1263]

III. Die Beweislastverteilung und die Vermutungsregeln des Art. 14 BasisVO

Die *Beweislastverteilung* in Bezug auf die Frage der Nicht-Sicherheit von Lebensmitteln vollzieht sich innerhalb des Art. 14 BasisVO vornehmlich anhand zweier *Vermutungsregeln,* die sich in Abs. 2 i. V. m. Abs. 7 und 9 sowie in Abs. 6 wiederfinden und die mit dem Grundgedanken des *Missbrauchsprinzips* im Allgemeinen und den vorstehenden Ausführungen zur *Verantwortungsverteilung*[1264] im Besonderen d'accord gehen.

Art. 14 Abs. 2 BasisVO enthält hierbei eine normative Vermutung, dass Lebensmittel als *nicht sicher gelten,* wenn sie entweder *gesundheitsschädlich* oder *für den Verzehr ungeeignet* sind, im umgekehrten Fall *gelten* Lebensmittel nach Abs. 7 *als sicher,* wenn sie den einschlägigen, *spezifischen Bestimmungen der Gemeinschaft zur Lebensmittelsicherheit entsprechen*[1265].[1266] Der Lebensmittelunternehmer ist bei alledem – in beiden vorgenannten Fällen[1267] – zwar stets verpflichtet, mittels einer *Risikobewertung* eine Beurteilung der Sicherheit respektive Nicht-Sicherheit vorzunehmen, soweit die zuständige Behörde diese allerdings in Zweifel zieht und betreffende Maßnahmen ergreifen möchte, so trägt sie die diesbezügliche Beweispflicht.[1268] Nicht zuletzt daraus

1260 Siehe hierzu bereits die Ausführungen unter Teil 3.B.III.2.

1261 Art. 138 Abs. 1 lit. b KontrollVO.

1262 Art. 138 Abs. 2 lit. d KontrollVO.

1263 *Meisterernst,* in: Streinz/Meisterernst, BasisVO/LFGB, Art. 14 BasisVO, Rn. 92; so auch, ohne dies jedoch ausdrücklich zu benennen, *Möstl,* LMuR 2022, 513, 513; missverständlich in diesem Zusammenhang *Schomburg,* Rechtsrahmen funktioneller Lebensmittel, S. 90.

1264 Siehe hierzu die vorstehenden Ausführungen unter Teil 4.A.II.

1265 *Rathke,* in: Sosnitza/Meisterernst (ehem. Zipfel/Rathke), Art. 14 BasisVO, Rn. 29 f.

1266 Zur *besonderen Befugnis* der zuständigen Behörden im Falle eines *begründeten Verdachts* der Nicht-Sicherheit gemäß Art. 14 Abs. 8 BasisVO, obgleich das betreffende Lebensmittel mit *spezifischen Bestimmungen* (Abs. 7) im Einklang steht, siehe die nachfolgenden Ausführungen unter Teil 4.A.VI.

1267 Eine eng begrenzte Ausnahme gilt hierbei allerdings für Fälle der *Verzehrsungeeignetheit,* siehe hierzu die nachfolgenden Ausführungen unter Teil 4.C.I. bzw. die Schlussfolgerungen unter Teil 4.C.III.

1268 *Meisterernst,* in: Streinz/Meisterernst, BasisVO/LFGB, Art. 14 BasisVO, Rn. 93.

folgt, dass ein antizipierter, dem Inverkehrbringen vorangestellter Nachweis der Sicherheit durch den Lebensmittelunternehmer nicht erforderlich ist,[1269] was sich auch aus dem Wortlaut des Art. 14 Abs. 1 BasisVO, der eine doppelte Verneinung enthält, erschließt.[1270]

Stellt die zuständige Behörde hingegen positiv fest, dass ein Lebensmittel *nicht sicher* ist, so kehrt sich diese Beweislast gemäß Art. 14 Abs. 6 BasisVO dahingehend um,[1271] als dass *davon auszugehen ist*,[1272] dass sämtliche Lebensmittel desselben *Postens* oder derselben *Charge* bzw. *Lieferung*[1273] ebenfalls *nicht sicher* sind, mithin auch solche, die tatsächlich respektive eigentlich nicht fehlerhaft sind.[1274] Außer, bei einer – durch den Lebensmittelunternehmer selbst zu besorgenden[1275] – *eingehenden Prüfung*, die sich zwingend auf eben die konkret beanstandeten Merkmale zu beziehen hat,[1276] kann *kein Nachweis* erbracht werden, dass der Rest der *Charge*, des *Postens* oder der *Lieferung* nicht sicher ist.[1277] Freilich hängt die Art und der Umfang einer solchen Nachprüfung stark von dem in Rede stehenden Einzelfall ab,[1278] der auf eine einzelne abgebrochene Messerspitze[1279] oder ein einzelnes Stück Obst,

---

1269 Siehe zum *Missbrauchsprinzip* bereits die jeweils einleitenden Ausführungen unter Teil 3.B.IV.1. und 2.

1270 So auch *Purnhagen*, in: Sosnitza/Meisterernst (ehem. Zipfel/Rathke), Art. 14 BasisVO, Rn. 5; ähnlich *Thilo Ortgies*, Rechtliches Risikomanagement im Lebensmittelrecht, S. 72.

1271 Kritisch in Bezug auf die Vermutungsregel des Art. 14 Abs. 6 BasisVO: *Dannecker*, ZLR 2002, 19, 26; ebenso *Simon*, Kooperative Risikoverwaltung im neuen Lebensmittelrecht, S. 214.

1272 Dass es sich hierbei tatsächlich um eine Vermutung handelt, wird in der englischen („*shall be presumed*") sowie in der französischen Sprachfassung („*il est presumé*") sehr viel deutlicher als mittels der hier verwendeten Wendung „*so ist davon auszugehen*", vgl. auch *Gorny*, Kommentar zur VO (EG) Nr. 178/2002, Rn. 307; *Simon*, Kooperative Risikoverwaltung im neuen Lebensmittelrecht, S. 214.

1273 Siehe zum Bedeutungsgehalt und der Reichweite der Begrifflichkeiten *Charge*, *Posten* und *Lieferung* insbesondere *Rathke*, in: Sosnitza/Meisterernst (ehem. Zipfel/Rathke), Art. 14 BasisVO, Rn. 25 und *Purnhagen*, in: Sosnitza/Meisterernst (ehem. Zipfel/Rathke), Art. 14 BasisVO, Rn. 11, die beide im Wesentlichen auf die faktischen Umstände abstellen, wie sich Lebensmittel einander zuordnen lassen; restriktiver *Holle*, ZLR 2004, 307, 325, der „*eine Eingrenzung der als unsicher einzustufenden Produkte auf einen identifizierbaren Teil der Charge*" propagiert.

1274 *Purnhagen*, in: Sosnitza/Meisterernst (ehem. Zipfel/Rathke), Art. 14 BasisVO, Rn. 11.

1275 *Meisterernst*, in: Streinz/Meisterernst, BasisVO/LFGB, Art. 14 BasisVO, Rn. 92; *Rathke*, in: Sosnitza/Meisterernst (ehem. Zipfel/Rathke), Art. 14 BasisVO, Rn. 26.

1276 *Rathke*, in: Sosnitza/Meisterernst (ehem. Zipfel/Rathke), Art. 14 BasisVO, Rn. 27.

1277 *Holle*, ZLR 2004, 307, 324; *Rathke*, in: Sosnitza/Meisterernst (ehem. Zipfel/Rathke), Art. 14 BasisVO, Rn. 24.

1278 Vgl. hierzu *VG Würzburg*, Beschluss vom 18.12.2020 – Az. W 8 S 20.2024, Rn. 35, BeckRS 2020, 39896.

1279 So der Beispielsfall bei *Simon*, Kooperative Risikoverwaltung im neuen Lebensmittelrecht, S. 214; ähnlich *Holle*, ZLR 2004, 307, 324 f., der auf einen „*vorgefundene[n] Holzsplitter*" rekurriert.

das verdorben ist,[1280] ebenso zurückgehen kann wie auf eine umfassend festgestellte Keimbelastung[1281].

IV. Der einheitliche Begriff der „Nicht-Sicherheit" von Lebensmitteln und der unterschiedliche Bewertungsmaßstab

Interessant ist in diesem Zusammenhang weiterhin, dass die *materielle* Voraussetzung des Verkehrsverbotes aus Art. 14 Abs. 1 BasisVO, die Nicht-Sicherheit von Lebensmitteln (*„nicht sicher"*), in den verschiedenen Sprachfassungen mit unterschiedlichen Begriffen besetzt ist, die terminologisch – anders als etwa im Rahmen des italienischen Textes (*„rischio"*[1282]) – größtenteils nicht auf den *Risikobegriff* des Art. 3 Nr. 9 BasisVO rekurrieren, sondern beispielsweise von *„unsafe"*, *„onveilig"*[1283], *„no sean seguro"*[1284] sprechen oder gar die Vokabel *„dangereuse"*[1285] verwenden. Gemein haben diese hingegen allesamt, dass sie sich in Art. 14 Abs. 2 BasisVO auf zwei Merkmale beziehen, mithin auf *gesundheitsschädliche* und *für den Verzehr ungeeignete Lebensmittel*, welche wiederum sowohl dem Wortlaut, als auch dem Inhalt nach voneinander abweichen.[1286]

Obgleich eine vollumfassende und konkrete Inhaltsbestimmung dieser beiden Tatbestandsvarianten freilich nicht bereits an hiesiger Stelle möglich erscheint,[1287] deutet insbesondere das fehlende diesbezügliche Alternativitätsverhältnis doch stark darauf hin, dass es sich insoweit um einen *„einheitlichen, sich gegenseitig beeinflussenden Begriff der Lebensmittelsicherheit"*[1288] handelt,[1289] der zwar eine zweigliedrige Ausgestaltung erfahren hat, mit Blick

1280 *Gorny*, Kommentar zur VO (EG) Nr. 178/2002, Rn. 307 spielt hierauf in der diesbezüglichen Überschrift (*„ein fauler Apfel..."*) an.

1281 So der Beispielsfall bei *Rathke*, in: Sosnitza/Meisterernst (ehem. Zipfel/Rathke), Art. 14 BasisVO, Rn. 27.

1282 *Rischio*, italienisch: Risiko (https://www.deepl.com/de/translator#it/de/rischio [zuletzt abgerufen, am: 11.03.2024]).

1283 *Onveilig*, niederländisch: unsicher (https://www.deepl.com/de/translator#nl/de/Onveilig [zuletzt abgerufen, am: 11.03.2024]).

1284 *No sean seguros*, spanisch: sind nicht sicher (https://www.deepl.com/de/translator#es/de/no%20sean%20seguros%0A%0A [zuletzt abgerufen, am: 11.03.2024]).

1285 *Dangereuse*, französisch: gefährlich (https://www.deepl.com/de/translator#fr/de/Dangereuse [zuletzt abgerufen, am: 11.03.2024]).

1286 Siehe hierzu die vorstehenden, einleitenden Ausführungen zu Teil 4, die bereits an diese Disparität anknüpfen.

1287 Zur *Gesundheitsschädlichkeit* nach Art. 14 Abs. 2 lit. a BasisVO siehe die nachfolgenden Ausführungen unter Teil 4.B., zur *Verzehrsungeeignetheit* nach Art. 14 Abs. 2 lit. b BasisVO siehe die nachfolgenden Ausführungen unter Teil 4.C.

1288 *Meisterernst*, in: Streinz/Meisterernst, BasisVO/LFGB, Art. 14 BasisVO, Rn. 17.

1289 Anders *Grube*, in: Voit/Grube, LMIV, Art. 24 LMIV, Rn. 78, der überdies von einem *„zweigleisig[en]"* Lebensmittelbegriff ausgeht; ebenso anders *Purnhagen*, in: Sosnitza/Meisterernst

auf die zu berücksichtigenden Umstände und Faktoren der Abs. 4 und 5 aber relevante Überschneidungen dergestalt aufweist,[1290] als dass *gesundheitsschädliche* Lebensmittel häufig auch *für den Verzehr durch den Menschen ungeeignet* sind,[1291] wobei dies in gegenläufiger Konstellation nicht zwangsläufig der Fall sein muss.[1292]

Gleichwohl geht damit – sowie in Anlehnung an die produktsicherheitsrechtliche Ausrichtung des Lebensmittelrechts[1293] – unweigerlich ein unterschiedlicher Bewertungsmaßstab hinsichtlich der Beurteilung der Nicht-Sicherheit der beiden Fallgruppen einher, der sich jeweils *„an den tatsächlichen Effekten eines Lebensmittel"* zu orientieren hat.[1294] Dementsprechend ist für die *Gesundheitsschädlichkeit* einerseits keine sichere diesfällige Bestätigung notwendig,[1295] andererseits erfordert die Feststellung einer *Verzehrsungeeignetheit*, schon aufgrund deren *gegenständlicher* Anknüpfungspunkte in Form einer *Kontamination mit Fremdstoffen* respektive einer *stofflichen Veränderung*,[1296] doch gerade eine solche.[1297]

V. Die korrektiven Beurteilungskriterien des Art. 14 Abs. 3 BasisVO

Soweit Art. 14 BasisVO insgesamt darauf abzielt, *nicht sichere Lebensmittel nicht in den Verkehr zu bringen*,[1298] und sich dementsprechend an den Lebensmittelunternehmer richtet,[1299] beinhaltet er in seinem Abs. 3 zwei korrektive Beurteilungskriterien, nach denen ein Lebensmittel trotz einer etwaigen *Ge-*

(ehem. Zipfel/Rathke), Art. 14 BasisVO, Rn. 7, der hinsichtlich der beiden Tatbestandsvarianten auf unterschiedliche Schutzzwecke rekurriert.

1290 *Roth*, Die allgemeine Lebensmittelüberwachung als Instrument des Verbraucherschutzes, S. 119 weist in diesem Zusammenhang zutreffend darauf hin, dass *„die Frage, ob ein Lebensmittel nicht sicher ist, definitionsgemäß identisch ist mit der Frage, seiner Gesundheitsschädlichkeit oder Verzehrsungeeignetheit"*.

1291 *Gorny*, Kommentar zur VO (EG) Nr. 178/2002, Rn. 285.

1292 *Sosnitza*, ZLR 2009, 299, 301; ähnlich *Meisterernst*, in: Streinz/Meisterernst, BasisVO/LFGB, Art. 14 BasisVO, Rn. 18.

1293 Siehe hierzu bereits die einleitenden Ausführungen zu Teil 4.

1294 So zutreffend *van der Meulen/Gregor*, ZLR 2007, 265, 268; ähnlich auch *Schomburg*, Rechtsrahmen funktioneller Lebensmittel, S. 90, die jedoch in nicht nachvollziehbarer Weise vertritt, dass es *„[a]uf eine Erkennbarkeit der Gesundheitsschädlichkeit bzw. der Verzehrstauglichkeit (...) nicht an[komme]"*.

1295 *Meisterernst*, in: Streinz/Meisterernst, BasisVO/LFGB, Art. 14 BasisVO, Rn. 13; dies auch in Anlehnung an den Wortlaut des Art. 14 Abs. 2 BasisVO, der ausdrücklich von *„wenn davon auszugehen ist"* spricht.

1296 Siehe hierzu Art. 14 Abs. 5 BasisVO, sowie die nachfolgenden Ausführungen unter Teil 4.C.

1297 Siehe hierzu auch *Roth*, Die allgemeine Lebensmittelüberwachung als Instrument des Verbraucherschutzes, S. 111, die dies zwar nicht ausdrücklich so benennt, aber doch umschreibt.

1298 Siehe hierzu bereits die vorstehenden Ausführungen unter Teil 4.A.I.

1299 Siehe hierzu bereits die vorstehenden Ausführungen unter Teil 4.A.II.

sundheitsschädlichkeit oder *Verzehrsungeeignetheit* erstmalig oder nachträglich, d. h. nach dem Zeitpunkt des *Inverkehrbringens*, seine Sicherheit bzw. Verkehrsfähigkeit (wieder)erlangen[1300] kann. Entscheidend sind in diesem Zusammenhang

die *normalen Bedingungen seiner Verwendung* durch den Verbraucher bzw. auf allen Produktions-, Verarbeitungs- und Vertriebsstufen (nach Art. 14 Abs. 3 lit. a BasisVO) und gegebenenfalls

dem *Verbraucher vermittelte Informationen* einschließlich der Angaben auf dem Etikett oder sonstige, ihm normalerweise zugängliche Informationen über die Vermeidung bestimmter, die Gesundheit beeinträchtigender Wirkungen eines bestimmten Lebensmittels oder einer bestimmten Lebensmittelkategorie (nach Art. 14 Abs. 3. lit. b BasisVO).

Bemerkenswert ist hierbei und vor dem Hintergrund der produktsicherheitsrechtlichen Ausprägung des Lebensmittelrechts,[1301] dass beiderlei Beurteilungskriterien Umstände und Begebenheiten in Bezug nehmen, die sich dem Einflussbereich des verantwortlichen Lebensmittelunternehmers entziehen und sodann einem in der Lebensmittelkette nachfolgenden Unternehmer oder gar dem Verbraucher obliegen,[1302] was zur Folge hat, dass dem ‚ursprünglich'-verantwortlichen Lebensmittelunternehmer insoweit nur eine Verpflichtung zur Gewährleistung der Lebensmittelsicherheit im Rahmen des bestimmungsgemäßen Gebrauchs zukommt.[1303] Dementsprechend erstreckt sich der relevante Inhalt des Art. 14 Abs. 3 lit. a BasisVO nicht auf eine subjektiv und nach vernünftigem Ermessen erwartbare Verwendung des Lebensmittels,[1304] sondern lediglich auf eben jene objektiven Bedingungen, mithin die *normalen Bedingungen der Verwendung*, die nach der Eigenart des Lebensmittels üblich oder zwingend erforderlich sind, um die Verzehrsfähigkeit herzustellen bzw. zu erhalten,[1305] die zugleich durch etwaige *Informationen* im Sinne des

1300 *Martell/Wallau*, ZLR 2013, 738, 744 sprechen in diesem Zusammenhang von einer Wiederherstellung der Lebensmittelsicherheit; im Ergebnis ebenso *Meisterernst*, in: Streinz/Meisterernst, BasisVO/LFGB, Art. 14 BasisVO, Rn. 35, der hierbei allerdings von einer anfänglichen Sicherheit auszugehen scheint.

1301 Zur produktsicherheitsrechtlichen Ausprägung des Lebensmittelrechts siehe bereits die einleitenden Ausführungen zu Teil 4.

1302 Zur weiten Auslegung des in Art. 14 Abs. 3 lit. a und b BasisVO gewählten Begriffes des *Verbrauchers*, mithin, dass hierunter auch der gewerbliche Verbraucher zu verstehen ist, siehe *Purnhagen*, in: Sosnitza/Meisterernst (ehem. Zipfel/Rathke), Art. 14 BasisVO, Rn. 14.

1303 So auch *Schomburg*, Rechtsrahmen funktioneller Lebensmittel, S. 91 f.

1304 So aber *Rathke*, in: Sosnitza/Meisterernst (ehem. Zipfel/Rathke), Art. 14 BasisVO, Rn. 15.

1305 Ähnlich *Gorny*, Kommentar zur VO (EG) Nr. 178/2002, Rn. 287, der die *Bedingungen der Verwendung* ganzheitlich betrachtet.

Art. 14 Abs. 3 lit. b BasisVO flankiert werden,[1306] aber nicht zwangsläufig dem Etikett aufgedruckt sein müssen, sondern auch nur allgemein verfügbar sein können[1307].

Daraus folgt konsequenterweise dreierlei: Erstens, eine mögliche und vom Einzelfall abhängige Modifizierung des maßgeblichen Bewertungsmomentums der Nicht-Sicherheit weg vom Zeitpunkt des *Inverkehrbringens* hin zu der Phase, in der das betreffende Lebensmittel bereits im Sinne des Art. 3 Nr. 8 BasisVO in den Verkehr gelangt ist, den Verbraucher mithin bereits erreicht haben könnte, zweitens eine insoweit entstehende Relativierung der Verantwortungsverteilung,[1308] die – da freilich auch nachfolgende Lebensmittelunternehmer die Lebensmittelsicherheit zu gewährleisten haben[1309] – vor allem an den Verbraucher gerichtet ist,[1310] konkret dahingehend, als dass diesem ein gewisser allgemeiner Informationsstand zu unterstellen ist respektive sonst gemäß Art. 14 Abs. 3 lit. b BasisVO hilfsweise zur Verfügung gestellt oder vermittelt werden muss[1311].[1312] Und drittens, dass eben dies keine Abkehr von dem Grundsatz der wissenschaftlichen *Risikobewertung* und -betrachtung darstellt, da jene Ergänzung gerade nicht an eine subjektiv-positive Kenntnisnahme des Verbrauchers anknüpft, sondern ausschließlich an einen verobjektivierten Maßstab, der die Sicherheitsbeurteilung (auch oder vor allem hinsichtlich der weiteren Verwendung) einerseits nach dem *„Stand von Wissenschaft und Technik“*[1313] berücksichtigt, andererseits eine bloße objektive Verfügbarkeit der Information ausreichen lässt und dem Verbraucher dahingehend eine *„Informationsbeschaffungslast“*[1314] auferlegt.[1315]

1306 Vgl. hierzu *Meisterernst*, in: Streinz/Meisterernst, BasisVO/LFGB, Art. 14 BasisVO, Rn. 32; *Bauschke*, Verbraucherschutz im öffentlichen Recht aus Sicht des Lebensmittelrechts, S. 78; ähnlich bereits *Kullmann*, ZLR 2002, 37, 40.

1307 *Rathke*, in: Sosnitza/Meisterernst (ehem. Zipfel/Rathke), Art. 14 BasisVO, Rn. 20, der allerdings ausdrücklich verlangt, dass solche Informationen sodann *„für alle Bevölkerungskreise zugänglich“* sein müssen; *Meisterernst*, in: Streinz/Meisterernst, BasisVO/LFGB, Art. 14 BasisVO, Rn. 38; *Simon*, Kooperative Risikoverwaltung im neuen Lebensmittelrecht, S. 212, der ausdrücklich darauf verweist, dass es *„im Übrigen nicht auf eine subjektive Zugänglichkeit, sondern nur auf die objektive Verfügbarkeit der Information“* ankommt.

1308 *Rabe*, ZLR 2003, 151, 157.

1309 Siehe hierzu bereits die Ausführungen unter Teil 3.B.II.

1310 *Simon*, Kooperative Risikoverwaltung im neuen Lebensmittelrecht, S. 211 f.

1311 *Karola Krell*, Haftungsverteilung im Lebensmittelrecht, S. 107.

1312 *Meisterernst*, in: Streinz/Meisterernst, BasisVO/LFGB, Art. 14 BasisVO, Rn. 33; *Rabe*, ZLR 2003, 151, 157.

1313 *Karola Krell*, Haftungsverteilung im Lebensmittelrecht, S. 106.

1314 *Simon*, Kooperative Risikoverwaltung im neuen Lebensmittelrecht, S. 212.

1315 Interessant in diesem Zusammenhang auch *Roth*, Die allgemeine Lebensmittelüberwachung als Instrument des Verbraucherschutzes, S. 120, die darauf verweist, dass eine solche Sicherheitsbeurteilung entsprechend flexibel sei und von *„zahlreiche Bewertungselemente“* enthält; ähnlich *Rabe*, ZLR 2003, 151, 157.

VI. Die besondere Befugnis für beschränkende Maßnahmen nach Art. 14 Abs. 8 BasisVO

In Anknüpfung an Art. 14 Abs. 7 BasisVO, welcher statuiert, dass ein Lebensmittel, wenn es den *spezifischen Bestimmungen* des Gemeinschaftsrechts (Abs. 7) entspricht,[1316] hinsichtlich der dort konkret festgelegten Aspekte als *sicher* gilt, ermächtigt Art. 14 Abs. 8 BasisVO die zuständigen Behörden zu dem Ergreifen beschränkender Maßnahmen,[1317] soweit der *begründete Verdacht* besteht, dass ein betreffendes Lebensmittel (dennoch) nicht sicher ist.[1318] Das notwendige Bedürfnis nach jener besonderen Befugnis fußt in dem Umstand, dass die in Abs. 7 manifestierte *Vermutung* insoweit zwar nicht widerleglich ist,[1319] den staatlichen Akteuren nichtsdestotrotz eine effektive Möglichkeit einzuräumen ist, in bestimmten Fallkonstellationen, die bspw. zum Zeitpunkt des Erlasses der *spezifischen Bestimmung* oder während des Durchlaufens eines einschlägigen *Zulassungsverfahrens* noch nicht absehbar waren bzw. wenn sich eine bestimmte Erkenntnislage erst später verdichtet,[1320] nicht dem Inverkehrbringen eines eventualiter unsicheren Lebensmittels ohne Handlungsmöglichkeit zusehen zu müssen.[1321]

Bemerkenswert ist hierbei, dass Art. 14 Abs. 8 BasisVO nicht auf das strikte Verkehrsverbot des Abs. 1 beschränkt ist,[1322] sondern behördlicherseits auch auf ganz anders gelagerte, mitunter deutlich weniger einschneidende Mittel, zurückgegriffen werden kann, sofern diese in Anlehnung an Art. 17 Abs. 2 Uabs. 3 Satz 2 BasisVO wirksam und verhältnismäßig sind.[1323] In tatbestandlicher Hinsicht erfordert dies allerdings das Vorliegen eines besonders darzulegenden *begründeten Verdachts*, der einerseits auf einer diesfälligen um-

---

1316 Siehe hierzu bereits die vorstehenden Ausführungen unter Teil 4.A.III.

1317 Insbesondere aufgrund der *systematischen*, dem Abs. 7 nachgelagerten, *Stellung* des Abs. 8 und deren überschneidender Wortlaute ist zutreffenderweise anzunehmen, dass sich eine entsprechende Befugnis nicht auch auf mitgliedstaatliche Bestimmungen (Abs. 9) bezieht, siehe hierzu auch *Rabe*, ZLR 2003, 151, 151; ebenso *Purnhagen*, in: Sosnitza/Meisterernst (ehem. Zipfel/Rathke), Art. 14 BasisVO, Rn. 50.

1318 *EuGH*, Urteil vom 28.04.2022 – C-89/21, Rn. 23, LMuR 2022, 297, 298.

1319 *Meisterernst*, in: Streinz/Meisterernst, BasisVO/LFGB, Art. 14 BasisVO, Rn. 85.

1320 Vgl. *Purnhagen*, in: Sosnitza/Meisterernst (ehem. Zipfel/Rathke), Art. 14 BasisVO, Rn. 49.

1321 *EuGH*, Urteil vom 30.06.2022 – C-51/21, Rn. 27, LMuR 2022, 421, 422 begründet dies mit *„der Rolle (...) für das Erreichen eines hohen Schutzniveaus für die Gesundheit des Menschen und die Verbraucherinteressen“* und erkennt infolgedessen zutreffenderweise an, dass Art. 14 Abs. 8 BasisVO *„weit auszulegen“* ist.

1322 Zu dem strikten *Verkehrsverbot* aus Art. 14 Abs. 1 BasisVO siehe bereits die einleitenden Ausführungen zu Teil 4.

1323 *Meisterernst*, in: Streinz/Meisterernst, BasisVO/LFGB, Art. 14 BasisVO, Rn. 85; *Purnhagen*, in: Sosnitza/Meisterernst (ehem. Zipfel/Rathke), Art. 14 BasisVO, Rn. 50.

fangreichen *Risikobewertung* zu beruhen hat,[1324] sich zudem andererseits, da von zugrundeliegenden *spezifischen (unionsrechtlichen) Bestimmungen*, die die Sicherheit der betreffenden Lebensmittel gerade konstatieren und indizieren, bewusst und zielgerichtet abgewichen werden soll, auch darauf beziehen muss, dass jene Vorschriften unzureichend sind, um das Inverkehrbringen allfällig *nicht sicherer* Lebensmittel zu unterbinden.[1325]

B. Das Merkmal der Gesundheitsschädlichkeit nach Art. 14 Abs. 2 lit. a BasisVO

Das erste Glied des lebensmittelrechtlichen Sicherheits- oder richtiger formuliert, des Nicht-Sicherheitsbegriffes bildet die in Art. 14 Abs. 2 lit. a BasisVO manifestierte, jedoch nicht legal definierte[1326] *Gesundheitsschädlichkeit*,[1327] deren semantischer Bedeutungsgehalt an den Terminus der *Gesundheit* anknüpft und dementsprechend sehr weit reicht, indem nicht lediglich die bloße Abwesenheit von Krankheiten, sondern vielmehr bereits ein Zustand bzw. ein bestimmtes Maß körperlichen, geistigen oder psychischen Wohlbefindens in Bezug genommen wird.[1328] Keine notwendige Voraussetzung ist indes das Bewirken von *Krankheiten*, da unter einer *Gesundheitsschädlichkeit* auch vorübergehende, aber nicht ganz geringfügige Beeinträchtigungen des Wohlbefindens oder des normalen Verhaltens eines Menschen, wie beispielsweise Ohnmachtsanfälle, Übelkeit, starker Durchfall oder andauernder Brechreiz ebenso wie eine – sei es nur vorübergehende – Störung des Nervensystems, zu verstehen sind.[1329] Mithin allerdings nur solche körperlichen Erscheinungen, die in Rückgriff auf den *Gefahrenbegriff* des Art. 3 Nr. 14 BasisVO[1330] von einem *Agens* ausgehen, welches wiederum in der Beschaffenheit des Lebensmittels

1324 Anders *Purnhagen*, in: Sosnitza/Meisterernst (ehem. Zipfel/Rathke), Art. 14 BasisVO, Rn. 50, der lediglich einen *„wenn auch nur geringen größeren Begründungsaufwand als die Verpflichtung des Lebensmittelunternehmers aus Art. 19 Abs. 1 [BasisVO verlangt,] der eingreift, wenn er ‚Grund zu der Annahme' (...) hat"*.

1325 *Meisterernst*, in: Streinz/Meisterernst, BasisVO/LFGB, Art. 14 BasisVO, Rn. 86.

1326 Vgl. *Honstetter*, Lebensmittel(straf)rechtlicher Gesundheitsschutz, S. 155.

1327 Zu den unterschiedlichen Sprachfassungen des Begriffes der *Gesundheitsschädlichkeit* siehe bereits die Ausführungen unter Teil 2.A.II.

1328 *Rathke*, in: Sosnitza/Meisterernst (ehem. Zipfel/Rathke), Art. 14 BasisVO, Rn. 38; *Roth*, Die allgemeine Lebensmittelüberwachung als Instrument des Verbraucherschutzes, S. 112.

1329 *Rathke*, in: Sosnitza/Meisterernst (ehem. Zipfel/Rathke), Art. 14 BasisVO, Rn. 38 begründet dies zutreffenderweise damit, dass gerade nicht der Begriff der *Krankheit, sondern* der der *Gesundheit* maßgebend ist; *Roth*, Die allgemeine Lebensmittelüberwachung als Instrument des Verbraucherschutzes, S. 112; *Schumann*, Der Rückruf von Lebensmitteln nach Art. 19 BasisVO, S. 40.

1330 Siehe hierzu bereits die Ausführungen unter Teil 2.A.III.

vorhanden oder angelegt und durch dessen *Aufnahme* bedingt sein muss,[1331] worunter dahingehend keine nichtverzehrsbedingten Auswirkungen wie Abscheu oder Ekelgefühle fallen.[1332]

Soweit in *materieller* Hinsicht auf die *verzehrs-* bzw. *aufnahmebedingten Auswirkungen* rekurriert wird, darf dies jedoch nicht über den für die Beurteilung relevanten und hiervon abweichenden Zeitpunkt des *Inverkehrbringens* – der freilich noch eine Modifizierung durch die *allgemeinen Kriterien* des Art. 14 Abs. 3 BasisVO erfährt[1333] – hinwegtäuschen,[1334] womit zwangsläufig einhergeht, dass nicht die tatsächlichen, sondern vielmehr die *potentiellen Auswirkungen* solcher *gesundheitsschädlicher Lebensmittel* das entscheidende Kriterium darstellen.[1335] Wie diese *potentiellen Auswirkungen* konkret zu bemessen bzw. zu valutieren sind, darüber besteht hingegen Uneinigkeit, da zum Teil auf das Erfordernis einer gewissen *Wahrscheinlichkeit* abgestellt wird,[1336] die an den Wortlaut des Art. 14 Abs. 4 BasisVO[1337] anknüpft und sich an die grundsätzliche Konzeption des *Risikobegriffes* aus Art. 3 Nr. 9 BasisVO[1338] anzulehnen scheint, demgegenüber lassen andere Stimmen die bloße *Möglichkeit* bzw. *Eignung* einer *Gesundheitsschädlichkeit,* ähnlich dem *Vorsorgeprinzip* aus Art. 7 BasisVO,[1339] ausreichen.[1340]

1331 So auch *Meisterernst,* in: Streinz/Meisterernst, BasisVO/LFGB, Art. 14 BasisVO, Rn. 54, der zwar nicht ausdrücklich auf eine diesbezügliche *Aufnahme* rekurriert, die sich aber freilich schon aus dem *Gefahrenbegriff* des Art. 3 Nr. 14 BasisVO ergibt und insoweit erschließen lässt.

1332 *Meisterernst,* in: Streinz/Meisterernst, BasisVO/LFGB, Art. 14 BasisVO, Rn. 25; *Rathke,* in: Sosnitza/Meisterernst (ehem. Zipfel/Rathke), Art. 14 BasisVO, Rn. 38 a. E.; erfasst werden diese auf deutscher Ebene durch § 12 LFGB; siehe in diesem Zusammenhang auch die nachfolgenden Ausführungen, insbesondere zur Frage, ob solche bloßen Ekelgefühle auch unter die *Verzehrsungeeignetheit* nach Art. 14 Abs. 2 lit. b i. V. m. Abs. 5 BasisVO fallen, unter Teil 4.C.II.

1333 Siehe hierzu die vorstehenden Ausführungen unter Teil 4.A. V.

1334 Siehe hierzu den Wortlaut des Art. 14 Abs. 1 BasisVO sowie die vorstehenden Ausführungen unter Teil 4.A. I.

1335 Hierbei sei auf die einleitenden Ausführungen zu Teil 4.A. sowie die allgemeinen Vorklärungen unter Teil 4.A.IV. verwiesen; vgl. auch *Honstetter,* Lebensmittel(straf)rechtlicher Gesundheitsschutz, S. 160.

1336 So bspw. *Rabe,* ZLR 2003, 151, 156; *Viell,* ZLR 2006, 365, 372; *Schomburg,* Rechtsrahmen funktioneller Lebensmittel, S. 90; *Thilo Ortgies,* Rechtliches Risikomanagement im Lebensmittelrecht, S. 73 f.; *Meisterernst,* in: Streinz/Meisterernst, BasisVO/LFGB, Art. 14 BasisVO, Rn. 13.

1337 Siehe hierzu sogleich die nachfolgenden Ausführungen unter Teil 4.B.II.

1338 Siehe hierzu bereits die Ausführungen unter Teil 2.A.

1339 Zur tatbestandlichen Voraussetzung der *Möglichkeit gesundheitsschädlicher Auswirkungen* i. R.d. Art. 7 BasisVO siehe die nachfolgenden Ausführungen unter Teil 5.A.II.

1340 So bspw. *Roth,* Die allgemeine Lebensmittelüberwachung als Instrument des Verbraucherschutzes, S. 112 lässt hierbei eine *„Eignung zur Gesundheitsschädlichkeit"* ausreichen; ähnlich *Rathke,* in: Sosnitza/Meisterernst (ehem. Zipfel/Rathke), Art. 14 BasisVO, Rn. 39, der

Vor dem begriffs- und konzeptionsklärenden Impetus der hiesigen Untersuchung, insbesondere mit Blick auf die Frage, ob und inwieweit sich das Tatbestandsmerkmal der *Gesundheitsschädlichkeit* mit dem *Risikobegriff* synchronisieren lässt, stellt diese *epistemische* bzw. *prognostische* Voraussetzung des Art. 14 Abs. 2 lit. a BasisVO neben der Frage der *materiellen* Überschneidungspunkte zwischen der (semantisch schwächeren) *Gesundheitsbeeinträchtigung* aus Art. 3 Nr. 9 BasisVO und der hier (terminologisch enger gefassten) *Gesundheitsschädlichkeit* den entscheidenden Gegenstand der diesbezüglichen Betrachtung dar, der im Folgenden vor allem anhand der in Art. 14 Abs. 4 BasisVO besonders aufgeführten, *zu berücksichtigenden* Faktoren, die in ihren lit. a bis c Konkretisierungen des Begriffes der *Gesundheitsschädlichkeit* enthalten, näher zu beleuchten ist.

In Bezug genommen werden hierbei die *wahrscheinlichen Auswirkungen* des Lebensmittels auf die *Verbraucher* (lit. a), unabhängig davon, ob sich diese *sofort, kurzfristig* oder *langfristig* zeitigen, sowie auch auf *nachfolgende Generationen*, weiterhin die *wahrscheinlichen kumulativen toxischen Auswirkungen* (lit. b) und eine unter Umständen bestehende *besondere gesundheitliche Empfindlichkeit bestimmter Verbrauchergruppen*, soweit das betreffende *Lebensmittel für* eben *diese Gruppe von Verbrauchern bestimmt ist* (lit. c). Bereits der erste Blick auf diese Kriterien zeigt Interessantes, nämlich

erstens, dass die in lit. a und b normierten Tatbestände in *epistemischer* respektive *prognostischer* Hinsicht nicht schon eine bloße *Eignung zur Gesundheitsschädigung* ausreichen lassen, sondern ausdrücklich auf die *Wahrscheinlichkeit der Auswirkungen* rekurrieren, mithin darauf, dass jene nicht nur fernliegend erscheinen,[1341] welche mittels einer *Risikobewertung* zu ermitteln sind.[1342]

---

bei Rn. 44 und 46 sodann allerdings auf eine *Wahrscheinlichkeit* rekurriert; etwas unklar in diesem Zusammenhang *Purnhagen*, in: Sosnitza/Meisterernst (ehem. Zipfel/Rathke), Art. 14 BasisVO, Rn. 30.

1341 *Rathke*, in: Sosnitza/Meisterernst (ehem. Zipfel/Rathke), Art. 14 BasisVO, Rn. 47 erkennt hier zutreffend, dass bloß „abstrakte Vermutungen oder gar politische Forderungen" ebenso wie *„nicht nachvollziehbare Behauptungen oder methodisch unwissenschaftliche Untersuchungen"* in diesem Zusammenhang nicht relevant sind.

1342 Vgl. hierzu exemplarisch *EuGH*, Urteil vom 28.01.2010 – C 333/08, Rn. 91, EuZW 2010, 347, 351; *EuGH*, Urteil vom 19.01.2017 – C 282/15, Rn. 60, LMuR 2017, 50, 54; *Meisterernst*, in: Streinz/Meisterernst, BasisVO/LFGB, Art. 14 BasisVO, Rn. 52, führt ergänzend an, dass *„die Risikobewertung nicht auf rein hypothetische Erwägungen gestützt werden"* darf; *Viell*, ZLR 2006, 365, 372; nicht zu folgen ist indes den Ausführungen von *Schomburg*, Rechtsrahmen funktioneller Lebensmittel, S. 90, die, in Widerspruch zu dem Wortlaut des Art. 3 Nr. 11 BasisVO, vertritt, *„Maßstab für die Risikobewertung [sei] die Rechtsprechung des EuGH zum Vorsorgeprinzip"*.

Zweitens allerdings auch, dass die genannten Tatbestände keine explizite Aussage über die erforderliche *Schwere der Auswirkungen* im Sinne einer *materiellen Akzeptabilitäts-* bzw. *Erheblichkeitsschwelle* enthalten,[1343] nicht einmal dergestalt als dass sie wie der *Risikobegriff* aus Art. 3 Nr. 9 BasisVO, freilich ohne dass jener eine solche Schwelle enthält,[1344] beispielsweise die *Schwere*[1345] mit der diesbezüglichen *Wahrscheinlichkeit*[1346] über die *Funktion*[1347] aus beiden eigens miteinander verknüpfen.[1348]

Vor dem Hintergrund des begrifflich – im Vergleich zu der *Gesundheitsbeeinträchtigung* im Rahmen des *Risikobegriffes* – eigentlich eng(er) gefassten Tatbestandsmerkmals der *Gesundheitsschädlichkeit* überrascht hauptsächlich Letzteres, da die in Art. 14 Abs. 4 BasisVO aufgeführten Fallgruppen ja eher breit angelegt sind[1349] und dementsprechend zumindest darauf hindeuten bzw. den Anschein erwecken (könnten), als ob in *materieller* Hinsicht schon eine (geringe) *gesundheitsbeeinträchtigende Auswirkung* ausreiche,[1350] um den Tatbestand der Norm zu erfüllen und ein *Verkehrsverbot* auszulösen. Freilich ließe sich diese prima facie anmutende Unstimmigkeit problemlos überbrücken, sofern bereits dem Merkmal der Gesundheits*schädlichkeit* eine solche *materielle Schwelle* immanent ist,[1351] was sich doch schon begrifflich aufdrängt, im Folgenden aber dennoch zu beleuchten ist.

1343 *Schumann*, Der Rückruf von Lebensmitteln nach Art. 19 BasisVO, S. 40.

1344 Siehe hierzu die bisherigen Ausführungen, passim, insbesondere die Schlussfolgerungen unter Teil 3.C.

1345 Hier jedoch in Bezug auf die *Schwere der Gesundheitsbeeinträchtigung*, nicht der *Gesundheitsschädlichkeit*; siehe hierzu auch die Ausführungen unter Teil 2.A.II.

1346 Siehe hierzu die Ausführungen unter Teil 2.A.IV.

1347 Siehe hierzu die Ausführungen unter Teil 2.A. V.

1348 Vgl. *Rathke*, in: Sosnitza/Meisterernst (ehem. Zipfel/Rathke), Art. 14 BasisVO, Rn. 48, der ebd. allerdings von einer solchen *Erheblichkeitsschwelle* innerhalb des *Risikobegriffes* auszugehen scheint; zur *Erheblichkeitsschwelle* der *Gesundheitsschädlichkeit* siehe die nachfolgenden Ausführungen unter Teil 4.B.III.

1349 So auch *VG München*, Beschluss vom 28.08.2014 – M 18 S 14.2801, LMRR 2014, 54 wonach der Begriff *„gesundheitsschädlich"* in einem weiten Sinne auszulegen ist; ähnlich *Roth*, Die allgemeine Lebensmittelüberwachung als Instrument des Verbraucherschutzes, S. 113; *Rathke*, in: Sosnitza/Meisterernst (ehem. Zipfel/Rathke), Art. 14 BasisVO, Rn. 43; *Kirchsteiger-Meier*, Die Lebensmittelhygiene als primäre Verantwortung des Lebensmittelunternehmers, S. 14; siehe hierzu die nachfolgenden Ausführungen unter Teil 4.B. I.

1350 So jedenfalls *Rathke*, in: Sosnitza/Meisterernst (ehem. Zipfel/Rathke), Art. 14 BasisVO, Rn. 48.

1351 Anders *Rathke*, in: Sosnitza/Meisterernst (ehem. Zipfel/Rathke), Art. 14 BasisVO, Rn. 48, der aber gerade diese sich schon begrifflich aufdrängende Immanenz der *Schwere* innerhalb des Tatbestandsmerkmals der *Gesundheitsschädlichkeit* zu übersehen scheint.

I. Die materiellen Kriterien zur Beurteilung der Gesundheitsschädlichkeit

Vor dem Hintergrund, dass die Beurteilung der *Gesundheitsschädlichkeit* eines Lebensmittels nach Art. 14 Abs. 2 lit. a BasisVO einzig mittels einer wissenschaftlichen *Risikobewertung* erfolgen kann,[1352] stellt sich die Frage, welche Bedeutung den in Art. 14 Abs. 4 BasisVO genannten, zu berücksichtigenden Kriterien zukommt, mithin, ob es sich bei diesen lediglich um Auslegungshilfen handelt[1353] oder jene gar den relevanten Maßstab im Sinne einer Kanalisierung und Konkretisierung der *Risikobewertung* vorgeben[1354]. Für Zweiteres spricht doch schon die dem Abs. 4 inhärente Systematik,[1355] die sich den einzelnen Tatbeständen entnehmen lässt. Im Einzelnen:

Die erste Alternative des Art. 14 Abs. 4 lit. a BasisVO, welche die *wahrscheinlichen sofortigen* bzw. *kurzfristigen* sowie *langfristigen Auswirkungen eines Lebensmittels auf die Gesundheit des Verbrauchers* in Bezug nimmt, stellt hierbei ausweislich ihres Wortlautes und in Entsprechung der Zwecksetzung der Norm hinsichtlich deren *materieller Komponente* den eingängigen *Standardfall* der *Gesundheitsschädlichkeit* dar,[1356] der jedoch anders als der *Risikobegriff* aus Art. 3 Nr. 9 BasisVO eine Ergänzung um die Attribute *sofort, kurzfristig* und *langfristig* erfährt, wodurch insbesondere klargestellt wird, dass sowohl

---

1352 Ähnlich *Purnhagen*, in: Sosnitza/Meisterernst (ehem. Zipfel/Rathke), Art. 14 BasisVO, Rn. 23, der einerseits zwar zutreffend auf die *„wissenschaftlichen Erkenntnisse“* abstellt und diese als *„maßgeblich“* bezeichnet, andererseits aber von der *„Risikoanalyse“* insgesamt spricht, welche ausweislich Art. 3 Nr. 10 i. V. m. 12 und 13 BasisVO auch politische und faktische Handlungen umfasst; anders, aber klarer in diesem Zusammenhang *Meisterernst*, in: Streinz/Meisterernst, BasisVO/LFGB, Art. 14 BasisVO, Rn. 24, der die Frage der Beurteilung der *Gesundheitsschädlichkeit „als Ergebnis einer Risikomanagemententscheidung“* betrachtet, mithin als eine rein politische Entscheidung, was weder mit dem Wortlaut noch mit der unbedingten Rechtsfolge des Art. 14 Abs. 1 BasisVO in Einklang zu bringen ist, da unter *Risikomanagement* doch die *Abwägung strategischer Alternativen* bzw. die *Wahl geeigneter Präventions- und Kontrollmöglichkeiten* zu verstehen ist.

1353 So bspw. *Roth*, Die allgemeine Lebensmittelüberwachung als Instrument des Verbraucherschutzes, S. 113; *Thilo Ortgies*, Rechtliches Risikomanagement im Lebensmittelrecht, S. 74; *Rathke*, in: Sosnitza/Meisterernst (ehem. Zipfel/Rathke), Art. 14 BasisVO, Rn. 10; *Purnhagen*, in: Sosnitza/Meisterernst (ehem. Zipfel/Rathke), Art. 14 BasisVO, Rn. 23.

1354 So im Ansatz bspw. *VGH München*, Beschluss vom 25.04.2022 – 20 CS 22.530, Rn. 28, BeckRS 2022, 8512; *VGH Baden-Württemberg*, Beschluss vom 17.09.2020 – 9 S 2343/20, Rn. 14, LMuR 2021, 50, 52; ähnlich *Roth*, Die allgemeine Lebensmittelüberwachung als Instrument des Verbraucherschutzes, S. 112; wohl auch *Holle*, ZLR 2004, 307, 323.

1355 Anders *Roth*, Die allgemeine Lebensmittelüberwachung als Instrument des Verbraucherschutzes, S. 112, die in Art. 14 Abs. 4 BasisVO keine *„in sich abgeschlossene, eigenständige Definition“* erblickt, was insoweit zwar zutrifft, aber doch die dahinterstehende Systematik verkennt.

1356 Siehe hierzu bereits (vorstehend) die ausgewählten Beispielsfälle im Rahmen der einleitenden Ausführungen unter Teil 4.B.

unmittelbare als auch mittelbare Effekte Eingang in die Betrachtung finden sollen.[1357] Die Provenienz oder die Art des *Agens* ist hierbei unerheblich, soweit dieses in der Beschaffenheit des Lebensmittels angelegt ist.[1358] Darauf aufbauend enthalten die weiteren Tatbestände verschiedene *Konkretisierungen*[1359] in der Gestalt von *deklaratorischen Unterstreichungen*[1360], *Zusätzen* bzw. *Ergänzungen*[1361] und *Spezifizierungen*[1362].

Als *Unterstreichung* oder *Betonung* der auch mittelbaren Auswirkungen kann in diesem Zusammenhang insbesondere die zweite Alternative des Art. 14 Abs. 4 lit. a BasisVO verstanden werden, die ausdrücklich und überdies auf *nachfolgende Generationen* rekurriert, mithin die umfangreiche *zeitlich-personelle* Warte des Begriffes der *Gesundheitsschädlichkeit* hervorhebt und aufgrund ihrer Unbestimmtheit und ihrer praktischen Anwendungsprobleme auf Kritik im einschlägigen Schrifttum gestoßen ist,[1363] da eine solche Beurteilung allenfalls auf wissenschaftlich anspruchsvolle Langzeitstudien gestützt werden kann, die von einem Lebensmittelunternehmer schwerlich bis kaum und durch die staatlichen Stellen nur mit erheblichem Aufwand bewerkstelligbar sind.[1364]

Eine Ergänzung erfährt der vorgenannte *Standardfall* der *Gesundheitsschädlichkeit*, dem *sofortige toxische Effekte* zwar immanent sind,[1365] nach Art. 14 Abs. 4 lit. b BasisVO weiterhin um solche *Auswirkungen*, die lediglich *kumulativ* entstehen, also für sich alleine entweder keine oder nur eine sehr geringe toxische Wirkung aufweisen, in Verbindung mit anderen respektive unterschiedlichen Lebensmitteln oder Stoffen[1366] aber eine solche auslösen oder

---

1357 Vgl. auch *Schumann*, Der Rückruf von Lebensmitteln nach Art. 19 BasisVO, S. 41.

1358 Vgl. *Meisterernst*, in: Streinz/Meisterernst, BasisVO/LFGB, Art. 14 BasisVO, Rn. 54, der im Widerspruch zum Wortlaut des Art. 3 Nr. 14 BasisVO allerdings formuliert, die *„Auswirkungen eines Lebensmittels entsprechen definitionsgemäß dem Begriff der Gefahr"*.

1359 Vgl. *Rathke*, in: Sosnitza/Meisterernst (ehem. Zipfel/Rathke), Art. 14 BasisVO, Rn. 43, der diesbezüglich neben einer *Konkretisierung* zudem von einer *Erweiterung* des Begriffes der Gesundheitsschädlichkeit ausgeht.

1360 So Art. 14 Abs. 4 lit. a Alt. 2 BasisVO.

1361 So Art. 14 Abs. 4 lit. b BasisVO.

1362 So Art. 14 Abs. 4 lit. c BasisVO.

1363 Siehe hierzu exemplarisch *Rabe*, ZLR 2003, 151, 156 f.; *Thilo Ortgies*, Rechtliches Risikomanagement im Lebensmittelrecht, S. 74; *Gorny*, ZLR 2001, 501, 511; *Dannecker*, ZLR 2002, 19, 26; *Simon*, Kooperative Risikoverwaltung im neuen Lebensmittelrecht, S. 213.

1364 *Schomburg*, Rechtsrahmen funktioneller Lebensmittel, S. 91; *Holle*, ZLR 2004, 307, 323.

1365 Man spricht in diesem Zusammenhang von einer sog. *„akuten Toxizität"*, siehe *Meisterernst*, in: Streinz/Meisterernst, BasisVO/LFGB, Art. 14 BasisVO, Rn. 58.

1366 Siehe hierzu bereits *EuGH*, Urteil vom 02.12.2004 – C-41/02, Rn. 30, EuZW 2005, 53, 54, welches sich zwar (noch) nicht auf Art. 14 Abs. 4 lit. b BasisVO bezieht, aber die Kernaussage enthält, dass ein isolierter Blick auf nur einen (Nähr-)Stoff eines Lebensmittels für eine Beurteilung der *Sicherheit* bzw. der *Gesundheitsschädlichkeit* dess. nicht ausreichend erscheint.

verstärken.[1367] Art. 14 Abs. 4 lit. b BasisVO beinhaltet dementsprechend keine Ausweitung der *gesundheitsschädlichen Wirkungen* oder *Folgen*, sondern legt ein Augenmerk auf *„synergistische Effekte“*[1368] von sich *summierenden Agenzien.*

Demgegenüber lässt sich in Art. 14 Abs. 4 lit. c BasisVO schließlich eine *Spezifizierung* in *personeller* Hinsicht erblicken, wonach in die Beurteilung der *Gesundheitsschädlichkeit* auch *die besondere gesundheitliche Empfindlichkeit einer bestimmten Verbrauchergruppe* Eingang findet. Vor allem in Abgrenzung der drei vorgenannten Fallgruppen[1369] zu hiesiger zeigt sich der entscheidende Maßstab der adressatenbezogenen Bewertung, der grundsätzlich und im Allgemeinen an einen *normal gesunden Verbraucher*[1370] anknüpft, im Speziellen aber auch *besondere Empfindlichkeiten* umfassen kann.[1371] Voraussetzung für diese konkretisierte Beurteilung muss nach dem ausdrücklichen Wortlaut des Art. 14 Abs. 4 lit. c BasisVO allerdings sein, dass das in Rede stehende Lebensmittel für eine bzw. *diese Gruppe von Verbrauchern bestimmt ist,* was insbesondere bei solchen für Diabetiker, für Säuglinge oder für Allergiker, mitunter auch für Kinder,[1372] der Fall ist.[1373]

Betrachtet man nun die zu berücksichtigenden Kriterien des Art. 14 Abs. 4 BasisVO in der Gesamtschau, zeugen diese von einer klaren Vorverlagerung des Gesundheitsschutzes[1374] und bestätigen insoweit die bereits angenommene enorme Bandbreite an *materiellen* Umständen[1375],[1376] die Eingang in die *Risikobewertung* hinsichtlich einer *Gesundheitsschädlichkeit* finden sollen und

1367 *Purnhagen*, in: Sosnitza/Meisterernst (ehem. Zipfel/Rathke), Art. 14 BasisVO, Rn. 34; *Rathke*, in: Sosnitza/Meisterernst (ehem. Zipfel/Rathke), Art. 14 BasisVO, Rn. 51.

1368 So *Meisterernst*, in: Streinz/Meisterernst, BasisVO/LFGB, Art. 14 BasisVO, Rn. 67.

1369 Diese drei Fallgruppen bilden anhand der vorstehenden Ausführungen: (1.) der *Standardfall* der *Gesundheitsschädlichkeit* aus Art. 14 Abs. 4 lit. a 1. Alternative BasisVO, (2.) die *Unterstreichung* bzw. *Betonung* der auch *langfristigen Auswirkungen* aus Art. 14 Abs. 4 lit. a 2. Alternative BasisVO, (3.) die *Ergänzung* um sich *summierende Agenzien* aus Art. 14 Abs. 4 lit. b BasisVO sowie (4.) die *personelle Spezifizierung* aus Art. 14 Abs. 4 lit. c. BasisVO.

1370 So auch *Meisterernst*, in: Streinz/Meisterernst, BasisVO/LFGB, Art. 14 BasisVO, Rn. 68, 34; ungenau in diesem Zusammenhang *Purnhagen*, in: Sosnitza/Meisterernst (ehem. Zipfel/Rathke), Art. 14 BasisVO, Rn. 25; *Schomburg*, Rechtsrahmen funktioneller Lebensmittel, S. 92 f.

1371 *Schumann*, Der Rückruf von Lebensmitteln nach Art. 19 BasisVO, S. 41.

1372 Siehe hierzu im Besonderen *VGH München*, Beschluss vom 26.01.2011 – 9 ZB 09.2116, Rn. 5, LMRR 2011, 35.

1373 Vgl. hierzu *Rathke*, in: Sosnitza/Meisterernst (ehem. Zipfel/Rathke), Art. 14 BasisVO, Rn. 52 f.; *Meisterernst*, in: Streinz/Meisterernst, BasisVO/LFGB, Art. 14 BasisVO, Rn. 69 ff.; *Purnhagen*, in: Sosnitza/Meisterernst (ehem. Zipfel/Rathke), Art. 14 BasisVO, Rn. 36.

1374 *Dannecker*, ZLR 2002, 19, 26; *Bauschke*, Verbraucherschutz im öffentlichen Recht aus Sicht des Lebensmittelrechts, S. 78.

1375 *Rathke*, in: Sosnitza/Meisterernst (ehem. Zipfel/Rathke), Art. 14 BasisVO, Rn. 43.

1376 Siehe hierzu bereits die einleitenden Ausführungen unter Teil 4.B.

können. Gleichzeitig weisen diese aber auch ein in sich stimmiges, freilich nicht abschließendes System auf, das in Anlehnung an das lebensmittelrechtliche Primärziel *eines hohen Maßes an Schutz für das Leben und die Gesundheit der Menschen* aus Art. 1 und 5 BasisVO ein ähnlich weites Terrain umfasst wie der *Risikobegriff* bzw. die (bloße) *Gesundheitsbeeinträchtigung* aus Art. 3 Nr. 9 BasisVO, dabei allerdings von einem deutlich höheren Konkretisierungsgrad geprägt ist.[1377]

Obgleich diese Ambivalenz aus Weite einerseits und Enge andererseits zunächst als Widerspruch erscheinen mag, lässt sie sich unter Kontemplation der tatbestandlichen Nuancierungen innerhalb des Art. 14 Abs. 4 BasisVO doch zielführend erklären, da gerade die normative Hervorhebung der *langfristigen Auswirkungen* auf *nachfolgende Generationen*[1378] genauso wie die Ergänzung um die Betrachtung auch *kumulativer*, sich mithin summierender *toxischer Agenzien*[1379] und die personelle Spezifizierung hinsichtlich *gesundheitlich besonders empfindlicher Verbrauchergruppen*[1380] die *Risikobewertung*, die ohnehin auf die Beurteilung des Standardfalles der *Gesundheitsschädlichkeit*[1381] gerichtet ist, insoweit anleitet – um nicht zu sagen: in Bahnen lenkt –,[1382] als dass dadurch die wissenschaftlichen Ergebnisse konkrete Einschätzungen als Grundlage für rechtliche Entscheidungen wie das Verkehrsverbot aus Art. 14 Abs. 1 BasisVO zu liefern vermögen.

II. Das epistemisch-prognostische Element zur Beurteilung der Gesundheitsschädlichkeit

Während Art. 14 Abs. 4 BasisVO einen umfangreichen, nicht abschließenden, *materiellen Kriterienkatalog* zur Beurteilung der *Gesundheitsschädlichkeit* von Lebensmitteln vorsieht,[1383] verweist dieser hinsichtlich der dazugehörigen *epistemischen Voraussetzung* in seinen lit. a und b lediglich auf die *Wahrscheinlichkeit* entsprechender *Auswirkungen*,[1384] ohne jedoch in den jeweili-

1377 Anders *Thilo Ortgies*, Rechtliches Risikomanagement im Lebensmittelrecht, S. 74, der Art. 14 Abs. 4 BasisVO *„eher als politische[n] Programmsatz denn als strikt zu subsumierende Vorgabe"* versteht.

1378 So Art. 14 Abs. 4 lit. a Alt. 2 BasisVO.

1379 So Art. 14 Abs. 4 lit. b BasisVO.

1380 So Art. 14 Abs. 4 lit. c BasisVO.

1381 Diesen Standardfall der *Gesundheitsschädlichkeit* nimmt, wie den vorstehenden Ausführungen zu entnehmen ist, Art. 14 Abs. 4 lit. a Alt. 1 BasisVO in Bezug.

1382 Ähnlich *VGH München*, Beschluss vom 25.04.2022 – 20 CS 22.530, BeckRS 2022, 8512, Rn. 28; *VGH Baden-Württemberg*, Beschluss vom 17.09.2020 – 9 S 2343/20, Rn. 14, LMuR 2021, 50, 52.

1383 Siehe hierzu die vorstehenden Ausführungen unter Teil 4.B. I.

1384 Unschädlich ist hierbei, dass der Wortlaut des Art. 14 Abs. 4 lit. c BasisVO auf die Verwendung des Begriffes der *Wahrscheinlichkeit* verzichtet, da diese Fallgruppe eine *Spezi-*

gen Wortlauten ausdrücklich eine konkrete *prognostische Schwelle* näher zu beschreiben[1385] oder – wie der *Risikobegriff* aus Art. 3 Nr. 9 BasisVO – diese *Wahrscheinlichkeit* mit der *Schwere der gesundheitlichen Wirkungen*[1386] explizit in *Funktion* zu setzen. Obgleich es sich bei der hiesigen Beurteilung ebenfalls um eine solche der *Risikobewertung*[1387] handelt, stellt sich doch die Frage, welche *epistemisch-prognostischen Anforderungen* notwendig sind, um das *Verkehrsverbot* aus Art. 14 Abs. 1 BasisVO begründen zu können. Denn interessanterweise wird trotz der eigens verwendeten Begrifflichkeit der *Wahrscheinlichkeit*[1388] und eben dieser unbedingten Rechtsfolge zum Teil auf die bloße *Möglichkeit* einer *Gesundheitsschädlichkeit* rekurriert,[1389] was sodann aber gleichzeitig bedeutet, dass die strenge Rechtsfolge des Art. 14 Abs. 1 BasisVO ein deutlich geringeres *prognostisches Maß* als der – mehr oder weniger – allumfassende *Risikobegriff*[1390] verlangen würde, der doch

einerseits im Allgemeinen bzw. im Rahmen des *Risikomanagements* nach Art. 6 Abs. 3 i. V. m. Art. 3 Nr. 12 BasisVO, abhängig von dem realiter konstatierten *Risiko*(grad), völlig heterogene Maßnahmen vorsieht[1391] und

---

fizierung des Standardfalles der *Gesundheitsschädlichkeit* in *personeller Hinsicht* darstellt und sich die *epistemische* Voraussetzung der *Wahrscheinlichkeit* der *Auswirkungen* ebenso auf jene *besonders empfindlichen Verbrauchergruppen* bezieht.

1385 Eine solche *epistemische Erheblichkeitsschwelle* findet sich bspw. im Zusammenhang mit der (behördlichen) Information der Öffentlichkeit nach Art. 10 BasisVO, die auf einen *hinreichenden Verdacht* rekurriert, siehe hierzu bereits die Ausführungen unter Teil 3.B.III.3.a.

1386 Im Rahmen des *Risikobegriffes* aus Art. 3 Nr. 9 BasisVO bezieht sich diese *Funktion* freilich nicht wie hier innerhalb des Art. 14 BasisVO auf eine Gesundheitsschädlichkeit, sondern auf eine (bloße) *Gesundheitsbeeinträchtigung*.

1387 *Purnhagen*, in: Sosnitza/Meisterernst (ehem. Zipfel/Rathke), Art. 14 BasisVO, Rn. 30 formuliert diesbezüglich plakativ: *„Dieser Wahrscheinlichkeitstest ist Teil der Risikobewertung"*; *Rathke*, in: Sosnitza/Meisterernst (ehem. Zipfel/Rathke), Art. 14 BasisVO, Rn. 46.

1388 Die gewählte Begrifflichkeit der *Wahrscheinlichkeit* entspricht in ihrem Wortsinne auch anderen Sprachfassungen wie bspw. der englischen (*„probable"*), der französischen (*„probable"*), der spanischen (*„probables"*), der italienischen (*„probabil"*) und der niederländischen (*„vermoedelijke"*), siehe hierzu ausführlich *Purnhagen*, in: Sosnitza/Meisterernst (ehem. Zipfel/Rathke), Art. 14 BasisVO, Rn. 30.

1389 So *Purnhagen*, in: Sosnitza/Meisterernst (ehem. Zipfel/Rathke), Art. 14 BasisVO, Rn. 30, der vertritt, dass sich *„[d]ieser Wahrscheinlichkeitstest (...) mit dem Tatbestandsmerkmal der Feststellung der ‚Möglichkeit gesundheitsschädlicher Auswirkungen' (...) des Art. 7 Abs. 1 [BasisVO]" deckt*; ähnlich *Roth*, Die allgemeine Lebensmittelüberwachung als Instrument des Verbraucherschutzes, S. 112, die *„[Z]umindest die Eignung"* ausreichen lässt; nicht ganz so klar *Rathke*, in: Sosnitza/Meisterernst (ehem. Zipfel/Rathke), Art. 14 BasisVO, Rn. 39, der ebd. einerseits von der *„Eignung"*, andererseits bei Rn. 46 f. sowohl von *„wahrscheinliche[n] Auswirkungen"* als auch von der *„Möglichkeit gesundheitsschädlicher Auswirkungen"* spricht.

1390 Siehe hierzu bereits die Schlussfolgerungen unter Teil 2.A.VI., unter Teil 2.B.IV. sowie unter Teil 2.C.

1391 Siehe hierzu bereits die Schlussfolgerungen unter Teil 3.C.

andererseits im Besonderen respektive für Fälle, deren *Risikobewertung* im Ergebnis eine *wissenschaftliche Unsicherheit* (auch oder vor allem in Bezug auf das *Wahrscheinlichkeitsurteil*) feststellt, hiervon klar zu unterscheidende, konkret nach Art. 7 BasisVO nur *vorläufige Risikomanagementmaßnahmen* erlaubt, die einer strengen Verhältnismäßigkeitsprüfung bedürfen[1392]. Berücksichtigt man dementsprechend weiterhin, dass es sich bei der hier in Rede stehenden *Gesundheitsschädlichkeit* um eine gesteigerte Form der *Gesundheitsbeeinträchtigung* handelt,[1393] mithin um eine völlig andere Ausgangslage als im Zusammenhang mit Art. 7 BasisVO, so hätte ein ‚*Zurückschrauben*'[1394] der *prognostischen* Voraussetzungen auf das in *Vorsorgekonstellationen* vorgesehene Maß doch eine enorme tatbestandliche wie rechtsfolgenseitige Disparität zur Folge,[1395] die in sich widersprüchlich erscheint.[1396]

In Anknüpfung an den Wortlaut und die Systematik des Art. 14 im Normgefüge der BasisVO reicht zur Einordnung eines Lebensmittels als *gesundheitsschädlich* dementsprechend nicht schon die bloße *Möglichkeit* oder *Eignung* aus, vielmehr bedarf es einer Prognose, ob dieses *gesundheitsschädliche Effekte* zeitigen kann,[1397] wobei in *epistemischer* Hinsicht, da hiermit freilich etwaige *„Bewertungs- und Feststellungsunsicherheiten"*[1398] verbunden sind, zwar keine vollständige Sicherheit – was im Allgemeinen wie rechtlichen Sprachgebrauch nämlich einem unumstößlichen Faktum entspräche[1399] und zudem mit dem Passus *„wenn davon auszugehen ist"* aus Art. 14 Abs. 2 BasisVO im Einklang steht – vorauszusetzen ist,[1400] mindestens aber, dass die *Gesundheitsschädlichkeit* nicht nur hypothetisch, abstrakt oder theoretisch denkbar ist.[1401] Maßgeblich sind hierbei nicht die quantitativ, sondern die qualitativ prädominierenden wissenschaftlichen Erkenntnisse.[1402]

1392 Siehe hierzu die nachfolgenden Ausführungen unter Teil 5.B. passim.

1393 Siehe hierzu bereits die vorstehenden Ausführungen unter Teil 4.B. I.

1394 Diesen zutreffenden wie plakativen Terminus (konkret: *„zurückgeschraubt"*) verwendet in ähnlichem, allerdings auf die *Rechtsfolgen* bezogenen, Kontext zwischen Art. 14 und Art. 7 BasisVO auch *Möstl*, LMuR 2022, 513, 517.

1395 Anders wohl *Purnhagen*, in: Sosnitza/Meisterernst (ehem. Zipfel/Rathke), Art. 14 BasisVO, Rn. 29 f.

1396 Zur diesbezüglichen Unterschiedlichkeit zwischen Art. 14 und Art. 7 BasisVO siehe insbesondere die nachfolgenden Ausführungen unter Teil 5.B.IV.1.

1397 *Rathke*, in: Sosnitza/Meisterernst (ehem. Zipfel/Rathke), Art. 14 BasisVO, Rn. 46.

1398 *Schomburg*, Rechtsrahmen funktioneller Lebensmittel, S. 91; *Dannecker*, ZLR 2002, 19, 26.

1399 *Rathke*, in: Sosnitza/Meisterernst (ehem. Zipfel/Rathke), Art. 14 BasisVO, Rn. 47.

1400 Vgl. auch *OLG München*, Urteil vom 29.09.2011 – 6 U 1641/09, LMRR 2011, 87, unter II.2.b.bb; *Honstetter*, Lebensmittel(straf)rechtlicher Gesundheitsschutz, S. 159.

1401 *Holle*, ZLR 2004, 307, 323; *Rathke*, in: Sosnitza/Meisterernst (ehem. Zipfel/Rathke), Art. 14 BasisVO, Rn. 47.

1402 *Kert*, Lebensmittelstrafrecht im Spannungsfeld des Gemeinschaftsrechts, S. 42; *Rathke*, in: Sosnitza/Meisterernst (ehem. Zipfel/Rathke), Art. 14 BasisVO, Rn. 47; *Honstetter*, Lebensmittel(straf)rechtlicher Gesundheitsschutz, S. 159.

III. Die (vermeintlich fehlende) verknüpfende Komponente und die Erheblichkeitsschwelle der Gesundheitsschädlichkeit

Ad interim noch nicht beantwortet blieb die eingangs aufgeworfene Frage, worin konkret die Erheblichkeitsschwelle einer *Gesundheitsschädlichkeit* zu erblicken ist, da in *epistemisch-prognostischer* Hinsicht lediglich auf eine nicht näher valutierte *Wahrscheinlichkeit* rekurriert wird und Art. 14 BasisVO diese – anders als im Rahmen des *Risikobegriffes*[1403] – nicht ausdrücklich mit der *Schwere* der *gesundheitsschädlichen Auswirkung* in Funktion setzt. Dennoch finden sich in der einschlägigen Literatur und Rechtsprechung Ansätze, die den Eindruck erwecken bzw. darauf hindeuten, die Inhaltsbestimmung des Merkmales der *Gesundheitsschädlichkeit* sei mittels der Verknüpfung jener beiden Komponenten abzubilden[1404] oder die dementsprechende Beurteilung gar als eine politische Entscheidung im Rahmen des *Risikomanagements* klassifizieren[1405].

Unzweifelhaft handelt es sich dabei um anerkennenswerte Versuche, eine auf den ersten Blick vermeintlich aufscheinende dogmatische Regelungslücke zu schließen, die bei näherer Beschau aber nicht besteht respektive deren Lösung sich in der Systematik des Art. 14 BasisVO wiederfindet und einerseits hierbei die *materiellen Auswirkungen* und die diesbezügliche *Wahrscheinlichkeit* doch auf besondere Art miteinander verknüpft, ohne jedoch expressis verbis auf den *Risikobegriff* zu rekurrieren, andererseits aber gleichwohl aus dessen Struktur schöpft. Im Einzelnen:

Soweit in *materieller* Hinsicht bei Art. 14 Abs. 2 lit. a und Abs. 4 BasisVO der Terminus *gesundheitsschädlich* Verwendung findet, unterscheidet sich dieser von der weiterreichenden Vokabel der *die Gesundheit beeinträchtigenden Wirkung* aus Art. 3 Nr. 9 BasisVO und verlangt dementsprechend sowohl begrifflich wie inhaltlich, als auch vor dem Hintergrund der verschiedenen (Rechts-) Folgen des *Risikomanagements* und des hiesigen *Verkehrsverbotes* ein Mehr an Konkretisierung, welches normseitig unter Zuhilfenahme des Art. 14 Abs. 4 BasisVO auch geboten wird, da anhand der Ergebnisse der *Risikobewertung* bzw. mithilfe des *Risikobegriffes* (zudem) ganz anders gelagerte, heterogene

1403 Siehe hierzu bereits die vorstehenden Ausführungen zu Teil 4 passim.

1404 So bspw. bei *VGH München*, Beschluss vom 25.04.2022 – 20 CS 22.530, Rn. 28, BeckRS 2022, 8512; dies insoweit andeutend *Meisterernst*, Lebensmittelrecht, S. 29; ähnlich, allerdings ebenso nicht ausdrücklich *Meisterernst*, in: Streinz/Meisterernst, BasisVO/LFGB, Art. 3 BasisVO, Rn. 47.

1405 So bspw. *Meisterernst*, in: Streinz/Meisterernst, BasisVO/LFGB, Art. 14 BasisVO, Rn. 13 ff., der das diesbezügliche Verknüpfungsproblem wohl erkannt und zu lösen versucht hat, dabei allerdings nicht berücksichtigt, dass der Verordnungsgeber mittels der Manifestation des strikten Verkehrsverbotes aus Art. 14 Abs. 1 BasisVO eben diese (*Risikomanagement-*) *Entscheidung* bereits vorweggenommen hat.

Maßnahmen, insbesondere *geeignete Präventions- und Kontrollmöglichkeiten*[1406], zu begründen sind.[1407]

Daran anknüpfend erfordert das *prognostische Element* der *Gesundheitsschädlichkeit* in Form der *Wahrscheinlichkeit* zwangsläufig eine bestimmte Prognoseschwelle, die vor dem Hintergrund der vielzähligen, denkbaren Konstellationen allerdings nicht konkret bemessen sein kann, sondern vielmehr variabel auf etwaige Einzelfälle, die freilich allesamt auf die strikte Rechtsfolge des Art. 14 Abs. 1 BasisVO zulaufen, angepasst werden muss und sich – vergleichbar der *verknüpfenden Komponente* des *Risikobegriffes* aus Art. 3 Nr. 9 BasisVO, namentlich der *Funktion* – abhängig von der Schwere, Intensität oder Ausbreitung der *gesundheitsschädlichen* Auswirkungen schon aus tatsächlicher Warte different darstellt.

Und eben diese Verbindung aus (*materieller*) *Schwere* und (*epistemisch-prognostischer*) *Wahrscheinlichkeit* kann unter Zuhilfenahme des einleitenden Passus des Art. 14 Abs. 4 BasisVO hergestellt werden, nach dem die in lit. a bis c aufgeführten Kriterien *zu berücksichtigen* sind. Soweit der explizite Gebrauch eines derart schwachen Verbes wie *berücksichtigen* zunächst natürlich die Frage aufwirft, ob mit diesem eine so eminente, die in Rede stehende Norm maßgeblich katalysierende Bedeutung einhergehen kann, vermag es dem Rechtsanwender doch eine auf den Einzelfall angepasste – zumindest jedoch anpassbare – Beurteilungsprärogative einzuräumen, nämlich dergestalt, als dass die beiden vorgenannten relevanten Segmente in toto und im Verhältnis miteinander wie zueinander einer wissenschaftlich zu bewertenden Gesamtbetrachtung unterzogen werden können und auch zu unterziehen sind.[1408]

Gleichwohl steht dies in systematischer Hinsicht mit der Erkenntnis im Einklang, dass es sich bei der *Gesundheitsschädlichkeit* um eine gesteigerte Form der *Gesundheitsbeeinträchtigung* handelt, mithin um eine *qualifizierte Risikoschwelle,*[1409] die im Falle der völlig abstrakten Einbeziehung von *materiellen* und *prognostischen* Umständen in die Frage nach einem Verkehrsverbot der allgemeinen Risikodogmatik der BasisVO doch entgleiten würde.

Die Verknüpfung von *Eintrittswahrscheinlichkeit* und *Schwere* der Auswirkungen im Rahmen des Art. 14 Abs. 2 lit. a i. V. m. Abs. 4 BasisVO weist mittels der Verwendung des Passus *„zu berücksichtigen"* dementsprechend zwar einen

---

1406 So der entsprechende Passus aus der Legaldefinition des *Risikomanagements* in Art. 3 Nr. 12 BasisVO.

1407 Siehe hierzu bereits die Ausführungen unter Teil 3.B.

1408 So im Ergebnis auch *OVG Hamburg*, Beschluss vom 08.06.2022 – 3 Bs 263/21, Rn. 27, BeckRS 2022, 18421, in dem ausdrücklich erkannt wird: *„Die beiden Faktoren beeinflussen sich wechselseitig."*.

1409 Siehe hierzu insb. die vorstehenden Ausführungen unter Teil 4.B.I.

beurteilungs- bzw. erkenntnisverfahrenstechnischen Gleichlauf zu dem Merkmal der *Funktion* des *Risikobegriffes* auf, der in der Darstellung des Befundes mit diesem auch äquivalent ist, aber in Form der *Gesundheitsschädlichkeit* eben eine *qualifizierte Gesundheitsbeeinträchtigung*[1410] in Bezug nimmt respektive zum Ergebnis haben muss, um wiederum die strikte Rechtsfolge des Art. 14 Abs. 1 BasisVO zu rechtfertigen. Und genau eine solche Beurteilung kann nur im Rahmen einer wissenschaftlichen *Risikobewertung* gewonnen werden, nicht jedoch Teil einer (politischen) *Risikomanagemententscheidung* sein,[1411] welche die Kriterien des Art. 14 Abs. 4 lit. a bis c BasisVO vorrangig *zu berücksichtigen* hat, nämlich dergestalt, als dass den *gesundheitlichen Effekten* und deren *Wahrscheinlichkeit* ausschließlich in Synthese eine Relevanz zukommt, mithin vergleichbar – freilich nur im entsprechenden Sinne – wie die *anderen relevanten Faktoren* aus Erwägungsgrund 19 zur BasisVO[1412] im Zusammenhang mit der Frage des Ob des Ergreifens von *Risikomanagementmaßnahmen.*

IV. Schlussfolgerungen

Soweit sich das Merkmal der *Gesundheitsschädlichkeit* aus Art. 14 Abs. 2 lit. a BasisVO notwendigerweise zwar begrifflich und inhaltlich zu der im Rahmen des *Risikobegriffes* verwendeten Vokabel *einer die Gesundheit beeinträchtigenden Wirkung* unterscheidet, weist dieses Begriffspaar aber doch, wie die vorstehenden Ausführungen zutage fördern, relevante Überschneidungen und eine abgestufte Systematik auf. So sei zunächst nochmals ausdrücklich darauf hingewiesen, dass sowohl die (weiterreichende) *Gesundheitsbeeinträchtigung* als auch die (enger gefasste) *Gesundheitsschädlichkeit,* unter Einbeziehung der jeweiligen *Eintrittswahrscheinlichkeit,* mittels einer wissenschaftlichen *Risikobewertung* zu ermitteln ist, da es sich in beiden Fällen um lebensmittelbedingte *Risiken* für die menschliche Gesundheit handelt.

Der *Gesundheitsschädlichkeit* wohnt hierbei allerdings ein intensivierteres Auswirkungspotential inne als der *Gesundheitsbeeinträchtigung,* was sich einerseits in den – die *Risikobewertung* katalysierenden – tatbestandlich konkretisierten Kriterien des Art. 14 Abs. 4 BasisVO widerspiegelt,[1413] andererseits in den divergierenden Rechtsfolgen, die hinsichtlich ersterer in ein striktes *Verkehrsverbot* münden und bezüglich zweiterer völlig heterogene *Risikomanagementmaßnahmen* vorsehen bzw. ermöglichen. Die *Gesundheitsschädlich-*

1410 Ähnlich *Grosche,* LMuR 2024, 2, 3, der dies als *„spezifiziertes Risiko"* beschreibt.

1411 Anders *Meisterernst,* in: Streinz/Meisterernst, BasisVO/LFGB, Art. 14 BasisVO, Rn. 13 und 16, der eben dies als eine (politische) Entscheidung des *Risikomanagements* bezeichnet.

1412 Siehe hierzu bereits die Ausführungen unter Teil 3.A., insbesondere die dortigen Schlussfolgerungen unter Gliederungspunkt IV.

1413 Siehe hierzu die Ausführungen unter Teil 4.B. I.

keit beschreibt dementsprechend eine *materiell gesteigerte Gesundheitsbeeinträchtigung*, mithin – ohne terminologisch explizit darauf abzustellen – ein *qualifiziertes Risiko*, im weiteren Sinne vergleichbar den Voraussetzungen, wie sie im Rahmen anderer, die zuständigen staatlichen Stellen zu besonderen Tätigkeiten oder Mitteln ermächtigenden respektive verpflichtenden Normen wie Art. 10 oder Art. 50 ff. BasisVO[1414] statuiert sind, was freilich gleichermaßen für die in Art. 19 BasisVO manifestierte lebensmittelunternehmerseitige Handlungspflicht gilt, welche überdies direkt auf den hiesigen Art. 14 BasisVO verweist[1415]. Dies erscheint vor dem Hintergrund, dass gerade solche Vorschriften, die ein unternehmerisches oder behördliches Tätigwerden bedingen, eine *Erheblichkeits-* bzw. *Aktivierungsschwelle* benötigen, nur konsequent und nachvollziehbar. Ungeachtet dessen bedarf es zur behördlichen Durchsetzung des Art. 14 BasisVO die Heranziehung der Art. 137, 138 KontrollVO.

Unschädlich ist in diesem Zusammenhang die Ermangelung einer starren *epistemisch-prognostischen Demarkation*[1416] (insoweit weisen Art. 14 Abs. 2 lit. a i. V. m. Abs. 4 BasisVO und der *Risikobegriff* aus Art. 3 Nr. 9 BasisVO eine Simultaneität auf) sowie das Fehlen einer ausdrücklichen *Verknüpfung* von *Eintrittswahrscheinlichkeit* und der konkreten *Schwere* der *Gesundheitsschädlichkeit*, da diesfällige Beurteilungen ausschließlich einzelfallabhängig sein können und insofern eines flexiblen Maßstabs bedürfen, der gleichwohl eine rechtssichere, in sich kongruente Anwendung garantieren muss. Eben jene Handhabung wird über den in Art. 14 Abs. 4 BasisVO verwendeten Passus, dass die dortigen, in lit. a bis c aufgeführten Kriterien, *zu berücksichtigen*[1417] sind (der somit ein schwaches Verb enthält), gewährleistet und gerade hiermit eine individuelle, bewegliche und unisono stringente Subsumtion wie Applikation der tatbestandlichen Voraussetzung des *Verkehrsverbotes* eröffnet, die zudem insgesamt im Einklang mit der Risikodogmatik der BasisVO steht.[1418] Der Gebrauch dieses schwachen Elementes (*zu berücksichtigen*) ermöglicht es dem Rechtsanwender nämlich, sämtliche Umstände, *materielle* Effekte auf die menschliche Gesundheit genauso wie *epistemische* Erkenntnisse und *prognostische* Veranschlagungen, auch oder vor allem im Zusammenspiel miteinander und zueinander, in die wissenschaftliche *Risikobewertung* einzubeziehen und darauf aufbauend eine rechtlich fundierte Entscheidung bezüglich des Ob einer *Gesundheitsschädlichkeit* und somit eines *Verkehrsverbotes* zu treffen.

1414 Siehe hierzu bereits die Ausführungen unter Teil 3.B.III.2., 3. und 4., sowie die Schlussfolgerungen unter Teil 3.B.III.5. sowie – hierauf zulaufend – die Schlussfolgerungen unter Teil 3.C.

1415 Siehe hierzu bereits die Ausführungen unter Teil 3.B.II.2.

1416 Siehe hierzu die Ausführungen unter Teil 4.B.II. und III.

1417 Siehe hierzu die Ausführungen unter Teil 4.B.III.

1418 Siehe hierzu ebenfalls die Ausführungen unter Teil 4.B.III.

Sonach lässt sich – wie eingangs bereits angeführt – konstatieren, dass die in Art. 14 Abs. 2 lit. a BasisVO determinierte *Gesundheitsschädlichkeit* einen gewissen Gleichlauf mit dem *Risikobegriff* bzw. der dort enthaltenen *Gesundheitsbeeinträchtigung* aufweist und sich in die risikoorientierte, wissenschaftszentrierte Konzeption respektive in die Systematik der BasisVO insoweit einfügt, als dass diese – vorrangig mit Blick auf die konkrete *Rechtsfolge* – ein *materielles Mehr* an *gesundheitlichen Auswirkungen* erfordert, dabei aber ganz und gar nicht auf eine Verzahnung von *Eintrittswahrscheinlichkeit* und *Schwere* verzichtet.

Vergleicht man nun diesen, um die *Gesundheitsschädlichkeit modifizierten* bzw. *materiell-qualifizierten Risikobegriff*, unter Einbeziehung seiner einzelnen Elemente, mit dem *Gefahrenbegriff* aus dem deutschen Polizeirecht,[1419] fällt doch die starke konzeptionelle Nähe der jeweiligen Tatbestandsstrukturen auf, die gleichermaßen eine flexible, aber für den Einzelfall praktikable *Aktivierungsschwelle* enthalten,[1420] welche dem originären *Risikobegriff* aus Art. 3 Nr. 9 BasisVO und seiner bloßen Einbettung als Bemessungsparameter in und für das *Risikomanagement* gerade fehlt,[1421] und in eine diesbezüglich feststehende rechtliche Dezision münden,[1422] die sich – bezogen auf das klassische Polizeirecht – ausschließlich in der unbedingten *Gefahrenabwehr*[1423] bzw. – im Falle des Art. 14 BasisVO – allein in einem *Verkehrsverbot* niederschlagen. Dementsprechend bestätigen sich die bisherigen Erkenntnisse insoweit, als dass der *Risikobegriff* allein und ohne eine ergänzende tatbestandliche Konkretisierung keine unmittelbaren, in grundrechtlich geschützte Rechtspositionen des Lebensmittelunternehmers eingreifenden staatlichen Maßnahmen zu begründen vermag,[1424] vollumfänglich.

1419 Siehe hierzu die anfänglich aufgeworfene Forschungsfrage unter Teil 1.D.I. sowie die Ausführungen zum *polizeirechtlichen Gefahrenbegriff* unter Teil 1.C.

1420 Konkret in Form einer sog. *je-desto-Betrachtung* der jeweiligen *materiellen* und *prognostischen Elemente.*

1421 Siehe hierzu bereits die Schlussfolgerungen unter Teil 2.B.IV., unter Teil 3.B.II.3., unter Teil 3.B.III.5. sowie unter Teil 3.C.

1422 Freilich richtet sich Art. 14 BasisVO ausschließlich an den Lebensmittelunternehmer, sodass staatliche Maßnahmen eines Rückgriffes auf Art. 137, 138 KontrollVO bedürfen, siehe hierzu die Ausführungen unter Teil 3.B.III.2.

1423 Zu den *strikten Rechtsfolgen* im Falle des Vorliegens einer *polizeirechtlichen Gefahr* siehe bereits die Ausführungen unter Teil 1.C.III.

1424 Siehe hierzu auch die Schlussfolgerungen unter Teil 3.C.

C. Das Merkmal der Verzehrsungeeignetheit nach Art. 14 Abs. 2 lit. b BasisVO

Das zweite Element des lebensmittelrechtlichen Nicht-Sicherheitsbegriffes bildet – neben der *Gesundheitsschädlichkeit* als erstem Glied[1425] – nach Art. 14 Abs. 2 lit. b BasisVO die sog. *Verzehrsungeeignetheit*, welche durch zwei besondere, in Abs. 5 statuierte, Beurteilungskriterien bzw. -varianten flankiert wird, die bei der Entscheidung über die Frage, ob ein Lebensmittel *für den Verzehr durch den Menschen ungeeignet ist, zu berücksichtigen* sind, namentlich erstens, wenn das Lebensmittel infolge einer *durch Fremdstoffe* oder *auf andere Weise* bewirkten *Kontamination* oder zweitens, durch *Fäulnis, Verderb* oder *Zersetzung* für den Verzehr durch den Menschen *inakzeptabel* geworden ist.[1426]

Bemerkenswert ist in diesem Zusammenhang, dass die Fallgruppe der *Verzehrsungeeignetheit*, obgleich sie sich systematisch in einer Norm wiederfindet, die ausweislich ihrer amtlichen Überschrift („*Anforderungen an die Lebensmittelsicherheit*") gesundheitsschützende Zwecke verfolgt, tatbestandlich zwar ausschließlich an objektive äußere (in Form einer *Kontamination*) wie innere Umstände (durch *Fäulnis, Verderb* und *Zersetzung*) des Lebensmittels anknüpft,[1427] dabei aber weder eine *Gesundheitsschädlichkeit* noch eine *Gesundheitsbeeinträchtigung* voraussetzt, was doch die Frage nach dem Zusammenspiel der beiden Glieder und der konkreten inhaltlichen Reichweite der *Verzehrsungeeignetheit* aufwirft, sodass im Folgenden gerade ein Blick darauf zu richten ist, insbesondere ob und inwieweit neben objektiven möglicherweise auch subjektive Kriterien[1428] in die Beurteilung einzubeziehen sind.

I. Die Inhaltsbestimmung der Tatbestandsvarianten des Art. 14 Abs. 5 BasisVO

Die zwei in Art. 14 Abs. 5 BasisVO manifestierten Beurteilungsvarianten der *Verzehrsungeeignetheit* werden von dem gemeinsamen und bestimmenden Hauptkriterium umschlossen, welches voraussetzt, dass das betreffende Lebensmittel *ausgehend von dem beabsichtigten Verwendungszweck für den Ver-*

1425 Siehe hierzu die vorstehenden Ausführungen unter Teil 4.B.

1426 Vgl. *Roth*, Die allgemeine Lebensmittelüberwachung als Instrument des Verbraucherschutzes, S. 115.

1427 Zur Beurteilung der *Verzehrsungeeignetheit* nach objektiven Maßstäben siehe *VG Regensburg*, Urteil vom 19.01.2012 – RN 5 K 10.1486, LMRR 2012, 10; *Kraus/Voß*, ZLR 2010, 413, 421; *Honstetter*, Lebensmittel(straf)rechtlicher Gesundheitsschutz, S. 152; *Rathke*, in: Sosnitza/Meisterernst (ehem. Zipfel/Rathke), Art. 14 BasisVO, Rn. 56.

1428 Siehe hierzu die nachfolgenden Ausführungen unter Teil 4.C.II.

zehr durch den Menschen inakzeptabel geworden ist,[1429] womit die ausdrückliche Klarstellung einhergeht, dass zur diesbezüglichen Entscheidung auf den konkreten Einzelfall abzustellen ist, da Lebensmittel für Teile der Verbraucherschaft, wie bspw. besondere Käsevariationen etc., zwar mitunter *subjektiv inakzeptabel* erscheinen können, für andere Bevölkerungsgruppen hingegen nicht.[1430] Relevant ist in diesem Zusammenhang daher allein ein objektiver Maßstab,[1431] der aufgrund der verwendeten Begrifflichkeit der *Inakzeptabilität* zwar in hohem Maße wertungsabhängig ist,[1432] sich aber an den beiden Tatbestandsvarianten *einer durch Fremdstoffe oder auf andere Weise bewirkten Kontamination* (erstens) bzw. mittels einer durch *Fäulnis, Verderb* oder *Zersetzung* verursachten stofflichen Veränderung (zweitens) zu orientieren hat.[1433] Hierzu im Einzelnen:

Die zweite Tatbestandsvariante nimmt in diesem Zusammenhang drei unterschiedliche, sich mitunter aber doch überschneidende chemische Prozesse, namentlich die *Fäulnis*, den *Verderb* und die *Zersetzung*, mithin eine *stoffliche Veränderung* von Lebensmitteln in Bezug, die sich – hinsichtlich der *Fäulnis* – mit einem regelmäßig bakteriell bedingten Abbau organischer Strukturen beschreiben lässt und insoweit insgesamt von der Begrifflichkeit des *Verderbs* inkludiert wird, obgleich Letzterem in effectu freilich auch sehr viel weitergehende Reaktionen wie sämtliche gewichtige Abweichungen der Ist- von der Soll-Beschaffenheit eines Lebensmittels immanent sind, die aufgrund des Abbaus inhärenter bzw. infolge der Bildung ungebetener Stoffe entstehen oder auf physikalische Entwicklungsprozesse wie Konsistenzänderungen respektive eine Entmischung oder etwaig andere *Zersetzungs*vorgänge zurückgehen können[1434].[1435] Im Wesentlichen handelt es sich hierbei um lebensmittelchemische *„Veränderungs- bzw. Verschlechterungsprozesse"*[1436] im Sinne *stofflicher*

1429 So der entsprechende Passus in Art. 14 Abs. 5 a. E. BasisVO.

1430 *Meisterernst*, in: Streinz/Meisterernst, BasisVO/LFGB, Art. 14 BasisVO, Rn. 73; *Rathke*, in: Sosnitza/Meisterernst (ehem. Zipfel/Rathke), Art. 14 BasisVO, Rn. 62.

1431 *VG Regensburg*, Urteil vom 19.01.2012 – RN 5 K 10.1486, LMRR 2012, 10; *Rathke*, in: Sosnitza/Meisterernst (ehem. Zipfel/Rathke), Art. 14 BasisVO, Rn. 56.

1432 Zu den Problemen hinsichtlich der Anwendbarkeit des unbestimmten Rechtsbegriffes der *Inakzeptabilität* siehe *Rathke*, in: Sosnitza/Meisterernst (ehem. Zipfel/Rathke), Art. 14 BasisVO, Rn. 63 f.; *Roth*, Die allgemeine Lebensmittelüberwachung als Instrument des Verbraucherschutzes, S. 114 f.

1433 *Meisterernst*, Lebensmittelrecht, S. 142.

1434 *Schumann*, Der Rückruf von Lebensmitteln nach Art. 19 BasisVO, S. 44 f.

1435 Siehe hierzu *Rathke*, in: Sosnitza/Meisterernst (ehem. Zipfel/Rathke), Art. 14 BasisVO, Rn. 61; *Purnhagen*, in: Sosnitza/Meisterernst (ehem. Zipfel/Rathke), Art. 14 BasisVO, Rn. 44.

1436 *Roth*, Die allgemeine Lebensmittelüberwachung als Instrument des Verbraucherschutzes, S. 115.

Veränderungen in bzw. an Lebensmitteln,[1437] die, wenn man auf diesbezüglich klassische Fälle wie verschimmeltes Brot,[1438] stechend-unrein riechendes Fleisch[1439] oder durch Lagerung unkontrolliert sauer gewordene Milch[1440] rekurriert, in ganz eingängiger Weise ein Verkehrsverbot begründen.

Ein wenig anders gelagert, im Ergebnis prima facie aber wohl ähnlich nachvollziehbar, verhält es sich mit Blick auf die erstgenannte Tatbestandsvariante des Art. 14 Abs. 5 BasisVO, die auf eine *Kontamination* abstellt, welche wiederum entweder *durch Fremdstoffe* oder *auf andere Weise* verursacht sein muss. Während unter *Fremdstoffe* freilich solche zu verstehen sind, die einem Lebensmittel bei herkömmlicher bzw. pflichtgemäßer und sorgfältiger Herstellung oder Behandlung regelmäßig nicht anhaften,[1441] sich von diesem also insoweit unterscheiden als dass sie fremd sind,[1442] handelt es sich bei einer *Kontamination auf andere Weise* um einen Auffangtatbestand, der ergänzende Umstände in Bezug nimmt, da bspw. auch andere Stoffe zu einer *Kontamination* und somit zur *Verzehrsungeeignetheit* des Lebensmittels führen können. Exemplarisch sei auf solche Stoffe verwiesen, die als Bestandteile von Lebensmitteln eben diesem zwar nicht fremd, ausweislich ihrer Zweckbestimmung aber gerade nicht für die Aufnahme durch den Menschen vorgesehen sind.[1443]

Unterzieht man Art. 14 Abs. 2 lit. b i. V. m. Abs. 5 BasisVO nun mit Blick auf den Wortlaut der einzelnen Tatbestandsmerkmale und deren jeweiliger inhaltlich-teleologischer Bedeutung sowie der systematischen Verortung der Regelung in einer dem Gesundheitsschutz dienenden Norm einer Gesamtbetrachtung, zeigt sich zum einen, dass die *Verzehrsungeeignetheit* ausschließlich an objektive, naturwissenschaftlich-technisch bzw. gegenständlich ermit-

1437 Entsprechende Beispielsfälle (siehe auch sogleich) aus der Rechtsprechung finden sich bei *Schumann*, Der Rückruf von Lebensmitteln nach Art. 19 BasisVO, S. 45.

1438 Siehe hierzu bereits *OLG Karlsruhe*, Beschluss vom 17.07.1981 – 3 Ss 14/81, LMRR 1981, 31.

1439 Siehe hierzu bereits *OLG Koblenz*, Urteil vom 26.09.1985 – 1 Ss 224/85, LMRR 1985, 44; ähnlich *OLG Schleswig-Holstein*, Urteil vom 17.04.1975 – 2 Ss 83/75, LMRR 1975, 4.

1440 Siehe hierzu bereits *OLG Hamm*, Urteil vom 10.01.1969 – 3 Ss 1802/68, LMRR 1969, 1.

1441 *Rathke*, in: Sosnitza/Meisterernst (ehem. Zipfel/Rathke), Art. 14 BasisVO, Rn. 58 nennt hierzu beispielhaft, während Brot, sofern diesem sandige Bestandteile anhaften, für den Verzehr durch den Menschen *inakzeptabel* und somit *ungeeignet* geworden ist, gilt dies nicht für Meeresfrüchte.

1442 *Meisterernst*, in: Streinz/Meisterernst, BasisVO/LFGB, Art. 14 BasisVO, Rn. 76 verweist diesbezüglich auf einen Kirschkern in Kirschkompott: da Kirschen von Natur aus Kirschkerne enthalten, handelt es sich bei diesen in Kirschkompott zwar um eine *Kontamination* (*auf andere Weise*), nicht jedoch aufgrund von *Fremdstoffen*; vgl. hierzu auch *Schumann*, Der Rückruf von Lebensmitteln nach Art. 19 BasisVO, S. 44.

1443 *Meisterernst*, in: Streinz/Meisterernst, BasisVO/LFGB, Art. 14 BasisVO, Rn. 76 führt hierzu beispielhaft Knochensplitter auf, die in einem Fleischerzeugnis verbleiben.

telbare Umstände anknüpft,[1444] zum anderen, dass diesbezüglich – anders als im Zusammenhang mit der *Gesundheitsschädlichkeit* nach Art. 14 Abs. 2 lit. a i. V. m. Abs. 4 BasisVO – nicht auch ein *epistemisch-prognostisches Element* vorgesehen ist, was allerdings insoweit konsequent erscheint, da hinsichtlich der *Gesundheitsschädlichkeit* in der Hauptsache auf die diesbezüglichen *Auswirkungen* auf die menschliche Gesundheit abgestellt wird, die sich zuweilen bis kaum vollends oder mit vollständiger Sicherheit konstatieren lassen, im Rahmen der *Verzehrsungeeignetheit* hingegen – wie soeben arretiert – auf das Lebensmittel als Gegenstand bzw. fehlerfreies Produkt und hierbei eine positive diesbezügliche Feststellung[1445] sowohl durch den Lebensmittelunternehmer als auch durch die zuständigen Lebensmittelüberwachungsbehörden durchaus praktikabel und umsetzbar ist.

Das bedeutet zugleich, dass für Fälle der *Verzehrsungeeignetheit* eine *Risikobewertung*, die ja gerade auf die Beschreibung eines *Wahrscheinlichkeitsurteils* abzielt,[1446] im Einzelfall obsolet und dementsprechend nicht durchzuführen ist,[1447] da die in Art. 14 Abs. 5 BasisVO manifestierten Zustände allesamt augenfällig und (zumindest) potentiell zu einer *Gesundheitsschädlichkeit* umschlagen können.[1448] Der Verordnungsgeber dispensiert den Rechtsanwender für solche (überdies in eng begrenztem Maße) klar regelwidrigen Umstände insoweit von mitunter wissenschaftlich komplizierten Prognoseüberlegungen – anders im Zusammenhang mit der Frage der *Gesundheitsschädlichkeit*, dessen *Eintrittswahrscheinlichkeit* eben nicht eklatant ist und dahingehend einer *Risikobewertung* bedarf – und reglementiert hier ein *normativ-sachliches Risiko*.[1449]

1444 *Wallau/Roffael*, LMuR 2018, 93, 96; *Schumann*, Der Rückruf von Lebensmitteln nach Art. 19 BasisVO, S. 45; siehe auch Leitlinien für die Anwendung der Artikel 11, 12, 14, 17, 18, 19 und 20 der Verordnung (EG) Nr. 178/2002 über das allgemeine Lebensmittelrecht, Ziff. I.3.5.

1445 Zum Erfordernis der positiven Feststellung siehe auch *Bobek*, ECLI:EU:C:2018:974, BeckRS 2018, 30299 – Schlussantrag vom 29.11.2018 – C-347/17, Rn. 40 f.

1446 Siehe hierzu bereits die Ausführungen unter Teil 2.B.

1447 Obgleich dies in dem einschlägigen Schrifttum nicht so ausdrücklich erkannt und benannt wird, deutet das Fehlen entsprechender Ausführungen bzgl. einer *Risikobewertung* im Vergleich zwischen *Verzehrsungeeignetheit* und *Gesundheitsschädlichkeit* doch gerade darauf hin, so exemplarisch bei *Purnhagen*, in: Sosnitza/Meisterernst (ehem. Zipfel/Rathke), Art. 14 BasisVO, Rn. 23 ff. (für die *Gesundheitsschädlichkeit*) bzw. Rn. 40 ff. (für die *Verzehrsungeeignetheit*); *Meisterernst*, in: Streinz/Meisterernst, BasisVO/LFGB, Art. 14 BasisVO, Rn. 52 (für die *Gesundheitsschädlichkeit*) bzw. Rn. 72 ff. (für die *Verzehrsungeeignetheit*).

1448 Dies fügt sich insoweit auch ein in die diesbezüglichen Ausführungen der Leitlinien für die Anwendung der Artikel 11, 12, 14, 17, 18, 19 und 20 der Verordnung (EG) Nr. 178/2002 über das allgemeine Lebensmittelrecht, unter Ziff. I.1. (entsprechende Beispielsfälle unter Ziff. I.3.5.) die im Zusammenhang mit Art. 14 BasisVO insgesamt von *Risiken* sprechen.

1449 Hierauf hindeutend auch die Leitlinien für die Anwendung der Artikel 11, 12, 14, 17, 18, 19 und 20 der Verordnung (EG) Nr. 178/2002 über das allgemeine Lebensmittelrecht unter Ziff. I.1.

Soweit der Schwerpunkt der hiesigen Beurteilung freilich ein objektiver ist, darf allerdings nicht übersehen werden, dass der abschließende Passus des Art. 14 Abs. 5 BasisVO ein, eingangs bereits angesprochenes, notwendiges Korrektiv vorhält, wonach sich die *Inakzeptabilität* zum Verzehr anhand des *beabsichtigten Verwendungszweckes* bemisst.

II. Die Reichweite der Verzehrsungeeignetheit und deren extensive Handhabung

Wie bereits im Zusammenhang mit der Einbeziehung sog. *anderer Faktoren* aus Erwägungsgrund 19 zur BasisVO[1450] in *Risikomanagemententscheidungen* nach Art. 6 BasisVO sowie im Rahmen der *Risikobewertung* hinsichtlich des Vorliegens einer *Gesundheitsschädlichkeit* nach Art. 14 Abs. 2 lit. a i. V. m. Abs. 4 BasisVO[1451] findet auch hier das diesfällige schwache Verb Eingang in den Wortlaut des Art. 14 Abs. 5 BasisVO, wonach bzw. sodass die dort aufgeführten Tatbestandskriterien[1452] bei der auf die *Verzehrsungeeignetheit* gerichteten Beurteilung *zu berücksichtigen* sind. Insbesondere davon ausgehend, dass die ebenda ausdrücklich statuierten Kriterien lediglich *zu berücksichtigen* seien, haben sich in der einschlägigen Literatur[1453] und Rechtsprechung[1454] durchaus starke Strömungen herausgebildet, die propagieren, auch andere, mithin über eine *Kontamination* oder *stoffliche Veränderung* hinausgehende Umstände vermögen eine *Verzehrsungeeignetheit* zu begründen[1455] weshalb diesbezüglich durchaus von einer *Flucht in die Verzehrsungeeignetheit*[1456] gesprochen werden kann, die sich vorwiegend in zwei Komplexen[1457] vollzieht, nämlich indem zum einen auch besondere Konstellationen, die die *normale*

1450 Siehe hierzu die Ausführungen unter Teil 3.A. I. und III. sowie die dortigen Schlussfolgerungen unter IV.

1451 Siehe hierzu die Ausführungen unter Teil 4.B.

1452 Siehe hierzu die vorstehenden Ausführungen unter Teil 4.C. I.

1453 Exemplarisch *Ludwig*, ZLR 2019, 885, 885 ff.; *Ludwig*, ZLR 2020, 715, 715 ff.; *Rathke*, in: Sosnitza/Meisterernst (ehem. Zipfel/Rathke), Art. 14 BasisVO, Rn. 56c; *Ludwig*, LMuR 2023, 435, 436.

1454 Exemplarisch *VG Regensburg*, Urteil vom 19.01.2012 – RN 5 K 10.1486, LMRR 2012, 10; *VG Regensburg*, Urteil vom 24.10.2013 – RO 5 K 12.619, LMRR 2013, 146; *VG Stuttgart*, Urteil vom 23.09.2019 – 16 K 2470/19, BeckRS 2019, 26031 unterstellt eine *Verzehrsungeeignetheit* überdies bereits bei weitreichenden Verunreinigungen bzw. verlangt diesbezüglich keine explizite Kontamination; *VG Karlsruhe*, Urteil vom 15.10.2020 – 3 K 2148/19, BeckRS 2020, 37489.

1455 So bspw. *Rathke*, in: Sosnitza/Meisterernst (ehem. Zipfel/Rathke), Art. 14 BasisVO, Rn. 56c.

1456 Diese Formulierung erfolgt in Anlehnung an *Grosche*, LMuR 2024, 2, 13, der in anderem Kontext von einer „*Flucht in den Vorsorgefall*" spricht und in abgewandelter Weise durchaus passend erscheint; siehe zu dieser plakativen Formulierung auch *Konrad*, ZLR 2023, 869, 870.

1457 Erstens betreffend die *normale stoffliche Zusammensetzung* eines Lebensmittels, zweitens in sog. *Ekelfällen*.

stoffliche Zusammensetzung des Lebensmittels betreffen,[1458] zum anderen, dass auch sog. *Ekelfälle*[1459] unter Art. 14 Abs. 2 lit. b i. V. m. Abs. 5 BasisVO zu subsumieren seien, was allerdings nicht mit dem hiesigen Regelungsgehalt[1460] im Einklang steht.

1. Die Einbeziehung der normalen stofflichen Zusammensetzung von Lebensmitteln

So kommt seit jüngerer Zeit eine extensive Ausweitung der Tatbestandsvariante der *Verzehrsungeeignetheit* insbesondere im Zusammenhang mit Begebenheiten zum Tragen, in denen für ein Lebensmittel zwar keine[1461] oder noch keine[1462] *Gesundheitsschädlichkeit* konstatiert werden konnte, die mit Blick auf ihre *normale stoffliche Zusammensetzung* und nach dem Dafürhalten einzelner Stimmen aber dennoch einem Verkehrsverbot unterliegen sollen.[1463] Exemplarisch sei hier zunächst auf einen plakativen Fall verwiesen, in welchem selbst hergestellte und als *Sägemehlkekse* bezeichnete Lebensmittel feilgeboten wurden,[1464] die als Zutat unter anderem fein gehobeltes – gesundheitlich unbedenkliches – *Sägemehl* enthielten. Das erkennende Gericht ordnete diese als *für den Verzehr ungeeignet* im Sinne des Art. 14 Abs. 2 lit. b i. V. m. Abs. 5 BasisVO ein und führte zur Begründung an, dass auch solche Lebensmittel dem hiesigen Tatbestand unterfallen, wenn sie *„ohne nachträgliche Veränderung [der] stofflichen Beschaffenheit bei einem normal empfindenden Verbraucher aufgrund des Herstellungsverfahrens Ekel und Widerwillen auslösen würden, wenn er von diesem Kenntnis hätte“*[1465]. Dabei dürfe allerdings kein subjektiver Maßstab angelegt, sondern *„ein objektivierter Maßstab dahingehend [, dass] kein vernünftiger Verbraucher bei Kenntnis der Umstände der Herstellung, der Verarbeitung oder des Vertriebs (...) dieses verzehren würde“*[1466]. Ungeachtet dessen, dass diese Argumentation schon den Umstand unberücksichtigt lässt, dass sowohl in der Bezeichnung (*„Sägemehlkekse“*) als auch in

1458 Siehe hierzu die nachfolgenden Ausführungen unter Teil 4.C.II.1.

1459 Siehe hierzu die nachfolgenden Ausführungen unter Teil 4.C.II.2.

1460 Siehe hierzu die vorstehenden Ausführungen unter Teil 4.C. I.

1461 So bspw. in dem sog. *Sägemehlkekse-Fall* des *VG Karlsruhe*, Urteil vom 15.10.2020 – 3 K 2148/19, BeckRS 2020, 37489.

1462 So bspw. *VG Gelsenkirchen*, Beschluss vom 28.09.2020 – 20 L 1029/20, 2. amtlicher Leitsatz i. V. m. Rn. 53, BeckRS 2020, 44638, anders allerdings die Nachfolgeinstanz: *OVG Münster*, Beschluss vom 02.03.2021 – 9 B 1574/20, Rn. 44, BeckRS 2021, 3423.

1463 Dies im Wesentlichen propagierend *Ludwig*, LMuR 2023, 435, 436; ähnlich *Beisel et al.*, JVL 2023, 35, 35 ff.

1464 *VG Karlsruhe*, Urteil vom 15.10.2020 – 3 K 2148/19, BeckRS 2020, 37489; in abgewandelter Form siehe hierzu auch *Alexander Lang*, in: Brzezinski-Hofmann/A. Lang, Praktische Fallbeispiele zum Lebensmittelrecht, S. 1, 1 ff.

1465 *VG Karlsruhe*, Urteil vom 15.10.2020 – 3 K 2148/19, Rn. 61, BeckRS 2020, 37489.

1466 *VG Karlsruhe*, Urteil vom 15.10.2020 – 3 K 2148/19, Rn. 61, BeckRS 2020, 37489.

dem Zutatenverzeichnis – in welchem *Sägemehl* ordnungsgemäß an vierter Stelle ausgelobt wurde[1467] – auf die stoffliche Zusammensetzung des Produktes hingewiesen wird bzw. hierin eine Information nach Art. 14 Abs. 3 lit. b BasisVO[1468] zu erblicken ist,[1469] verkennt sie überdies die der *Verzehrsungeeignetheit* immanente Regelungsreichweite,[1470] die sich auf nur eng begrenzte Anwendungsfälle bezieht, welche aufgrund ihrer offenkundigen Regelwidrigkeit zu einer *Gesundheitsschädlichkeit* kippen können und den Rechtsanwender von einer aufwändigen *Risikobewertung* dementsprechend dispensiert.[1471]

Die *Verzehrsungeeignetheit* wurde weiterhin auch in Fällen angenommen, in denen bspw. nicht bereits der sog. LOAEL-Grenzwert, sondern lediglich der sog. ADI-Wert überschritten[1472] wurde[1473] respektive für solche (zumindest) propagiert,[1474] in denen Lebensmittel einen gewissen Gehalt an *Ethylenoxid* bzw. *2-Chlorethanol* aufweisen, über deren genaue Auswirkungen allerdings noch *wissenschaftliche Unsicherheit* besteht,[1475] mit der Folge für beide, dass die betreffenden Lebensmittel (noch) nicht als *gesundheitsschädlich* im Sinne des Art. 14 Abs. 2 lit. a i. V. m. Abs. 4 BasisVO einzuordnen waren.[1476] Ein Rückgriff auf die Tatbestandsvariante der *Verzehrsungeeignetheit* kommt allerdings auch hier, da sich die zu beurteilenden Umstände allesamt auf die *normale stoffliche Zusammensetzung* beziehen bzw. bezogen, nicht jedoch auf *stoffliche Veränderungen* oder eine *Kontamination* rekurrieren, wie sie Art. 14 Abs. 5 BasisVO erfordert, nicht in Betracht.[1477]

1467 *VG Karlsruhe*, Urteil vom 15.10.2020 – 3 K 2148/19, Rn. 3, BeckRS 2020, 37489.

1468 Siehe hierzu bereits die vorstehenden Ausführungen unter Teil 4.A. V.

1469 Anders noch bzw. in unmittelbarer Anlehnung an *VG Karlsruhe*: *Alexander Lang*, in: Brzezinski-Hofmann/A. Lang, Praktische Fallbeispiele zum Lebensmittelrecht, S. 1, 10 f.

1470 Ein Rekurrieren auf Art. 14 Abs. 2 lit. b i. V. m. Abs. 5 BasisVO wäre hier, um ein Verkehrsverbot zu begründen, überdies nicht von Nöten gewesen, da sich ein solches auch über die fehlende Zulassung als neuartiges Lebensmittel nach Art. 6 Abs. 2 Novel-Food-Verordnung hätte lösen lassen, siehe auch *VG Karlsruhe*, Urteil vom 15.10.2020 – 3 K 2148/19, BeckRS 2020, 37489, 3. redaktioneller Leitsatz.

1471 Siehe hierzu die vorstehenden Ausführungen unter Teil 4.C. I.

1472 Zur Bedeutung der entsprechenden Grenzwerte siehe bereits die Ausführungen unter Teil 3.B.IV.2.b.

1473 Siehe hierzu *Beisel et al.*, JVL 2023, 35, 37.

1474 So *Ludwig*, LMuR 2023, 435, 436.

1475 Die diesbezüglichen Rechtsprechungen ergingen allerdings sehr unterschiedlich, zum Teil wurde auf Art. 7 BasisVO, zum Teil auf Art. 14 Abs. 2 lit. a BasisVO rekurriert, eine entsprechende Übersicht derselben findet sich bei *Möstl*, LMuR 2022, 513, 513 ff.; siehe hierzu auch die nachfolgenden Ausführungen unter Teil 5.

1476 Hinsichtlich Letzterer erging die diesbezügliche Rechtsprechung allerdings stark unterschiedlich, eine Übersicht derselben findet sich bei *Möstl*, LMuR 2022, 513, 513 ff.

1477 Siehe hierzu bereits die vorstehenden Ausführungen, insbesondere unter Teil 4.C. I.

2. Die Einbeziehung sog. Ekelfälle

Unter sog. *Ekelfällen* werden solche verstanden, in denen Lebensmittel zwar *„nicht in ihrer stofflichen Beschaffenheit verändert, aber trotzdem ekelerregend und deshalb dem Verbraucher nicht zumutbar sind“*[1478], weil sie bei diesem gerade deswegen *Ekelgefühle* hervorrufen.[1479] Als klassischer Lehrbuchfall kann diesbezüglich die unhygienische Lagerung entsprechender Lebensmittel in unmittelbarer räumlicher Nähe zu Schmutz oder Abfall angeführt werden, bei der allerdings (noch) kein Kontakt mit dem bzw. keine Kontamination der betreffenden Lebensmittel nachgewiesen wurde oder ersichtlich ist.[1480]

Eben solche Umstände werden in ergänzender Weise auf deutscher Ebene von § 12 LFGB[1481] erfasst, der ein Verkehrsverbot *für andere als dem Verbot* des Art. 14 Abs. 1 i. V. m. Abs. 2 lit. b BasisVO *unterliegende Lebensmittel* statuiert und dabei einerseits zwar auf eine *Verzehrsungeeignetheit* rekurriert, ohne andererseits aber eine äußerlich erkennbare *stoffliche Veränderung* oder *Kontamination* (*„andere als“*) vorauszusetzen[1482].[1483] Hintergrund der Regelung ist schlichtweg die zutreffende gesetzgeberische Annahme, dass Verbraucher mit derlei feilgebotenen Lebensmitteln nicht rechnen[1484] und diese bei Kenntnis weder erwerben noch verzehren würden.[1485] Maßstab der diesfälligen Beurteilung ist infolgedessen kein objektiver, sondern vielmehr ein subjektiver, der auf einen normal empfindsamen Verbraucher abstellt, welcher bei Kenntnis entsprechender Herstellungs- oder Behandlungsbedingungen potentiellerweise – nicht zwingend hingegen tatsächlich – Widerwillen oder Ekel entwickelt, insofern ein *„objektiver Anknüpfungspunkt“*[1486] für ein solches Empfinden vorhanden ist[1487].

1478 *Rathke*, in: Sosnitza/Meisterernst (ehem. Zipfel/Rathke), Art. 14 BasisVO, Rn. 56c.

1479 Vgl. insbesondere *VG Regensburg*, Urteil vom 24.10.2013 – RO 5 K 12.619, LMRR 2013, 146.

1480 *Roth*, Die allgemeine Lebensmittelüberwachung als Instrument des Verbraucherschutzes, S. 115.

1481 Bei § 12 LFGB handelt es sich um die wortgleiche Neufassung des § 11 Abs. 2 Nr. 1 LFGB a. F., der lediglich mit einer anderslautenden Überschrift (*„Weitere Verbote“* in § 12 LFGB n. F. anstelle *„Vorschriften zum Schutz vor Täuschung“* in § 11 LFGB) versehen wurde; siehe hierzu das Vierte Gesetz zur Änderung des Lebensmittel- und Futtermittelgesetzbuches sowie anderer Vorschriften vom 27.07.2021, BGBl. I 3274, 3277.

1482 Siehe *Ludwig*, ZLR 2019, 885, 886 f.

1483 *Boch*, LFGB, § 12, Rn. 2; *Roth*, Die allgemeine Lebensmittelüberwachung als Instrument des Verbraucherschutzes, S. 116.

1484 *Voß*, Das Lebensmittel- und Futtermittelgesetzbuch, S. 107.

1485 *Meyer/Reinhart*, WRP 2005, 1437, 1453; *Roth*, Die allgemeine Lebensmittelüberwachung als Instrument des Verbraucherschutzes, S. 117.

1486 *Boch*, LFGB, § 12, Rn. 3.

1487 Diesbezüglich kritisch *Meyer/Reinhart*, WRP 2005, 1437, 1453.

Soweit die Subsumtion sog. *Ekelfälle* unter die *Verzehrsungeeignetheit* nach Art. 14 Abs. 2 lit. a i. V. m. Abs. 5 BasisVO in rechtspolitischer Hinsicht durchaus nachvollziehbar und ehrenwert erscheint, so wenig steht sie allerdings (erstens) im Einklang mit dem expliziten Wortlaut der Norm und dem damit einhergehenden inhaltlichen Bedeutungsgehalt der beiden Tatbestandsvarianten, die einen gegenständlich-objektiven Moment in Gestalt einer *Kontamination* oder einer *stofflichen Veränderung* voraussetzen bzw. damit einen klar gesundheitsschützenden Zweck verfolgen[1488].[1489] Zudem lässt sich (zweitens) kein Bedürfnis für eben jene extensive Auslegung erblicken, da Umstände, die als sog. *Ekelfälle* firmieren, bereits einen Verstoß gegen das Hygienerecht[1490] begründen und dementsprechend über die Heranziehung der Art. 137, 138 KontrollVO[1491] behördlicherseits mit einem Verkehrsverbot belegt werden können bzw. schon deshalb überhaupt keine Regelungslücke besteht.

III. Schlussfolgerungen

Die *Verzehrsungeeignetheit* nach Art. 14 Abs. 2 lit. b BasisVO enthält zwei in dortigem Abs. 5 statuierte tatbestandliche Alternativen, wonach ein Lebensmittel *ausgehend von dem beabsichtigten Verwendungszweck*

(erstens) entweder durch eine *Kontamination* mittels *Fremdstoffe* bzw. *auf andere Weise* oder

(zweitens) durch eine *stoffliche Veränderung* in Form von *Fäulnis, Verderb* oder *Zersetzung*

für den *Verzehr durch Menschen inakzeptabel geworden* sein muss[1492] und bezieht sich dementsprechend ausschließlich auf objektive Kriterien respektive die Gegenständlichkeit des Lebensmittels, ohne dabei allerdings subjektive Faktoren wie etwaige verbraucherseitige Ekelempfindungen[1493] mitzuberücksichtigen.

In Anbetracht des insgesamt gesundheitsschützenden Impetus des Art. 14 BasisVO erscheint gerade Letzteres konsequent, da eben jene Umstände –

1488 Siehe hierzu die vorstehenden Ausführungen unter Teil 4.C. I.; ebenso *Wallau/Roffael*, LMuR 2018, 93, 96.

1489 Eben darin lässt sich überhaupt die Motivation des bundesdeutschen Gesetzgebers für den Erlass einer Regelung erblicken, die ein Verkehrsverbot für solche *Ekelfälle* vorsieht, die über Art. 14 Abs. 2 lit. b BasisVO hinausgehen, siehe hierzu bereits BT-Drs. 15/3657, S. 62 sowie BT-Drs. 19/25319, S. 50.

1490 Zum diesbezüglichen Zusammenspiel zwischen unionalem Hygienerecht und § 3 LMHV siehe *Bosch/Wallau*, LMuR 2021, 243, 243 ff.

1491 Siehe hierzu bereits die Ausführungen unter Teil 3.B.III.2.

1492 Siehe hierzu die vorstehenden Ausführungen unter Teil 4.C. I.

1493 Siehe hierzu die vorstehenden Ausführungen unter Teil 4.C.II.2.

obgleich gesundheitliche Auswirkungen wie im Falle des Art. 14 Abs. 2 lit. a i. V. m. Abs. 4 BasisVO[1494] hier freilich nicht vorausgesetzt werden – schon nach lebensnaher Betrachtung zumindest mittelbar, wenn nicht sogar unmittelbar, zu einem Kippen gen *Gesundheitsschädlichkeit* führen können, sodass die *Verzehrsungeeignetheit* den Gesundheitsschutz insoweit vorverlagert und konkretisiert, als dass nicht erst zugewartet werden muss oder darf, bis eine *Gesundheitsschädlichkeit wahrscheinlich* ist. Vielmehr wird ein diesbezügliches Verkehrsverbot hiernach bereits dann verpflichtend dekretiert, wenn die Beschaffenheit des Lebensmittels (ausweislich der Normsystematik, aber ohne dies konkret so zu benennen) gesundheitsschädliche Effekte aufgrund einer *Kontamination* oder *stofflichen Veränderung* potentiell oder möglicherweise zu verursachen vermag.

Vor diesem Hintergrund ist es nur folgerichtig – im Gegensatz zu der wirkungsorientierten Ausgestaltung des Merkmals der *Gesundheitsschädlichkeit,*[1495] der explizit wie sinnfällig ein *prognostisches Element* der *epistemischen* Unsicherheit innewohnt – diesbezüglich eine (tatsächlich auch mögliche und praktikabel erhebbare) positive Feststellung der zur *Verzehrsungeeignetheit* führenden Umstände vorauszusetzen, da eben jene aufgrund der verordnungsgeberischen Wertung eine wenigstens denkbare Entwicklung, im Sinne eines Heranreifens, hin zu einem gesundheitlichen *Risiko,* mithin zu einer *Gesundheitsschädlichkeit,* darstellen können. Für diese in sich sodann doch stimmige Auslegung des Merkmals der *Verzehrsungeeignetheit* spricht nebstdem das in Art. 14 Abs. 5 BasisVO vorgesehene normative Korrektiv, welches eine zusätzliche Einbeziehung des *beabsichtigten Verwendungszweckes* ermöglicht und damit *Kontaminationen* respektive *stoffliche Veränderungen* insoweit relativiert, wie sie intendiert sind.

Art. 14 Abs. 2 lit. b i. V. m. Abs. 5 BasisVO umfasst dementsprechend nur in einem eng begrenzten Maße augenfällig regelwidrige Umstände, die den Rechtsanwender von wissenschaftlich komplizierten *Wahrscheinlichkeitsüberlegungen* dispensiert,[1496] nicht jedoch solche Begebenheiten, welche die *normale stoffliche Beschaffenheit* eines Lebensmittels betreffen,[1497] sodass die *Verzehrsungeeignetheit* als ein *normativ-sachliches Risiko* bezeichnet werden kann.[1498]

Legt man abschließend das Augenmerk auf die für ein Verkehrsverbot, in welches die *Verzehrsungeeignetheit* ebenso wie die *Gesundheitsschädlichkeit*

1494 Siehe hierzu die vorstehenden Ausführungen unter Teil 4.B.

1495 Siehe hierzu bereits die vorstehenden Ausführungen unter Teil 4.B.III.

1496 Siehe hierzu die vorstehenden Ausführungen unter Teil 4.C.I.

1497 Siehe hierzu die vorstehenden Ausführungen unter Teil 4.C.II.1.

1498 Siehe hierzu die vorstehenden Ausführungen unter Teil 4.C.I.

von Lebensmitteln mündet, zwingend erforderliche und fest skalierbare *Akzeptabilitäts-* bzw. *Aktivierungsschwelle*, so ermöglicht gerade die allein objektiv-orientierte Inhaltsbestimmung – bezogen auf klar regelwidrige Zustände des Lebensmittels – der in Art. 14 Abs. 5 BasisVO aufgeführten Kriterien für den Rechtsanwender eine solche.

D. Schlussfolgerungen

Auf Grundlage der vorstehenden Untersuchung des zweigliedrig ausgestalteten lebensmittelrechtlichen Nicht-Sicherheitsbegriffes aus Art. 14 Abs. 2 BasisVO lassen sich profunde Erkenntnisse hinsichtlich dessen tatbestandlicher Struktur formulieren, die eine Einordnung desselben in das wissenschaftszentrierte System der *Risikoanalysen* genauso ermöglichen, wie eine entsprechende Synchronisation mit dem *Risikobegriff* aus Art. 3 Nr. 9 BasisVO. Hierzu sei zunächst respektive nochmals auf die unterschiedlichen Voraussetzungen einer *Gesundheitsschädlichkeit* und einer *Verzehrsungeeignetheit* hingewiesen:

Während erstere eine klar auswirkungsorientiere Ausgestaltung[1499] erfahren hat, mit der zwangsläufig eine epistemische Unsicherheit betreffs der dazugehörigen, auch wissenschaftlichen Erhebungen einhergeht, erfordert die Annahme der *Gesundheitsschädlichkeit* keine vollständige, insoweit praktisch auch schwer zu bewerkstelligende, vollständige, positive Feststellung der *gesundheitsschädlichen Effekte*, sondern lediglich eine (*prognostische*) *Wahrscheinlichkeit*,[1500] welche mit diesen durchaus in Funktion gesetzt werden kann.[1501]

Demgegenüber knüpft zweitere (also die *Verzehrsungeeignetheit*) an gegenständliche Umstände, namentlich an eine *Kontamination* bzw. eine *stoffliche Veränderung*, des Lebensmittels, die sich – so die verordnungsgeberische Wertung – im Falle des Vorliegens, mithin erfordern diese konsequenterweise sodann eine positive Feststellung,[1502] jederzeit zu einer *Gesundheitsschädlichkeit* entwickeln können[1503].

Beide Alternativen des Nicht-Sicherheitsbegriffes stellen demzufolge *qualifizierte* bzw. *konkretisierte* lebensmittelbedingte *Risiken* dar, im Detail: die *Gesundheitsschädlichkeit* ein in *materieller* Hinsicht *qualitativ gesteigertes Risiko*,[1504] die *Verzehrsungeeignetheit* ein normativ manifestiertes *sachliches Ri-*

1499 Siehe hierzu die vorstehenden Ausführungen unter Teil 4.B. I.
1500 Siehe hierzu die vorstehenden Ausführungen unter Teil 4.B.II.
1501 Siehe hierzu die vorstehenden Ausführungen unter Teil 4.B.III.
1502 Siehe hierzu die vorstehenden Ausführungen unter Teil 4.C. I.
1503 Siehe hierzu die Schlussfolgerungen unter Teil 4.C.III.
1504 Siehe hierzu die Schlussfolgerungen unter Teil 4.B.IV.

siko, welches *Agenzien* im Sinne des Art. 3 Nr. 14 BasisVO, somit *risikopotente Umstände* in Bezug nimmt,[1505] die (freilich unter Berücksichtigung des *beabsichtigten Verwendungszwecks*) jederzeit, mittelbar oder unmittelbar zu einer *Gesundheitsbeeinträchtigung* oder gar zu einer *Gesundheitsschädlichkeit* umschlagen können,[1506] insoweit aber augenfällig und klar regelwidrig sind[1507].

Daraus (bzw. soweit die bisherigen Untersuchungen reichen) ergibt sich ein in sich doch stimmiges Bild des Systems der lebensmittelrechtlichen Risikobewältigung, welches in dem *Risikobegriff* aus Art. 3 Nr. 9 BasisVO seinen Ausgangspunkt nimmt, da eben mittels diesem bzw. auf Grundlage von entsprechenden *Risikobewertungen* nach Art. 3 Nr. 11 BasisVO sämtliche lebensmittelbedingte *Risiken* eingehend betrachtet und beschrieben[1508] und auf diese Weise ganz heterogene *Risikomanagementmaßnahmen* gemäß Art. 6 Abs. 3, Art. 3 Nr. 12 BasisVO ermöglicht werden[1509]. Art. 14 BasisVO kanalisiert in diesem Zusammenhang solche *Risikomanagementmaßnahmen* hin zu einem strikten Verkehrsverbot, weist dabei jedoch (auch unter Einbeziehung des unionalen Hygienerechts[1510] sowie des – für die bundesdeutsche Ebene geltenden – § 12 LFGB) schon für sich eine abgestufte Gestaltung auf, die sich wie folgt darstellt:

Soweit (erstens) entweder Verstöße gegen hygienerechtliche Vorschriften oder gegen § 12 LFGB erblickt werden, folgt daraus einerseits eine Verpflichtung für den Lebensmittelunternehmer diese abzustellen, gegebenenfalls andererseits für die zuständigen staatlichen Stellen adäquate Maßnahmen auf Grundlage der Art. 137, 138 KontrollVO zu ergreifen, die unter Berücksichtigung des Einzelfalles und des Verhältnismäßigkeitsgrundsatzes neben weiteren Mitteln auch ein Verkehrsverbot legitimieren können. Solche (unhygienischen oder ekelerregenden) Umstände lassen bereits nach lebensnaher Betrachtung – und dies entspricht insoweit auch der verordnungsgeberischen Wertung – mitunter möglicherweise eine Ausweitung auf die Lebensmittel selbst befürchten, als dass eine *Kontamination* bzw. *stoffliche Veränderung* eintreten kann,

sodass (zweitens) für jene, die eine *Verzehrsungeeignetheit* begründen und demzufolge wiederum zu einer *Gesundheitsschädlichkeit* kippen können, bereits ein striktes Verkehrsverbot nach Art. 14 Abs. 1 BasisVO greift,

---

1505 Siehe hierzu die vorstehenden Ausführungen unter Teil 4.C.I.

1506 Siehe hierzu die Schlussfolgerungen unter Teil 4.C.III.

1507 Siehe hierzu die vorstehenden Ausführungen unter Teil 4.C.I. sowie die Schlussfolgerungen unter Teil 4.C.III.

1508 Siehe hierzu die Schlussfolgerungen unter Teil 2.C.

1509 Siehe hierzu bereits die Ausführungen unter Teil 3.B.

1510 Auf eine detaillierte Betrachtung des unionalen Hygienerechts wurde im Rahmen der hiesigen Darstellung freilich verzichtet.

welches gleichwohl (drittens) im Falle einer *wahrscheinlichen Gesundheitsschädlichkeit* gilt.

Der Begriff der *Gesundheitsschädlichkeit* aus Art. 14 Abs. 2 lit. a BasisVO weist insofern eine starke konzeptionelle Nähe zu dem deutschen polizeirechtlichen *Gefahrenbegriff* auf,[1511] da beiden eine klare *Erheblichkeits-* bzw. *Aktivierungsschwelle* genauso immanent ist,[1512] wie das Hineinmünden in eine ausschließliche und nicht weiter bzw. besonders rechtfertigungsbedürftige[1513] *Gefahren-* respektive (qualitativ konkretisierte) *Risikoabwehr*,[1514] im Falle letzterer in Form eines unbedingten Verkehrsverbotes. Eine solche Ähnlichkeit lässt sich demgegenüber nicht für die *Verzehrsungeeignetheit* aus Art. 14 Abs. 2 lit. b BasisVO erblicken, die zwar ebenso zu einem strikten Verkehrsverbot führt, allerdings ausschließlich an regelwidrige Umstände anknüpft.[1515]

1511 Dies in Anknüpfung an die und Fortsetzung der Schlussfolgerungen unter Teil 4.B.IV.

1512 Zur tatbestandlichen Ausgestaltung des deutschen polizeirechtlichen *Gefahrenbegriffes* siehe bereits die Ausführungen unter Teil 1.C. I. und II.

1513 Siehe *Möstl*, LMuR 2022, 513, 514.

1514 Zur Gestaltung der ausschließlich auf die *Beseitigung der Gefahr* bzw. die *(Wieder-)Herstellung störungsfreier Zustände* gerichteten Rechtsfolge des polizeirechtlichen *Gefahrenbegriffes* siehe bereits die Ausführungen unter Teil 1.C.III.

1515 Siehe hierzu insgesamt die vorstehenden Ausführungen unter Teil 4.C.

Teil 5 Der rechtliche Umgang mit Vorsorgefällen gemäß Art. 7 BasisVO – materielle Anforderungen sowie Auswirkungen auf behördliche und unternehmerische Entscheidungen und Maßnahmen

Der Umgang mit und die Beherrschung von lebensmittelbedingten *Risiken* erfordert sowohl von Seiten der inverkehrbringenden Lebensmittelunternehmer als auch von den zuständigen staatlichen Stellen eine umfassende wie fundierte Kenntnis der jeweils bedeutsamen Umstände und Auswirkungen, die nicht nur vor dem Hintergrund der zuweilen multidimensional verflochtenen Lieferketten, sondern auch oder vor allem im Hinblick auf die komplexen lebensmitteltechnologischen Wirkungszusammenhänge schwerlich in der Gänze zu überblicken sind.[1516] Dennoch ist es unerlässlich, den relevanten *Risikomanagement*entscheidern gerade in Situationen der Ungewissheit angemessene Handlungsoptionen und dementsprechend rechtssichere Maßstäbe an die Hand zu geben, welche die Sicherstellung des in Art. 1 Abs. 1 und Art. 5 Abs. 1 BasisVO manifestierten *hohen Gesundheitsschutzniveaus* ermöglichen,[1517] woran der – amtlich mit *Vorsorgeprinzip*[1518] überschriebene – Art. 7 BasisVO anknüpft und besagt, dass

> *„[i]n bestimmten Fällen, in denen nach einer Auswertung der verfügbaren Informationen die Möglichkeit gesundheitsschädlicher Auswirkungen festgestellt wird, wissenschaftlich aber noch Unsicherheit besteht, (...) vorläufige Risikomanagementmaßnahmen (...) getroffen werden [können], bis weitere wissenschaftliche Informationen für eine umfassende Risikobewertung vorliegen“*[1519].

Bedürfnis und Kern dieser Regelung zugleich ist infolgedessen, dass mitunter nicht zugewartet werden muss, darf oder kann, bis regelmäßig durchzuführende *Risikobewertungen*[1520] nach Art. 6 Abs. 3 BasisVO beispielsweise eine *Gesundheitsschädlichkeit* im Sinne des Art. 14 Abs. 2 lit. a BasisVO festzustel-

1516 Vgl. *Appel*, NVwZ 2001, 395, 395; *Schroeder*, ZLR 2002, 275, 288.

1517 So auch *EuGH*, Urteil vom 28.01.2010 – C-333/08, Rn. 103, EuZW 2010, 347, 352; *EuGH*, Urteil vom 19.01.2017 – C-282/15, Rn. 51, LMuR 2017, 50, 53.

1518 Zum *Vorsorgeprinzip* als allgemeiner Grundsatz, siehe *Appel*, NVwZ 2001, 395, 396; vgl. hierzu allgemein *Böschen*, in: Albers, Risikoregulierung im Bio-, Gesundheits- und Medizinrecht, S. 57, 57 ff.

1519 So Art. 7 Abs. 1 BasisVO.

1520 Siehe hierzu die Ausführungen unter Teil 2.B.

len bzw. deren *Wahrscheinlichkeit* in wissenschaftlicher Hinsicht zu konstatieren vermögen,[1521] sondern vielmehr bereits dann – unter besonderen Voraussetzungen – *vorläufige Risikomanagementmaßnahmen* erlaubt werden, wenn entsprechende Auswirkungen nur *möglicherweise* oder vielleicht eintreten.[1522]

Eben jene besonderen Voraussetzungen sowie die in Betracht kommenden (Rechts-)Folgen sollen im Folgenden einer näheren Betrachtung und Konturierung unterzogen werden, um die konkrete Einbettung solcher *Vorsorgefälle* in das lebensmittelrechtliche System der *Risikoanalysen* aufzuhellen.

A. Der Vorsorgeanlass nach Art. 7 BasisVO – Konturierung der Voraussetzungen

Obgleich *Risikobewertungen* gemäß Art. 3 Nr. 11 i. V. m. Art. 6 Abs. 3 BasisVO bereits der Natur der Sache nach stets eine gewisse *epistemisch-prognostische Unsicherheit* dergestalt aufweisen, als dass sie ein allgemeingültiges und objektives oder vollends absolutes Maß an Bewertungssicherheit kaum jederzeit zu erbringen vermögen,[1523] sondern allenfalls eine Näherung an diese,[1524] die relevanten Akteure im Rahmen des *Risikomanagements* aber dennoch mit jenen Ergebnissen operieren müssen,[1525] knüpft Art. 7 BasisVO ausweislich seines Regelungsgehaltes diametral anders an bzw. bezieht sich expressis verbis auf solche Sachlagen, denen ein explizites Problem hinsichtlich der wissenschaftlichen Nachweisbarkeit innewohnt.[1526] Dieser als *Vorsorgeanlass*[1527] bezeichnete Umstand erfordert in tatbestandlicher Hinsicht zum einen eine sog. *wissenschaftliche Unsicherheit*[1528] und zum anderen zumindest die Feststellung der *Möglichkeit gesundheitsschädlicher Auswirkungen*[1529] als Ergebnis einer *Risikobewertung*, siehe hierzu im Einzelnen:

1521 Siehe hierzu bereits die Ausführungen unter Teil 4.B.II. und III.

1522 Vgl. hierzu grundsätzlich *Simon*, Kooperative Risikoverwaltung im neuen Lebensmittelrecht, S. 155, sowie S. 174.

1523 So auch *Hahn/Ströhle/Anders*, ZLR 2006, 87, 94; *Simon*, Kooperative Risikoverwaltung im neuen Lebensmittelrecht, S. 176.

1524 Siehe hierzu die Ausführungen unter Teil 2.B. I.

1525 Exemplarisch sei hierzu auf die in Art. 14 Abs. 2 lit. a BasisVO manifestierte *Gesundheitsschädlichkeit* verwiesen, deren Wahrscheinlichkeit bereits ein Verkehrsverbot begründet, siehe hierzu die Ausführungen unter Teil 4.B.II. und III.

1526 Zur diesbezüglichen Reduktion des *Beweismaßes* siehe *Cazala*, ELJ 2004, 539, 547; *Arndt*, Das Vorsorgeprinzip im EU-Recht, S. 290.

1527 Siehe hierzu *Simon*, Kooperative Risikoverwaltung im neuen Lebensmittelrecht, S. 174 ff.

1528 Siehe hierzu die nachfolgenden Ausführungen unter Teil 5.A. I.

1529 Siehe hierzu die nachfolgenden Ausführungen unter Teil 5.A.II.

I. Die wissenschaftliche Unsicherheit als Ergebnis der Risikobewertung

Soweit Art. 7 Abs. 1 BasisVO auf eine *wissenschaftliche Unsicherheit* abstellt, ist diese zunächst kategoriell von einer bloß *situativen Ungewissheit* zu unterscheiden,[1530] welche *Verdachts*lagen im Sinne des Bestehens von auf konkreten Anhaltspunkten gründenden Vermutungen,[1531] bspw. hinsichtlich eines Verstoßes, in Bezug nimmt und dementsprechend schlicht die weitergehende Sachverhaltsaufklärung bedingt[1532].[1533] Die sog. *wissenschaftliche Unsicherheit* erfordert im Gegensatz dazu mithin neben der *Auswertung* sämtlicher *verfügbarer Informationen*[1534] im Rahmen einer vollständig zu durchlaufenden *Risikobewertung*[1535] auch die daraus resultierende Erkenntnis, dass eine insoweit eindeutige Feststellung der *Gesundheitsschädlichkei*t eben nicht oder zumindest noch nicht konstatiert werden kann.[1536]

Ausreichend ist in diesem Zusammenhang und vor dem Hintergrund, dass *„[w]issenschaftliche Daten zu einer bestimmten Fragestellung (...) üblicherweise uneinheitlich“*[1537] ergehen, freilich nicht schon das Vorliegen unterschiedlicher Ergebnisse[1538] oder gar die Einbeziehung rein hypothetischer Erwägungen[1539]. Vielmehr bedarf es quantitativer oder qualitativer Defizite[1540] innerhalb der *Risikobewertung* wie etwa das Fehlen zureichender Fakten oder Werte,[1541] aufgrund derer eine genaue Bestimmung respektive Bemessung

1530 Zur diesbezüglichen Unterscheidung im Rahmen des deutschen Rechts siehe bereits die Ausführungen unter Teil 1.C.I. und II.; sowie im Hinblick auf einen *Verdacht* hinsichtlich der *Nicht-Sicherheit* von Lebensmitteln, die spezifischen Bestimmungen der Gemeinschaft unterliegen: Art. 14 Abs. 8 BasisVO, siehe hierzu die Ausführungen unter Teil 4.A.VI.

1531 Vgl. *Pullner*, BayZR 2023, 54, 58.

1532 Vgl. *Holle*, in: Streinz/Meisterernst, BasisVO/LFGB, § 39 LFGB, Rn. 43.

1533 Einschlägige Befugnisgrundlage wäre in diesem Zusammenhang Art. 137 Abs. 2 Kontroll-VO, der – nach dem deutschen sicherheitsrechtlichen Jargon – sog. *Gefahrenerforschungseingriffe* vorsieht; ebenso kommt im Falle eines entsprechenden Verdachts bzgl. der Nicht-Sicherheit Art. 14 Abs. 8 BasisVO als taugliche Befugnisgrundlage in Betracht, siehe hierzu bereits die Ausführungen unter Teil 4.A.VI.

1534 So der eindeutige Wortlaut des Art. 7 Abs. 1 BasisVO; siehe auch *EuGH*, Urteil vom 19.01.2017 – C-282/15, Rn. 55, LMuR 2017, 50, 53; ebenso *EuGH*, Urteil vom 28.01.2010 – C-333/08, Rn. 92, EuZW 2010, 347, 351.

1535 *Meisterernst*, in: Sosnitza/Meisterernst (ehem. Zipfel/Rathke), Art. 7 BasisVO, Rn. 10.

1536 *Streinz*, in: Streinz/Meisterernst, BasisVO/LFGB, Art. 7 BasisVO, Rn. 8.

1537 *Simon*, Kooperative Risikoverwaltung im neuen Lebensmittelrecht, S. 177.

1538 Siehe hierzu auch *Hahn/Ströhle/Anders*, ZLR 2006, 87, 94, der diesbezüglich zutreffend von einem *„Totschlagargument“* spricht.

1539 So bereits *EuGH*, Urteil vom 09.09.2003 – C-236/01, Rn. 106, BeckRS 2004, 75313; dem folgend *EuGH*, Urteil vom 28.01.2010 – C-333/08, Rn. 91, EuZW 2010, 347, 351.

1540 Mitteilung der Kommission über die Anwendbarkeit des Vorsorgeprinzips vom 02.02.2000, KOM (2000) 1 endg. Ziff. 5.1.3.

1541 *Simon*, Kooperative Risikoverwaltung im neuen Lebensmittelrecht, S. 177.

des *Risikos* nicht erbracht werden kann, was gleichwohl (vorgelagert) inkludiert, ob das in Rede stehende *biologische, chemische* oder *physikalische Agens* in einem Lebensmittel überhaupt eine *Gefahr* gemäß Art. 3 Nr. 14 BasisVO darstellt,[1542] und sich regelmäßig auf die gewählten Variablen, die konkret vorgenommenen Messungen, die gezogenen Stichproben, die verwendeten Modelle oder auf den zugrundegelegten Kausalzusammenhang,[1543] daneben aber möglicherweise und simpliciter auch auf erst jüngst requirierte Erkenntnisse,[1544] zurückführen lässt.

Im Wesentlichen sind hiernach drei Arten der *wissenschaftlichen Unsicherheit* zu unterscheiden, nämlich (erstens) derlei betreffend den Schadenseintritt und das Schadensausmaß, also eine Imponderabilität hinsichtlich der *Auswirkungen*, (zweitens) eine Unsicherheit beziehentlich der *Ursachen* und (drittens) solche in puncto des *Kausalzusammenhangs*,[1545] über deren Bestehen oder Nichtbestehen zwar primär die mit der *Risikobewertung* betrauten Institutionen zu befinden haben, was aber (sekundär) behördlicher- respektive gerichtlicherseits einer vollständigen Überprüfbarkeit unterliegt[1546].

II. Die Möglichkeit gesundheitsschädlicher Auswirkungen

Trotz der bestehenden *wissenschaftlichen Unsicherheit* ist unabdingbare tatbestandliche Voraussetzung entsprechender *Vorsorgefälle*, dass im Allgemeinen *„die möglichen negativen Folgen eines Phänomens, eines Produkts oder eines Verfahrens ermittelt worden sind“*[1547], bezogen auf Art. 7 BasisVO mithin im Besonderen, dass zumindest ein *potentielles Risiko* dergestalt erkannt wurde,[1548] als dass diese Feststellung auf einer wissenschaftlichen Tatsachengrundlage beruht, die sich von rein hypothetischen Erwägungen unterscheidet und insoweit abhebt[1549]. Damit einher geht in concreto das Erfordernis der Konstatierung, dass ein *Agens* die Eignung aufweist, sich zu einer *Gesundheitsschädlichkeit* entwickeln zu können;[1550] nicht ausreichend wäre indes, wenn

1542 *Meisterernst*, in: Sosnitza/Meisterernst (ehem. Zipfel/Rathke), Art. 7 BasisVO, Rn. 11; *Streinz*, in: Streinz/Meisterernst, BasisVO/LFGB, Art. 7 BasisVO, Rn. 8.

1543 Siehe hierzu Mitteilung der Kommission über die Anwendbarkeit des Vorsorgeprinzips vom 02.02.2000, KOM (2000) 1 endg. Ziff. 5.1.3.

1544 *Streinz*, in: Streinz/Meisterernst, BasisVO/LFGB, Art. 7 BasisVO, Rn. 10.

1545 *Arndt*, Das Vorsorgeprinzip im EU-Recht, S. 118.

1546 Siehe hierzu *Grosche*, LMuR 2024, 2, 6 und 8.

1547 Mitteilung der Kommission über die Anwendbarkeit des Vorsorgeprinzips vom 02.02.2000, KOM (2000) 1 endg. Ziff. 5.1.3. a. E.

1548 *Streinz*, in: Streinz/Meisterernst, BasisVO/LFGB, Art. 7 BasisVO, Rn. 6.

1549 *Meisterernst*, in: Sosnitza/Meisterernst (ehem. Zipfel/Rathke), Art. 7 BasisVO, Rn. 9; siehe hierzu bereits *EuGH*, Urteil vom 23.09.2003 – C-192/01, Rn. 49, LMRR 2003, 34.

1550 Ähnlich *Simon*, Kooperative Risikoverwaltung im neuen Lebensmittelrecht, S. 178.

überhaupt noch nicht feststeht, wie gefährlich ein in Rede stehender Stoff überhaupt ist[1551].

Dieses in Art. 7 Abs. 1 BasisVO als *Möglichkeit gesundheitsschädlicher Auswirkungen* bezeichnete und aufgrund der *wissenschaftlichen Unsicherheit* schwer beweisbare Axiom weist dementsprechend eine deutliche *epistemisch-prognostische* Abweichung zu der in Art. 14 Abs. 4 BasisVO erforderlichen *Wahrscheinlichkeit* einer *Gesundheitsschädlichkeit* auf, deren genaue Abgrenzung und Kontrastierung doch, auch oder vor allem im Hinblick auf die fehlende, insoweit finale wissenschaftliche Einschätzung, nicht ganz leicht zu fassen ist. Freilich zielt gerade die verwendete Vokabel der *Möglichkeit*[1552] darauf ab, lediglich zu beschreiben, ob eine *Gesundheitsschädlichkeit* überhaupt eintreten kann oder nicht[1553] (Stichwort: *potentielles Risiko*), während mittels der *Wahrscheinlichkeit*[1554] vornehmlich die Eintrittsaussicht einer Bemessung unterzogen wird[1555].[1556] Gleichwohl bietet gerade diese terminologische wie inhaltliche Divergenz unter Berücksichtigung der verordnungsgeberischen Intention des Art. 7 BasisVO, die ausdrücklich auf ein *hohes Gesundheitsschutzniveau* gerichtet ist, eine dahingehende Auflösung, da in manchen Fällen schlicht nicht zugewartet werden kann, bis sich wissenschaftliche Erkenntnisse in einer solchen Form verdichten, dass sie sodann entweder in einer abschließenden Regelung wie beispielsweise einer besonderen Zulassungspflicht Niederschlag finden[1557] oder in Einzelfällen in ein Verkehrsverbot aufgrund des Art. 14 Abs. 2 lit. a i. V. m. Abs. 1 BasisVO[1558] münden.

Infolgedessen ist dem Merkmal der *Möglichkeit gesundheitsschädlicher Auswirkungen* naturgemäß eine enorme Wertungsoffenheit immanent, welche aber mit Blick auf die Handhabbarkeit für den Rechtsanwender – dem diesfällige klare wissenschaftliche Daten, an denen er seine *Risikomanagemententscheidung* ausrichten könnte und im Normalfall orientieren würde, gerade nicht zur Verfügung stehen – wenigstens voraussetzt, dass der Eintritt einer *Gesundheitsschädlichkeit* eben dann *wahrscheinlich* erscheint, wenn oder falls

1551 *Stallberg*, EuZW 2010, 353, 354.

1552 In der englischen Sprachfassung findet sich die insoweit äquivalente Vokabel „*possibility*“, in der französischen Sprachfassung „*possibilité*“.

1553 So die Bedeutung des Substantivs „*Möglichkeit*“ (https://www.duden.de/rechtschreibung/Moeglichkeit [zuletzt abgerufen, am: 11.03.2024]).

1554 So die Bedeutung des Substantivs „*Wahrscheinlichkeit*“ (https://www.duden.de/suchen/dudenonline/Wahrscheinlichkeit [zuletzt abgerufen, am: 11.03.2024]).

1555 Siehe hierzu bereits die Ausführungen unter Teil 2.A.IV.2. sowie die Schlussfolgerungen unter Teil 2.A.VI.

1556 Zur diesbezüglichen Unterscheidung siehe *Meisterernst*, in: Sosnitza/Meisterernst (ehem. Zipfel/Rathke), Art. 7 BasisVO, Rn. 12 f.

1557 Zu entsprechenden Zulassungspflichten siehe bereits die Ausführungen unter Teil 3.B.IV.1.

1558 Siehe hierzu die Ausführungen unter Teil 4.B.

das vorläufig konstatierte *potentielle Risiko* eintritt.[1559] In dieser Verknüpfung aus vorgelagerter *Risiko*potenz und daran anschließender *Wahrscheinlichkeits*betrachtung finden konsequenterweise auch keine rein hypothetischen Erwägungen Raum, da jene Verzahnung gerade auf sämtlichen zum Zeitpunkt der Entscheidung verfügbaren und hinreichend dokumentierten,[1560] wissenschaftlichen Erkenntnissen beruhen muss[1561] und somit einerseits explizit die Unsicherheit betont und andererseits implizit die Vorläufigkeit des Regimes herausgestellt wird[1562].

B. Die (Rechts-)Folgen des Vorsorgeanlasses – Grenzen und Ausgestaltung

Obgleich sich die Auswahl und Ergreifung *geeigneter Präventions- und Kontrollmöglichkeiten* in Form des *Risikomanagements* nach Art. 6 Abs. 3 i. V. m. Art. 3 Nr. 12 BasisVO stets an den im Rahmen einer *Risikobewertung* konkret festgestellten *Risiken* zu orientieren hat, gelten ausweislich Art. 7 Abs. 2 BasisVO für solche *Risikomanagementmaßnahmen,* welche auf einen *Vorsorgeanlass* rekurrieren, besondere Vorgaben und Grenzen hinsichtlich der Ausgestaltung. Eben diese im Folgenden näher zu beschreibenden Maßgaben sind im Wesentlichen der diesfällig erhöhten *wissenschaftlichen Unsicherheit* geschuldet, aufgrund derer es den relevanten Akteuren nicht in demselben Umfang möglich ist, etwaige Entscheidungen auf eine vergleichbar tragfähige Grundlage zu stützen.[1563]

Mit diesem insoweit quantitativ bzw. qualitativ abgesenkten *epistemischen* Fundament geht zwangsläufig eine Vorverlagerung der *Aktivierungsschwelle* einher,[1564] die in verschiedener Hinsicht Gefahren und Chancen zugleich in sich birgt. Chance freilich, als dass *potentielle Risiken,* wie sie in dynamischen Materien im Zusammenhang mit dem Lebensmittelbereich entstehen, bereits

1559 So jedenfalls im Ergebnis (wenn auch nur beiläufig) *VGH München,* Beschluss vom 25.04.2022 – 20 CS 22.530, Rn. 32, BeckRS 2022, 8512; ebenso *EuGH,* Urteil vom 28.01.2010 – C-333/08, Rn. 93, EuZW 2010, 347, 351.

1560 Zum diesbezüglichen Erfordernis siehe *Simon,* Kooperative Risikoverwaltung im neuen Lebensmittelrecht, S. 177 f.; so auch *Streinz,* in: Streinz/Meisterernst, BasisVO/LFGB, Art. 7 BasisVO, Rn. 7 und 15.

1561 Diesen *wissenschaftszentrierten Ansatz* hebt zutreffenderweise besonders hervor *Simon,* Kooperative Risikoverwaltung im neuen Lebensmittelrecht, S. 175.

1562 So auch Mitteilung der Kommission über die Anwendbarkeit des Vorsorgeprinzips vom 02.02.2000, KOM (2000) 1 endg. Ziff. 6.2.

1563 Vgl. *Simon,* Kooperative Risikoverwaltung im neuen Lebensmittelrecht, S. 175 f.

1564 Siehe hierzu allgemein *Di Fabio,* Risikoentscheidungen im Rechtsstaat, S. 450 ff.; *Di Fabio,* ZLR 2003, 163, 167; *Calliess,* DVBl. 2001, 1725, 1727; *Ossenbühl,* NVwZ 1986, 161, 166; *Simon,* Kooperative Risikoverwaltung im neuen Lebensmittelrecht, S. 179.

unterbunden oder zumindest minimiert werden können, noch bevor deren etwaige Exposition überhaupt positiv festgestellt wird, was im Wesentlichen auch der gesteigerten Risikowahrnehmung innerhalb der Verbraucherschaft entspricht[1565].[1566] Gefahr allerdings im Hinblick auf die Umsetzung von Innovationen und grundrechtlich geschützten wirtschaftlichen Interessen, deren Reglementierung im äußersten Falle gar zu einem diesbezüglichen *„Technologieverbot"*[1567] führen würde oder könnte. Art. 7 Abs. 2 BasisVO enthält vor diesem Hintergrund weitergehende Voraussetzungen, die die Ausgestaltung *vorläufiger Risikomanagementmaßnahmen* gleichsam lenken wie begrenzen.

I. Die besonderen Anforderungen an vorläufige Risikomanagementmaßnahmen

Die wohl exponierteste Anforderung diesfälliger *Risikomanagementmaßnahmen* stellt deren *Vorläufigkeit* dar,[1568] was keineswegs mit einer bloßen *Kurzfristigkeit* gleichzusetzen ist, sondern vielmehr darauf abzielt, getroffene Maßnahmen binnen *angemessener Frist* einer regelmäßigen Überprüfung zu unterziehen[1569] und dementsprechend auch sehr langandauernde Zeiträume umfassen kann.[1570] Die Zeitspanne und die damit einhergehende konkrete inhaltliche Engmaschigkeit der Revision ist hierbei abhängig von der *Art der wissenschaftlichen Informationen* und des darauf beruhenden *festgestellten (potentiellen) Risikos,* wobei im Hinblick auf die abgesenkte Aktivierungsschwelle und die damit verbundene grundrechtliche Problematik natürlich vorwiegend eine laufende Visitation der wissenschaftlichen Entwicklung sowie eine Fortsetzung der entsprechenden Forschungstätigkeit in jenem Bereich zwingend notwendig erscheint, schon um a posteriori eine verbesserte respektive erschöpfendere *Risikobewertung* vornehmen zu können[1571]. Eben diese periodisch-wiederkehrenden Überprüfungen bilden sodann jeweils

1565 Zur diesbezüglichen Risikowahrnehmung siehe *Gelbert,* Die Risikobewältigung im Lebensmittelrecht, S. 5 ff.

1566 Allgemein in diesem Zusammenhang *Di Fabio,* ZLR 2003, 163, 163 f.

1567 *Simon,* Kooperative Risikoverwaltung im neuen Lebensmittelrecht, S. 180; vgl. in diesem Zusammenhang allgemein auch *Kahl,* DVBl. 2003, 1105, 1105 ff.

1568 Art. 7 Abs. 1 BasisVO verwendet explizit den Passus *„vorläufige Risikomanagementmaßnahmen"*.

1569 So ausdrücklich auch Art. 7 Abs. 2 Satz 2 BasisVO, im Wortlaut: *„Diese Maßnahmen müssen innerhalb einer angemessenen Frist überprüft werden, die von der Art des festgestellten Risikos für Leben oder Gesundheit und der Art der wissenschaftlichen Informationen abhängig ist, die zur Klärung der wissenschaftlichen Unsicherheit und für eine umfassende Risikobewertung notwendig sind."*.

1570 *Meisterernst,* in: Sosnitza/Meisterernst (ehem. Zipfel/Rathke), Art. 7 BasisVO, Rn. 21, der hier allerdings missverständlich von *„zeitlich beschränkt"* spricht.

1571 So auch Mitteilung der Kommission über die Anwendbarkeit des Vorsorgeprinzips vom 02.02.2000, KOM (2000) 1 endg. Ziff. 6.3.5.

Scheidepunkte, zu denen eine Evaluation, ob die betreffende Maßnahme aufgehoben, gelockert, beibehalten oder verschärft werden muss[1572] und im Falle eines Unterbleibens einschlägiger Anstrengungen zur Unwirksamkeit der Maßnahme führt.[1573]

Ferner darf jene *interimistische* Betätigung nicht außer Verhältnis zu dem beabsichtigten Schutzniveau stehen,[1574] was einerseits selbstredend dem obligatorischen, allgemeinen Rechtsgrundsatz entspricht, andererseits aber – aufgrund des hiesigen Defizits an *epistemisch-prognostischer* Gewissheit – einem eigenen Maßstab unterliegt, wonach die staatlichen Eingriffe besonders schonend auszuwählen[1575] bzw. dabei insbesondere nicht auf ein ohnehin schwerlich zu realisierendes sog. Null-Risiko[1576] zu richten sind. Diese kanalisierende Anpassung der konkreten *Verhältnismäßigkeitsprüfung* beinhaltet den Grundtenor, der lautet: je weniger gewiss der Eintritt der *Gesundheitsschädlichkeit* ist, desto fundierter und bedachtsamer hat die Eruierung zu erfolgen, ob nicht doch auf mildere Maßnahmen zurückgegriffen werden kann, die das *potentielle Risiko* der Exposition perspektivisch mindern, respektive im umgekehrten Fall: es lassen sich umso schwerwiegendere oder intensiver wirkende Eingriffe rechtfertigen, je profunder die wissenschaftlichen Erkenntnisse hinsichtlich der *Gesundheitsschädlichkeit* an eine Beurteilungssicherheit heranreichen.[1577] Das kann bedeuten, dass mitunter sogar ein völliges – freilich *vorläufiges* – Verkehrsverbot eines bestimmten Lebensmittels oder Stoffes die einzige statthafte Option darstellt, in anderen Fällen hingegen lediglich eine spezielle Behandlung oder eine bloße Beschränkung, möglicherweise auch nur die sachgemäße Information[1578] über oder die Publikation der potentiell risikobehafteten Zusammenhänge zulässig erscheint.[1579]

1572 *Streinz*, in: Streinz/Meisterernst, BasisVO/LFGB, Art. 7 BasisVO, Rn. 21; auch Mitteilung der Kommission über die Anwendbarkeit des Vorsorgeprinzips vom 02.02.2000, KOM (2000) 1 endg. Ziff. 6.3.5.

1573 So auch *VGH München*, Beschluss vom 25.04.2022 – 20 CS 22.530, Rn. 31, NVwZ 2022, 810, 811.

1574 *Stallberg*, LMuR 2011, 1, 4 formuliert eindrücklich: *„Denn das Vorsorgeprinzip wird durch den Grundsatz der Verhältnismäßigkeit inhaltlich begrenzt.“*.

1575 *Di Fabio*, ZLR 2003, 163, 170; vgl. auch *Hufen*, Verfassungsrechtliche Maßstäbe und Grenzen lebensmittelstrafrechtlicher Verantwortung, S. 96.

1576 Mitteilung der Kommission über die Anwendbarkeit des Vorsorgeprinzips vom 02.02.2000, KOM (2000) 1 endg. Ziff. 6.3.1.

1577 Ähnlich *Di Fabio*, Jura 1996, 566, 574.

1578 Siehe in Abgrenzung zu Art. 10 BasisVO die vorstehenden Ausführungen unter Teil 3.B.III.3.a.

1579 Siehe hierzu eine exemplarische (diesbezügliche) Auflistung in der Mitteilung der Kommission über die Anwendbarkeit des Vorsorgeprinzips vom 02.02.2000, KOM (2000) 1 endg. Ziff. 6.3.1.; *Meisterernst*, in: Sosnitza/Meisterernst (ehem. Zipfel/Rathke), Art. 7 BasisVO, Rn. 17.

Hierzu sind weiterhin der *Vorsorgeaufwand* mit dem *Vorsorgeziel* ins Verhältnis zu setzen[1580] und dabei *wirtschaftliche* wie *technische* Erwägungen anzustellen, im Rahmen derer auch die Kosten für und die Leistungsfähigkeit der betroffenen Lebensmittelunternehmer bzw. der Lebensmittelwirtschaft insgesamt zu berücksichtigen sind[1581],[1582] womit also konsequenterweise eine sog. *Nutzen-Risiko-Abwägung* einhergeht,[1583] welche über eine rein *wirtschaftliche Kosten-Nutzen-Analyse*[1584] – die sich auf betriebs- und volkswirtschaftliche, mithin monetäre Aspekte beschränkt – hinausgeht[1585] und sich sowohl (und ausschließlich) auf die konkret in Rede stehende Anstrengung zur Zielerreichung an sich beziehen kann, als auch auf einen (parallelisierenden bzw. nebeneinanderhaltenden) etwaigen Vergleich verschiedener Optionen[1586]. Freilich handelt es sich bei der kostengünstigsten Variante – mit Blick auf die Frage der *Erforderlichkeit* – nicht zwangsläufig auch um die mildeste und zugleich wirksamste,[1587] was nicht zuletzt mit der (moralisch wie monetär) schwer zu bemessenden Problematik zusammenhängt, welcher Geldwert für den Schutz eines Menschenlebens überhaupt anzusetzen ist,[1588] sodass ein diesbezügliches Erfordernis des Gegenüberstellens einschlägiger Maßnahmen allenfalls einen Beitrag dazu leisten kann, den relevanten Akteuren auch solche Informationen an die Hand zu geben bzw. eine vorangestellte diesfällige Ermittlung aufzuerlegen, um die finale Entscheidung auf eine – abgesehen von der *wissenschaftlichen Unsicherheit* – insoweit umfänglichen Lagebeurteilung zu gründen.[1589]

1580 *Simon*, Kooperative Risikoverwaltung im neuen Lebensmittelrecht, S. 182; in Bezug auf das deutsche, technische Sicherheitsrecht insoweit durchaus vergleichbar: *Calliess*, DVBl. 2003, 1096, 1103; *Ossenbühl*, NVwZ 1986, 161, 168; *Dolde*, NVwZ 1986, 873, 881.

1581 Eben dies stellt der Wortlaut des Art. 7 Abs. 2 Satz 1 BasisVO („*unter Berücksichtigung der technischen und wirtschaftlichen Durchführbarkeit und anderer angesichts des betreffenden Sachverhalts für berücksichtigenswerte Faktoren*") ausdrücklich heraus.

1582 *Di Fabio*, ZLR 2003, 163, 171 f.; *Simon*, Kooperative Risikoverwaltung im neuen Lebensmittelrecht, S. 182.

1583 Siehe hierzu bereits *Röhrig*, Risikosteuerung im Lebensmittelrecht, S. 235 f.

1584 Zu `*Kosten*`-*Nutzen-Analysen* als Maßstab für Verwaltungsentscheidungen siehe insbesondere *Fehling*, VerwArch 2004, 443, 444.

1585 Mitteilung der Kommission über die Anwendbarkeit des Vorsorgeprinzips vom 02.02.2000, KOM (2000) 1 endg. Ziff. 6.3.4.

1586 Ähnlich *Scherzberg*, VVDStRL 63 (2004), S. 214, 231 f.

1587 So bereits *von Arnauld*, JZ 2000, 276, 278.

1588 *Winter*, KJ 2001, 300, 317; *Simon*, Kooperative Risikoverwaltung im neuen Lebensmittelrecht, S. 184, der ebd. in Fn. 849 einen Vergleich zur Automobilindustrie bzw. zum Straßenverkehr zieht.

1589 So *Simon*, Kooperative Risikoverwaltung im neuen Lebensmittelrecht, S. 184; *Winter*, KJ 2001, 300, 317; in der Mitteilung der Kommission über die Anwendbarkeit des Vorsorgeprinzips vom 02.02.2000, KOM (2000) 1 endg. Ziff. 6.3.4 wird diesbezüglich (zutreffend) ausgeführt: „*Die Gesellschaft ist nämlich unter Umständen bereit, zum Schutz eines von ihr*

Überdies verlangen *vorläufige Risikomanagementmaßnahmen*, deren Erlass aufgrund des Art. 7 BasisVO geboten erscheint und infolgedessen bevorsteht, in Anknüpfung an das *Kohärenzgebot,*[1590] einen sog. *Risikovergleich*[1591], der die *„Rationalität der Risikosteuerung und in seiner Komplexität auch ihre Grenzen“*[1592] verkörpern respektive die gleiche Behandlung vergleichbarer *Risiken* ermöglichen soll[1593]. Erwartungsgemäß umstritten ist in diesem Zusammenhang, wie weit eine solche Vergleichbarkeit reicht, mithin, ob nur lebensmittelbedingte *Risiken* eine solche Vergleichsgruppe bilden können oder auch darüber hinausgehende Sachverhalte – plakativ sei hier auf das Rauchen oder die Teilnahme am Straßenverkehr verwiesen – einzubeziehen sind.[1594]

Vor dem Hintergrund des wissenschaftszentrierten Ansatzes der *Risikobewältigung* im Lebensmittelrecht und insbesondere in der BasisVO[1595] würde man eigentlich annehmen dürfen, dass einzig verschiedene in abstrakter Hinsicht dargelegte *Möglichkeiten* der Realisierung einer *Gesundheitsschädlichkeit,* die einer *Risikoquelle* in Form einer *Gefahr* im Sinne des Art. 3 Nr. 14 BasisVO entstammen, Eingang in die diesfällige Betrachtung finden, was sich sodann allerdings nicht auch in der Praxis wiederspiegelt, sondern nebstdem in ganz prominenten *Vorsorgefällen* – die zugegebenermaßen aber zeitlich vor dem Inkrafttreten der BasisVO lagen – wie der BSE-Krise sehr umfangreiche Schutzmaßnahmen ergriffen wurden,[1596] obwohl die (subjektiv zwar als folgenschwer wahrgenommenen[1597]) gesundheitlichen Auswirkungen objektiv,

---

als wesentlich anerkannten Interesses – z. B. der Umwelt oder der Gesundheit – größere Opfer zu bringen.“.

1590 Zum Erfordernis der Beachtung des *Kohärenzgebotes* im Zusammenhang mit *Vorsorgefällen* siehe bereits *EuGH*, Urteil vom 01.04.2004 – C-286/02, Rn. 59, LMRR 2004, 33; *Meisterernst*, in: Sosnitza/Meisterernst (ehem. Zipfel/Rathke), Art. 7 BasisVO, Rn. 19; Mitteilung der Kommission über die Anwendbarkeit des Vorsorgeprinzips vom 02.02.2000, KOM (2000) 1 endg. Ziff. 6.3.3.

1591 Eine Darstellung verschiedener Modelle des sog. *Risikovergleichs* findet sich bei *Seiler*, Recht und technische Risiken, S. 223 ff.

1592 *Scherzberg*, VVDStRL 63 (2004), S. 214, 231; siehe hierzu auch *Stoll*, Sicherheit als Aufgabe von Staat und Gesellschaft, S. 340 f.

1593 Vgl. hierzu bereits *Di Fabio*, in: FS Ritter, S. 807, 824.

1594 Siehe hierzu *Simon*, Kooperative Risikoverwaltung im neuen Lebensmittelrecht, S. 185.

1595 Zum wissenschaftszentrierten Ansatz der BasisVO siehe bereits die Ausführungen unter Teil 1.A. sowie passim.

1596 Zu den aufgrund der BSE-Krise ergriffenen *Vorsorgemaßnahmen* siehe *Dominik Mayer*, Gesundheitsschutz in der Europäischen Gemeinschaft am Beispiel von BSE, S. 15 ff., insbesondere S. 19 ff.; *Robert Fischer*, Die Europäische Union auf dem Weg zu einer vorsorgenden Risikopolitik?, S. 156 ff.

1597 Zur verbraucherseitigen Risikowahrnehmung und deren Ambiguität im Vergleich zu dem tatsächlichen Risiko, siehe *Gelbert*, in: Leible/Meyer, Risiko als Thema des Lebensmittelrechts, S. 31, 34; allgemein in diesem Zusammenhang *Nöhle*, ZLR 2011, 263, 264 f.; siehe hierzu auch die Ausführungen unter Teil 3.A. I. 1.

wiederum im Vergleich zu den Effekten des Tabakkonsums, die eine deutlich schwächere *Vorsorge*behandlung erfahren, eher klein waren.[1598]

II. Die Relevanz auch anderer berücksichtigenswerter Faktoren

Ausweislich Art. 7 Abs. 2 BasisVO können respektive sollen neben den daselbst enumerativ aufgelisteten Aspekten, namentlich die *Verhältnismäßigkeit*, die nicht übermäßige *Beeinträchtigung des Handels* sowie die *technische* und *wirtschaftliche Durchführbarkeit* der Maßnahme,[1599] auch *andere angesichts des betreffenden Sachverhalts für berücksichtigenswert gehaltene Faktoren*, mithin solche, die Erwägungsgrund 19 zur BasisVO zu entnehmen sind,[1600] Eingang in die Frage des Ob und der Ausgestaltung *vorläufiger Risikomanagementmaßnahmen* aufgrund eines *Vorsorgeanlasses* finden. Eine vergleichbare Regelung lässt sich bereits in Art. 6 Abs. 3 BasisVO ersehen, der ‚allgemeine' Risikomanagementmaßnahmen in Bezug nimmt und für *Vorsorgefälle* ausdrücklich auf eben jene modifizierende Regelung des Art. 7 Abs. 2 BasisVO verweist.

Der wohl wesentlichste Unterschied in der Ausgestaltung der beiden Vorschriften liegt fraglos darin begründet, als dass nach der *allgemeinen* Bestimmung des Art. 6 Abs. 3 BasisVO die *anderen berücksichtigenswerten Faktoren* neben die *Ergebnisse der Risikobewertung* gestellt werden, wobei letzteren in Anbetracht der lebensmittelrechtlichen Zielsetzung eines *hohen Gesundheitsschutzniveaus* eine überbordende Vorrangstellung einzuräumen ist, soweit eine *Gesundheitsbeeinträchtigung* konstatiert wurde,[1601] während Art. 7 Abs. 2 BasisVO die ebendort genannten Elemente inklusive der *anderen für berücksichtigenswert gehaltenen Faktoren* als den alleinigen Maßstab statuiert, was infolge der *wissenschaftlichen Unsicherheit* der *Risikobewertung* bzw. dem damit einhergehenden Umstand, dass die *Risikomanagemententscheider* in *Vorsorgefällen* gerade nicht auf eine wissenschaftlich-fundierte Dezisionsgrundlage zurückgreifen können,[1602] nur konsequent erscheint.[1603]

Das *vorläufige Risikomanagement* nach Art. 7 BasisVO weist insofern gegenüber dem allgemeinen Fall eine wahrhaftig sehr viel stärker ausgeprägte *poli-*

1598 *Simon*, Kooperative Risikoverwaltung im neuen Lebensmittelrecht, S. 185 f.

1599 Diesbezüglich zur *Verhältnismäßigkeit* sowie zur *wirtschaftlichen* und *technischen Durchführbarkeit* siehe bereits die vorstehenden Ausführungen unter Teil 5.B.I.

1600 Siehe hierzu bereits die Ausführungen unter Teil 3.A.I.

1601 Siehe hierzu bereits die Schlussfolgerungen unter Teil 3.A.IV. sowie Teil 3.C.

1602 So auch *Grosche*, LMuR 2024, 2, 13, der plakativ formuliert: *„Während die politische Dimension des Risikomanagements im allgemeinen Fall durch die normative Kraft wissenschaftlicher Expertise latent bleibt, wird sie im Vorsorgefall prekär und durch die Rechtsfolgenregelung offenkundig."*.

1603 Darauf hindeutend auch Mitteilung der Kommission über die Anwendbarkeit des Vorsorgeprinzips vom 02.02.2000, KOM (2000) 1 endg. Ziff. 5.2.1.

tische Dimension auf,[1604] die sich von dem wissenschaftszentrierten Ansatz der BasisVO loslöst[1605] und dabei zu möglichen (Rechts-)Folgen führen kann, welche sodann – aus den verschiedensten Erwägungen[1606] – einerseits nur sehr zögerlich oder zurückhaltend, eventuell überhaupt nicht ergriffen werden, sich andererseits aber auch besonders weitreichend und intensiv zeitigen können[1607]. Gleichwohl hat eine solche Ausgestaltung freilich die oftmals inkonsistente gesellschaftliche Wahrnehmung entsprechender *Risiken*,[1608] seien sie noch so subjektiv bzw. medial bedingt, sowie die dazugehörigen öffentlichen Debatten in einem Maße einzubeziehen,[1609] welches die gewählten und getroffenen Mittel auf eine breite Akzeptanz zu stützen vermag[1610].

III. Die Arten vorsorgender Maßnahmen und das legislative Tätigwerden als politische Entscheidung

Obgleich Art. 7 BasisVO – ebenso wie Art. 6 Abs. 3 BasisVO[1611] – keine ausdrückliche Aufzählung respektive keinen Katalog in Betracht kommender *Vorsorgemaßnahmen* enthält, steht den relevanten Entscheidungsträgern doch ein diesbezüglich umfassendes Portfolio zur Verfügung, welches abhängig von der jeweiligen Art des *Risikos* und der *wissenschaftlichen Unsicherheit* sowie unter konsequenter Einhaltung der in Art. 7 Abs. 2 BasisVO manifestierten, eher streng gefassten, mithin auf die *Vorläufigkeit* gerichteten, besonderen Anforderungen,[1612] den Erlass eines entsprechenden *Rechtsaktes*, das Ergreifen konkret-individueller *Einzelakte* oder das bloße *Informieren über die möglichen negativen Folgen* genauso umfassen kann, wie die *Finanzierung weitergehender Forschungen* oder den Entschluss, überhaupt *nicht tätig* zu

1604 Diese politische Dimension erkennt zutreffend auch *VGH München*, Beschluss vom 25.04.2022 – 20 CS 22.230, Rn. 33, BeckRS 2022, 8512; siehe auch Mitteilung der Kommission über die Anwendbarkeit des Vorsorgeprinzips vom 02.02.2000, KOM (2000) 1 endg. Ziff. 5.2.1., in welcher sich die plakative Formulierung findet: *„Die Wahl der Antwort auf eine gegebene Situation stützt sich auf eine zutiefst politische Entscheidung, die abhängig ist von dem Risikoniveau, das die Gesellschaft als ‚akzeptabel' ansieht.“*.

1605 *Grosche*, LMuR 2024, 2, 13, der diesbezüglich auch von einer *„Flucht in den ‚Vorsorgefall'“* spricht; *Konrad*, ZLR 2023, 869, 870.

1606 *Streinz*, in: Streinz/Meisterernst, BasisVO/LFGB, Art. 7 BasisVO, Rn. 23.

1607 Siehe hierzu bereits die vorstehenden Ausführungen unter Teil 5.B. I. a. E.

1608 *Böhm*, ZLR 2005, 609, 609 f.; ebenso bereits *Calliess*, Rechtsstaat und Umweltstaat, S. 159 f.

1609 Zurückhaltend, im Ergebnis aber ebenso *Simon*, Kooperative Risikoverwaltung im neuen Lebensmittelrecht, S. 186.

1610 Vgl. *Schroeter*, ZLR 2005, 191, 196.

1611 Siehe hierzu die einleitenden Ausführungen unter Teil 3.B.

1612 Siehe hierzu die vorstehenden Ausführungen unter Teil 5.B. I. und II.

werden.[1613] Die gesamte Ausgestaltung des Art. 7 BasisVO weist mit großer Tendenz allerdings darauf hin, dass aufgrund der (noch) nicht verfügbaren wissenschaftlichen Dezisionsgrundlage, über welche sich die handelnden Akteure jederzeit im Klaren sein müssen,[1614] etwaige *Eingriffsmaßnahmen*, insoweit solche angedacht sind oder sich in Planung befinden, ein signifikantes Quantum an Dezenz und Sensibilität aufzuweisen haben bzw. jene sonach lediglich eine Ausnahme bilden sollen.[1615]

Dennoch zeigt die Entwicklung des Lebensmittelrechts insbesondere seit dem Erlass der BasisVO, dass einschlägige Rechtsakte, die auf solchen *Vorsorgekonstellationen* beruhen, zumindest nicht stets den exponierten Einzelfall darstellen,[1616] sondern mitunter beispielsweise zu zielgerichteten *legislativen Verboten* führen[1617] oder in ein mitunter auch auf Dauer angelegtes Zulassungssystem münden[1618] können.[1619] Freilich handelt es sich dabei zuvörderst um *politische Entscheidungen*,[1620] die häufig augenfällig und angezeigt sind, sich möglicherweise aber – so die doch berechtigte Kritik – gelegentlich als opportuner Aktionismus erweisen[1621] und insoweit die Gefahr besteht, dass die strikte *institutionelle Trennung* zwischen *Risikobewertung* und *Risikomanagement*[1622] respektive die darin wurzelnde, *„[latente] normative Kraft wissenschaftlicher Expertise"*[1623] ausgehebelt, dabei aber gleichwohl – was min-

1613 Mitteilung der Kommission über die Anwendbarkeit des Vorsorgeprinzips vom 02.02.2000, KOM (2000) 1 endg. Ziff. 5.2.2.; *Streinz*, in: Streinz/Meisterernst, BasisVO/LFGB, Art. 7 BasisVO, Rn. 16.

1614 So ausdrücklich Mitteilung der Kommission über die Anwendbarkeit des Vorsorgeprinzips vom 02.02.2000, KOM (2000) 1 endg. Ziff. 5.1.3.

1615 *Simon*, Kooperative Risikoverwaltung im neuen Lebensmittelrecht, S. 178 f.

1616 Diesbezüglich kritisch *Schroeter*, ZLR 2005, 191, 197.

1617 Beispielhaft sei hier auf das durch die italienische Regierung angestrebte Verbot von Laborfleisch verwiesen, welches auf Art. 7 BasisVO beruhen soll (https://www.faz.net/aktuell/italien-untersagt-die-produktion-von-laborfleisch-18784581.html [zuletzt abgerufen, am: 11.03.2024]).

1618 Siehe *Meisterernst*, Lebensmittelrecht, S. 32, der beispielhaft auf die Novel-Food-Verordnung verweist; zur Novel-Food-VO siehe bereits die Ausführungen unter Teil 3.B.IV.1.a.

1619 Siehe in diesem Zusammenhang auch *EuGH*, Urteil vom 19.01.2017 – C 282/15, LMuR 2017, 50 ff.

1620 *VGH München*, Beschluss vom 25.04.2022 – 20 CS 22.230, Rn. 33, BeckRS 2022, 8512; *Meisterernst*, ZLR 2017, 439, 444; *Streinz*, in: Streinz/Meisterernst, BasisVO/LFGB, Art. 7 BasisVO, Rn. 23.

1621 Exemplarisch hierzu *Grosche*, LMuR 2024, 2, 2 ff.; vgl. auch *Schroeder*, ZLR 2002, 275, 289.

1622 Zur *institutionellen Unabhängigkeit* der *Risikobewertung* siehe bereits die Ausführungen unter Teil 2.B. I.

1623 *Grosche*, LMuR 2024, 2, 13 bezeichnet dies zudem als *„Flucht in den ‚Vorsorgefall'"*; vgl. auch *EuG*, Urteil vom 09.09.2011 – T-257/07, Rn. 89, BeckRS 2013, 81862.

destens ebenso begreiflich anmutet – das von der Gesellschaft als *akzeptabel* angesehene *Risikoniveau* mit einbezogen wird[1624].

Dieses Spannungsfeld liegt zweifelsohne in den offen ausgestalteten *tatbestandlichen Voraussetzungen* des in Art. 7 Abs. 1 BasisVO statuierten *Vorsorgefalles* begründet, namentlich in der *wissenschaftlichen Unsicherheit*[1625] und der (bloßen) *Möglichkeit gesundheitsschädlicher Auswirkungen*[1626], die in vielerlei Fällen nur bedingt subsumierbar sind.[1627] Nichtsdestotrotz findet sich die Auflösung in den diesbezüglichen Regelungen zu den *besonderen Anforderungen an vorläufige Risikomanagementmaßnahmen*[1628] des Art. 7 Abs. 2 BasisVO, welche den *Risikomanagemententscheidern* vor dem Hintergrund der legitimerweise als komplex zu bezeichnenden wissenschaftlichen und wirtschaftlichen Zusammenhänge zwar einen *weiten Ermessensspielraum* hinsichtlich der Art und des Umfangs entsprechender Maßnahmen einräumen,[1629] dabei aber auch enge Leitplanken diktieren, welche einer gerichtlichen Überprüfung unterliegen.[1630]

Freilich vermag sich eine solche gerichtliche Kontrolle infolgedessen nur auf offensichtliche Beurteilungsmängel beschränken,[1631] die jedoch in *Vorsorgekonstellationen* – obgleich der *EuGH* zuletzt eine eher basale Prüfdichte hat erkennen lassen[1632] – die profunde Prüfung beinhalten kann, ob von Seiten des handelnden Organs *„sorgfältig und unparteiisch alle relevanten Gesichtspunkte des Einzelfalls untersucht [wurden], auf die die daraus gezogenen Schlussfolgerungen gestützt sind“*[1633].[1634]

Damit geht konsequenterweise einher, dass eine Abweichung von den Ergebnissen der *Risikobewertung* (die unter den gegebenen Umständen natürlich eine *wissenschaftliche Unsicherheit* aufweisen[1635]) oder von eigens hierfür ermittelten *Nutzen-Risiko-Abwägungen*, mittels derer insbesondere die *technische*

1624 Dies entspricht auch einer der Kernaussagen der Mitteilung der Kommission über die Anwendbarkeit des Vorsorgeprinzips vom 02.02.2000, KOM (2000) 1 endg. Ziff. 5.2.1.

1625 Siehe hierzu die vorstehenden Ausführungen unter Teil 5.A. I.

1626 Siehe hierzu die vorstehenden Ausführungen unter Teil 5.A.II.

1627 So auch *Holle*, ZLR 2004, 307, 310.

1628 Siehe hierzu die vorstehenden Ausführungen unter Teil 5.B. I.

1629 *EuGH*, Urteil vom 09.06.2005 – C-211/03 und C-299/03 und C-316/03 und C-317/03 und C-318/03, Rn. 75, LMRR 2005, 2; *Gärditz*, LMuR 2023, 331, 334 f.; *Michael Schröter*, ZERP 4/2002, 1, 25.

1630 Mitteilung der Kommission über die Anwendbarkeit des Vorsorgeprinzips vom 02.02.2000, KOM (2000) 1 endg. Ziff. 5.2.2.

1631 Mitteilung der Kommission über die Anwendbarkeit des Vorsorgeprinzips vom 02.02.2000, KOM (2000) 1 endg. Ziff. 5.2.2.; *Gärditz*, LMuR 2023, 331, 334 f.

1632 Vgl. hierzu *Leonelli*, CMLR 2021, 1845, 1861 f.

1633 So ausdrücklich *EuGH*, Urteil vom 22.12.2010 – C-77/09, Rn. 57, LMRR 2010, 69.

1634 *Grosche*, LMuR 2024, 2, 14.

1635 Siehe hierzu die vorstehenden Ausführungen unter Teil 5.A. I.

und *wirtschaftliche Durchführbarkeit* der *Vorsorgemaßnahme* erhoben wurde und in die gegebenenfalls auch *andere angesichts des betreffenden Sachverhalts für berücksichtigenswert gehaltene Faktoren* Eingang gefunden haben,[1636] einer besonderen Darlegung bedarf,[1637] die in übertragener Anlehnung an den Rechtsbegriff *actus contrarius*[1638] nicht hinter dem wissenschaftlichen Niveau eben jener (ursprünglichen) Erhebungen zurückbleiben darf.[1639] In einer solchen *besonderen Begründungspflicht* lässt sich sodann einerseits eine an die *Risikomanagemententscheider* adressierte *Warnfunktion* erblicken, welche diesen das Spezifikum des ihrerseits divergierenden Vorgehens vor Augen führt[1640] und gegenüber den Bürgern transparent macht[1641], andererseits ermöglicht jene eine gerichtliche Überprüfung (unvermeidlich) *politisch geprägter Vorsorgeentscheidungen* zumindest im Hinblick auf die *Stringenz* und *Folgerichtigkeit* der Willensbildung und Entscheidungsfindung[1642];[1643] selbstredend nur, insofern die Gerichtsbarkeit hiervon Gebrauch macht.

IV. Die behördlichen Befugnisse und lebensmittelunternehmerischen Pflichten in Vorsorgefällen

Soweit in legislativer Hinsicht Auslegungs- und Anwendungsschwierigkeiten im Zusammenhang mit der Konkretisierung des *Anforderungsmaßstabes an Vorsorgemaßnahmen* und der diesbezüglich korrespondierenden Möglichkei-

1636 Dies entspricht den in Art. 7 Abs. 2 BasisVO statuierten *besonderen Anforderungen an vorläufige Risikomanagementmaßnahmen*, siehe hierzu die vorstehenden Ausführungen unter Teil 5.B. I.

1637 *Meisterernst*, in: Sosnitza/Meisterernst (ehem. Zipfel/Rathke), Art. 7 BasisVO, Rn. 24.

1638 Es sei ausdrücklich darauf hingewiesen, dass der hier verwendete Rechtsbegriff „*actus contrarius*" keinesfalls technisch, sondern allenfalls plakativ und im übertragenen Sinne zu verstehen ist.

1639 Ähnlich bzw. in konsequenter Fortsetzung von *EuG*, Urteil vom 11.09.2002 – Rs. T-13/99, Rn. 199, LMRR 2002, 112 in dem lediglich auf wissenschaftliche Gutachten Bezug genommen wird, konkret: „*Will das Gemeinschaftsorgan von dem Gutachten abweichen, so muss es seine Begründung gegenüber der im Gutachten enthaltenen Beurteilung besonders begründen und dabei darlegen, aus welchen Gründen es von dem Gutachten abweicht. Das wissenschaftliche Niveau dieser Begründung muss dem des fraglichen Gutachtens zumindest ebenbürtig sein.*"; *Grosche*, LMuR 2024, 2, 7 f.

1640 Im weitesten Sinne ähnlich *Di Fabio*, in: FS Ritter, S. 807, 827 f.; deutlich schwächer formuliert *Simon*, Kooperative Risikoverwaltung im neuen Lebensmittelrecht, S. 184 in isoliertem Zusammenhang mit „*Kosten-Nutzen-Analysen*", die nach dessen Verständnis „*nur dazu beitragen [können, eine diesbezügliche Entscheidung] so informiert wie möglich zu treffen*", was aber doch eine *Warnfunktion* ebenso impliziert.

1641 *VGH München*, Beschluss vom 25.04.2022 – 20 CS 22.530, Rn. 33, NVwZ 2022, 810, 811 f.

1642 Zur *Folgerichtigkeit*, allerdings im Zusammenhang mit etwaigen *Risikovergleichen*, siehe *Simon*, Kooperative Risikoverwaltung im neuen Lebensmittelrecht, S. 184 f.

1643 Anders *Grosche*, LMuR 2024, 2, 14, der die diesbezügliche rechtliche Kontrolle allenfalls auf eine Plausibilitätsprüfung beschränkt sieht.

ten *judizieller Überprüfungen* sowie deren *Kontrolldichte* bestehen,[1644] liegt die Schwierigkeit auf Ebene der Rechtsdurchsetzung anders gelagert und betrifft die drängende Frage des exekutiven Umgangs mit *Vorsorgekonstellationen*, die wiederum mehrere Dimensionen aufweist. Erstens, da Art. 7 BasisVO augenscheinlich und konzeptibel auf das staatliche Tätigwerden ausgerichtet ist,[1645] welche konkreten *Handlungspflichten* dem Lebensmittelunternehmer in jenen Fällen obliegen,[1646] zweitens auf welche *Befugnisse* die zuständigen Behörden zurückgreifen können bzw. – damit unmittelbar verknüpft, gar vorgeschaltet – ob in Art. 7 BasisVO überhaupt eine ausreichend ausgestaltete *Rechtsgrundlage* zu erblicken ist[1647].

Diese Ungeklärtheiten fußen vornehmlich in der systematischen Verortung des Art. 7 BasisVO innerhalb des ersten Abschnittes des zweiten Kapitels der BasisVO, welcher (lediglich) die *allgemeinen Grundsätze des Lebensmittelrechts* statuiert, sowie in dessen als *„Vorsorgeprinzip"*[1648] formulierten amtlichen Überschrift, woraus mitunter gefolgert wird, dass sich nicht schon hieraus, d. h. aus einem bloßen *Rechtsprinzip*,[1649] bestimmte (behördliche) *Befugnisse*[1650] respektive (unternehmerseitige) *Handlungspflichten* ableiten lassen[1651], was prima facie und insoweit wiederum mit der offenen, nicht leicht subsumierbaren Tatbestandsstruktur der Norm korrespondiert,[1652] gleichzeitig aber doch deren Regelungsbedürfnis und Wortlaut, der in seinem Abs. 2 von *„Maßnahmen, die nach Absatz 1 getroffen werden"* spricht, partiell[1653] zuwiderläuft.[1654] Zu einer Entschärfung des Diskurses hat (jedenfalls auf mitgliedstaatlicher, deutscher Ebene) auch nicht die jüngere verwaltungsgerichtliche

1644 Siehe hierzu die vorstehenden Ausführungen unter Teil 5.B.III.

1645 Eben dies kann bereits der konzeptionellen Ausgestaltung der Mitteilung der Kommission über die Anwendbarkeit des Vorsorgeprinzips vom 02.02.2000, KOM (2000) 1 endg. insb. Ziff. 5.2.2 ebenso entnommen werden, wie Art. 7 BasisVO insgesamt; so auch *Möstl*, LMuR 2022, 513, 518.

1646 Dieses Problem erkennt zutreffend auch *Simon*, Kooperative Risikoverwaltung im neuen Lebensmittelrecht, S. 202 f.; ähnlich *Holle*, ZLR 2004, 307, 315; siehe hierzu die nachfolgenden Ausführungen unter Teil 5.B.IV.2.

1647 *Möstl*, LMuR 2022, 513, 513 f.; siehe hierzu die nachfolgenden Ausführungen unter Teil 5.B.IV.1.

1648 Äquivalent überschrieben in der englischen Sprachfassung mit *„Precautionary principle"*, in der französischen Sprachfassung mit *„Principe de précaution"*.

1649 Zum Begriff des *Rechtsprinzips* siehe *Arndt*, Das Vorsorgeprinzip im EU-Recht, S. 6 ff.

1650 Exemplarisch *Holle*, ZLR 2004, 307, 309 f.; ebenso *Möstl*, LMuR 2022, 513, 515 ff.

1651 So *Möstl*, LMuR 2022, 513, 518; tendenziell auch *Simon*, Kooperative Risikoverwaltung im neuen Lebensmittelrecht, S. 202 f.; *Grosche*, LMuR 2024, 2, 10.

1652 Siehe hierzu die vorstehenden Ausführungen unter Teil 5.A. sowie unter Teil 3.B.III.

1653 Dies zumindest im Hinblick auf behördliches Tätigwerden.

1654 So bspw. *Meisterernst*, in: Sosnitza/Meisterernst (ehem. Zipfel/Rathke), Art. 7 BasisVO, Rn. 14 f.

Rechtsprechung beigetragen, die in jenen Fragen ausgesprochen unterschiedlich verläuft.[1655]

1. Die behördlichen Befugnisgrundlagen und Befugnisse in Vorsorgefällen

Neben vorstehend genannter Provenienz der aufgeworfenen Problematik[1656] treten in Bezug auf die von behördlicher Seite in *Vorsorgefällen* ergreifbaren *Maßnahmen* mehrerlei erschwerende Umstände hinzu, die zudem eng miteinander verflochten sind und dementsprechend nicht isoliert voneinander betrachtet werden können, nämlich:[1657]

Erstens, mit Blick auf die konkrete Ausgestaltung des Art. 7 BasisVO selbst, dass dieser bemerkenswert offen geformt ist und sonach zwar in verschiedenen Kontexten wie bspw. als Auslegungsmaßstab im Rahmen von Einzelakten zu Geltung komme,[1658] aber eher auf legislatives Tätigwerden gerichtet zu sein scheint,[1659] nicht jedoch auf die Option, auch Einzelfallmaßnahmen darauf zu stützen.[1660] Oder anders formuliert, dass es sich hierbei nicht um eine Befugnisnorm handeln könne,[1661] da es der Norm an einer diesbezüglichen, rechtsfolgenseitigen Konkretisierung fehle[1662],[1663] obgleich ihr Abs. 2 *besondere Anforderungen an vorläufige Risikomanagementmaßnahmen* manifestiert.[1664]

1655 Eine ausführliche und übersichtliche Darstellung derselben findet sich bei *Möstl*, LMuR 2022, 513, 513 ff.; siehe hierzu auch die Ausführungen im Folgenden unter Teil 5.B.IV.1.

1656 Diese ist in der systematischen Verortung des Art. 7 BasisVO zu sehen sowie in dessen amtlicher Überschrift, siehe hierzu die vorstehenden, einleitenden Ausführungen unter Teil 5.B.IV. a. E.

1657 Die nachfolgenden Ausführungen sind vornehmlich geprägt durch und angelehnt an *Möstl*, LMuR 2022, 513, 513 ff.

1658 *Möstl*, LMuR 2022, 513, 516.

1659 Hierauf hindeutend *EuGH*, Urteil vom 19.01.2017 – C-282/15, Rn. 58 ff., LMuR 2017, 50, 53 f.; *Möstl*, LMuR 2022, 513, 516.

1660 *Holle*, ZLR 2004, 307, 309.

1661 So bspw. *Rathke*, in: Sosnitza/Meisterernst (ehem. Zipfel/Rathke), Art. 7 BasisVO, Rn. 3; ähnlich, allerdings (noch) in Bezug auf den Entwurf der BasisVO: *Köhler*, ZLR 2001, 191, 201.

1662 So *Möstl*, LMuR 2022, 513, 516, der hierbei einen Vergleich zu Art. 10 BasisVO bzw. Art. 137, 138 KontrollVO zieht.

1663 Demgegenüber wird Art. 7 BasisVO (wenn auch implizit) als eigenständige Befugnisgrundlage insbesondere herangezogen von: *OVG Hamburg*, Beschluss vom 08.06.2022 – 3 Bs 263/21, BeckRS 2022, 18421; *OVG Schleswig*, Beschluss vom 16.06.2022 – 3 MB 8/22, BeckRS 2022, 14330; *OVG Lüneburg*, Beschluss vom 08.08.2022 – 14 ME 203/22, BeckRS 2022, 19439; siehe hierzu *Möstl*, LMuR 2022, 513, 513 f.; *Voit*, LMuR 2012, 9, 23 erblickt indes ebenfalls eine ausreichende Befugnisnorm.

1664 Siehe hierzu die vorstehenden Ausführungen unter Teil 5.B. I. und III.

Zweitens, in Anknüpfung und Fortsetzung dessen, dass die regelmäßig im Rahmen von Einzelfallmaßnahmen zu beanspruchenden Art. 137, 138 KontrollVO, welche wiederum für sich ausreichende Befugnisgrundlagen darstellen[1665] und deren Heranziehung schließlich prima facie nahe liegt, gänzlich die *Feststellung* oder alternativ den *Verdacht* eines *Verstoßes* erfordern,[1666] ein solcher durch Art. 7 BasisVO allerdings weder positiv begründet wird,[1667] noch sich ein *Vorsorgeanlass* als *Verdacht*,[1668] der gerade nicht auf eine *wissenschaftliche Unaufklärbarkeit*,[1669] sondern auf eine *situative Ungewissheit* rekurriert,[1670] subsumieren lässt, jene also schon tatbestandlich nicht greifen.[1671] Um dies zu überbrücken, benötigt es eines Kunstgriffes, der darin besteht, Art. 7 BasisVO im Rahmen des Art. 14 BasisVO bzw. beide *i. V. m.* anzuwenden,[1672] da letzterer wiederum einen tatbestandlich notwendigen *Verstoß* erfasst, was allerdings den strukturellen Unterschieden jener Normen deutlich widerspricht.[1673]

Drittens, sofern man die besagte Verknüpfung mit Art. 14 BasisVO und den damit verbundenen Vollzug über Art. 137, 138 BasisVO weiterdenkt, dass sodann der dortige „*Rechtsfolgenautomatismus*"[1674] in Form eines strikten Verkehrsverbotes[1675] (der die Ermessensausübung im Kontext der Art. 137, 138 KontrollVO auf Null reduziert[1676]) nicht mit den offen ausgestaltbaren – häu-

1665 *Pullner*, BayZR 2023, 54, 55; *Möstl*, in: Möstl/Purnhagen, Maßnahmen und Sanktionen im Lebensmittelrecht, S. 49, 53.

1666 Siehe hierzu die Ausführungen unter Teil 3.B.III.2.

1667 Dies im Hinblick auf Art. 138 KontrollVO.

1668 Dies im Hinblick auf Art. 137 KontrollVO.

1669 So die wesentliche Tatbestandsvoraussetzung der *wissenschaftlichen Unsicherheit* im Rahmen des Art. 7 BasisVO.

1670 Siehe hierzu die vorstehenden Ausführungen unter Teil 5.A. I.

1671 Anders *VGH München*, Beschluss vom 25.04.2022 – 20 CS 22.530, Rn. 27, NVwZ 2022, 810, 810, der explizit auf Art. 138 KontrollVO abstellt.

1672 So *VGH München*, Beschluss vom 25.04.2022 – 20 CS 22.530, Rn. 27 ff., insbesondere in der Zusammenschau der Rn. 27 und 31, NVwZ 2022, 810, 810 f.; siehe hierzu bereits die Schlussfolgerungen unter Teil 4.B.IV.

1673 Bezeichnend ist, dass der *VGH München* jene strukturellen Unterschiede erkennt und sich dementsprechend selbst widerspricht, siehe *VGH München*, Beschluss vom 25.04.2022 – 20 CS 22.530, Rn. 32 ff. ggü. Rn. 27 f., NVwZ 2022, 810, 810 ff.; überdies betonen diese materielle Divergenz zwischen Art. 7 und Art. 14 BasisVO auch: *OVG Schleswig*, Beschluss vom 16.06.2022 – 3 MB 8/22, Rn. 22, BeckRS 2022, 14330; *OVG Lüneburg*, Beschluss vom 08.08.2022 – 14 ME 203/22, Leitsatz 2 i. V. m. Rn. 21 ff., BeckRS 2022, 19439; keine materiellen Unterschiede konstatiert hingegen *OVG Hamburg*, Beschluss vom 08.06.2022 – 3 Bs 263/21, Rn. 24 i. V. m. Rn. 34 ff., insbesondere Rn. 38, BeckRS 2022, 18421.

1674 *Möstl*, LMuR 2022, 513, 516.

1675 Siehe hierzu bereits die einleitenden Ausführungen zu Teil 4.

1676 *Meisterernst/Neusch*, ZLR 2022, 528, 532.

fig auch politisch bedingten[1677] – Rechtsfolgen des Art. 7 BasisVO[1678] d'accord geht, weshalb es einer weiteren, über die insoweit eindeutigen Wortlaute der Art. 14 BasisVO und Art. 137, 138 KontrollVO hinausgehenden Modifizierung bedarf, die ein sog. *Zurückschrauben* der *„in Art. 14 BasisVO angelegten Rechtsfolgen strikt auf dasjenige Maß“*[1679] beinhaltet, welches in Vorsorgefällen gestattet ist.[1680]

Diese ineinandergreifenden, intrikaten Problemstellungen, denen die verwaltungsgerichtliche Rechtsprechung in löblicher Weise versucht hat, mit praktikablen Maßstäben zu begegnen, ließen sich in simpelster Weise durch die Ergänzung einer explizit darauf gerichteten Befugnisnorm, bspw. in Form eines (de lege ferenda) erweiternden Art. 138a KontrollVO,[1681] zumindest insoweit bereinigen,[1682] als dass die Frage nach der heranzuziehenden Rechtsgrundlage obsolet würde.

Gleichwohl drängt sich doch die Frage auf, ob es einer solchen – ebenso wie der soeben dargestellten, leicht angreifbaren Umwege über Art. 14 BasisVO und Art. 137, 138 KontrollVO – überhaupt bedarf, da Art. 7 BasisVO gerade *Vorsorgeanlässe* einer rechtlichen Behandlung zuführen möchte, denen aufgrund ihrer *wissenschaftlichen Unsicherheit* bzw. der damit einhergehenden, schwerlich bis nicht erhebbaren Dezisionsgrundlage jene fehlende Greif- und Konkretisierbarkeit immanent ist. Oder anders und komplettierend ausgedrückt: sowohl der Kern als auch das Regelungsbedürfnis des Art. 7 BasisVO zielt final auf jene Fallkonstellationen ab, in denen einerseits zwar (noch) keine ausreichenden *epistemisch-prognostischen Erkenntnisse* betreffend einer *Gesundheitsschädlichkeit* vorliegen, aber bereits einschlägige Anhaltspunkte hinsichtlich der diesfälligen *Möglichkeit* konstatiert wurden, andererseits jedoch – was auf vielerlei Erwägungen zurückgeführt werden kann, insbeson-

1677 Interessanterweise verkennt *OVG Hamburg*, Beschluss vom 08.06.2022 – 3 Bs 263/21, Rn. 46 f., BeckRS 2022, 18421 diese *politische Komponente* vollständig bzw. geht sogar soweit, dass es Art. 7 und 14 BasisVO hinsichtlich der *Ermessensausübung* als *„eng beieinanderliegen[d]“* bezeichnet und einen hiesigen *Austausch der Ermessenserwägungen* nicht als *Wesensveränderung* charakterisiert, gleichzeitig aber Art. 7 implizit als *eigenständige Ermächtigungsgrundlage* begreift, was schon für sich einen inneren Wertungswiderspruch darstellt.

1678 Siehe hierzu die vorstehenden Ausführungen unter Teil 5.B.I. und III. sowie die Ausführungen unter Teil 3.B.III.3.a.

1679 So die zutreffende, pointierte Zusammenfassung von *Möstl*, LMuR 2022, 513, 517.

1680 Zutreffend insoweit *OVG Schleswig*, Beschluss vom 16.06.2022 – 3 MB 8/22, Rn. 23 f., BeckRS 2022, 14330.

1681 Ebenso käme (sodann allerdings nur für die deutsche Ebene, was die unionsweit reichende Problematik nicht bereinigt) die Einfügung eines Absatzes 4a in § 39 LFGB in Betracht.

1682 So auch ausdrücklich *Möstl*, LMuR 2022, 513, 518 sowie 519.

dere auf die gesellschaftliche Lage oder den darauf beruhenden öffentlichen Druck – ein Zuwarten nicht statthaft erscheint.[1683]

Schon daraus folgt, dass Art. 7 BasisVO eine Regelungssystematik sui generis verkörpert, die *fehlende wissenschaftliche Erkenntnis* mit *außerrechtlichen Umständen* verquickt[1684] und dementsprechend nach einem eigenen Maßstab verlangt, der sich zugleich in dortigem Abs. 2 wiederfindet, welcher die diesfälligen *besonderen Anforderungen* auf eine Weise statuiert, als dass sich die zu ergreifenden Maßnahmen innerhalb jener engen und zugleich beweglichen Leitplanken bewegen müssen. Freilich kann daraus die weitreichende Annahme folgen, Art. 7 BasisVO sei allenfalls *„als Handlungsauftrag an den Gesetzgeber und Ermessensdirektive für die Exekutive und somit als Staatszielbestimmung einzuordnen"*[1685], was aber der innewohnenden Regelungsbegehr auch oder vor allem nach der schnellen Handhabbarkeit entsprechender Sachlagen[1686] widerspricht und sich mit Blick auf die behördlicherseits durchaus leistbare *besondere politische Ermessensausübung*[1687] und das damit verbundene *Begründungserfordernis*[1688], welches zudem einer gerichtlichen Überprüfbarkeit unterliegt, überbrücken lässt, sodass bereits in Art. 7 BasisVO selbst eine für die Exekutive anwendbare Eingriffs- respektive Befugnisnorm zu erblicken ist,[1689] die im Rahmen der Rechtsanwendung allerdings eine gewisse – keineswegs geringe – Anstrengung postuliert.

2. Die lebensmittelunternehmerischen Handlungspflichten in Vorsorgefällen

Vor dem Hintergrund des Art. 17 BasisVO, der den staatlichen Stellen ausweislich des dortigen Abs. 2 eigentlich nur eine *sekundäre „Kontroll- und Gewährleistungsverantwortung"*[1690] auferlegt[1691] und die Verantwortlichkeit

---

1683 Siehe hierzu die vorstehenden Ausführungen unter Teil 5. passim.

1684 Zu dieser Verquickung siehe *Grosche*, LMuR 2024, 2, 7 ff.

1685 *Holle*, ZLR 2004, 307, 309; ähnlich, allerdings (noch) in Bezug auf den Entwurf der BasisvO *Köhler*, ZLR 2001, 191, 201.

1686 Eben dies entspricht dem Grundtenor des Art. 7 BasisVO; siehe im weiteren Sinne hierzu *Gelbert*, Die Risikobewältigung im Lebensmittelrecht, S. 43 ff. und 48 ff.; implizit auch *EuGH*, Urteil vom 02.12.2004 – C-41/02, Rn. 52, EuZW 2005, 53, 56.

1687 Diese auch anerkennend *Möstl*, LMuR 2022, 513, 517; ähnlich *Meisterernst/Neusch*, ZLR 2022, 528, 532 f.

1688 Siehe hierzu *VGH München*, Beschluss vom 25.04.2022 – 20 CS 22.530, Rn. 33, NVwZ 2022, 810, 811 f.

1689 So auch *Meisterernst*, in: Sosnitza/Meisterernst (ehem. Zipfel/Rathke), Art. 7 BasisVO, Rn. 5.

1690 *Rudi Lang*, BayZR 2021, 78, 80; *Binnemann*, ZLR 2003, 518, 519.

1691 Zu dem Zusammenspiel zwischen Lebensmittelunternehmern und zuständigen Behörden siehe *Gundel*, § 8 Lebensmittelrecht, in: Ruffert (Hrsg.), Europäisches Sektorales Wirtschaftsrecht, S. 557, 601.

betreffend der *Einhaltung der Anforderungen des Lebensmittelrechts* gemäß Abs. 1 *primär* den Lebensmittelunternehmern zuweist,[1692] folgt denknotwendigerweise die Frage, welche *konkreten Handlungspflichten* Letzteren in *Vorsorgekonstellationen* obliegen. Art. 7 BasisVO selbst, der allein auf staatliches Tätigwerden ausgerichtet ist[1693] und eine diesbezügliche *politisierte Ermessensbetätigung* erfordert,[1694] die von unternehmerischer Seite schlicht nicht erwartbar ist,[1695] bietet ebenso wenig eine entsprechende Regelungsaussage wie das kursorisch ausgestaltete Pflichtenprogramm des Art. 17 Abs. 1 BasisVO,[1696] sodass etwaige Bestimmungen einer anderen Provenienz bedürfen.[1697]

Prima facie kommt hierbei lediglich Art. 19 BasisVO in Betracht,[1698] der in seinem Abs. 1 eine *Rücknahme-* respektive *Rückrufpflicht* für Fälle statuiert, in denen er *Grund zu der Annahme* hat (*epistemische Komponente*),[1699] dass ein durch ihn *in den Verkehr gelangtes* Lebensmittel nicht den *Anforderungen an die Lebensmittelsicherheit* entspricht (*materielle Komponente*)[1700]. Wenngleich die Heranziehung jener Vorschrift regelmäßig wohl nicht an seiner sehr unterschwellig ausgestalteten *epistemischen* Voraussetzung, die lediglich die *Kenntnis konkreter Umstände* gebietet,[1701] scheitert, vermag sie jedoch nicht auch das unmittelbar an Art. 14 BasisVO anknüpfende *materielle* Tatbestandsmerkmal zu erfüllen, da sich *Vorsorgekonstellationen* explizit von diesen unterscheiden[1702].[1703] Dementsprechend käme allenfalls eine auf Art. 19 Abs. 3 BasisVO gestützte Pflicht zur *Information* der zuständigen Überwachungsbehörden darüber in Frage, diese über eigene Erkenntnisse oder Annahmen

1692 Siehe hierzu bereits die Ausführungen unter Teil 3.B.II.1.

1693 Eben dies kann bereits der konzeptionellen Ausgestaltung der Mitteilung der Kommission über die Anwendbarkeit des Vorsorgeprinzips vom 02.02.2000, KOM (2000) 1 endg. insb. Ziff. 5.2.2 ebenso entnommen werden, wie Art. 7 BasisVO insgesamt; so auch *Möstl*, LMuR 2022, 513, 518; anders *Meisterernst*, Lebensmittelrecht, S. 34.

1694 Siehe hierzu bereits die vorstehenden Ausführungen unter Teil 5.B.III. und IV.1.

1695 So auch *Möstl*, LMuR 2022, 513, 518.

1696 Siehe hierzu bereits die einleitenden Ausführungen unter Teil 3.B.II.1.

1697 In diesbezüglichem Hinblick auf Art. 17 BasisVO siehe *van der Meulen/Gregor*, ZLR 2007, 265, 272; *Streinz*, in: Streinz/Meisterernst, BasisVO/LFGB, Art. 7 BasisVO, Rn. 15 weist zutreffend darauf hin, dass freilich auch in einem aufgrund des Art. 7 BasisVO erlassenem Rechtsakt eine etwaige Handlungspflicht für den Lebensmittelunternehmer besonders manifestiert werden kann.

1698 Siehe hierzu bereits die Ausführungen unter Teil 3.B.II.2.

1699 Siehe hierzu die Ausführungen unter Teil 3.B.II.2.c.

1700 Siehe hierzu die Ausführungen unter Teil 3.B.II.2.b.

1701 *Rathke*, in: Sosnitza/Meisterernst (ehem. Zipfel/Rathke), Art. 19 BasisVO, Rn. 14; etwas weitergehender *Gorny*, Kommentar zur VO (EG) Nr. 178/2002, Rn. 346.

1702 Siehe zu dieser Unterschiedlichkeit die Ausführungen unter Teil 3.B.II.2.b. sowie unter Teil 5.A.

1703 So tendenziell auch *Möstl*, LMuR 2022, 513, 518, der dies aber auf eine *„nicht (...) hinreichend belegbar[e] Wahrscheinlichkeit“* stützt; anders *Meisterernst*, Lebensmittelrecht, S. 34.

ungewisser, aber *möglicher gesundheitsschädlicher Wirkungen* ins Bild zu setzen,[1704] was Letztgenannte wiederum zu weiteren Erhebungen veranlassen würde und insoweit mit Art. 19 Abs. 4 BasisVO d'accord geht.

C. Schlussfolgerungen

Den vorstehenden Ausführungen zu dem rechtlichen Umgang mit *Vorsorgefällen* auf Grundlage des Art. 7 BasisVO sowie dessen Einbettung in das System der lebensmittelrechtlichen *Risikoanalysen* lassen sich interessante Erkenntnisse entnehmen. Hierbei sei zuvörderst hervorgehoben, dass sich die rechtliche Behandlung derselben von dem ansonsten in der BasisVO determinierten wissenschaftszentrierten Ansatz diametral unterscheidet, was sich sowohl innerhalb der tatbestandlichen Voraussetzungen als auch in der Heranziehung und Ausgestaltung der entsprechenden Rechtsfolgen niederschlägt.

Denn während der Erlass oder das Ergreifen einschlägiger *Risikomanagementmaßnahmen* tatbestandlicherseits regelmäßig das Bestehen einer fundierten Dezisionsgrundlage erfordert,[1705] bezieht sich Art. 7 Abs. 1 BasisVO gerade auf solche Sachverhalte, die weder in *materieller* noch in *epistemisch-prognostischer* Hinsicht an eine solche heranreichen[1706] und überdies für sich betrachtet jeweils Schwierigkeiten bezüglich ihrer Subsumierbarkeit aufweisen,[1707] insbesondere mit Blick auf die Abgrenzung zu Art. 14 Abs. 2 lit. a i. V. m. Abs. 4 BasisVO, was wiederholt zu gewissen Kalamitäten in der Rechtsanwendung geführt hat[1708]. Daneben weist die Norm rechtsfolgenseitig eine erhebliche Ambivalenz auf,[1709] da sie einerseits zugunsten der relevanten Akteure, bei welchen es sich ausschließlich um staatliche Stellen handeln kann, nicht jedoch um private Lebensmittelunternehmer,[1710] eine enorme Anwendungsoffenheit einräumt, andererseits in ihrem Abs. 2 aber enge Leitplanken statuiert,[1711] mit denen ein zumindest nicht unerheblicher Ausgestaltungsaufwand einhergeht[1712]. Demgegenüber stehen jedoch die auffallenden Besonderheiten diesfälliger Konstellationen, die von solchen Unwägbarkeiten und mitunter stark politisch geprägten Bedürfnissen beeinflusst sind, als dass sie kaum –

1704 So auch *Möstl*, LMuR 2022, 513, 518.
1705 Siehe hierzu bereits die Schlussfolgerungen unter Teil 3.C.
1706 Siehe hierzu die vorstehenden Ausführungen unter Teil 5.A.
1707 Siehe hierzu vornehmlich die Ausführungen unter Teil 5.B.IV.1.
1708 Hierzu sei auf die augenfällig unterschiedlich ergangene Rechtsprechung verwiesen, siehe hierzu Teil 5.B.IV.1. m. w. N.
1709 Siehe hierzu die vorstehenden Ausführungen unter Teil 5.B.III.
1710 Siehe hierzu die vorstehenden Ausführungen unter Teil 5.B.IV.2.
1711 Siehe hierzu die vorstehenden Ausführungen unter Teil 5.B.I.
1712 Siehe hierzu die vorstehenden Ausführungen unter Teil 5.B.I. in der Zusammenschau mit Teil 5.B.III.

d. h. in einem nicht greifbar geringem Maße[1713] – in einer konkretisierteren Form Eingang in Art. 7 BasisVO oder eine vergleichbare Vorschrift finden könnten. Doch gerade in dieser Ambiguität lässt sich auch das *deus ex machina* erblicken, da entsprechende *Vorsorgefälle* – soweit sie eben noch nicht auf eine aussagefähige *Risikobewertung* zu rekapitulieren vermögen – völlig unstreitig dennoch einer staatlicherseitigen Behandlung bedürfen.[1714] Im Einzelnen:

Die Frage des Ob und des Wie der Anwendung des Art. 7 BasisVO stellt vor dem Hintergrund, dass es überhaupt *tatsächlicher Anhaltspunkte* hinsichtlich einer *Gesundheitsschädlichkeit* bedarf[1715] demzufolge zwar *keine rein politische*, aber eine hiervon *evident indoktrinierte Entscheidung* dar.[1716] Eben diese hat sodann nämlich zwingend (erstens) in einer in sich *folgerichtigen, schlüssigen, begründeten* und *verhältnismäßigen* Weise zu ergehen, worin sich zugleich eine ungeschriebene, aber implizit mitschwingende *politische Komponente* erblicken lässt, die zudem (notwendigerweise, zweitens) gerichtlich überprüfbar ist; insbesondere auf die Frage hin, ob die mit den gewählten Mitteln verbundenen Eingriffe in grundrechtlich geschützte Positionen gerechtfertigt sind.[1717]

Diese politische *Komponente* respektive *Kompetenz* greift allerdings nur solange und soweit tatsächlich *wissenschaftliche Unsicherheit* besteht[1718] – auch dabei handelt es sich um ein justiziables Merkmal – bzw. verwirkt just ihre Berechtigung, sobald kraft einer *Risikobewertung* aussagefähige Ergebnisse requiriert wurden, ganz gleich ob sich die *Möglichkeit gesundheitsschädlicher Auswirkungen* dadurch erhärtet oder entkräftet – was notwendigerweise zu unterschiedlichen Konsequenzen führt: sodann entweder den Erlass einer *finalen Maßnahme* oder die Aufhebung der *vorläufigen*. Insoweit korrespondiert dies auch mit dem Gebot der *regelmäßigen Revision* und der bloß *vorläufigen Ausgestaltbarkeit* der Aktionen bzw. hebt implizit den wissenschaftszentrierten Ansatz der BasisVO dergestalt hervor, wonach von *wissenschaftlichen Erkenntnissen* nur dann in nachvollziehbarer, rechtskonformer Weise abgewichen werden kann und darf, wenn und soweit diese nicht vorliegen.

Freilich bleibt hiernach noch die Abgrenzungsschwierigkeit zwischen entsprechenden *Vorsorgefällen* und sog. *klassischen Fällen* der *Gesundheitsschäd-*

1713 Siehe hierzu die vorstehenden Ausführungen unter Teil 5.B.IV.1. in der Zusammenschau mit Teil 5.B.III.

1714 Siehe hierzu die vorstehenden Ausführungen unter Teil 5.B.II. und III.

1715 Siehe hierzu die vorstehenden Ausführungen unter Teil 5.A.II.

1716 Siehe hierzu die vorstehenden Ausführungen des Teils 5. passim.

1717 Siehe hierzu die vorstehenden Ausführungen unter Teil 5.B.III.

1718 Siehe hierzu die vorstehenden Ausführungen unter Teil 5.A.I.

lichkeit aufgrund des Art. 14 Abs. 2 lit. a BasisVO prima facie ungeklärt,[1719] die sich wohl mit *objektiven* oder *materiellen Maßstäben* nicht oder nur schwerlich auflösen lässt, aber unter Heranziehung der prozeduralen Auswahlentscheidung durch die staatlichen *Risikomanagemententscheider*, auf welches Regime zurückgegriffen werden soll, jedenfalls in Bahnen lenken lässt, konkret: Das Votum, ob eine hoheitliche Maßnahme auf Art. 14 Abs. 1 i. V. m. Abs. 2 lit. a BasisVO, inklusive der dort geregelten strikten Rechtsfolge,[1720] zu stützen ist, obliegt ausschließlich diesen, bedingt aber konsequenterweise den Nachweis einer zumindest *wahrscheinlichen Gesundheitsschädlichkeit*.[1721] Gelingt ein diesfälliger Nachweis nicht, kommen dennoch Maßnahmen aufgrund des Art. 7 BasisVO in Betracht, die sodann allerdings einer ganz anders gelagerten Begründungspflicht unterliegen,[1722] was wiederum die *politische Dimension* derlei *Vorsorgekonstellationen* unterstreicht.

1719 Siehe hierzu die vorstehenden Ausführungen unter Teil 5.A. in der Zusammenschau mit Teil 4.A.VI.

1720 Siehe hierzu bereits die einleitenden Ausführungen zu Teil 4.

1721 Siehe hierzu bereits die Ausführungen unter Teil 4.B.

1722 Siehe hierzu die vorstehenden Ausführungen unter Teil 5.B. I. und III.

Teil 6 Zusammenfassung der Ergebnisse – Thesen

Im Rahmen der vorstehenden Untersuchung wurde deutlich, dass die in der BasisVO verwendeten, höchstrelevanten Rechtsbegriffe im Zusammenhang mit der *Risikoanalyse*, der *Lebensmittelsicherheit* und der *Vorsorge* auch mehr als zwei Dekaden nach dem Erlass des Rechtsaktes zwar noch mit erheblichen Auslegungs- und Applikationsproblemen belegt sind, bei entsprechender Lesart allerdings doch eine in sich stimmige Anwendung ermöglichen. Diese hier entwickelte Konzeption lässt sich in folgenden *Hauptaussagen* (Thesen) zusammenfassen:

These 1: Der *Risikobegriff* aus Art. 3 Nr. 9 BasisVO beinhaltet ipso iure keine *Eingriffsschwelle* zum behördlichen oder unternehmerischen Tätigwerden,[1723] sondern beschreibt als Ergebnis der *Risikobewertung* gemäß Art. 3 Nr. 11 BasisVO lebensmittelbedingte *Risiken* lediglich in ihrer Gesamtheit,[1724] um dem *Risikomanagement* eine wissenschaftlich fundierte Entscheidungsgrundlage zur Verfügung zu stellen[1725].

These 2: Das staatlicherseits zu vollziehende lebensmittelrechtliche *Risikomanagement* auf Grundlage des Art. 6 Abs. 3 BasisVO stellt eine vornehmlich politische Entscheidung dar, die sich vor dem Hintergrund des wissenschaftszentrierten Ansatzes der BasisVO allerdings auf eine wissenschaftliche Basis stützen muss und sich insbesondere aufgrund des in Art. 5 Abs. 1 BasisVO statuierten Primärziels *eines hohen Maßes an Schutz für das Leben und die Gesundheit der Menschen* vorrangig und zwingend daran zu orientieren hat, ob *gesundheitliche Auswirkungen* zu befürchten sind.[1726] Sog. *andere berücksichtigenswerte Faktoren* finden in solche Entscheidungen nur insoweit Eingang, wie sie nicht durch *gesundheitsbeeinträchtigende Auswirkungen* überlagert werden, können gleichwohl allerdings den Ausgangspunkt für strengere oder weitergehende Anforderungen bilden.[1727]

These 3: Die *Schwelle* zur Verpflichtung des staatlichen respektive lebensmittelunternehmerischen Tätigwerdens im Zusammenhang mit

1723 Siehe hierzu die Schlussfolgerungen unter Teil 3.C.

1724 Siehe hierzu die Schlussfolgerungen unter Teil 2.B.IV., unter Teil 2.C. sowie unter Teil 3.C.

1725 Siehe hierzu die Schlussfolgerungen unter Teil 2.C. a. E. sowie unter Teil 3.C.

1726 Siehe hierzu vornehmlich die Schlussfolgerungen unter Teil 3.C.

1727 Siehe hierzu vornehmlich die Zusammenfassung und Schlussfolgerungen unter Teil 3.B.IV.3.

lebensmittelbedingten *Risiken* bedarf konkretisierter tatbestandlicher Anforderungen, die sich als sog. *qualifizierte Risiken*[1728] in den entsprechenden Vorschriften der BasisVO wiederfinden und insoweit, auch mit Blick auf deren Rechtsfolgen, eine abgestufte Systematik aufweisen.

These 4: Die jeweiligen *materiellen Komponenten* des *Risikobegriffes* aus Art. 3 Nr. 9 BasisVO in Form der *Gesundheitsbeeinträchtigung* und des Art. 14 Abs. 2 lit. a i. V. m. Abs. 4 BasisVO in Form der *Gesundheitsschädlichkeit* weisen einen unterschiedlichen Bedeutungsgehalt auf,[1729] da es sich bei Letzterer um eine *materiell gesteigerte Gesundheitsbeeinträchtigung* handelt.[1730]

These 5: Das Merkmal der *Verzehrsungeeignetheit* aus Art. 14 Abs. 2 lit. b i. V. m. Abs. 5 BasisVO beinhaltet ein normativ statuiertes, *sachliches Risiko*,[1731] welches ausschließlich an *objektive* respektive *gegenständliche Umstände* (konkret: an eine *stoffliche Veränderung* oder alternativ eine *Kontamination* des Lebensmittels) anknüpft, die sich – ohne selbst eine solche tatbestandlich vorauszusetzen – nach lebensnaher Erfahrung ad hoc zu einer *Gesundheitsschädlichkeit* entwickeln können[1732].[1733]

These 6: *Vorläufige Risikomanagementmaßnahmen* der zuständigen staatlichen Stellen in sog. *Vorsorgefällen*[1734] können unmittelbar auf Art. 7 BasisVO gestützt werden, der insoweit eine *taugliche Befugnisgrundlage* sui generis darstellt und dem diesbezüglich eine stark *politisch geprägte Entscheidung*[1735] zugrunde liegt, welche sich von dem wissenschaftszentrierten Ansatz der BasisVO insoweit abhebt, so lange (noch) keine fundierte wissenschaftliche *Risikobewertung* möglich[1736] ist.

These 7: Die Abgrenzung zwischen der (*wahrscheinlichen*) *Gesundheitsschädlichkeit* i. S. d. Art. 14 Abs. 2 lit. a i. V. m. Abs. 4 BasisVO und

---

1728 Solche *konkretisierten* bzw. *qualifizierten Risikobegriffe* finden sich (explizit) in Art. 10 BasisVO (siehe unter Teil 3.B.III.3.a.), in Art. 50 BasisVO (siehe unter Teil 3.B.III.3.b.), in Art. 53 BasisVO (siehe unter Teil 3.B.III.4.), sowie (implizit) in Art. 14 BasisVO (unter Teil 4) und Art. 19 BasisVO (unter Teil 3.B.II.2.).

1729 Hierauf hindeutend bereits die Schlussfolgerungen unter Teil 2.A.VI. und Teil 2.B.IV.

1730 Siehe hierzu die Schlussfolgerungen unter Teil 4.B.IV. sowie unter Teil 4.D.

1731 Siehe hierzu die Schlussfolgerungen unter Teil 4.D.

1732 Siehe hierzu die Schlussfolgerungen unter Teil 4.C.III.

1733 Siehe hierzu die Schlussfolgerungen unter Teil 4.D.

1734 Siehe hierzu die Ausführungen unter Teil 5.A.

1735 Siehe hierzu die Ausführungen unter Teil 5.B. I. und II.

1736 Siehe hierzu die Schlussfolgerungen unter Teil 5.C.

der *Möglichkeit gesundheitsschädlicher Auswirkungen* i.S.d. Art. 7 Abs. 1 BasisVO erfolgt einerseits zwar anhand des Kriteriums der *wissenschaftlichen Unsicherheit*,[1737] unterliegt andererseits aber – soweit diese besteht – einer gerichtlich überprüfbaren *Beurteilungsprärogative* der zuständigen Behörden, denen im Falle der Dezision in Richtung des einen oder anderen Regelungsregimes eine diesfällige *Begründungspflicht* hinsichtlich der jeweiligen Anforderungen obliegt.[1738]

These 8: Die *konkretisierten Risikobegriffe*[1739] im Rahmen der Art. 10, 50, 53, 14 und 19 BasisVO[1740] weisen eine große Nähe und Vergleichbarkeit zu den im Rahmen des deutschen Polizeirechts verwendeten *Gefahrenbegriffen*[1741] auf, da sie (erstens) die jeweilige *Eintrittswahrscheinlichkeit* mit den *gesundheitlichen Auswirkungen* in *Funktion* setzen und hierbei (zweitens) eine *qualifizierte Eingriffs-* respektive Tätigkeitsschwelle beinhalten, indem sie entweder *allein, alternativ* oder *kumulativ* gesteigerte *prognostische* bzw. *materielle Anforderungen* an das konstatierte *Risiko* stellen, sowie (drittens) in diesbezüglich eigens *präzisierte Rechtsfolgen* münden.

These 9: Die Behandlung entsprechender *Vorsorgefälle* nach Maßgabe des Art. 7 BasisVO weist eine große Ähnlichkeit zu dem Umgang mit sog. *Risiken* im Rahmen des deutschen, technischen Sicherheitsrechts auf, indem beiderlei mit *wissenschaftlich-epistemischen Ungewissheiten*[1742] und den diesfälligen *gesellschaftlichen Bedürfnissen*[1743] nach einer Reglementierung operieren und diese ambivalenten Pole einer verhältnismäßigen, rechtskonformen Regulierung zuführen müssen, die in ihren (Rechts-)Folgen deutlich weniger vorgezeichnet sind als im Falle polizeilicher *Gefahren* respektive *konkretisierter Risiken* i.S.d. einschlägigen Vorschriften der BasisVO[1744].

1737 Siehe hierzu die Ausführungen unter Teil 5.A.I.

1738 Siehe hierzu die Schlussfolgerungen unter Teil 5.C.

1739 Nicht jedoch der originäre *Risikobegriff* aus Art. 3 Nr. 9 BasisVO, siehe hierzu vorstehende These 1.

1740 Siehe hierzu bereits vorstehende These 3.

1741 Siehe hierzu die Ausführungen unter Teil 1.C.

1742 Siehe hierzu (in Bezug auf das deutsche, technische Sicherheitsrecht) die Ausführungen unter Teil 1.C.I. und II., sowie (in Bezug auf Art. 7 BasisVO) die Ausführungen unter Teil 5.A.

1743 Siehe hierzu (in Bezug auf das deutsche, technische Sicherheitsrecht) die einleitenden Ausführungen zu Teil 1.C. und (in Bezug auf Art. 7 BasisVO) die Ausführungen unter Teil 5.B.I. und II.

1744 Siehe hierzu (in Bezug auf das deutsche, technische Sicherheitsrecht) die Ausführungen unter Teil 1.C.III. und (in Bezug auf Art. 7 BasisVO) die Ausführungen unter Teil 5.B.III. und IV.

Literaturverzeichnis

Abbé, Sophia Elena: Verbraucherschutz durch Transparenz? Eine verfassungs- und verwaltungsrechtliche Studie zur Veröffentlichung amtlicher Ergebnisse der beim Lebensmittel-Einzelhandel durchgeführten Lebensmittelkontrollen, Berlin 2017.

Appel, Ivo: Stufen der Risikoabwehr. Zur Neuorientierung der umweltrechtlichen Sicherheitsdogmatik im Gentechnikrecht, in: Natur und Recht (NuR) 1996, S. 227–235.

Appel, Ivo: Europas Sorge um die Vorsorge. Zur Mitteilung der Europäischen Kommission über die Anwendbarkeit des Vorsorgeprinzips, in: Neue Zeitschrift für Verwaltungsrecht (NVwZ) 2001, S. 395–398.

Arnauld, Andreas von: Die normtheoretische Begründung des Verhältnismäßigkeitsgrundsatzes, in: JuristenZeitung (JZ) 2000, S. 276–280.

Arndt, Birger: Das Vorsorgeprinzip im EU-Recht, Tübingen 2009.

Augsberg, Steffen: Der Staat als Informationsmittler – Robin Hood oder Parasit der Wissensgesellschaft?, in: Deutsches Verwaltungsblatt (DVBl) 2007, S. 733–741.

Axer, Peter: Kommentierung des Art. 14 GG, in: Epping, Volker/Hillgruber, Christian, BeckOK Grundgesetz, 56. Edition (Stand: 15.08.2023), München 2023.

Bach, Rudolf: Schnellwarnsystem vor gefährlichen Lebensmitteln, in: Zeitschrift für das gesamte Lebensmittelrecht (ZLR) 2000, S. 489–501.

Bäcker, Matthias: Kriminalpräventionsrecht. Eine rechtsetzungsorientierte Studie zum Polizeirecht, zum Strafrecht und zum Strafverfahrensrecht, 1. Auflage, Tübingen 2015.

Ballke, Christian: Kommentierung der Art. 1 und 12 Novel-Food-Verordnung, in: Sosnitza, Olaf/Meisterernst, Andreas, Lebensmittelrecht, Loseblatt-Kommentar aller wesentlichen Vorschriften für das Herstellen und Inverkehrbringen von Lebensmitteln, Futtermitteln, kosmetischen Mitteln, sonstigen Bedarfsgegenständen sowie Tabakerzeugnissen (vormals Zipfel/Rathke), Stand: August 2023 (187. Ergänzungslieferung), München 2023.

Baumann, Fabian: Was ist die Gegenprobe im Bereich der Lebensmittelsicherheit eigentlich wert?, in: Zeitschrift für das gesamte Lebensmittelrecht (ZLR) 2010, S. 517–542.

Baumgartner, Tobias; *Uebe, Wesselina*: European Union, in: Kirchsteiger-Meier, Evelyn/Baumgartner, Tobias, Global food legislation, an overview, Weinheim 2014, S. 111–142.

Bauschke, Gabriele: Verbraucherschutz im öffentlichen Recht. Aus der Sicht des Lebensmittelrechts, Köln [u. a.] 2005.

Beck, Ulrich: Risikogesellschaft. Auf dem Weg in eine andere Moderne, Frankfurt am Main 1986.

Beck, Ulrich: Politische Wissenstheorie der Risikogesellschaft, in: Bechmann, Gotthard, Risiko und Gesellschaft, Grundlagen und Ergebnisse interdisziplinärer Risikoforschung, 2. Auflage, Opladen 1997, S. 305–326.

Beckedorf, Ingo: Das Untersuchungsrecht des Europäischen Parlaments, in: Europarecht 1997, S. 237–260.

Becker, Florian: Behördliche Informationspflichten und Verfassungsrecht, in: Neue Zeitschrift für Verwaltungsrecht (NVwZ) 2018, S. 1032–1034.

Becker, Florian; *Harding, Nicolas*: Zur Sekundärrechtswidrigkeit des Berliner LMÜTranspG, in: Lebensmittel & Recht (LMuR) 2022, S. 507–513.

Beckmann, Klaus: Die Überwachungsmaßnahmen im Herrschaftsbereich des Lebensmittel- und Futtermittelgesetzbuches (LFGB) – eine Herausforderung wegen gesetzlicher und administrativer Mängel, in: Kommunaljurist (KommJur) 2011, S. 441–450.

Beisel, Julia M.; *Schaumann, Theresa*; *Bock, Verena*; *Rajcic de Rezende, Tabata*; *Sproll, Constanze*; *Walch, Stephan G.*; *Lachenmeier, Dirk W.*: Zum Verzehr ungeeignete Botanicals wie Cannabis und Kurkuma in Lebensmitteln – Anwendung des § 12 LFGB in Abgrenzung von Artikel 14 der Basis-Verordnung. Foods containing botanicals such as cannabis and turmeric that are unsuitable for consumption – application of § 12 LFGB in demarcation from article 14 of the general food law regulation, in: Journal für Verbraucherschutz und Lebensmittelsicherheit (JVL) 2023, S. 35–42.

Berg, Wilfried: Risikokommunikation als Bestandteil der Risikoanalyse. (Risikobewertung – Risikomanagement – Risikokommunikation), in: Streinz, Rudolf, Verbraucherinformation und Risikokommunikation, Bayreuth 2004, S. 125–142.

Beutin, Andreas: Die Rationalität der Risikoentscheidung. Zur Verwendung ökonomischer Kriterien im Risikoverwaltungsrecht, 1. Auflage, Baden-Baden 2007.

Binnemann, Peter: Die Verantwortungsgemeinschaft von Staat und Lebensmittelwirtschaft. Schlagwort-Rechtsbegriff-Wirklichkeit? – Aus der Sicht der

Lebensmittelüberwachung, in: Zeitschrift für das gesamte Lebensmittelrecht 2003, S. 518–525.

Blass, Michael: Lebensmittelsicherheit – eine Fata Morgana? Überlegungen und Vorschläge zur Wiederherstellung von Vertrauen, in: Zeitschrift für das gesamte Lebensmittelrecht (ZLR) 2001, S. 355–358.

Boch, Thomas: Lebensmittel- und Futtermittelgesetzbuch. Nomos Bundesrecht. Erläuterungen, 9. Online-Auflage 2022.

Böhm, Monika: Das Vorsorgeprinzip im Lebensmittelrecht. Lebensmittelsicherheit – Maßstäbe und Grenzen gebotener Vorsorge aus rechtlicher Sicht, in: Zeitschrift für das gesamte Lebensmittelrecht (ZLR) 2000, S. 241–255.

Böhm, Monika: Risikoregulierung und Risikokommunikation als interdisziplinäres Problem, in: Neue Zeitschrift für Verwaltungsrecht (NVwZ) 2005, S. 609–614.

Böhm, Monika: Die rechtliche Bewältigung von Innovationen im Lebensmittelrecht, in: Zeitschrift für das gesamte Lebensmittelrecht (ZLR) 2011, S. 291–301.

Borrmann, Alexandra: Der Schutz der Berufsfreiheit im deutschen Verfassungsrecht und im europäischen Gemeinschaftsrecht. Eine rechtsvergleichende Studie, Berlin 2000.

Bosch, Nikolaus: Der Einfluss von Verfahrensvorschriften auf die Lebensmittelsicherheit, in: Sosnitza, Olaf, Lebensmittel zwischen Technik und Ethik, Bayreuth 2011, S. 135–152.

Bosch, Nikolaus; *Wallau, Rochus*: Wenn nichts mehr geht, geht § 3 LMHV? Anmerkung zu einer zentralen Norm des Lebensmittelhygienerechts, in: Lebensmittel & Recht (LMuR) 2021, S. 243–251.

Böschen, Stefan: Pluralität und Evidenz. Risikoregulierung unter dem Einfluss wissenskultureller Divergenz, in: Albers, Marion, Risikoregulierung im Bio-, Gesundheits- und Medizinrecht, Baden-Baden 2011, S. 57–77.

Brenner, Michael: Das Weißbuch zur Lebensmittelsicherheit und das System Europäischen Verwaltungsvollzugs. Insbesondere: Verwaltungskompetenz der Mitgliedstaaten und Grundsatz des Landesvollzugs in der Bundesrepublik Deutschland, in: Zeitschrift für das gesamte Lebensmittelrecht (ZLR) 2001, S. 359–377.

Breuer, Rüdiger: Gefahrenabwehr und Risikovorsorge im Atomrecht. Zugleich ein Beitrag zum Streit um die Berstsicherung für Druckwasserreaktoren, in: Deutsches Verwaltungsblatt (DVBl) 1978, S. 829–839.

Breuer, Rüdiger: Anlagensicherheit und Störfälle – Vergleichende Risikobewertung im Atom- und Immissionsschutzrecht, in: Neue Zeitschrift für Verwaltungsrecht (NVwZ) 1990, S. 211–222.

Britz, Gabriele: Grundrechtsschutz durch das Bundesverfassungsgericht und den Europäischen Gerichtshof, in: Europäische GRUNDRECHTE-Zeitschrift (EuGRZ) 2015, S. 275–281.

Burchardi, Jan-Erik: Die Vereinbarkeit der europäischen Vorschriften zur Kennzeichnung gentechnisch veränderter Lebensmittel mit dem Welthandelsrecht, Berlin 2007.

Burgi, Martin: Die dienende Funktion des Verwaltungsverfahrens: Zweckbestimmung und Fehlerfolgenrecht in der Reform, in: Deutsches Verwaltungsblatt (DVBl) 2011.

Buser, Andreas: Staatliche Informationspflichten, in: Der Staat 2023, S. 201–242.

Busse, Christian: Das schwierige Zusammenspiel zwischen unionsrechtlichem und deutschem Lebensmittelrecht – Gedanken zum Pferdefleischbeschluss des OVG Lüneburg von 2013, in: Zeitschrift für das gesamte Lebensmittelrecht (ZLR) 2015, S. 302–323.

Calliess, Christian: Rechtsstaat und Umweltstaat. Zugleich ein Beitrag zur Grundrechtsdogmatik im Rahmen mehrpoliger Verfassung, 1st ed., Tübingen 2001.

Calliess, Christian: Vorsorgeprinzip und Beweislastverteilung im Verwaltungsrecht, in: Deutsches Verwaltungsblatt (DVBl) 2001, S. 1725–1733.

Calliess, Christian: Gewährleistung von Freiheit und Sicherheit im Lichte unterschiedlicher Staats- und Verfassungsverständnisse, in: Deutsches Verwaltungsblatt (DVBl) 2003, S. 1096–1105.

Calliess, Christian: Kommentierung der Art. 2, 3 und 17 GrCH, in: Calliess, Christian/Ruffert, Matthias, EUV/AEUV, Das Verfassungsrecht der Europäischen Union mit Europäischer Grundrechtecharta. Kommentar, 6. Auflage, München 2022.

Cazala, Julien: Food Safety and the Precautionary Principle: the Legitimate Moderation of Community Courts, in: European Law Journal (ELJ) 2004, S. 539–554.

Codex Alimentarius Commission: Codex Alimentarius Comission. Procedural Manual, 25. Edition, Rom 2016.

Conte-Salinas, Nicola: Von der Kettenverantwortung zur Stufenverantwortung nach Art. 8 Abs. 3 LMIV?, in: Zeitschrift für das gesamte Lebensmittelrecht (ZLR) 2021, S. 3–18.

Crone, Christof; *Grube, Markus*: Zur lebensmittelrechtlichen Bewertung von Befunden der Stoffe Ethylenoxid und 2-Chlorethanol in Sesamsamen und verarbeiteten Lebensmitteln, die Sesamsamen enthalten, in: Zeitschrift für das gesamte Lebensmittelrecht (ZLR) 2021, S. 398–406.

Dannecker, Gerhard: Stufenverantwortung – wer haftet wofür? Verantwortlichkeit in der Lebensmittelkette (from farm to fork) – nach der Basisverordnung für Lebensmittelrecht, in: Zeitschrift für das gesamte Lebensmittelrecht (ZLR) 2002, S. 19–35.

Dannecker, Gerhard; *Bülte, Jens*: Verbraucherschutz – Lebensmittelstrafrecht (2. Teil, 2. Kapitel), in: Achenbach, Hans/Ransiek, Andreas/Rönnau, Thomas, Handbuch Wirtschaftsstrafrecht, 5th ed., Heidelberg 2019, S. 154–256.

Dannwitz, Thomas von: Rechtssicherheit und Kohärenz durch Kodifikation der Grundbegriffe und Grundprinzipien des Europäischen Lebensmittelrechts: Ziele – Kompetenzen – Verfahren, in: Zeitschrift für das gesamte Lebensmittelrecht (ZLR) 2001, S. 209–230.

Dannwitz, Thomas von: Verfassungsrechtliche Möglichkeiten und Grenzen staatlicher Produktempfehlungen, in: Streinz, Rudolf, Verbraucherinformation und Risikokommunikation, Bayreuth 2004, S. 83–95.

Darnstädt, Thomas: Gefahrenabwehr und Gefahrenvorsorge. Eine Untersuchung über Struktur und Bedeutung der Prognose-Tatbestände im Recht der öffentlichen Sicherheit und Ordnung, Frankfurt am Main 1983.

Deißler, Lena-Sophie: Gewährleistung von Informationsqualität in europäischen Informationssystemen. Eine Analyse behördlicher Pflichten und Instrumente zur Sicherstellung der Informationsqualität im Europäischen Verwaltungsverbund, Baden-Baden 2018.

Delewski, Mark; *Fuhrmann, Maria Monica*: Risikosteuerung im Nahrungsergänzungsmittelrecht, in: Zeitschrift für das gesamte Lebensmittelrecht (ZLR) 2005, S. 645–677.

Detterbeck, Steffen: Allgemeines Verwaltungsrecht. Mit Verwaltungsprozesszrecht, 21. Auflage, München 2023.

Dettling, Heinz Uwe: Wissenschaftlichkeit im Lebensmittel- und Kosmetikrecht. Empirismus, Induktivismus, Bayesianismus und Komplexitätstheorie als methodische Basis (Teil 1), in: Lebensmittel & Recht (LMuR) 2010, S. 65–73.

Di Fabio, Udo: Entscheidungsprobleme der Risikoverwaltung. Ist der Umgang mit Risiken rechtlich operationalisierbar?, in: Natur und Recht (NuR) 1991, S. 353–359.

Di Fabio, Udo: Risikoentscheidungen im Rechtsstaat. Zum Wandel der Dogmatik im öffentlichen Recht, insbesondere am Beispiel der Arzneimittelüberwachung, Tübingen 1994.

Di Fabio, Udo: Gefahr, Vorsorge, Risiko: Die Gefahrenabwehr unter dem Einfluß des Vorsorgeprinzips, in: JURA – Juristische Ausbildung 1996, S. 566–574.

Di Fabio, Udo: Voraussetzungen und Grenzen des umweltrechtlichen Vorsorgeprinzips, in: Kley, Max Dietrich/Sünner, Eckart/Willemsen, Arnold, Festschrift für Wolfgang Ritter zum 70. Geburtstag, Steuerrecht, Steuer- und Rechtspolitik, Wirtschaftsrecht und Unternehmensverfassung, Umweltrecht, Köln 1997, S. 807–838.

Di Fabio, Udo: Risikovorsorge – uferlos?, in: Zeitschrift für das gesamte Lebensmittelrecht (ZLR) 2003, S. 163–173.

Dietl, Clara-Erika; *Lorenz, Egon*: Wörterbuch Recht, Wirtschaft & Politik. Englisch – Deutsch, 7. Auflage, München, Basel 2016.

Dolde, Klaus-Peter: Bestandsschutz von Altanlagen im Immissionsschutzrecht, in: Neue Zeitschrift für Verwaltungsrecht (NVwZ) 1986, S. 873–884.

Domeier, Danja: Gesundheitsschutz und Lebensmittelstrafrecht. Zur Konkretisierung der Verkehrspflichten und ihrer Strafbewehrung, insbesondere mit Blick auf §§ 8 ff. LMBG, Frankfurt am Main 1999.

Drews, Bill; *Wacke, Gerhard*; *Vogel, Klaus*; *Martens, Wolfgang*: Gefahrenabwehr, 9. Auflage, Köln 1986.

Eberling-Bender, Sandra: Die neue Kontrollverordnung – Was erwartet uns?, in: Rundschau für Fleischhygiene und Lebensmittelüberwachung (RFL) 2017, S. 199–201.

Ebinger, Barbara: Der unbestimmte Rechtsbegriff im Recht der Technik. Eine Untersuchung anhand des Beispiels der ‚Gefahren, erhebliche Nachteile oder Belästigungen‘ im Anlagengenehmigungsverfahren, Berlin 1993.

Engel, Thorsten: Die staatliche Informationstätigkeit in den Erscheinungsformen Warnung, Empfehlung, und Aufklärung, Bochum 2000.

Fehling, Michael: Kosten-Nutzen-Analysen als Maßstab für Verwaltungsentscheidungen, in: Verwaltungsarchiv (VerwArch) 2004, S. 443–470.

Fischer, Robert: Die Europäische Union auf dem Weg zu einer vorsorgenden Risikopolitik? Ein policy-analytischer Vergleich der Regulierung von BSE und transgenen Lebensmitteln, Wiesbaden 2009.

Freimuth, Christoph: Die Gewährleistung der IT-Sicherheit Kritischer Infrastrukturen. Am Beispiel der Pflichten des IT-Sicherheitsgesetzes und der RL (EU) 2016/1148, Berlin 2018.

Frenz, Walter: Verbraucherinformation durch Gesetz und Selbstverpflichtung, in: Zeitschrift für Gesetzgebung (ZG) 2002, S. 226–244.

Fritzsche, Klaus-Christian: Innovative Lebensmittel im europäischen Verwaltungsverfahrensrecht. Die Zulassung von Novel-Food als Risikoentscheidung, Baden-Baden 2020.

Fuchs, Lars Olaf: Lebensmittelsicherheit in der Mehrebenenverwaltung der Europäischen Gemeinschaft. Eine Analyse am Beispiel des deutschen und europäischen Lebensmittelrechts unter besonderer Betrachtung der Europäischen Behörde für Lebensmittelsicherheit, Bayreuth 2004.

Gallus, Britta: Ketten- oder Stufenverantwortung – Ist die Frage EU-weit geklärt?, in: Hagenmeyer, Moritz/Loosen, Peter, Festschrift für Michael Welsch, Hamurg 2010, S. 75–84.

Gärditz, Klaus Ferdinand: Rationalitätsanforderungen an wissenschaftsbasierte Stellungnahmen von Regelungsausschüssen der Europäischen Chemikalienagentur. Am Beispiel eines Referenzfalls aus dem Biozidrecht, in: Lebensmittel & Recht (LMuR) 2023, S. 331–342.

Gelbert, Julia: Die Risikobewältigung im Lebensmittelrecht auf internationaler, europäischer und nationaler Ebene. Unter besonderer Berücksichtigung des Hormonfalls, der BSE-Krise und gentechnischer Verfahren bei der Lebensmittelherstellung und unter Beachtung des Vorsorgeprinzips, Bayreuth 2001.

Gelbert, Julia: Die Risikobewältigung im Lebensmittelrecht, in: Leible, Stefan/ Meyer, Alfred Hagen, Risiko als Thema des Lebensmittelrechts, Risikobewertung – Risikomanagement – Risikokommunikation, Bayreuth 2008, S. 31–57.

Gerecke, Martin: Zur lebensmittelrechtlichen Haftung des Einzelhändlers nach dem neuen EU-Recht, in: Zeitschrift für das gesamte Lebensmittelrecht (ZLR) 2006, S. 267–279.

Gerstberger, Ina: „Was lange währt, wird endlich gut?“. Zum Vorschlag der Kommission zur Revision der Novel Food Verordnung, in: Zeitschrift für das gesamte Lebensmittelrecht (ZLR) 2008, S. 175–218.

Girnau, Marcus; Sieber, Mirjam: §40 Abs. 1a LFGB – „Neuland“ im LFGB?!, in: Girnau, Marcus/BLL, Festschrift für Matthias Horst, 1. Aufl., Hamburg 2013, S. 241–152.

Goldhammer, Michael: Die Prognoseentscheidung im Öffentlichen Recht, 1st ed., Tübingen 2021.

Göpfert, Winfried: Risikokommunikation aus Journalisten- und Verbraucherperspektive, in: Bundesgesundheitsblatt – Gesundheitsforschung – Gesundheitsschutz 2003, S. 574–576.

Gorny, Dietrich: Lebensmittelrechtliche Grundbegriffe, in: Zeitschrift für das gesamte Lebensmittelrecht (ZLR) 2001, S. 501–514.

Gorny, Dietrich: Grundlagen des europäischen Lebensmittelrechts. Kommentar zur Verordnung (EG) Nr. 178/2002, 3., überarb. Aufl., Hamburg 2010.

Grimm, Dieter: Der Wandel der Staatsaufgaben und die Zukunft der Verfassung, in: Grimm, Dieter, Staatsaufgaben, 1. Aufl., Baden-Baden 1994, S. 613–646.

Grosche, Nils: Effektive Kompetenzabgrenzung aufgrund oder durch Verhältnismäßigkeit, in: Der Staat 2021, S. 273–295.

Grosche, Nils: Vorsorge zwischen Politik und Expertise. Abgrenzungsfragen, Antworten und Risiken der europäischen Risikoregulierung des Lebensmittelrechts, in: Lebensmittel & Recht (LMuR) 2024, S. 2–14.

Groß, Detlef: Die Produktzulassung von Novel Food. Das Inverkehrbringen von neuartigen Lebensmitteln und Lebensmittelzutaten nach der Verordnung (EG) Nr. 258/97 im Spannungsfeld von Europa-, Lebensmittel- und Umweltrecht, Berlin 2001.

Grube, Markus: Dioxin-Krise und öffentliche Warnung vor Lebensmitteln – wann ist die Warnung vor dem nicht verkehrsfähigen, aber „sicheren“ Lebensmittel zulässig? Zugleich ein Beitrag zur Frage, wann ein Lebensmittel als gesundheitsgefährdend im Rechtssinne unter besonderer Berücksichtigung der Allgemeinen Verwaltungsvorschrift zum Europäischen Schnellwarnsystem (AVV SWS) zu beurteilen ist, in: Lebensmittel & Recht (LMuR) 2011, S. 21–32.

Grube, Markus: Melde- und Mitteilungspflichten der Lebensmittelunternehmen nach Basis-VO und LFGB, in: Zeitschrift für das gesamte Lebensmittelrecht (ZLR) 2012, S. 446–462.

Grube, Markus: Zum Maßstab der Verantwortlichkeit und der Sorgfaltspflichten des Lebens-mittelhandels, in: Zeitschrift für das gesamte Lebensmittelrecht (ZLR) 2013, S. 415–424.

Grube, Markus: Kommentierung des Art. 24 LMIV, in: Voit, Wolfgang/Grube, Markus, Lebensmittelinformationsverordnung, Kommentar, 2. Auflage, München 2016.

Grundmann, Stephan: Die Auslegung des Gemeinschaftsrechts durch den Europäischen Gerichtshof. Zugleich eine rechtsvergleichende Studie zur Auslegung im Völkerrecht und im Gemeinschaftsrecht, Konstanz 1997.

Gundel, Jörg: Der Schutz der unternehmerischen Freiheit durch die EU-Grundrechtecharta, in: Zeitschrift für das gesamte Handels- und Wirtschaftsrecht (ZHR) 2016, S. 323–357.

Gundel, Jörg: Anmerkung zu EuGH, Urteil vom 12.4.2018 – C-541/16, in: Europäische Zeitschrift für Wirtschaftsrecht (EuZW) 2018, S. 735–740.

Gundel, Jörg: § 8 Lebensmittelrecht, in: Ruffert, Matthias, Europäisches Sektorales Wirtschaftsrecht, 2. Auflage, Baden-Baden 2020, S. 557–632.

Gundert-Remy, Ursula; *Henning, Klaus Jürgen*: Aktuelle Probleme des gesundheitlichen Verbraucherschutzes, in: Wirtschaft und Verwaltung (WiVerw) 2004, S. 114–132.

Gusy, Christoph: Polizei- und Ordnungsrecht, 10. Auflage, Tübingen 2017.

Gusy, Christoph; *Worms, Christoph*: § 1 Polizeigesetz des Landes Nordrhein-Westfalen, in: Möstl, Markus/Kugelmann, Dieter, Beck OK Polizei- und Ordnungsrecht Nordrhein-Westfalen, 27. Edition, Stand: 01.11.2023.

Hahn, Andreas; *Ströhle, Alexander*; *Winters, Jan*: Anmerkung zu OLG München, Urteil vom 17.11.2005 – 29 U 4024/03 (MobilPlus-Kapseln), in: Zeitschrift für das gesamte Lebensmittelrecht (ZLR) 2006, S. 87–96.

Hansen-Dix, Frauke: Die Gefahr im Polizeirecht, im Ordnungsrecht und im Technischen Sicherheitsrecht, Köln, Berlin, Bonn, München 1982.

Haunhorst, Eberhard: Eigenkontrollen versus amtliche Kontrollen – Miteinander oder Gegeneinander?, in: Meyer, Alfred Hagen, Lebensmittel heute – Qualität & Recht, 1. Auflage, Hamburg 2010, S. 181–186.

Heck, Sandra: Paradigmenwechsel im Lebensmittelrecht: vom speziellen Verbot zu Kontrollzwecken zum generellen Verbot mit edukatorischer Intention? Rechtmäßigkeit der Verordnung (EG) Nr. 1924/2006 über nährwert- und gesundheitsbezogene Angaben über Lebensmittel, Taunusstein 2010.

Hecker, Jan: Marktoptimierende Wirtschaftsaufsicht. Öffentlich-rechtliche Probleme staatlicher Wirtschaftsinterventionen zur Steigerung der Funktionsfähigkeit des Marktes, Tübingen 2007.

Hegel, Georg Wilhelm Friedrich: Wissenschaft der Logik. Erster Teil: Die objektive Logik, Band 1, 1. Buch, Nürnberg 1812.

Hermes, Georg: Das Grundrecht auf Schutz von Leben und Gesundheit. Schutzpflicht u. Schutzanspruch aus Art. 2 Abs. 2 Satz 1 GG, Karlsruhe 1987.

Hoffbauer, Jan: Kommentierung der Art. 50 und 53 BasisVO, in: Streinz, Rudolf/Meisterernst, Andreas, BasisVO/LFGB, 1. Auflage, München 2021.

Hoffmann-Riem, Wolfgang: „Anscheingefahr" und „Anscheinverursachung" im Polizeirecht, in: Vogel, Klaus/Tipke, Klaus, Verfassung, Verwaltung, Finanzen, Festschrift für Gerhard Wacke zum 70. Geburtstag, Köln-Marienburg 1972, S. 327–342.

Höfling, Wolfram: Rechtliche Mittel, Maßstäbe und Schranken der staatlichen Beeinflussung des Ernährungsverhaltens, in: Zeitschrift für das gesamte Lebensmittelrecht (ZLR) 2006, S. 121–133.

Hofmann, Christian: Öffentlich-rechtlich statuierte Produktbeobachtungspflichten als Mittel der Sicherheitsgewährleistung im Produkt-, Stoff- und Technikrecht, Baden-Baden 2014.

Holle, Martin: Verfassungsrechtliche Anforderungen an Normierungskonzepte im Lebensmittelrecht, 1. Aufl., Baden-Baden 2000.

Holle, Martin: Die öffentlich-rechtliche Verantwortung und Haftung: Vorsorgeprinzip, Rückverfolgbarkeit, Stufenverantwortung, in: Zeitschrift für das gesamte Lebensmittelrecht (ZLR) 2004, S. 307–327.

Holle, Martin: Rechtliche Handlungsmöglichkeiten der amtlichen Lebensmittelüberwachung bei Salmonellenfunden auf Eierschalen. Rechtsgutachten erstattet im Auftrag der Fraktion der Sozialdemokratischen Partei Deutschlands im Bayerischen Landtag, Hamburg 2015.

Holle, Martin: Kommentierung der §§ 39 und 40 LFGB, in: Streinz, Rudolf/Meisterernst, Andreas, BasisVO/LFGB, 1. Auflage, München 2021.

Holle, Martin: Kommentierung der Art. 22, 23 und 29 BasisVO, in: Sosnitza, Olaf/Meisterernst, Andreas, Lebensmittelrecht, Loseblatt-Kommentar aller wesentlichen Vorschriften für das Herstellen und Inverkehrbringen von Lebensmitteln, Futtermitteln, kosmetischen Mitteln, sonstigen Bedarfsgegenständen sowie Tabakerzeugnissen (vormals Zipfel/Rathke), Stand: August 2023 (187. Ergänzungslieferung), München 2023.

Holzner, Thomas: Kommentierung der Art. 2 und 11 PAG, in: Möstl, Markus/Schwabenbauer, Thomas, Beck'scher Online Kommentar Polizei- und Sicherheitsrecht Bayern, 23. Edition (Stand: 01.10.2023), online 2023.

Honstetter, Nina: Die Ausgestaltung des lebensmittel(straf)rechlichen Gesundheitsschutzes unter dem Einfluss europarechtlicher Vorgaben, Baden-Baden 2019.

Huber, Peter M.: Meldepflichten, Information und Warnung – zwischen Art. 19 BasisVO, § 40a LMBG, § 8 ProdSG und dem Glykol-Beschluß des Bundesverfassungsgerichts, in: Zeitschrift für das gesamte Lebensmittelrecht (ZLR) 2004, S. 241–264.

Hufen, Friedhelm: Verfassungsrechtliche Maßstäbe und Grenzen lebensmittelstrafrechtlicher Verantwortung. Zur Bestimmtheit, Differenziertheit und Verhältnismäßigkeit berufsregelnder Risikoverteilung, Baden-Baden 1987.

Isensee, Josef: Das Grundrecht auf Sicherheit. Zu den Schutzpflichten des freiheitlichen Verfassungsstaates ; Vortrag gehalten vor der Berliner Juristischen Gesellschaft am 24. Nov. 1982 ; erweiterte Fassung, Berlin 1983.

Jaeckel, Liv: Schutzpflichten im deutschen und europäischen Recht. Eine Untersuchung der deutschen Grundrechte, der Menschenrechte und Grundfreiheiten der EMRK sowie der Grundrechte und Grundfreiheiten der Europäischen Gemeinschaft, 1. Aufl., Baden-Baden 2001.

Jaeckel, Liv: Gefahrenabwehrrecht und Risikodogmatik. Moderne Technologien im Spiegel des Verwaltungsrechts, Tübingen 2012.

Jagow, Carl von: Auf dem Weg zum Verbotsprinzip?, in: Zeitschrift für das gesamte Lebensmittelrecht (ZLR) 2007, S. 479–497.

Jagow, Carl von: Zu hohe Hürden für sichere Lebensmittel?, in: Hagenmeyer, Moritz/Loosen, Peter, Festschrift für Michael Welsch, Hamurg 2010, S. 111–117.

Jarass, Hans D.: Charta der Grundrechte der Europäischen Union. Unter Einbeziehung der sonstigen Grundrechtsregelungen des Primärrechts und der EMRK ; Kommentar, 4. Auflage, München 2021.

Jarass, Hans D.: Kommentierung des Art. 12 GG, in: Jarass, Hans D./Kment, Martin/Pieroth, Bodo, Grundgesetz für die Bundesrepublik Deutschland, Kommentar, 17. Auflage, München 2022.

Joh, Heinz; *Krämer, Klaus*; *Teufer, Tobias*: Vorfahrt für Europa. Zum Vorrang von Art. 54 Kontroll-Verordnung vor § 39 LFGB, in: Zeitschrift für das gesamte Lebensmittelrecht (ZLR) 2010, S. 243–251.

Joh, Heinz; *Krämer, Klaus*; *Teufer, Tobias*; *Unland, Petra-Alina*: Das Ende der Verhältnismäßigkeit. Aktuelles deutsches Lebensmittelrecht zwischen Verbraucherschutz und Populismus, in: Zeitschrift für das gesamte Lebensmittelrecht (ZLR) 2012, S. 420–445.

Kahl, Wolfgang: Risikosteuerung durch Verwaltungsrecht: Ermöglichung oder Begrenzung der Innovation, in: Deutsches Verwaltungsblatt (DVBl) 2003, S. 1105–1118.

Karthaus, Arnim: Risikomanagement durch ordnungsrechtliche Steuerung. Die Freisetzung gentechnisch veränderter Organismen, 1. Aufl., Baden-Baden 2001.

Kemper, Rainer: Verbraucherschutzinstrumente, Baden-Baden 1994.

Kert, Robert: Lebensmittelstrafrecht im Spannungsfeld des Gemeinschaftsrechts, Berlin 2004.

Kirchsteiger-Meier, Evelyn: Die Lebensmittelhygiene als primäre Verantwortung des Lebensmittelunternehmers in der EU, der Schweiz und den USA. Rechtsvergleich der betrieblichen präventiven Programme und Verfahren und Darlegung von Reformvorschlägen. Mit Einbezug des FAO/WHO-Codex Alimentarius, Frankfurt am Main 2018.

Klafki, Anika: Risiko und Recht. Risiken und Katastrophen im Spannungsfeld von Effektivität, demokratischer Legitimation und rechtsstaatlichen Grundsätzen am Beispiel von Pandemien, Tübingen 2017.

Knipschild, Klaus: Lebensmittelsicherheit als Aufgabe des Veterinär- und Lebensmittelrechts. Risikoverwaltung im Europäischen Binnenmarkt, Baden-Baden 2003.

Köhler, Helmut: Die Kodifizierung eines allgemeinen europäischen Lebensmittelrechts – ein Beitrag zur Verwirklichung des Binnenmarkts, in: Zeitschrift für das gesamte Lebensmittelrecht (ZLR) 2001, S. 191–207.

Konrad, Tobias: Tagungsbericht – Risikovorsorge im Lebensmittelrecht, in: Zeitschrift für das gesamte Lebensmittelrecht (ZLR) 2023, S. 869–878.

Konrad, Tobias; *Brzezinski-Hofmann, Katja*: Anmerkung zu OVG Schleswig-Holstein, Beschluss vom 20.9.2023 – 3 MB 13/23, in: Zeitschrift für das gesamte Lebensmittelrecht (ZLR) 2024, S. 135–140.

Kostenzer, Eva: Neue Regeln für das Inverkehrbringen neuartiger Lebensmittel, in: Lebensmittel & Recht (LMuR) 2017, S. 189–193.

Kraft, Friedemann: „Lieber einmal mehr nach Brüssel gemeldet, als einmal zu wenig“. Das EU-Schnellwarnsystem in der Behördenpraxis am Beispiel der Entscheidung des OVG Niedersachsen, ZLR 2008, 249 (in diesem Heft), in: Zeitschrift für das gesamte Lebensmittelrecht (ZLR) 2008, S. 257–261.

Kraft, Friedemann; *Grugel, Christian*; *Preußendorff, Gloria*: Vom Jäger zum Sammler zur modernen Industriegesellschaft. Verbots- und Missbrauchsprinzip im Lichte der technologischen Entwicklungen bei der Herstellung von Lebensmitteln, in: Zeitschrift für das gesamte Lebensmittelrecht (ZLR) 2008, S. 321–334.

Kraus, Markus; *Voß, Levke*: Hygieneanforderungen an unverpackte Lebensmittel in Selbstbedienungstheken. Ein Beitrag zur Auslegung von Art. 4 Abs. 2 der Verordnung (EG) Nr. 852/2004, in: Zeitschrift für das gesamte Lebensmittelrecht (ZLR) 2010, S. 413–428.

Krebber, Sebastian: Kommentierung des Art. 169 AEUV sowie des Art. 38 GrCH, in: Calliess, Christian/Ruffert, Matthias, EUV/AEUV, Das Verfassungsrecht der Europäischen Union mit Europäischer Grundrechtecharta. Kommentar, 6. Auflage, München 2022.

Krell, Karola: Das europäische Haftungsmodell für die Lebensmittelkette, in: Zeitschrift für das gesamte Lebensmittelrecht (ZLR) 2005, S. 351–367.

Krell, Karola: Haftungsverteilung im Lebensmittelrecht. Geltung und Anwendbarkeit der Modelle Kettenverantwortung und Stufenverantwortung im Lichte aktueller europäischer und nationaler Rechtssetzung, Bayreuth 2005.

Krell, Ulrich; *Görgen, Sabine*: BSE – Chronik und Fakten, in: Zeitschrift für das gesamte Lebensmittelrecht (ZLR) 2001, S. 23–34.

Krings, Günter: Grund und Grenzen grundrechtlicher Schutzansprüche. Die subjektiv-rechtliche Rekonstruktion der grundrechtlichen Schutzpflichten und ihre Auswirkung auf die verfassungsrechtliche Fundierung des Verbrauchervertragsrechts, Berlin 2003.

Kühnle, Bernhard: Verbraucherschutz durch Information im Lebensmittelrecht, in: Leible, Stefan, Verbraucherschutz durch Information im Lebensmittelrecht, Bayreuth 2010, S. 5–20.

Kullmann, Hans Josef: Die Produzentenhaftung für Lebensmittel nach dem Stand der Rechtsprechung, in: Zeitschrift für das gesamte Lebensmittelrecht (ZLR) 2002, S. 37–57.

Ladeur, Karl-Heinz: Risikooffenheit und Zurechnung – insbesondere im Umweltrecht, in: Hoffmann-Riem, Wolfgang/Schmidt-Aßmann, Eberhard, Innovation und Flexibilität des Verwaltungshandelns, Baden-Baden 1994, S. 111–137.

Ladeur, Karl-Heinz: Das Umweltrecht der Wissensgesellschaft. Von der Gefahrenabwehr zum Risikomanagement, Berlin 1995.

Lang, Alexander: Fall 1 – Sägemehlkekse, in: Brzezinski-Hofmann, Katja/Lang, Alexander, Praktische Fallbeispiele zum Lebensmittelrecht, Frankfurt am Main 2022, S. 1–17.

Lang, Alexander; Schwarzinger Stephan: Die technische Trocknung von unreif geernteten Honigen. Eine Auslegung der europäischen Honig-Richtlinie, in: Deutsche Lebensmittelrundschau (DLR 2020, S. 57–62.

Lang, Heinrich: Kommentierung des Art. 2 GG, in: Epping, Volker/Hillgruber, Christian, BeckOK Grundgesetz, 56. Edition (Stand: 15.08.2023), München 2023.

Lang, Rudi: Die Verantwortlichkeit des Lebensmittelunternehmers nach Art. 17 Abs. 1 BasisVO [VO (EG) 178/2002] unter besonderer Berücksichtigung seiner Pflichten aus Art. 19 BasisVO, in: Bayreuther Zeitschrift für Rechtswissenschaft (BayZR) 2021, S. 78–94.

Leonelli, Giulia Claudia: Balancing public health and environmental protection and economic stakes? Bayer CropScience and the Court's defence of the EU socially acceptable risk approach. Case C-499/18 P, Bayer CropScience and Bayer v. Commission, Judgment of the Court of Justice (First Chamber) of 6 May 2021, EU:C:2021:367, in: Common Market Law Review (CMLR) 2021, S. 1845–1874.

Lepsius, Oliver: Risikosteuerung durch Verwaltungsrecht: Ermöglichung oder Begrenzung von Innovation?, in: Veröffentlichungen der Vereinigung der Deutschen Staatsrechtslehrer (VVDStRL) 2004, S. 264–315.

Lindner, Josef Franz: Kommentierung des Art. 7 PAG, in: Möstl, Markus/Schwabenbauer, Thomas, Beck'scher Online Kommentar Polizei- und Sicherheitsrecht Bayern, 23. Edition (Stand: 01.10.2023), online 2023.

Ludwig, Stephan: Wandel vom nationalen Tatbestand der Ekelerregung zur Kontamination auf andere Weise im vorrangigen Unionsrecht, in: Zeitschrift für das gesamte Lebensmittelrecht (ZLR) 2019, S. 885–892.

Ludwig, Stephan: Kontamination auf andere Weise nach Art. 14 Abs. 2 b und 5 BasisVO kann bei angemessen hohen Risiken unterstellt werden, in: Zeitschrift für das gesamte Lebensmittelrecht (ZLR) 2020, S. 715–718.

Ludwig, Stephan: Kommentierung der Art. 50 und 53 BasisVO, in: Sosnitza, Olaf/Meisterernst, Andreas, Lebensmittelrecht, Loseblatt-Kommentar aller wesentlichen Vorschriften für das Herstellen und Inverkehrbringen von Lebensmitteln, Futtermitteln, kosmetischen Mitteln, sonstigen Bedarfsgegenständen sowie Tabakerzeugnissen (vormals Zipfel/Rathke), Stand: August 2023 (187. Ergänzungslieferung), München 2023.

Ludwig, Stephan: Zur Anwendung des Vorsorgeprinzips beim Risikomanagement. Beispielhafte Anordnung bzgl. Lebensmittel mit Ethylenoxid bzw. 2-Chlorethanol, in: Lebensmittel & Recht (LMuR) 2023, S. 435–449.

Ludwig, Stephan; *Ortgies, Felix*: Kommentierung der Art. 1, 3 und 9 KontrollVO, in: Sosnitza, Olaf/Meisterernst, Andreas, Lebensmittelrecht, Loseblatt-Kommentar aller wesentlichen Vorschriften für das Herstellen und Inverkehrbringen von Lebensmitteln, Futtermitteln, kosmetischen Mitteln, sonstigen Bedarfsgegenständen sowie Tabakerzeugnissen (vormals Zipfel/Rathke), Stand: August 2023 (187. Ergänzungslieferung), München 2023.

Luhmann, Niklas: Soziologie des Risikos, Berlin 1991.

Lurger, Britta: Art. 169 AEUV, in: Streinz, Rudolf/Michl, Walther/Bings, Sophie Luise/Burgi, Martin/Dannecker, Gerhard/Nettesheim, Martin, EUV/AEUV, Vertrag über die Europäische Union, Vertrag über die Arbeitsweise der Europäischen Union, Charta der Grundrechte der Europäischen Union, 3. Auflage, München 2018.

Maier, Hans: Die ältere deutsche Staats- und Verwaltungslehre, 2. Auflage, München 1980.

Mann, Thomas: Polizei- und Ordnungsrecht, in: Erbguth, Wilfried/Mann, Thomas/Schubert, Mathias, Besonderes Verwaltungsrecht, Kommunalrecht, Polizei- und Ordnungsrecht, Baurecht, 13. Auflage, Heidelberg 2020, S. 167–328.

Marburger, Peter: Atomrechtliche Schadensvorsorge. Möglichkeiten und Grenzen einer normativen Konkretisierung, 2., unveränd. Aufl., Köln, München, u.a. 1985.

Martell, Helmut: Zutaten, Zusatzstoffe, Carry-over-Zusatzstoffe, Verarbeitungshilfsstoffe, Quasi-Verarbeitungshilfsstoffe, Enzyme und als Zusatzstoffe benutzte Aromen: Wie grenzt man das ab?, in: Zeitschrift für das gesamte Lebensmittelrecht (ZLR) 2015, S. 448–469.

Martell, Helmut; *Wallau, Rochus*: § 11 Abs. 2 Nr. 1 LFGB – eine unionsrechtswidrige Vorschrift?, in: Zeitschrift für das gesamte Lebensmittelrecht (ZLR) 2013, S. 738–746.

Matissek, Reinhard: Lebensmittelsicherheit. Kontaminanten – Rückstände – Biotoxine, Berlin 2020.

Mayer, Dominik: Gesundheitsschutz in der Europäischen Gemeinschaft am Beispiel von BSE. Eine Untersuchung der Kompetenzen, Durchführung und Entwicklung anhand der Maßnahmen der Gemeinschaft zur Eindämmung des BSE-Erregers, Frankfurt am Main 2004.

Meier, Alexander: Risikosteuerung im Lebensmittel- und Gentechnikrecht. Europäische und deutsche Modelle der direkten Steuerung von Risiken beim Inverkehrbringen biotechnischer Lebensmittel, Köln, Berlin, Bonn, München 2000.

Meier, Gert: Rechtliche Bedenken gegen die Quasi-Normierung der Verkehrsfähigkeit von Lebensmitteln durch verfassungsrechtlich Unberufene, in: Zeitschrift für das gesamte Lebensmittelrecht (ZLR) 1985, S. 354–367.

Meisterernst, Andreas: Die Nahrungsergänzungsmittel-Verordnung (NemV), in: Zeitschrift für Stoffrecht (StoffR) 2005, S. 54–63.

Meisterernst, Andreas: Lebensmittelsicherheit. Ein gemeinschaftsrechtlich vollharmonisierter Bereich?, in: Reese, Ulrich/Hufnagel, Frank-Erich/Lensing-Kramer, Andrea, Festschrift für Ulf Doepner, Zum 65. Geburtstag, München 2008, S. 245–256.

Meisterernst, Andreas: Gentechnik – TTIP – Stofflisten: Vorsorge als Rechtsprinzip und ethischer Vorwand, in: Zeitschrift für das gesamte Lebensmittelrecht (ZLR) 2017, S. 439–450.

Meisterernst, Andreas: Lebensmittelrecht, München 2019.

Meisterernst, Andreas: Kommentierung der Art. 1, 3, 14 und 17 BasisVO, in: Streinz, Rudolf/Meisterernst, Andreas, BasisVO/LFGB, 1. Auflage, München 2021.

Meisterernst, Andreas: Das unionale Konzept der Primärverantwortung des Lebensmittelunternehmers – Auswirkungen auf die Praxis, in: Lebensmittel & Recht (LMuR) 2022, S. 411–417.

Meisterernst, Andreas: Kommentierung der Art. 5, 6 und 7 BasisVO, in: Sosnitza, Olaf/Meisterernst, Andreas, Lebensmittelrecht, Loseblatt-Kommentar aller wesentlichen Vorschriften für das Herstellen und Inverkehrbringen von Lebensmitteln, Futtermitteln, kosmetischen Mitteln, sonstigen Bedarfsgegenständen sowie Tabakerzeugnissen (vormals Zipfel/Rathke), Stand: August 2023 (187. Ergänzungslieferung), München 2023.

Meisterernst, Andreas; *Neusch, Anna*: Anmerkung zu Hamburgisches OVG, Beschluss vom 08.06.2022 – 3 Bs 263/21, in: Zeitschrift für das gesamte Lebensmittelrecht (ZLR) 2022, S. 528–535.

Meisterernst, Andreas; *Vergho, Raphael*: Lebensmittelrechtliche Verstöße und ihre Konsequenzen – neue Koordinaten für die Lebensmittelwirtschaft, in: Zeitschrift für das gesamte Lebensmittelrecht (ZLR) 2019, S. 45–75.

Merschmann, Alexander: Staatliche Information über lebensmittelrechtliche Beanstandungen während laufender Verfahren, Berlin 2019.

Meyer, Alfred Hagen: Das neue Lebensmittel- und Futtermittelgesetzbuch, in: Neue Juristische Wochenschrift (NJW) 2005, S. 3320–3323.

Meyer, Alfred Hagen: Risikoanalyse, in: Zeitschrift für das gesamte Lebensmittelrecht (ZLR) 2006, S. 675–690.

Meyer, Alfred Hagen: Verantwortung auf allen Produktions-, Verarbeitungs- und Vertriebsstufen, Anmerkung zu EuGH – „Lidl“, in: Zeitschrift für das gesamte Lebensmittelrecht (ZLR) 2007, S. 91–95.

Meyer, Alfred Hagen: Novel Food. Fälle – Recht – Verfahren, München 2019.

Meyer, Alfred Hagen; *Reinhart, Andreas*: Das neue Lebensmittel- und Futtermittelgesetzbuch – eine Mogelpackung, in: Wettbewerb in Recht und Praxis (WRP) 2005, S. 1437–1458.

Meyer, Klaus: Lebensmittelüberwachung. Was darf die Lebensmittelüberwachung? Was darf sie nicht?, 3. Auflage, Hamburg 2021.

Meyer, Stephan: >Gefühlsschutz< und hazardbasierte Vorsorge im Unionsrecht als Herausforderung des Rechtsstaatsprinzips, in: Möstl, Markus, Lebensmittelanalytik und Recht, Bayreuth 2015, S. 63–107.

Meyer, Stephan: „Theorie“ und Praxis des Risikorechts, in: Opper, Janet/Rolfes, Vasilija/Roth, Phillip H., Chancen und Risiken der Stammzellforschung, Berlin 2019, S. 279–292.

Monsees, Carolin: Behördliches Informationshandeln im Lebensmittelbereich. Zugleich eine Untersuchung der heutigen Informationsmodelle in der Verwaltungspraxis sowie der gesetzgeberischen Entwicklungen auf europäischer und nationaler Ebene, Berlin 2018.

Möstl, Markus: Die staatliche Garantie für die öffentliche Sicherheit und Ordnung. Sicherheitsgewährleistungen im Verfassungsstaat, im Bundesstaat und in der Europäischen Union, Tübingen 2002.

Möstl, Markus: Gibt es (unions-)verfassungsrechtliche Grenzen für die Verbraucherinformation?, in: Lebensmittel & Recht (LMuR) 2014, S. 77–82.

Möstl, Markus: Behördliche Maßnahmen bei Verstößen und Verdachtsfällen – was folgt aus Art. 137, 138 der neuen Kontrollverordnung?, in: Möstl, Markus/Purnhagen, Kai, Maßnahmen und Sanktionen im Lebensmittelrecht, Frankfurt am Main 2021, S. 49–64.

Möstl, Markus: Gesundheitsschädlichkeit und Vorsorgeprinzip. Behördliche Befugnisse und unternehmerische Pflichten bei Anwendung des Vorsorgeprinzips (Art. 7 BasisVO) im Kontext von Entscheidungen zur Lebensmittelsicherheit (Art. 14 BasisVO), in: Lebensmittel & Recht (LMuR) 2022, S. 513–519.

Möstl, Markus: Systematische und begriffliche Vorbemerkungen zum Polizeirecht in Deutschland, in: Möstl, Markus/Schwabenbauer, Thomas, Beck'scher

Online Kommentar Polizei- und Sicherheitsrecht Bayern, 23. Edition (Stand: 01.10.2023), online 2023.

Müller, Johannes: Die Bewältigung von Lebensmittelrisiken durch Risikokommunikation. Eine Analyse kommunikativer Verfahrenshandlungen im Lebensmittelsicherheitsrecht unter Einbeziehung des Verbraucherinformationsgesetzes, Berlin 2010.

Müller, Martin; *Wallau, Rochus*; *Grube, Markus*: Taschenbuch der Lebensmittelkontrolle, Frankfurt am Main 2014.

Munaretto, Lino: Der Vorbehalt des Möglichen. Öffentliches Recht in begrenzten Möglichkeitsräumen, 1st ed., Tübingen 2022.

Murswiek, Dietrich: Die staatliche Verantwortung für die Risiken der Technik. Verfassungsrechtliche Grundlagen und immissionsschutzrechtliche Ausformung, Berlin 1985.

Murswiek, Dietrich: Die Bewältigung der wissenschaftlichen und technischen Entwicklungen durch das Verwaltungsrecht, in: Veröffentlichungen der Vereinigung der Deutschen Staatsrechtslehrer 1990, S. 207–234.

Nell, Ernst Ludwig: Wahrscheinlichkeitsurteile in juristischen Entscheidungen, 1st ed., Berlin 1983.

Neuhaus, Annette: Grundlagen und Vollzug der amtlichen Lebensmittelkontrolle in Deutschland, in: Frede, Wolfgang, Handbuch für Lebensmittelchemiker, Lebensmittel – Bedarfsgegenstände – Kosmetika – Futtermittel, 3. Auflage, Heidelberg 2010, S. 109–147.

Nöhle, Ulrich: Zwischen Paradiessehnsucht und Fortschrittsglaube – Die Wahrnehmung von Innovationen bei Lebensmitteln, in: Zeitschrift für das gesamte Lebensmittelrecht (ZLR) 2011, S. 263–274.

Ogorek, Markus: Gefahrenvorfeldbefugnisse. Überlegungen zur Struktur und Dogmatik polizeirechtlicher Eingriffstatbestände, in: JuristenZeitung (JZ) 2019, S. 63–71.

Ortgies, Felix: Herausforderungen der Risikobewertung und Risikokommunikation, in: Fischer, Thomas/Hilgendorf, Eric, Gefahr, 1. Auflage, Baden-Baden 2020, S. 55–68.

Ortgies, Thilo: Rechtliches Risikomanagement im Lebensmittelrecht. Die (ordnungs-) rechtliche Steuerung sicherer Lebensmittel im Kontext verfassungs- und unionsrechtlicher Anforderungen, Baden-Baden 2019.

Ossenbühl, Fritz: Vorsorge als Rechtsprinzip im Gesundheits-, Arbeits- und Umweltschutz, in: Neue Zeitschrift für Verwaltungsrecht (NVwZ) 1986, S. 161–171.

Ossenbühl, Fritz: Die Freiheiten des Unternehmers nach dem Grundgesetz, in: Archiv des öfentlichen Rechts (AöR) 1990, S. 1–32.

Papier, Hans-Jürgen: Zur verwaltungsgerichtlichen Kontrolldichte, in: Die Öffentliche Verwaltung. Zeitschrift für Öffentliches Recht und Verwaltungswissenschaften (DÖV) 1986, S. 621–628.

Pirker, Benedikt: Grundrechtsschutz im Unionsrecht zwischen Subsidiarität und Integration. Zur Anwendung der Unionsgrundrechte auf die Mitgliedstaaten, 1. Auflage, Baden-Baden 2018.

Poscher, Ralf: Gefahrenabwehr. Eine dogmatische Rekonstruktion, Berlin 1999.

Preuß, Axel: Die Kette ist nicht gerissen, Anmerkung zu EuGH – „Lidl“, in: Zeitschrift für das gesamte Lebensmittelrecht (ZLR) 2007, S. 85–91.

Preuß, Axel: Zum Umgang mit Verstößen gegen das Lebensmittelrecht, in: Zeitschrift für das gesamte Lebensmittelrecht (ZLR) 2011, S. 47–56.

Preuß, Ulrich K.: Risikovorsorge als Staatsaufgabe. Die epistemologischen Voraussetzungen von Sicherheit, in: Grimm, Dieter, Staatsaufgaben, 1. Aufl., Baden-Baden 1994, S. 523–551.

Pullner, Sebastian: Behördliche Maßnahmen bei Verstößen und Verdachtsfällen gemäß Art. 137, 138 KontrollVO sowie § 39 LFGB n. F., in: Bayreuther Zeitschrift für Rechtswissenschaft (BayZR) 2023, S. 54–65.

Purnhagen, Kai: Kommentierung des Art. 14 BasisVO, in: Sosnitza, Olaf/Meisterernst, Andreas, Lebensmittelrecht, Loseblatt-Kommentar aller wesentlichen Vorschriften für das Herstellen und Inverkehrbringen von Lebensmitteln, Futtermitteln, kosmetischen Mitteln, sonstigen Bedarfsgegenständen sowie Tabakerzeugnissen (vormals Zipfel/Rathke), Stand: August 2023 (187. Ergänzungslieferung), München 2023.

Rabe, Hans-Jürgen: Grundfragen der EG-Lebensmittelverordnung, in: Zeitschrift für das gesamte Lebensmittelrecht (ZLR) 2003, S. 151–161.

Rathke, Kurt-Dietrich: Kommentierung der Art. 1, 3, 10, 17 und 19 BasisVO, des § 39 LFGB sowie des Art. 1 ZusatzstoffVO, in: Sosnitza, Olaf/Meisterernst, Andreas, Lebensmittelrecht, Loseblatt-Kommentar aller wesentlichen Vorschriften für das Herstellen und Inverkehrbringen von Lebensmitteln, Futtermitteln, kosmetischen Mitteln, sonstigen Bedarfsgegenständen sowie

Tabakerzeugnissen (vormals Zipfel/Rathke), Stand: August 2023 (187. Ergänzungslieferung), München 2023.

Rathke, Kurt-Dietrich: Vorbemerkung zur BasisVO sowie Kommentierung der Art. 5, 6, 7 und 14 BasisVO, in: Sosnitza, Olaf/Meisterernst, Andreas, Lebensmittelrecht, Loseblatt-Kommentar aller wesentlichen Vorschriften für das Herstellen und Inverkehrbringen von Lebensmitteln, Futtermitteln, kosmetischen Mitteln, sonstigen Bedarfsgegenständen sowie Tabakerzeugnissen (vormals Zipfel/Rathke), Stand: März 2023 (186. Ergänzungslieferung), München 2023.

Rehbinder, Eckard: Das Vorsorgeprinzip im internationalen Vergleich, 1. Auflage, Düsseldorf 1991.

Reich, Andreas: Gefahr – Risiko – Restrisiko. Das Vorsorgeprinzip am Beispiel des Immissionsschutzrechts, Düsseldorf 1989.

Reinhart, Andreas: Verantwortlichkeiten im Lebensmittelrecht. Eine aktuelle Diskussion unter Berücksichtigung des modernen Produktrechts sowie der Vollzugspraxis, in: Lebensmittel & Recht (LMuR) 2022, S. 171–177.

Riemer, Boris: Diskussionsbeitrag zum Umfang der Rückverfolgbarkeit nach Art. 18 VO (EG) 178/2002, in: Lebensmittel & Recht (LMuR) 2003, S. 121–125.

Riemer, Boris: Melde-, Mitteilungs- und Informationspflichten. Fragen & Antworten, 2. Auflage, Hamburg 2017.

Ringel, Sabine: Das deutsche und gemeinschaftliche Lebensmittelrecht als Sicherheitsrecht. Lebensmittelrechtliche Aspekte innerhalb der Europäischen Union, Berlin 1996.

Rixen, Stephan: Legitimationsdefizite des Lebensmittelrechts – zur demokratischen Legitimation der Deutschen-Lebensmittelbuchkommission, in: Deutsches Verwaltungsblatt (DVBl) 2014, S. 949–958.

Roffael, Esther: Anmerkung zu BVerwG, Urteil vom 14.10.2020 – 3 C 10.19, in: Lebensmittel & Recht (LMuR) 2021, S. 113–114.

Röhrig, Lars T.: Risikosteuerung im Lebensmittelrecht. Eine sicherheitsrechtliche Untersuchung des deutschen und europäischen Rechts unter Berücksichtigung der Welthandelsordnung, Hamburg 2002.

Ronellenfitsch, Michael: Das atomrechtliche Genehmigungsverfahren, Berlin 1983.

Roth, Anna: Die allgemeine Lebensmittelüberwachung als Instrument des Verbraucherschutzes. Eine systematische Darstellung unter besonderer Berücksichtigung der Rechtslage und der Organisationsstrukturen in Nordrhein-Westfalen, Stuttgart 2009.

Rüdt von Collenberg, Wiebke Frfr.: Instrumente und Verfahren des Produktsicherheitsrechts. Unter besonderer Berücksichtigung des Gerätesicherheits- und des Lebensmittelrechts, online, Mainz 2009.

Ruffert, Matthias: Kommentierung des Art. 15 GrCH, in: Calliess, Christian/Ruffert, Matthias, EUV/AEUV, Das Verfassungsrecht der Europäischen Union mit Europäischer Grundrechtecharta. Kommentar, 6. Auflage, München 2022.

Ruffert, Matthias: Kommentierung des Art. 12 GG, in: Epping, Volker/Hillgruber, Christian, BeckOK Grundgesetz, 56. Edition (Stand: 15.08.2023), München 2023.

Rützler, Hanspeter: Kapitel II, in: Streinz, Rudolf/Kraus, Markus/Bertling, Lutz, Lebensmittelrechts-Handbuch, Stand: November 2022, 44. Ergänzungslieferung, München 2023.

Salzwedel, Jürgen: Risiko im Umweltrecht – Zuständigkeit, Verfahren und Maßstäbe der Bewertung, in: Neue Zeitschrift für Verwaltungsrecht (NVwZ) 1987, S. 276–279.

Sandman, Peter M.: Risk Communication: Facing Public Outrage, in: Environmental Protection Agency Journal (EPA) 1987, S. 21–22.

Scherzberg, Arno: Risiko als Rechtsproblem. Ein neues Paradigma für das technische Sicherheitsrecht, in: Verwaltungsarchiv (VerwArch) 1993, S. 484–513.

Scherzberg, Arno: Risikosteuerung durch Verwaltungsrecht: Ermöglichung oder Begrenzung von Innovation?, in: Veröffentlichungen der Vereinigung der Deutschen Staatsrechtslehrer (VVDStRL) 2004, S. 214–258.

Scherzberg, Arno; *Garbe, Irena*: Das Recht der Lebensmittelsicherheit. Rechtsgrundlagen – Instrumente – Reformbedarf, in: Zeitschrift für das gesamte Lebensmittelrecht (ZLR) 2018, S. 198–226.

Schipper, Katharina: Lebensmittelkennzeichnung im Lichte des wohlgeordneten Rechts, 1. Auflage, Baden-Baden 2015.

Schliesky, Utz: Kosten und Gebühren. Wer zahlt für die neue Sicherheit? Systematik der finanziellen Verantwortungsverteilung im neuen Lebensmittelrecht, in: Zeitschrift für das gesamte Lebensmittelrecht (ZLR) 2004, S. 283–305.

Schlink, Bernhard: Die Bewältigung der wissenschaftlichen und technischen Entwicklungen durch das Verwaltungsrecht, in: Veröffentlichungen der Vereinigung der Deutschen Staatsrechtslehrer (VVDStRL) 1990, S. 235–264.

Schmidbauer, Wilhelm: Kommentierung der Art. 10 und 11 PAG, in: Schmelz, Christoph/Steiner, Udo, Polizeiaufgabengesetz, Polizeiorganisationsgesetz, Kommentar, 6. Auflage, München 2023.

Schmidt, Christian: Verhaltenslenkende Informationsmaßnahmen der Bundesregierung. Zugleich eine kritische Auseinandersetzung mit der höchstrichterlichen Rechtsprechung zur regierungsamtlichen Öffentlichkeitsarbeit, Aachen 2003.

Schmidt-Aßmann, Eberhard: Anwendungsprobleme des Art. 2 Abs. 2 GG im Immissionsschutzrecht, in: Archiv des öfentlichen Rechts (AöR) 1981, S. 205–217.

Schneiderhan, Peter: Artikel 139 Kontroll-VO 2017/625 – Kontrollverstöße als Straftatbestand gegen Amtsträger, in: Zeitschrift für das gesamte Lebensmittelrecht (ZLR) 2018, S. 336–348.

Schoch, Friedrich: Neuere Entwicklungen im Verbraucherinformationsrecht, in: Neue Juristische Wochenschrift (NJW) 2010, S. 2241–2247.

Schoch, Friedrich: Amtliche Publikumsinformation zwischen staatlichem Schutzauftrag und Staatshaftung. Das Verbraucherinformationsrecht als Modell der amtlichen Publikumsinformation, in: Neue Juristische Wochenschrift (NJW) 2012, S. 2844–2850.

Schoch, Friedrich: Amtliche Publikumsinformationen im Spiegel der Rechtsprechung, in: Verwaltungsblätter für Baden-Württemberg (VBlBW) 2014, S. 361–369.

Schomburg, Bettina: Rechtsrahmen funktioneller Lebensmittel. Ordnungsrechtliche Aspekte und rechtspolitische Empfehlungen, Köln, München 2008.

Schorkopf, Frank: Kommentierung des Art. 6 EUV, in: Nettesheim, Martin, Das Recht der Europäischen Union, 80. Ergänzungslieferung, Stand August 2023, München 2023.

Schröder, Christian: Die strafrechtliche Verantwortung zwischen Grundgesetz, BasisVO und neuem Lebensmittelgesetz, in: Zeitschrift für das gesamte Lebensmittelrecht (ZLR) 2004, S. 265–281.

Schröder, Meinhard: Umweltschutz als Gemeinschaftsziel und Grundsätze des Umweltschutzes, in: Rengeling, Hans-Werner, Handbuch zum europäischen und deutschen Umweltrecht, Eine systematische Darstellung des europäischen Umweltrechts mit seinen Auswirkungen auf das deutsche Recht und mit rechtspolitischen Perspektiven, 2. Aufl., Köln 2003, S. 199–238.

Schroeder, Werner: Verbraucherleitbild – Verbraucherverantwortung – Verbrauchererziehung. Rechtliche Instrumente und Grenzen am Beispiel der

Agrarwende, in: Zeitschrift für das gesamte Lebensmittelrecht (ZLR) 2002, S. 275–295.

Schroeder, Werner; Kraus, Markus: Das neue Lebensmittelrecht – Europarechtliche Grundlagen und Konsequenzen für das deutsche Recht, in: Europäische Zeitschrift für Wirtschaftsrecht (EuZW) 2005, S. 423–428.

Schroeter, Klaus Alfred: Das Gebot der Rückverfolgbarkeit. Gedanken zur Tragweite des Art. 18 der EU-Basisverordnung, in: Zeitschrift für das gesamte Lebensmittelrecht (ZLR) 2003, S. 509–512.

Schroeter, Klaus Alfred: Zwischen Marktfreiheit und Verbotsprinzip – Zur Entwicklung des gemeinschaftlichen Lebensmittelrechts, in: Zeitschrift für das gesamte Lebensmittelrecht (ZLR) 2005, S. 191–200.

Schröter, Michael W.: Lebensmittelrechtliche Vorsorge als Rechtsprinzip – nationale, europäische und welthandelsrechtliche Aspekte, in: Diskussionspapiere des Zentrums für Europäische Rechtspolitik an der Univ. Bremen (ZERP) 2002, S. 1–57.

Schübel-Pfister, Isabel: Sprache und Gemeinschaftsrecht. Die Auslegung der mehrsprachig verbindlichen Rechtstexte durch den Europäischen Gerichtshof, Berlin 2004.

Schulze-Fielitz, Helmut: Risikosteuerung von Hochrisikoanlagen als Verfassungsproblem – Notfallschutz bei Kernkraftanlagen, in: Die Öffentliche Verwaltung. Zeitschrift für Öffentliches Recht und Verwaltungswissenschaften (DÖV) 2011, S. 785–793.

Schumann, Kristina: Der Rückruf von Lebensmitteln nach Artikel 19 Verordnung (EG) Nr. 178/2002. Eine Untersuchung anhand von Beispielen aus Eigenkontrollen und behördlichen Kontrollen, online, Hannover 2019.

Schuppert, Gunnar Folke: Verantwortung, Kompetenz, Kontrolle. Verwaltungswissenschaftliche Überlegungen zur Neuorganisation des Verbraucherschutzes in Deutschland, in: Zeitschrift für das gesamte Lebensmittelrecht (ZLR) 2002, S. 297–315.

Schütz, Holger; Wiedemann, Peter M.: Risikowahrnehmung in der Gesellschaft, in: Bundesgesundheitsblatt – Gesundheitsforschung – Gesundheitsschutz 2003, S. 549–554.

Seemann, Jan: Behördliche Produktinformation im europäischen und deutschen Lebensmittelrecht. Unter besonderer Berücksichtigung der Art. 10 VO (EG) 178/2002 und § 40 LFGB, 1. Auflage, Baden-Baden 2008.

Seiler, Hansjörg: Recht und technische Risiken. Grundzüge des technischen Sicherheitsrechts, Zürich 1997.

Seitz, Claudia: Modifiziert oder nicht? – Regulatorische Rechtsfragen zur Genoptimierung durch neue biotechnologische Verfahren, in: Europäische Zeitschrift für Wirtschaftsrecht (EuZW) 2018, S. 757–764.

Simon, Bernhard J.: Kooperative Risikoverwaltung im neuen Lebensmittelrecht. Eine Analyse des neuen Lebensmittel- und Hygienerechts am Beispiel der Fleischerzeugung, Baden-Baden 2007.

Simon, Bernhard J.: Risikoverwaltung im neuen Lebensmittelrecht, in: Bayerische Verwaltungsblätter (BayVBl) 2009, S. 161–167.

Sosnitza, Olaf: Die Folgen der BasisVO Nr. 178/2002 für Verträge, Qualitätssicherung und Produkthaftung, in: Zeitschrift für das gesamte Lebensmittelrecht (ZLR) 2004, S. 123–141.

Sosnitza, Olaf: Rücknahme und Rückruf nach Art. 14, 19 Basisverordnung, in: Zeitschrift für das gesamte Lebensmittelrecht (ZLR) 2009, S. 299–310.

Spranger, Tade Matthias: Neue Techniken und Europäisches Gentechnikrecht, in: Neue Juristische Wochenschrift (NJW) 2018, S. 2929–2930.

Stadler, Rupert: Die Berufsfreiheit in der Europäischen Gemeinschaft, München 1980.

Stallberg, Christian: Annmerkung zu EuGH, Urteil vom 28.01.2010 – C-333/08, in: Europäische Zeitschrift für Wirtschaftsrecht (EuZW) 2010, S. 353–354.

Stallberg, Christian: Europarechtliche Grenzen des Verwendungsverbots für andere Stoffe als Vitamine und Mineralstoffe – Rechtliche Implikationen der BGH-Urteile zu „Glucosaminsulfat", in: Lebensmittel & Recht (LMuR) 2011, S. 1–8.

Steiling, Ronald: Handlungspflichten von Lebensmittel- und Futtermittelunternehmern nach der EU-Basisverordnung und ihr Einfluss auf die zivilrechtliche Produkthaftung, in: Grenzow, Christian/Grunewald, Barbara/Schulte-Nölke, Hans, Zwischen Vertragsfreiheit und Verbraucherschutz, Festschrift für Friedrich Graf von Westphalen zum 70. Geburtstag, Köln 2010, S. 671–691.

Stober, Rolf: Allgemeines Wirtschaftsverwaltungsrecht. Grundlagen des deutschen, europäischen und internationalen öffentlichen Wirtschaftsrechts, 18., überarbeitete Auflage, Stuttgart 2015.

Stoll, Peter-Tobias: Sicherheit als Aufgabe von Staat und Gesellschaft. Verfassungsordnung, Umwelt- und Technikrecht im Umgang mit Unsicherheit und Risiko, Tübingen 2003.

Stollhof, Thekla: Zivilrechtliche Haftung bei Lebensmittelskandalen. Umfang der vertraglichen und gesetzlichen Haftung entlang der Lebensmittelkette unter besonderer Berücksichtigung der Verordnung (EG) Nr. 178/2002 und des LFGB, Hamburg 2018.

Streinz, Rudolf: Der >effet utile< in der Rechtsprechung des Gerichtshofs der Europäischen Gemeinschaften, in: Due, Ole, Festschrift für Ulrich Everling, Baden-Baden 1995, S. 1491–1510.

Streinz, Rudolf: Was bleibt vom LMBG? Zu den Vorschlägen der Kommission zu allgemeinen Grundsätzen des Lebensmittelrechts sowie zur Europäischen Lebensmittelbehörde und zur Lebensmittelsicherheit, in: Zeitschrift für das gesamte Lebensmittelrecht (ZLR) 2000, S. 803–813.

Streinz, Rudolf: Wie viel ist nichts? Ist nichts zuviel? – Rechtliche Probleme der Definition von Grenzwerten, in: Zeitschrift für das gesamte Lebensmittelrecht (ZLR) 2002, S. 689–707.

Streinz, Rudolf: Kommentierung der Art. 6, 7 und 10 BasisVO, in: Streinz, Rudolf/Meisterernst, Andreas, BasisVO/LFGB, 1. Auflage, München 2021.

Streinz, Rudolf: Europarecht, 12., neu bearbeitete Auflage, Heidelberg 2023.

Streinz, Rudolf; *Fuchs, Lars Olaf*: Lebensmittelsicherheit: Die Europäische Ebene – Behörden, Kompetenzen, Kontrollen, in: Zeitschrift für das gesamte Lebensmittelrecht (ZLR) 2002, S. 169–206.

Tettinger, Peter J.: Rechtliche Bausteine eines modernen Abfallwirtschaftsrechts, in: Deutsches Verwaltungsblatt (DVBl) 1995, S. 213–221.

Teufer, Tobias: Private Produktbeobachtungspflichten im Lebensmittel- und Futtermittelrecht, in: Eifert, Martin, Produktbeobachtung durch Private, Berlin 2015, S. 105–114.

Theis, Christian: Das europäische Schnellwarnsystem für Lebensmittel (RASFF). nach der Verordnung (EG) Nr. 178/2002, Frankfurt am Main 2017.

Thoma, Anselm Christian: Regulierte Selbstregulierung im Ordnungsverwaltungsrecht Berlin.

Thym, Daniel: Die Reichweite der EU-Grundrechte-Charta – Zu viel Grundrechtsschutz?, in: Neue Zeitschrift für Verwaltungsrecht (NVwZ) 2013, S. 889–896.

Transfeld, Carsten: Das Vorsorgeprinzip im Lichte der Ökonomischen Analyse des Rechts. Am Beispiel der Risikobewältigung im Lebensmittelrecht, Bayreuth 2006.

Tremml, Bernd; *Luber, Michael*: Amtshaftungsansprüche wegen rechtswidriger Produktinformation, in: Neue Juristische Wochenschrift (NJW) 2005, S. 1745–1749.

Trenkler, Antje: Risikoverwaltung im Wirtschaftsverwaltungsrecht. Grundlagen und Reichweite der Risikoverwaltung und ihre Ausprägung im technischen Produktsicherheitsrecht, 1. Aufl., Köln 2010.

Tschiersky-Schöneburg, Helmut; *Büttner, Antje*: Organisation des gesundheitlichen Verbraucherschutzes auf Bundesebene, in: Frede, Wolfgang, Handbuch für Lebensmittelchemiker, Lebensmittel – Bedarfsgegenstände – Kosmetika – Futtermittel, 3. Auflage, Heidelberg 2010, S. 95–107.

Ulbig, Ellen; *Hertel, Rolf F.*; *Böl, Gaby-Fleur*: Evaluierung der Kommunikation über die Unterschiede zwischen „risk" und „hazard". Abschlussbericht des Bundesinstituts für Risikobewertung (BfR), Berlin 2009.

Unruh, Peter: Zur Dogmatik der grundrechtlichen Schutzpflicht, Berlin 1996.

Untermann, Friedrich; *Hartig, Martin*: Risikoanalysen und Begriffsdefinitionen: Widersprüchlichkeiten in der Verordnung EG Nr. 178/2002, in: Zeitschrift für das gesamte Lebensmittelrecht (ZLR) 2004, S. 116–119.

van der Meulen, Bernd: The Core of Food Law. A Critical Reflection on the Single Most Important Provision in All of EU Food Law, in: European Food and Feed Law Review (EFFL) 2012, S. 117–125.

van der Meulen, Bernd; *Gregor, Philipp M.*: Verantwortung, Macht, Gesetzesqualität. Die Anforderung der Art. 14, 15 und 19 der BasisVO und die Verantwortung der Lebensmittelunternehmen, in: Zeitschrift für das gesamte Lebensmittelrecht (ZLR) 2007, S. 265–293.

Viell, Burkhard: Lebensmittelsicherheit zwischen „Zurück zur Natur" und „Designer-Lebensmitteln", in: Zeitschrift für das gesamte Lebensmittelrecht (ZLR) 2006, S. 365–381.

Vitzthum, Wolfgang; *Geddert-Steinacher, Tatjana*: Der Zweck im Gentechnikrecht. Zur Schutz- und Förderfunktion von Umwelt- und Technikgesetzen, Berlin 1990.

Vogel, Klaus: Über die Herkunft des Polizeirechts aus der liberalen Staatstheorie, in: Vogel, Klaus/Tipke, Klaus, Verfassung, Verwaltung, Finanzen, Festschrift für Gerhard Wacke zum 70. Geburtstag, Köln-Marienburg 1972, S. 375–392.

Voit, Wolfgang: Die Befugnis zur Information der Öffentlichkeit bei täuschenden, aber die Gesundheit nicht gefährdenden Lebensmitteln, in: Lebensmittel & Recht (LMuR) 2012, S. 9–25.

Voß, Birgit: Das Lebensmittel- und Futtermittelgesetzbuch. Ge- und Verbote – Verantwortlichkeit – Verfahren, 2., neu bearbeitete Auflage, Berlin 2007.

Wahl, Rainer: Risikobewertung und Risikobewältigung im Lebensmittelrecht, in: Zeitschrift für das gesamte Lebensmittelrecht (ZLR) 1998, S. 275–298.

Wahl, Rainer; *Appel, Ivo*: Prävention und Vorsorge: Von der Staatsaufgabe zur rechtlichen Ausgestaltung, in: Wahl, Rainer, Prävention und Vorsorge, Von der Staatsaufgabe zu den verwaltungsrechtlichen Instrumenten, Bonn 1995, S. 1–216.

Wallau, Rochus: Kommentierung des § 5 LMRStrafVO, in: Sosnitza, Olaf/ Meisterernst, Andreas, Lebensmittelrecht, Loseblatt-Kommentar aller wesentlichen Vorschriften für das Herstellen und Inverkehrbringen von Lebensmitteln, Futtermitteln, kosmetischen Mitteln, sonstigen Bedarfsgegenständen sowie Tabakerzeugnissen (vormals Zipfel/Rathke), Stand: August 2023 (187. Ergänzungslieferung), München 2023.

Wallau, Rochus; *Roffael, Esther*: „Zwar ist es leicht, doch ist das Leichte schwer". Zur Abgrenzung von Straftaten nach § 58 Abs. 2 Nr. 1 LFGB gegenüber anderen Sanktionstatbeständen, in: Lebensmittel & Recht (LMuR) 2018, S. 93–99.

Walther, Harald: Das Kreuzberg-Urteil. Der Klassiker des Preußischen Oberverwaltungsgerichts für die Entwicklung und Durchsetzung rechtsstaatlicher Polizeirechtsgrundsätze, in: Juristische Arbeitsblätter (JA) 1997, S. 287–292.

Wegener, Bernhard W.: Die UVP-Pflichtigkeit sog. Anhang II-Vorhaben, in: Neue Zeitschrift für Verwaltungsrecht (NVwZ) 1997, S. 462–465.

Wegener, Bernhard W.: Art. 19 EUV, in: Calliess, Christian/Ruffert, Matthias, EUV/AEUV, Das Verfassungsrecht der Europäischen Union mit Europäischer Grundrechtecharta. Kommentar, 6. Auflage, München 2022.

Wegener, Bernhard W.: Kommentierung des Art. 19 EUV, in: Calliess, Christian/Ruffert, Matthias, EUV/AEUV, Das Verfassungsrecht der Europäischen Union mit Europäischer Grundrechtecharta. Kommentar, 6. Auflage, München 2022.

Wehlau, Andreas: Lebensmittel- und Futtermittelgesetzbuch. Kommentar, Köln 2010.

Weiß, Holger Tobias: Die rechtliche Gewährleistung der Produktsicherheit, Baden-Baden 2008.

Werner, Armin: Die Überregulierung im Lebensmittelrecht, in: Lebensmittel & Recht (LMuR) 2006, S. 63–67.

Weyland, Gerd: Die Sicherheitsbewertung von Lebensmitteln im Zusammenhang mit den Mikrobiologischen Richt- und Warnwerten der DGHM, in: Zeitschrift für das gesamte Lebensmittelrecht (ZLR) 2016, S. 558–564.

Wiebe, Gerhard: Unternehmerfreiheit versus Verbraucherschutz?! Das Verhältnis zwischen Unternehmerfreiheit und Verbraucherschutz im Spiegel des öffentlichen Verbraucherschutzrechts, Baden-Baden 2017.

Wienhold, Christin; *Grau, Michael*: Behördliche Lebensmittelüberwachung entlang der Warenketten von Geflügel- und Schweinefleisch aus Drittländern, Berlin 2016.

Winter, Gerd: Vom Nutzen der Effizienz im öffentlichen Recht, in: Kritische Justiz (KJ) 2001, S. 300–322.

Wollenschläger, Ferdinand: Polizei- und Sicherheitsrecht, in: Huber, Peter M./ Wollenschläger, Ferdinand, Landesrecht Bayern, Studienbuch, 1. Auflage, Baden-Baden 2019, S. 332–464.

Zechmeister, David: Quo vadis § 39 Abs. 2 LFGB – Die Suche nach der richtigen Ermächtigungsgrundlage, in: Zeitschrift für das gesamte Lebensmittelrecht (ZLR) 2018, S. 624–636.

Zellner, Gerhard: Das neue Lebensmittelrecht – aus Sicht der Lebensmittelüberwachung vor Ort. Zentralisierung der Rechtsgrundlagen, Zersplitterung des Vollzugs?, in: Zeitschrift für das gesamte Lebensmittelrecht (ZLR) 2007, S. 295–308.

Zott, Christine: Aktive Informationen des Staates im Internet – mittelalterlicher Pranger oder modernes Steuerungsinstrument. Eine Analyse der Publikumsinformation unter besonderer Berücksichtigung des Lebensmittel-, Verbraucherinformations- und Sozialrechts, 1. Auflage, Baden-Baden 2016.